允華文創

臺灣政經史系列第三輯08 陳正茂 主編

U0054167

# 異議的聲音
## 民國在野期刊雜誌述評

Voices of Dissent :
A Review of the Opposition Periodical of the Republic of China

欲探討青年黨的政治主張與訴求——盡在本書

欲瞭解五〇年代第三勢力政治立場——俱在本書

欲研究民國在野期刊雜誌——請看本書

本書是：《異議的聲音——民國在野期刊雜誌述評》

陳正茂 —— 著

# 序　言

　　報章雜誌期刊出版事業於中國之興起，約起於晚清中葉，算來也不過是近百年的事，此輿論平台的問世，受西方在中國傳教經商之所需因之趨勢而起有關。當時外國教會為傳教所需，出版類似像《萬國公報》之宣傳喉舌非常普遍，此做法亦帶動雜誌期刊出版業在中國的流行。迄於清末，國內雜誌期刊之出版，如雨後春筍般呈現蓬勃發展之勢，當時，不論中央或地方各省，均將期刊雜誌的功能，定位為宣達政策或展現民意之利器。

　　隨著社會經濟結構的轉變，以及近代化社會機制的發展，期刊雜誌的發行也漸漸普及而成為公共領域建構的重要媒介，更深刻地影響著公共領域的形成。民國時期的期刊雜誌，受到政治因素影響甚鉅，使得在野雜誌的發展，受到很大的制約。五四時期，軍閥當政，奉、皖、直各系軍閥間的亂鬥，自然無暇顧及到文化事業。是以，劉師復無政府主義刊物《民聲》；及其後的《少年世界》、《國民》、《平民教育》等期刊，在相對寬鬆的環境下，高談闊論、眾聲喧嘩，百家爭鳴而無所忌憚，五四因此有了「中國文藝復興」之美譽。

　　1921 年 7 月，中國共產黨建黨，迄於其後國民黨的北伐統一中國，在國、共兩黨嚴密組織及意識形態下，姑不論 1949 年後中共建國後的監控滲透了，即便在國府統治大陸時期，對言論的打壓也毫不手軟，「非我族類，其心必異」，觀之二、三〇年代對在野政黨刊物的取締；甚至如胡適《新月》的再三警告，即可見一斑。然而，透過雜誌傳媒來論述理念，本就是天經地義之事，在野勢力並沒有因受到強大的政治壓力而退縮消聲，同樣的，它們藉由雜誌傳媒來對抗統治當局，並勇敢無畏地表達其異議的聲音，形塑民主社會多元的意見，亦為在野勢力的天職。

　　本書《異議的聲音——民國在野期刊雜誌述評》，收錄作者新文舊作共
15 篇文章，其中以研究論文居多；兼亦放了兩、三篇短文。全書的特色有
三：一為幾乎都是在野勢力所辦的刊物，除《現代週刊》以外；二為時間點
由清末至五四；北伐前後到抗戰期間，以及戰後迄於 1960 年代，在這六、
七十年中，挑選幾乎沒人寫過的期刊雜誌做研究，姑不論成果如何，至少有
其開山的原創性；三為論述重心以青年黨期刊和五○年代香港第三勢力刊物
為主，這兩部分的研究也是本書的主要亮點。

　　茲將書中的期刊雜誌略敘如下，吾人常將期刊雜誌區分為官方與在野；
或稱民間經營者，若準此而論，將雜誌二分為執政官方與被統治的在野民間
兩種型態來分析，這其中，可能外緣因素的變數會很大。基本上，如書中提
及的中國青年黨期刊之簡介，因著青年黨與國民黨關係的演變，而於各時期
的言論立場也有所不同，在抗戰前，該黨刊物以批判國民黨居多，如《醒獅
週報》至《新路》（李璜與張君勱所辦）；甚至到《民聲》（青年黨領袖陳
啟天辦）與《國論月刊》等期刊，其反抗執政當局，基調都是如此。1937
年「盧溝橋事變」後，基於全民一致共赴國難的前提下，青年黨代表左舜生
致書國民黨總裁蔣介石，表明該黨擁護政府、政黨休戰、共同抗日之意願，
青年黨取得合法政黨地位，國、青關係始獲得和解改善。職係之故，此一時
期的刊物如《國論週刊》、《國光旬刊》和《國防線半月刊》等，論述重點
幾乎都圍繞在如何支持政府抗日的議題上，因此也得到政府的認可與肯定。

　　然身為在野黨還是有其政治理想的堅持，「愛國、民主、反共」一直以
來都是該黨的創黨宗旨，在抗戰中、晚期，國府專制獨裁的本質又逐漸顯露
後，青年黨為追求在抗戰中推進民主的理念，除以實際行動參加「民盟」
外，言論宣傳也開始以民主立憲為主軸而逐漸轉向，此期間的《民憲》半月
刊，其內容大體即是如此。1945 至 1949 年，國、共內戰時期，青年黨發行
的雜誌呈現出兩種現象，一為已參加政府，故積極支持政府戡亂剿共；另一
方面，有鑒於國府的貪腐無能，民心喪失，青年黨刊物亦苦口婆心，連篇累

牘的呼籲政府，在各方面加緊改革以收拾民心。如《青年生活》、《青年中國週報》、《風雲半月刊》、《中國評論》、《青年台灣》等刊物的言論，幾乎口徑一致皆然。然情勢逆轉太快，國、共內戰結果，國府戡亂失利播遷來台，大陸則全部陷共。

　　值得一提的是，五〇年代於香港喧騰一時的第三勢力刊物，仍是青年黨與國府關係序曲的延長，在美國及桂系李宗仁金錢的奧援下，一部分南下困居香江的青年黨人，如左舜生、李璜、何魯之、謝澄平等，打著反共、反蔣、民主的口號，出版宣揚第三勢力理論的刊物，前有《自由陣線》；後有《聯合評論》，此二刊物堪稱是第三勢力承先啟後的雙璧，也是第三勢力刊物的代表。它們的言論批判犀利，尤其對五、六〇年代台灣島內所發生的反蔣連任、「自由中國事件」、「雷案」等，發出勇敢無畏的異議聲音，將媒體監督政府、發揮「第四權」功能的角色，詮釋的淋漓盡致。

　　雜誌作為一種文化形式，其發展牽動著整個社會文化的形構，在風雲詭譎的動盪年代，或新舊政權交替的時代，國家面臨重建的命運，而雜誌不僅成為國家形塑的工具，且因各種力量的滲透介入（如美國與桂系），反而自行建構出一套特殊的雜誌特色，五〇年代發行於香港的第三勢力刊物，從《自由陣線》到《聯合評論》，其屬性即為如此；而《自由人》三日刊則類似其外圍。總之，五〇年代香港第三勢力刊物，呈現的雜誌文化，頗有可供探討之處。

　　其他異議的言論，則表現方式不一，劉師復的《民聲》，左批江亢虎的中國社會黨無政府主義之謬，右評孫中山民生主義理論之非，而獨獨高舉「師復主義」的無政府主義才是最正確無誤的。至於許德珩、張國燾等北大學生於五四前後所創刊的《國民雜誌》，在五四狂潮中與《新潮》、《國故》鼎足而三，其言論立場頗能代表彼時激進學生的心聲。另外，同樣參與《國民雜誌》，後來加入「平民教育社」的早慧教育思想家常乃悳（燕生），在該社的喉舌《平民教育》上，撰寫闡述其「平民主義」的「全民教

育」之主張，對中國教育思想史有其一定的影響。更需要關注的是，中國共產黨第一份機關刊物《嚮導》，陳獨秀為其主編，陳在《嚮導》針對彼時中國政壇所發生之諸多大事均有所評論，此不僅代表陳的看法，某種程度也代表了共產黨的立場。

至於如《少年世界》、《台灣民報》、《新路》及《現代週刊》等，或以實際調查文章，彰顯五四時期最大的社團「少年中國學會」之另一務實面向；或在政權交替之刻，以天下為己任的專業知識份子，以《新路》為平台，在國家危亡之際，真心為社會把脈所提出的種種建言，解決當時財經問題之策略；亦有如戰後的台灣社會，在日本殖民政權剛去，國府初來接收台灣青黃不接之時，《現代週刊》所訴求的「去日本化」與「再中國化」政策之時代意義。

另有若干小文章，像晚清的《醒獅月刊》，是留日學生基於列強欺凌中國的義憤，所刊行的一份具有高昂民族主義、愛國主義的刊物，希望中國如睡獅般快快甦醒，不要繼續沉淪為「東亞病夫」。無獨有偶的是，1924 年由青年黨創辦的《醒獅週報》，其言論要旨幾與晚清的《醒獅月刊》同。而由「澄社」聯想到當年胡適與《獨立評論》，胡適的風骨與《獨立評論》的諍言，對照當今台灣的知識份子與言論氛圍，還是頗令人感慨懷念的。至若五〇年代「第三勢力」刊物之簡介述評，此為作者近十餘年來的研究主題，曾經蒐集大量相關資料，今就其最具代表性的刊物作一簡介述評，目的在提供學界或有興趣之研究者，一個方便入門的捷徑。

最後，作者想談談對雜誌文化的一點心得想法，民國以來，辦雜誌以遂行其理想是理所當然的，但是，因歷史時刻的轉變，辦雜誌的動機與目的也會有所變化，間接的也會影響雜誌的內容和表現形式。如五四或抗戰期間的雜誌文化，它們無所忌憚地批評執政當局或政治社會問題，雜誌內容出現大量的政論性文章，這正是時代精神的展現，同時也表示雜誌作為公共論述，形構的場域似乎有更成熟的發展。而在野勢力透過文字批判評論統治政權，

更代表著雜誌傳媒的政治解縛，且擴大了公共領域中對話的空間。雖然批評力道各有不同，但足以看出，批判性文章成為此時期雜誌文化的特色之一。

這種現象具有兩層意義：1.在抗戰與五〇年代香港時期，是中國政治遭逢驚天動地遽變之刻，眾多政論批判文章，正好呼應時代的轉變及政黨本身的政治訴求（含第三勢力在內）。2.在政治力量的嚴厲監控之下，在野雜誌尤其是政論性雜誌，幾乎不是遭到查禁就是壽命不長，此現象其實也反映了一套知識與權力的關係，由於雜誌傳播與社會文化之間存有一種互動的關係，因此，在知識與權力是相伴而生的邏輯下，取得雜誌傳播權就是取得知識建構權。雜誌出版的場域，也存在執政與在野勢力相互競逐的情況，此亦可更清楚看出雜誌出版場域中各種權力型態的展示。總之，民國以來的政治、社會結構中，確實存在錯綜複雜的權力關係，此關係網絡也呈現在雜誌文化的場域上，各種權力集團紛紛以雜誌期刊的出版，作為權力鬥爭的工具，而使得雜誌文化的發展，呈現複雜多元的樣貌。

本書是作者退休後的第二本書，還是要感謝陳添壽教授的鼓勵，陳教授著作等身，古稀之年仍筆耕不輟，實為後生晚輩學習的楷模，承蒙陳教授抬愛，將拙著列為其主編的「臺灣政經史」系列叢書之一，深感榮幸之至。另外，感謝元華文創的慨允出版，在出版業不景氣的當今，有勇氣發行較無市場的人文或社會科學之書，是需要有文化使命擔當的。以上聊贅數語，表達對添壽教授及元華文創最深之謝忱。

序於中台灣草屯之星

2022 年 5 月 1 日

# 目　次

# 第一章　無政府主義的「烏托邦」
## ——劉師復與民初的《民聲》雜誌

## 一、前言：劉師復與無政府主義在中國

　　無政府主義作為近代社會主義範疇中的一支[1]，對於近代政治、社會及思想的變動，影響極為深遠。近代中國的無政府主義運動，亦於 20 世紀初葉，由留學法、日等國學生，介紹移植到中國來。當時就組成團體而言，約可分為三派：一為部分旅居日本的中國留學生所組成的「社會主義講習會」，二係遠寓法國巴黎的另一群留學生所籌組的「世界社」，三是主要活動在國內的「晦鳴學舍」。[2]上述三個團體，分別發行了《天義》、《新世紀》及《民聲》等宣傳刊物，極力鼓吹無政府主義，在近代中國無政府主義運動史上，扮演著啟蒙者的角色，而經由這些團體的鼓吹，也拉開了近代中國無政府主義運動的序幕。[3]

　　清季中國知識份子在時代變局強烈的刺激下，因對現實政治的不滿及在近代西方激進思想的導引下，知識份子乃由抗議而離心，更轉而尋覓積極激進的參與，[4]形成晚清瀰漫著破壞主義的激進思想，包括俄國虛無黨的理念和手段，與西方的無政府主義思潮，也順應著這股歷史潮流，逐漸地引進到

---

[1]　A. Fried, Socialist Tough（NewYork Anchor Book,1964）pp.328－330.

[2]　R. A. Scalapino, The Chinese Anarchist Moyement（University of California Press,1961）p.2.

[3]　朱文原，〈無政府主義思潮與辛亥革命〉，《三民主義學報》第 13 期，頁 1－2。

[4]　張朋園，〈清末民初的知識分子（1898－1921）〉，《思與言》7 卷 3 期（民國 58 年 9 月 15 日），頁 144－145。

中國。1907 年 6 月，於日本及法國留學的中國學生，無獨有偶的創辦了兩份鼓吹無政府主義的刊物《天義》和《新世紀》；隨後又有真正宣揚無政府主義的《民聲》創刊，從而，使得中國近代的無政府主義運動，邁入一個更高層次的理論與活動階段。而無政府主義於民國初年的再度興起，實有其特殊時代背景使然，辛亥鼎革的不徹底，「二次革命」反袁之失敗，革命黨內部對袁之妥協，在在使部分革命黨人失望，從而使他們逐漸傾向無政府主義。[5]

1912 年 5 月，劉師復、林君復、鄭佩剛等人所組織的「晦鳴學舍」在廣州西關存善東街 8 號成立，該社「是為中國內地傳播無政府主義之第一團體。」[6]「晦鳴學舍」基本上是以劉師復一人為主幹，尤其他在發行的言論喉舌《晦鳴錄》及其後改名為《民聲》的刊物上，大量撰寫了宣揚無政府主義的文章，形成了在辛亥革命後迄於五四運動；甚至到 1920 年代初期，影響中國思想界頗為深遠的所謂「師復主義」。他具體地闡述了無政府主義的內涵和最高原則，系統的提出無政府主義在政治、經濟、教育、道德各方面的主張，構築了無政府社會的烏托邦，並指出其實現之手段，主要表現在：1.為無政府主義正名，標榜自己的學說是「無政府共產主義」。2.提出無政府主義的最高原則在於反對強權，實現個人的絕對自由。3.在政治方面，提出政府為萬惡之源，因此要廢除政府、國家及其附屬之法律、軍隊、警察、官吏等制度。4.在經濟方面，提出廢除資本制度，實行共產主義，建立「各盡所能，各取所需」的社會。反對封建道德和宗教，主張教育自由。5.勾畫

---

5　蔣俊，〈民國初年的無政府主義思潮〉，收入山東大學文史哲研究所中國哲學史研究室、山東大學哲學系中國哲學史教研室編，《中國哲學論叢》（濟南：山東大學出版社，1986 年），頁143－169。

6　師復曾致書無政府黨萬國大會，報告中國無政府主義者建立和發展無政府主義組織，以及傳播無政府主義思想的經過，並向大會提出 5 項建議：1.組織萬國機關；2.注意東亞之傳播；3.與工團黨聯絡一致進行；4.實行萬國總罷工；5.採用世界語。〈致無政府黨萬國大會書〉，《劉師復文集》（台北：帕米爾書店出版，民國 69 年 3 月初版），頁 257－265。

無政府主義理想社會的美好遠景，指出實現無政府主義的四階段，即：教育傳播──抵抗擾動──平民大革命──世界大革命的步驟和手段。由上可知，師復的無政府主義已經形成了較為系統的理論體系。[7]

　　基本上，從道德啓蒙到無政府主義的系統宣傳再到無政府主義與工團主義的結合，是師復一生的思想軌跡，在《民聲》時期，他全面系統地闡述了無政府主義的理論主張。「互助進化論」是師復無政府主義的理論基礎，綜觀師復一生，對提倡「互助論」的克魯泡特金（Prince Peter Alekseevich Kropotkin），引為宗師崇拜不已，他曾說克氏為吾黨中泰斗、[8]吾黨之先覺也。[9]另外，師復無政府主義的核心理念「絕對自由」，亦是無政府主義者的基本價值，無政府主義者的一切思想和行為都是以個人絕對的自由為基礎的。[10]而師復構築絕對自由美好的社會為：提倡政治自由，廢除國家政府，個人絕對自由。實現經濟自由，廢除資本制度，實行共產主義。追求道德自由，破除傳統道德，提倡個人進德。推行自由教育，重視平民教育（教育平等），反對教育強權。[11]

　　整體言之，師復的無政府主義思想是以互助和勞動為基礎，以絕對自由為核心理念，在政治、經濟、道德、教育全面鋪開，設計了無政府主義的理想烏托邦，並指出了通向這一理想的步驟和方法，形成其理論體系。他的無政府主義比任何早期無政府主義者豐富和完善，是中國無政府主義理論的較高形態。[12]檢視師復的無政府主義思想，可說他融合了文化激進主義與現代

---

7　張九海，《執著的烏托邦追求──劉師復無政府主義研究》（北京：中國社會科學出版社出版，2011 年版），頁 48–49。

8　師復，〈駁江亢虎〉，《民聲》15 號（1914 年 6 月 13 日）。

9　師復，〈近世無政府黨之師表〉，《師復文存》（廣州：革新書局，1927 年版），〈譯述部分〉，頁 5。

10　師復，〈論社會黨〉，《師復文存》，同上註，頁 43。

11　張九海，《執著的烏托邦追求──劉師復無政府主義研究》，同註 7，頁 81。

12　楊奎松、董士偉，《海市蜃樓與大漠綠洲──中國近代社會主義思潮研究》（上海：人民出版

啟蒙思潮，具有歐化傾向及對傳統文化、現實秩序的徹底否定，高揚自由、平等、科學、民主諸理念，構築其無政府主義的烏托邦，且還初步傳播了社會主義思想。他是探索中國社會現代化出路的一次積極嘗試，是中國近代社會主義傳播的一個重要階段和流派。對辛亥前後的反封建專制有著啟蒙的作用，為早期共產主義在中國的傳播，也起到鋪墊作用。但在五四以後，由於不能為中國社會提供現實的發展方案，而逐漸淡出歷史舞台，最後為馬克思主義所取代。[13]

總之，師復及其《民聲》，從辛亥至五四，如同師復短暫的一生一樣，劃過長空倏忽而逝，然其理念與主張，在滔滔歷史洪流中，仍有其價值存在，他留給後人豐厚的思想遺產，不管是在民初至五四的這段風雲詭譎年代；抑或是爾後國、共在中國政治舞台的逐鹿爭鋒，甚至是整個 20 世紀中國革命的歷史進程，他對中國革命提出的另類思考，都有其啟迪的歷史意義在裡頭。[14]本文之作，即以師復生平活動為經，以其無政府主義思想建構為緯，勾勒這位無政府主義大師傳奇一生及其思想梗概。

## 二、師復的生平、思想與《民聲》創刊始末

劉師復（1884－1915），原名紹彬，後名思復，字子麟，廣東香山人。1901 年為提倡改革，在香山創設「演說社」。1904 年留學日本，次年加入中國同盟會，為革命黨員，他曾組織激進的「支那暗殺團」，自為團長，準備暗殺李準、鳳山等清吏要員。於此期間，他受到日本無政府主義思想和俄

---

社，1991 年版），頁 107。

[13] 張九海，《執著的烏托邦追求——劉師復無政府主義研究》，同註 7，頁 280。

[14] 周麗卿，〈政治、權力與批判：民初劉師復派無政府團體的抵抗與追求〉，《國史館館刊》第 42 期（2014 年 12 月），頁 28。

國虛無黨人的影響，熱衷於暗殺活動，曾跟一俄國人習製造炸彈，為以後的暗殺活動做準備。[15]1906 年，同盟會謀在廣州起義，派師復回國進行，不久，師復與朋友在香山辦女子學校，給女子以教育的機會。1907 年，師復暗殺提督李準失敗被捕繫獄，於 1909 年始出獄。[16]據其弟劉石心之回憶說：「香山監獄時期，我常能把他（師復）需要的書籍帶進去，其中包括從香港轉來的《新世紀》，這是在巴黎出版的一種宣傳無政府主義的刊物。他看得很上心，有時還講些內中的道理給我聽，他讚揚無政府主義的思想是崇高的。」[17]

　　辛亥革命成功後，師復天真的以為民族革命已成，是應該走向社會革命的時候了，因此他主張捨棄暴力革命為政治之手段。[18]師復思想之所以有如此巨大的轉變，一則受到「新世紀派」及俄國大文豪托爾斯泰和平主義的影響；再則試圖解決辛亥革命後的紛擾有關。馮自由於《革命逸史》書中即指出，師復「鑒於舊日同志之熱中權利，乃發憤宣傳無政府學說，以為敝屣功名之倡。」[19]師復既然對民初政府及官員黨人產生不滿之心，乃提倡道德救世之說，進而促其組織宣揚道德修養的「心社」。「心社」發起人為師復、鄭彼岸、莫紀彭諸人，曾立戒約 12 條，包含：不食肉、不飲酒、不吸煙、不用僕役、不坐轎及人力車、不婚姻、不稱族姓、不作官吏、不作議員、不入政黨、不作海陸軍人、不奉宗教等。[20]從其內容看來，很明顯的，「心

---

[15] 曹世鉉，《清末民初無政府派的文化思想》（北京：社會科學文獻出版社出版，2003 年 7 月 1版），頁 202。

[16] 文定，〈師復先生傳〉，《師復文存》，同註 9，頁 1－8。

[17] 葛懋春、蔣俊、李興芝編，《無政府主義思想資料選》（下）（北京：北京大學出版社出版，1984 年版），頁 929。

[18] 〈附錄一：回憶師復〉，王聿均訪問，謝文孫記錄，《莫紀彭先生訪問紀錄》（台北：中央研究院近代史研究所出版，民國 86 年 6 月初版），頁 42－53。

[19] 〈心社創作人劉師復〉，馮自由，《革命逸史》第二集（台北：商務版，民國 66 年 6 月台 3版），頁 207。

[20] 〈心社趣意書〉，《社會世界》第 5 期（1912 年 11 月 15 日）。葛懋春、蔣俊、李興芝編，

社」是個強調以道德來改造社會的一個組織。

「心社」力圖建立一種苦行僧和清教徒式的生活，該社成立之目的乃是「本堅卓之志，就簡單之途，立為戒約，互相切磋，期破壞一切偽道德惡制度，而以公道的真理的新道德良制度代之。」[21]「心社」的 12 條戒約，充分體現師復所強調的，欲成就高尚之人格，保清明之志氣，必自斯 12 條戒約開始做起。「心社」的 12 條戒約雖屬個人的道德規約，但它與後來「晦鳴學舍」的社會革命宗旨之間，仍具有密切的關係。原因是，師復認為，道德改良是社會革命的初步，而社會革命又是其無政府主義的主要內容。師復曾在廣州《平民日報》、《天民報》闢所謂「心社析疑錄」專欄，討論〈社約〉和公開鼓吹巴枯寧、克魯泡特金的無政府主義思想，由於青年好奇心的驅使，不少廣州青年都對師復和「心社」活動有所印象。[22]由此可知，「心社」成立後，對廣州的青年界，還是有其一定的影響力。

除「心社」外，1912 年 5 月，師復也於廣州發起組織「晦鳴學舍」，主要成員有師復、丁湘田、無等、抱蜀、無為、天放、石心、世元、鄭彼岸、鄭佩剛、黎昌仁等。成員間，強調共同勞動、共同生活和學習，並以宣傳無政府主義為志，是為中國內地傳播無政府主義之第一團體。[23]1913 年 8 月 20 日，「晦鳴學舍」在廣州出版旨在宣傳無政府主義的《晦鳴錄》週刊（後改稱《民聲》，「晦鳴學舍」也改稱「民聲社」），《晦鳴錄》（一名《平民之聲》：La Voco de la Popolo），然該刊僅發行兩期後，即遭袁世凱政府以該刊「標榜共產主義，反對軍國主義、工團主義、反對宗教主義、反對家族主義，……種種悖謬之語」勒令學舍解散刊物停版。[24]因政府之查

---

《無政府主義思想資料選》，同註 17，頁 235-239。

[21] 同上註。

[22] 秋雪，〈回憶劉師復和「心社」活動〉，《廣州文史資料》第 5 輯（1962 年）。

[23] 師復，〈致無政府社會黨萬國大會書〉，《民聲》第 16 號（1914 年 6 月 27 日）。

[24] 〈晦鳴學舍解散之令文〉，《申報》（上海版）（1913 年 9 月 21 日）。

禁，《晦鳴錄》於內地無法生存，不得已，乃遷往澳門，並從第 3 期起
（1913 年 12 月 20 日）改名為《民聲》，形式包括華文及世界語兩部分，主
張「倡導社會革命，促進世界大同」為宗旨。[25]易名為《民聲》後，也是出
了兩期，仍不見容於葡澳當局。[26]正不知該落腳何處時，適逢原社會黨員徐
安真從上海來澳門參加編輯工作，在徐的建議之下，《民聲》於 1914 年初
遷往上海公共租界，社址位於僻靜的南成都路樂善里一座石庫門房子裡，為
避免查禁，對外宣稱係在日本東京出版，並由鄭佩剛在外灘美國郵局租一信
箱，作為與各地通訊聯絡之用，可以說，在滬上的《民聲》彷彿以地下刊物
的模式出版發行。[27]此一不得已的做法，《民聲》在第 5 號的〈編輯啓事〉
中記載：「中國內地之現象，豺狼當道，民賊塞途，本報主義既為所忌，故
不便明設代理，惟望閱報諸同志輾轉傳播或介紹知友來函訂閱，或閱畢即轉
示他人，務使多一人知有本報，即吾主義可早一日普及。」[28]由此可見，
《民聲》的問世是在極艱困的環境下發行出版的，它必須透過各種偽裝，才
能躲過政府的檢查。

　　《民聲》的編務，可說是由師復一人獨挑大樑，師復除大量撰寫無政府
主義的文章外，還要兼顧以通信的方式與讀者互動，在刊物上討論有關無政
府主義的問題。至於譯介外國無政府主義的著作或各國革命風潮，則大部分
由新加坡的梁冰弦和在廣州的黃尊生供稿，「世界語專欄」則委由許論博、

---

25　《晦鳴錄》第 1 期（1913 年 8 月 20 日）刊頭。

26　〈函請葡官解散晦鳴學舍〉，《申報》（上海版）（1913 年 11 月 18 日）。

27　Edward Skinner Krebs, Liu Ssu-fu and Chinese Anarchism, 1905－1915（Ann Arbor, Michigan：
University Microfilms International, 1982），pp. 291－316., Martin Bernei, Liu Ssu-fu and Anarchism
in China：A Note for the Reprinting Version of Min－Sheng.

28　〈編輯啟事〉，《民聲》第 5 號（1914 年 4 月 11 日），頁 1。「二次革命」後，「心社」和
「晦鳴學舍」均遭解散，師復遠走澳門，繼續出版《民聲》週刊。《民聲》宗旨為：「持無政
府共產主義，反軍事，主張職工聯盟，反宗教，反家庭，主張素食主義，萬國新語，和世界之
和諧。支持所有新的科學發明，只要是增進人類幸福的。」R. A. Scalapino, The Chinese
Anarchist Moyement（University of California Press, 1961）p.112.

盛國成二氏先後負責。當然,《民聲》的主幹還是師復,《民聲》僅發行
33 號即停刊,而師復在其上即發表了近 50 篇文章(譯文還不算),其系統
地闡述了自己的無政府主義思想,建構了所謂的「師復主義」,奠定在中國
無政府主義運動中的宗師地位,師復所寫的無政府主義文章,後來以《師復
文存》輯結成冊行於世。[29]

　　《民聲》問世後,除政治上的打壓外,最致命的打擊是經濟上的窘迫,
經費來源瀕絕,連生活維持都成問題。據鄭佩剛回憶:「當時經濟情況已陷
於危急,兩餐不保,能有兩小塊燒餅或一小碗白水麵,或以醬油拌的飯充
飢,就算不錯了。」[30]可見同仁生活之窘迫,幾乎已至斷炊之境。在三餐不
濟的情況下,《民聲》雖苦苦撐持,但內部也開始發生矛盾,社內同仁屢因
經濟問題與師復衝突,最可悲的是,師復的肺病也到了末期,在個人與事業
前景均遭厄運之際,師復給遠在加拿大的鄭彼岸信最能道出淒涼心境:「現
在《民聲》垂危,幾將易簀,余之憂《民聲》比憂病更甚。倘《民聲》嗚
呼,余又成為不治之癆病,則師復將與無政府主義同葬支那之黃土而已。」
[31]預知將死,言來不勝唏噓!

　　民初政壇的暗殺頻仍,讓師復死心絕望,所以其在《晦鳴錄》刊登的
〈無政府淺說〉文中,即直指政府為「剝奪自由擾亂和平之毒物」,可見其
對政府存在之深惡痛絕,也為其無政府主張之堅定信念定調。[32]師復不但反
對政府,也反對任何有組織、有紀律的政黨,他認為政黨只是利用多數黨員
之聲勢,製造黨魁之名譽,所以主張不應建立政黨,應該要強調個體之自由

---

[29] 蔣俊、李興芝,《中國近代的無政府主義思潮》(濟南:山東人民出版社出版,1991 年 5 月 1
版),頁 175。

[30] 葛懋春、蔣俊、李興芝編,《無政府主義思想資料選》,同註 17,頁 948。

[31] 同上註,頁 926。

[32] 師復,〈無政府淺說〉,《晦鳴錄》第 1 號(1913 年 8 月 20 日)。收入葛懋春、蔣俊、李興
芝編,《無政府主義思想資料選》,同上註,頁 270。

獨立。[33]是以，「二次革命」反袁時，師復認為那都是孫、袁或黃興的「以暴易暴」之舉，並不能得到真正的幸福。[34]因此，他不贊成「二次革命」，反而是，只有透過和平方式的社會革命以改造社會，才能使人民得到真正的幸福。[35]

師復雖曾加入過革命黨，但經過辛亥革命的衝擊後，其對「革命」之定義，已有自己的主張，他在〈無政府共產主義宣言書〉這篇重要文章中，特別提到革命的意義：「革命者，非但起革命軍之謂也，凡持革命之精神，仗吾平民之實力，以與強權戰鬥之一切行動，皆曰革命。」[36]這就把革命的主體放到平民身上，而突顯其與革命黨不同的革命路線。師復是個對自己主張信念相當堅持的人，為了把無政府主義說成是最革命、最正確的理論，師復對其他社會主義派別與馬克思主義進行了批評和攻擊。他說：「無論其為國家主義或國家社會主義，均為無政府主義之障礙，吾人欲實現吾主義，一方面與政府戰，又一方面與此種謬說戰，必先戰勝此種謬說，然後吾主義能得平民多數贊同。」[37]易言之，他把各派社會主義與馬克思主義都當作敵人，認為只有批判這些理論，才能使無政府主義定於一尊。

1914 年間，師復和江亢虎在無政府主義問題上展開了一場論爭，在這場爭論中，師復以江氏不主張生產機關公有，不主張廢私產，違背社會主義之原則，故江氏所主張非社會主義；且江氏對於政治主張限制軍備，採用單稅，對於產業，主張營業自由，財產獨立，皆屬國家的社會政策，故決不能

---

[33] 師復，〈論社會黨〉，《民聲》第 9 號（1914 年 5 月 9 日）。

[34] 師復，〈答英白的信〉，《民聲》第 8 號（1914 年 5 月 2 日），頁 11。

[35] 師復，〈政治之戰鬥〉，《晦鳴錄》第 1 號（1913 年 8 月 20 日）。

[36] 師復，〈無政府共產主義宣言書〉，《民聲》第 17 號（1914 年 7 月 4 日），頁 2。

[37] 師復，〈答蔡雄飛〉，《民聲》18 號（1914 年 7 月 14 日）。

竊社會主義之名。[38]師復更指責江氏理論自相矛盾，政治投機。[39]除批評江亢虎外，對孫中山的民生主義即社會主義說，他也不假辭色的說：「孫、江的主張不過是資產階級的社會政策，是冒牌社會主義」，倘若讓這些觀點流行，實社會主義前途之大禍也。」[40]另外，在批評孫中山和江亢虎的文章中，對馬克思主義亦採取批判態度，他從一切財產歸公的主張出發，反對馬克思關於生產資料公有制的理論，並把馬克思主義貶稱「集產主義」，他說：「社會主義者，廢除私有財產而歸公之請也。……若集產之說，則生產機關歸公，而所生產之物仍屬私有，是僅得財產公有之半面，即不啻不完全之社會主義，不啻為失其真相之社會主義矣。」[41]

此外，師復對馬克思主義關於分配問題的理論，也持不同看法，他認為直接按需求來分配較合理，反對馬克思按各人勞動之多寡而異其酬給的主張。他更反對馬克思主義的國家學說和關於無產階級專政的理論，他說：「蓋吾人以為社會主義當向社會謀解決，不當向政治謀解決，以社會問題而乞靈於政治，是自失其社會主義之價值，故目之為「半面的社會主義。」[42]總之，師復以自己的理論為中心，將江亢虎的社會民主主義和孫中山的主觀社會主義（師復亦曾嚴屬批評孫氏的平均地權說和產業國有政策）視為「社會政策」，也將馬克思主義視為「不完全的社會主義」（國家社會主義），是屬於低層次的社會主義，而自己的「共產社會主義」才是最正確的。[43]

師復從成立「心社」到「晦鳴學舍」，均試圖以道德改造人心、改造社會，作為其救國救民之途徑。「心社」與「晦鳴學舍」之成立，標誌著無政

38 師復，〈答李進雄〉，《師復文存》，同註9，頁190。

39 師復，〈政府與社會黨〉，《師復文存》，同上註，頁69。

40 師復，〈孫逸仙、江亢虎之社會主義〉，《民聲》6號（1914年4月18日）。

41 師復，〈駁江亢虎〉，《民聲》15號（1914年6月13日）。

42 師復，〈駁江亢虎〉，同上註。

43 中國人民大學中共黨史系中國近代政治思想史教研室編，《中國無政府主義資料選編》（1982年版，校內用書），頁185。

府主義者在國內活動的里程碑，這兩個組織和活動是有區別的。「晦鳴學
舍」揭櫫綱領性的 8 條主張，包括共產主義、反對軍國主義、工團主義、反
對宗教主義、反對家族主義、素食主義、語言統一、萬國大同，[44] 它是較側
重於對外活動；而「心社」則屬於個人內心的進德涵養。「晦鳴學舍」成立
後，主要工作是從事《新世紀》上登錄文章的輯結成冊，如《無政府主義粹
言》、《新世紀叢書》、《無政府主義名著叢刻》、《軍人之寶筏》等。[45]
換言之，「晦鳴學舍」初期活動是以介紹「新世紀派」的無政府主義言論為
主，發表自己的意見倒是不多。[46]1914 年 7 月，師復在上海成立「無政府共
產主義同志社」，在上海的帶動下，其弟劉石心在廣州也成立了「無政府主
義傳播社」；楊志道則於廣西南寧創立「無政府主義討論會」。除在國內活
動外，在新加坡、加拿大等地也展開無政府主義的宣傳活動。[47]正當師復的
無政府主義活動蓄勢待發之際，死神也悄悄的降臨師復，1915 年 3 月 21
日，師復終因肺病辭世，享年僅 31 歲。

　　師復去世後，《民聲》編務由林君復承擔，遠在新加坡的梁冰弦亦常供
稿協助，1916 年 11 月，《民聲》出至 29 號時，因經費拮据無法維持而停
刊。1921 年 3 月 15 日，《民聲》在廣州再次復刊，此即所謂的後期《民
聲》，從第 30 號到第 33 號，只發行四號後又再度停刊。其中，第 30 號的
「增刊號」，刊載了陳獨秀與區聲白之間的無政府主義論戰，是這短短四號
中最精彩的亮點。[48]附帶一提的是，「晦鳴學舍」除出版《民聲》外，還印
行過十幾種宣傳無政府主義的小冊子，如《無政府淺說》、《平民之鐘》、

---

44　師復，〈編輯緒言〉，《晦鳴錄》第 1 號（1913 年 8 月 20 日）。

45　〈「民聲」小史〉，《民聲》第 30 號（1921 年 3 月 15 日）。

46　師復日後致力於無政府主義運動之推展，主要仍是受「新世紀」的影響，其《民聲》雜誌堪稱
　　是《新世紀》的續集。「師復在港息影三年，專研究巴黎新世紀報倡導之無政府主義，極為精
　　進。」馮自由，〈心社創作人劉師復〉，《革命逸史》第二集，同註 19，頁 206。

47　朱文原，〈無政府主義思潮與辛亥革命〉，《三民主義學報》第 13 期，同註 3，頁 8－9。

48　曹世鉉，《清末民初無政府派的文化思想》，同註 15，頁 225。

《夜未央》、《總同盟罷工》、《伏虎集》、《兩個工人的談話》、《民聲社紀事錄》、《民聲叢刻》等，這些小冊子與《民聲》一起流傳於各地，為無政府主義在中國的傳播立下很大的功勞。當時，《晦鳴錄》及《民聲》以及由他們編印的大量出版物，因為都是國內出版，流傳方便，且大多數都是免費贈閱，所以傳布較廣。據「民聲社」統計，1916 年的 11 月當中，先後發出《民聲》各期共 1 萬冊，《平民之鐘》534 冊、《無政府淺說》534 冊、《總罷工同盟》700 冊、《軍人之寶筏》500 冊、《無政府主義》700 冊。[49]五四時期宣揚無政府主義的活躍份子，泰半都是《民聲》及師復的信徒。總的說來，師復的「晦鳴學舍」與其後改名的「民聲社」，可說是民初在國內影響最大的無政府主義團體。

## 三、「師復主義」的論述與建構

師復短暫的一生，窮畢生之力在闡揚無政府主義的思想與建構其心目中理想的共產主義。師復發表在《民聲》上的文章，雖然龐雜零散，有些言論甚至出現互相矛盾的情況。例如，師復一再強調道德問題是無政府社會革命的初步，[50]但他又明確反對個人無政府主義的必先改良個人，然後可以改良社會的觀點，師復說：「若欲人人於有政府之世先具無政府之道德，此可決其不能亦可不必也。」[51]因此，他對早期的道德救世主張做了極大修正，他認為人類道德之不良，乃社會之惡劣所造成，所以必先改造社會，才能改變道德。基本上，師復後期的思想，實已把「進德」問題排斥於無政府主義運

---

[49]　〈萬國社會風潮〉《民聲》第 29 號（1916 年 11 月 20 日）。

[50]　師復，〈答凡夫書〉，《民聲》第 5 號（1914 年 4 月 11 日）。

[51]　師復，〈答恨痴〉，《民聲》第 10 號（1914 年 5 月 16 日）。

動之外了。[52]客觀說來，從 1913 年 8 月至 1915 年 3 月，是師復無政府主義理論成熟和廣泛傳播時期，這一時期，其早期道德救世的觀點有所改變，其認識到僅靠道德力量是非常微弱的，實現無政府主義不一定要等到人們的道德極度高尚。[53]此前後不一的現象，可窺見其理論尚未建構完整。

　　再如有關廢除姓氏上的說法亦復如此，他一方說：「廢姓者當以破除家族為前提，必能破除家族者方可謂實行廢姓。」但另一方又說：「乃一己之自由，若對於他人，則稱之可也。」在家族問題上也是如此，他同意家族革命的意義，但在批評其他社會黨時又說：「家族主義雖為強權之一種，然其細已甚」。易言之，他不認為破除國界和破除家族具有同等的地位及價值，如此，廢除家族主義等道德革命已非其最高目標。[54]諸如此類前後不一的言論，在《民聲》雜誌上時有所見。雖說師復在建構無政府主義理論時，偶有互相矛盾之處，但隨其對無政府主義學說的進一步思考，其思想逐漸成熟，也愈發朝向系統化發展，最後形成後世所謂的「師復主義」。綜觀「師復主義」的基本內容，大約有如下四點：

## （一）無政府共產主義之原則

　　清末民初由西方傳進中國之眾多無政府主義，如社會主義、世界社會主義、無治主義等之主張，師復是深置不滿及認為不確切的，他以為只有以克魯泡特金的無政府共產主義為依據，將各種無政府理論先行統一起來才是最根本重要的。師復對克氏的無政府學說宣傳最力，曾將克氏的無政府共產主義學說歸納為三點：1.一切生產盡脫資本勢力之束縛，凡共同勞動之結果（即所生產之物），勞動者得自由取用之（是為經濟上之自由）；2.脫政府

[52] 師復，〈答恨蒼〉，《民聲》第 20 號（1914 年 7 月 25 日）。

[53] 師復，〈答恨蒼〉，同上註。

[54] 師復，〈論社會黨〉，《民聲》第 9 號（1914 年 5 月 9 日）。

之束縛,而自由組織各種公會及團體,由單純以至複雜(是為政治上之自由);3.脫宗教的道德束縛,以達於無義務、無制裁之自由境域,人群生活之關係以互助之感情維持之(是為道德上之自由)。[55]此外,在〈無政府淺說〉文中,他反覆申論無政府主義「不但理論正確,且必可以實行。」他說:「無政府則剗滅私產制度,實行共產主義,人人各盡所能,各取所需,貧富之階級既平,金錢之競爭自絕,此實生活平等,工作自由,爭奪之社會一變而為協愛。」[56]師復於〈無政府共產主義釋名〉中,解釋無政府主義原名 Anarchism,其定義為「主張人民完全自由,不受一切統治,廢絕首領及威權所附麗之機關之學說也。」[57]而在〈無政府共產主義同志社宣言書〉、〈無政府共產黨之目的與手段〉等文章中,師復亦反覆強調,無政府共產主義社會是人類最理想的社會,並說該社會的基本原則有二:

1.廢除政府,個人完全自由:師復認為有政府組織,根本無益於人類,「吾人飢則食,寒則衣,能耕織以自贍,能築室以自安,能發明科學以增進社會之幸樂,無取乎政府之指揮也,亦無需乎政客之教訓也。」反而有了政府之後,設種種法令以絕吾民,人們舉手投足間,都遭此網羅陷阱之羈絆而自由全失。師復說:「吾人本能互相親愛,政府乃倡為愛國之論,教練行凶殺人之軍隊,以侵凌人國為義務,於是宇宙之同胞互為仇敵而和平全失。是故政府者,剝奪自由擾亂和平之毒物也。」師復更認為「政府果何自起乎?曰起於強權。野蠻之世,一二梟悍者自據部落,稱為己有,奴役其被征服之人,復驅其人與他部落戰,互為敵國,此國家之由來,政府之從出。」[58]由此可見,師復既然認為國家僅是一二梟雄主觀意志創造的產物,政府則是國家的幫兇及作為一切罪惡的根源,故其主張「國家廢除論」之思想甚明矣!

55　師復,〈克魯泡特金無政府共產主義之要領〉,《民聲》第 17 號(1914 年 7 月 4 日),頁 8。

56　師復,〈無政府淺說〉,《晦鳴錄》第 1 期,頁 3、8。

57　師復,〈無政府共產主義釋名〉,《民聲》第 5 號(1914 年 4 月 11 日)。

58　葛懋春、蔣俊、李興芝編,《無政府主義思想資料選》,同註 17,頁 270－271。

師復在厭惡國家的同時，他把自由看得高於一切，因此他幻想的無政府主義社會是一個擺脫任何束縛因而獲得完全自由的境界。那裡沒有法律、軍隊、監獄、警察、官吏、首領、代表、家長、宗教和信條、沒有強迫和壓制；甚至人們自願組織的公會也沒有領導人，沒有職員、章程和規則，更無所謂義務制裁。[59]師復的這種「絕對自由論」，是其反抗黑暗專制政權、爭取個性解放、宣揚自我覺醒的最佳寫照。

2.廢除資本制度，實行共產主義，建立各盡所能各取所需的社會：師復強烈的反資本制度，認為其是平民第一仇敵，更是社會罪惡之淵藪。他說：「吾人之反對資本制度，乃主張廢除資本之私有，非但反對大資本家而止。」[60]他主張廢除一切財產的私有，「凡一切生產機關，今日操之少數人之手者（土地工廠及一切製造生產之器械等等），悉數取回，歸之社會公有，本各盡所能各取所需之義，組織自由共產之社會，無男無女，人人各視其力之所能，從事於勞動，勞動所得之結果（衣食房屋及一切生產），勞動者自由取用之，無所限制。」[61]他認為只實行生產資料的公有還不夠，若不實行生活資料的公有，仍然是不平等的，是僅得財產公有之半面，還是不完全之社會主義。[62]師復以排斥強權為根本，而強權之危害於社會，最顯且最大者，即為資本制度。因此，師復說：「凡無政府黨必同時主張社會主義。」[63]

---

59 葛懋春、蔣俊、李興芝編，《無政府主義思想資料選》，同上註，頁305－306。

60 同上註。

61 同上註。

62 師復，〈答悟塵〉，《師復文存》，同註9，頁170。

63 《民聲》第5號（1914年4月11日），頁1－2。

## （二）實行無政府主義為人性之要求

師復認為，人類有一種先天存在的良心，那就是互相親愛。由於政府剝奪了人們的自由，製造了人與人之間的侵凌和殘殺，人類的這一本性也被戕伐。在未來的社會中，「無私利之可圖，無金錢之可爭，吾人本來之良心，自然發達，相互扶助，各事其業，以工作為幸樂，以無業為恥辱，斷無不盡所能而徒取所需之人。」[64]換言之，實行無政府主義是人性的要求，也是人性的復歸，只要有少數先覺者，將無政府之真理傳播給眾民，使家喻而戶曉之，自然無所謂阻力。[65]師復雖然對無政府主義懷有莫大的憧憬，但他並不認為所有的人都能接受無政府主義，因此，在強調良心的人性論外，他還主張階級論，他以是否參加勞動為標準，把人類劃分為勞動階級與富貴階級。勞動階級包括農人、工人、苦力、雇役以及家無恆產的教師等。富貴階級包含地主、商業家、工廠主、官吏、議員、政客等。師復說：「共義主義、無政府主義，質言之，實即勞動階級與富貴階級戰鬥之主義。故吾人傳播無政府主義，自然以勞動階級為主要範疇，至於對富貴階級，吾人不但不必希望傳播，且當亟謀所以顛覆之。」[66]師復的階級論說，比起社會黨人把智愚也當階級；甚至當作社會不平等的根源之混亂思想相比，已進步甚多。他批評社會黨綱領時說：「今世所謂智愚，特比較的形容詞耳，非如貧富貴賤之顯示區別者也，富貴者雖愚，亦儼然居愚民上，貧賤者雖智，終不能受制於人，是則智愚又何階級之可言。智愚的形成，非有他種原因，貧富階級使之然耳。」[67]

師復的人性論，在一定程度上，是受其階級論所制約，例如他認為無政

---

64　師復，〈答李進雄〉，《民聲》第 11 號（1914 年 5 月 23 日）。

65　葛懋春、蔣俊、李興芝編，《無政府主義思想資料選》，同註 17，頁 273。

66　同上註，頁 326。

67　同上註，頁 296－297。

府主義所代表的不是全人類的「良心」而只是勞動階級的「良心」。且他一直認為階級是由少數強者違背人的本性製造出來的，而階級鬥爭的目的正是為了恢復人的本性。同時，他主張的階級鬥爭，在內容上與馬克思主義者的階級鬥爭也不相同，他把政治鬥爭排除於階級鬥爭之外，只強調階級鬥爭是一種自發的「直接行動」。[68]

## （三）無政府主義運動的內容和手段

平情而論，與他的前輩和同代人相比，師復對無政府主義社會的構想和與之有關的內容及其手段的設計方面，有其一套自己完整的理論論述，也較多地體現他自己的特點。1914 年 7 月，師復在《民聲》發表了闡述其無政府主義思想最重要的文章〈無政府共產黨之目的與手段〉一文，這是一個綱領性的文件，在該文中，師復提出了 14 項具體主張，全面且完整的述說自己所追求的無政府理想社會，對政治、經濟、教育、文化各方方面面均有所描述。舉例言之，如第 11 項，無論男女，由學校畢業至四十五歲或五十歲，從事於勞動，此後休養於公共養老院。凡人有廢疾及患病者，由公共病院調治之。又如第 13 項，每人每日勞動時間，大約由二小時最多至四小時，其餘時日，自由研究科學，以助社會之進化，及游息於美術技藝，以助個人體力腦力之發達。[69]

師復認為無政府主義運動當以破壞為主，不應有「預定之建設事業」，

---

[68] 蔣俊、李興芝，《中國近代的無政府主義思潮》，同註 29，頁 181。

[69] 〈無政府共產黨之目的與手段〉，詳列無政府共產黨人所欲達到的 14 個目的有：無一切政府、無軍隊警察與監獄、無一切法律規條、廢除宗教、廢除婚姻制度、廢除財產私有權、廢除錢幣，一切生產要件歸之社會公有、自由組織各種公會、人人皆從事勞動、人人皆自由取用勞動所得之結果、兒童皆入學校教育、廢疾及患病者由公共病院調治、年老者皆休養於公共養老院、學校教育採用萬國公語。4 種手段為：1.傳播主義；2.抵抗、擾動、暴動與暗殺；3.平民大革命；4.世界大革命。師復，〈無政府共產黨之目的與手段〉，《民聲》第 19 號（1914 年 7 月 18 日），頁 6－7。

他批評社會黨建設育嬰院、學校、醫院、養老院、農工廠、公園等計畫時說：「無政府黨方竭其心力以謀推翻強權之不暇，尚有何餘力、有何餘財，以作此補苴彌縫、舉一漏萬之建設乎？」無政府黨專以推倒強權為職志，除傳播主義實行革命外，其他皆非無政府黨之事。[70]他認為凡是與直接實行無政府主義無關的行動都不應參加，這就形成師復特殊的政治「冷淡主義」。辛亥革命的推翻滿清、「二次革命」的反袁鬥爭，針對這些重大的歷史事件，師復都表現了驚人的冷漠態度。[71]他沉浸在「舉世界帝王君主總統悉數擯去之」的遐想中，對當時反對帝制君主總統的鬥爭視為隔靴搔癢不屑一顧。

　　師復認為政治是污濁的，政治鬥爭只是政治家爭權奪利的工具，不能給人民帶來任何幸福與利益，師復這種幻想在政治鬥爭之外消滅政治，即為政治冷淡主義的具體表現。與此思想相對應的，是師復反對建立有組織、有紀律的政黨，他說：「無政府主義者是極端反對管理代表權而主張絕對自由的，所以不應建立政黨，更不應有黨綱，不要有章程，也不要組織和紀律。」總之，「無政府黨之行事，皆自由獨立，不受指揮，不俟全體之議決。」[72]他認為任何組織、紀律或決議，都一定要異化為束縛自由的「強權」，因此，保持各自為政的鬆散狀態最為合適。[73]既然反對一切有形的束縛，那麼其對無政府主義運動的內容和手段的主張為何呢？1914 年 7 月，師復在「無政府共產主義同志社」的〈宣言書〉中，再一次說明無政府共產主義的意義為：「滅除資本制度，改造共產社會，且不用政府統治者也。」；質言之，「即求經濟上及政治上之絕對自由也。」[74]並表明，「吾

---

70　葛懋春、蔣俊、李興芝編，《無政府主義思想資料選》，同註17，頁298。

71　同上註，頁277。

72　同上註，頁295。

73　蔣俊、李興芝，《中國近代的無政府主義思潮》，同註29，頁183。

74　〈無政府共產主義同志社宣言書〉，《劉師復文集》，同註6，頁53。

人為欲實現無政府共產之社會，所用之唯一手段則曰「革命」。」[75]

　　至於具體做法，師復認為用三種方法進行之：1.以報章、書冊、演說、學校等等，傳播吾人主義於一般平民，務使多數人曉然於吾人主義之光明，學理之圓滿以及將來組織之美善；及使知勞動為人生之天職，互助為本來之良德。[76] 2.在傳播時期中，各視其時勢與地方情形，可採用抗稅、抗兵役、罷工罷、暴動、暗殺等手段抵抗擾動之。[77] 3.平民大革命，即傳播成熟，眾人起事，推翻政府及資本家，而改造正當之社會也。師復將無政府主義的平民大革命與世界大革命連結，他認為「世界大革命以歐洲為起點，一旦起事，或數國合舉，或一國先舉，其餘諸國必皆聞風響應，工黨罷工，軍隊倒戈，歐洲政府將次第倒斃，吾黨之在南北美及亞洲者，亦當接踵而起，其成功之迅速，必有不可思議者。」[78]

　　師復將無政府主義運動分為兩個階段：傳播階段和平民大革命階段，而傳播階段又可採用兩種手段，和平手段（文字宣傳）與激烈手段（抵抗、擾動）。不過，他認為在當時的中國，應以文字宣傳的傳播階段為主，激烈的平民大革命，以中國當時之情勢似尚未至。[79]因此，文字宣傳是師復無政府主義活動的最重要內容。師復把無政府主義內容局限於文字宣傳，又把文字宣傳的對象局限在少數知識分子，這就把無政府主義運動束縛在一個極其狹小的圈子中，使它遠離了現實社會，此舉，隱然已為無政府主義在中國的沒落留下伏筆。

　　師復之所以會有此觀念想法，是因其一向主張無政府主義是一個改造世界、改造人類的主義，故只需研究世界無政府主義運動的發展，而不必去注

---

75　同上註，頁 54－55。

76　葛懋春、蔣俊、李興芝編，《無政府主義思想資料選》，同註 17，頁 316。

77　同上註，頁 317。

78　同上註，頁 316。

79　同上註，頁 321。

意中國的現實。因為「將來世界革命之起點必在歐洲，以彼中數國傳播極廣，革命之時機已漸成熟故也。然則吾黨在中國之工夫，即預備為歐洲響應之實力是矣。」[80]換言之，中國只要靜待歐洲無政府革命的爆發，就可得到解放。師復把改造中國的希望寄託在外國革命上面，把本屬空想的無政府主義推向更不切實際的境界。1914 年，第一次世界大戰在歐洲爆發，師復曾滿懷希望地預言這次大戰後必將掀起社會革命的風潮，的確，大戰後革命風潮席捲了歐亞各國，但它不是師復期待的無政府主義的成功，而是共產社會主義的勝利。[81]

## （四）工團主義的重視與補充

師復除對無政府主義的堅定信仰外，在他去世前不久，對無政府主義運動的內容做了一個重要的補充，即所謂的工團主義。工團主義的思想早在辛亥革命前即已傳進中國。1907 年，由張繼翻譯的《總同盟罷工》一書即其代表作。對工團主義的認知，師復在《晦鳴錄》第 1 期的〈編輯緒言〉，曾提出該刊綱要為：「共產主義、反對軍國主義、工團主義、反對宗教主義、反對家族主義、素食主義、語言統一、萬國大同」以及「一切新發明之科學」。[82]在〈編輯緒言〉中，師復雖然喊出工團主義的口號，但未對這個口號多做解釋。1914 年，師復來到上海這個中國工人階級最集中的地方，儘管他有著嚴重脫離現實的傾向，但工人階級的鬥爭還是對他產生了影響。

1914 年，上海工人一再罷工，要求增加工資，最後取得了有限的勝利。罷工本身，象徵工人的覺悟，他們團結一致，終達目的；但在過程中，也暴露了組織方式的落後。工會中常有資方介入，工會的行動往往為其操

---

80  師復，〈答蔡雄飛〉，《民聲》第 18 號（1914 年 7 月 11 日）。

81  蔣俊、李興芝，《中國近代的無政府主義思潮》，同註 29，頁 185。

82  師復，〈編輯緒言〉，《晦鳴錄》第 1 期（1913 年 8 月 20 日），頁 1−2。

縱。針對這一情況，師復認為乃因工人知識低下、組織不善，此乃中國工運不發達的原因，欲增進工人知識，不能不先有團體，所以他提出了「結團體、求知識」的六字工運方針。依師復之設想，工人應當按行業組成工團或工會，工會應與資本家劃清界限，不能為資本家所利用，也不要與資本家所立的公所會館同處一地。工團中最要緊的事情是舉辦平民學校，也可兼出一工人報紙，以學校和報紙為宣傳陣地和聯絡中心。復由各分業之工團，聯為一總工團，以為全體之機關。[83]

另外，師復還一再囑咐工團主義進行當注意三點：1.當前應以要求增加工資及減短工作時間為主；2.工團當以工人為主體，以養成其獨立戰鬥的能力，工團當從基層組織做起，由小而大，不可徒騖虛名，成為沒有實力的團體；3.工團之宗旨，當以革命的工團主義為骨髓，而不可含絲毫之政治意味。[84]師復對工團主義的提出，標誌其把克魯泡特金的無政府主義與歐洲的工團主義結合起來，開展其對工人的平民教育活動和工團主義組織，進而構成具有自己特色的無政府主義思想體系。師復的這種以無政府主義為目的，以工團主義為手段，在工人運動還處於萌芽階段的民國初年，其訴求的「結團體、求知識」之口號，還是有其一定的積極意義。[85]

總的說來，「師復主義」的出現，象徵著中國無政府主義經過辛亥革命前的醞釀到民國初年社會黨人的鼓吹，又發展到一個新的階段，他較前此各派的無政府主義有著更加系統和完整的論述，把中國無政府主義更加教條化和世界化了。「師復主義」較無「天義派」的農民氣質，也乏「新世紀派」民主革命的訴求，他更在乎的是無政府主義的原始教條、原則和體系的完整，而對中國的實際缺乏關照。換句話說，師復提倡的無政府主義理論很少有中國特色，更多的是歐美無政府主義的翻版，他力求使中國的無政府主義

---

[83]　師復遺稿，〈上海之罷工風潮〉（後記），《民聲》第 23 號（1915 年 5 月 5 日）。

[84]　同上註。

[85]　蔣俊、李興芝，《中國近代的無政府主義思潮》，同註 29，頁 187。

運動與世界無政府主義運動結合為一體，把中國無政府運動當作歐美無政府主義運動的一部分，並把改造中國的希望寄託在歐美的無政府革命上面。

從這層意義上說，「師復主義」將中國的無政府主義更加的精緻化和充分的世界化了，但諷刺的是，它也更加遠離中國的現實，更加教條化和宗教化了。「師復主義」使中國的無政府主義發展到了頂峰，但沒有與中國社會的現實基礎結合，也使它快速的走上僵化和沒落之路。從 1914 年到二○年代中，是「師復主義」在中國最盛行的時期，它的諸多有關無政府主義的主張，一直是中國無政府主義者奉行的圭臬。而師復本人，不僅被視為中國無政府主義理論的教主，而且還被當作無政府主義最完美的人格者加以崇敬，可以這麼說，「師復主義」是中國無政府主義的主要形式和典型代表當不為過，「師復主義」的出現，啟發了國人繼續向西方尋求革命真理的動機，它基本上是五四時期，各種社會主義思潮傳入的前奏。[86]

## 四、《民聲》雜誌的言論述評

透過雜誌形成一種思想動員的力量，是對政府當局的一種抵抗，也因而受到當局的迫害，《民聲》雜誌問世期間，其命運即是如此。在《民聲》發行的 33 期中，前 29 期的內容就屬師復的文章最多，不含譯述在內，就超過 50 餘篇，這些文章當然都是以闡揚無政府主義為主，也是「師復主義」的思想展現。後期《民聲》雖僅發刊 4 期，但卻是無政府主義思想主張形成理論的關鍵時期，尤其是區聲白和陳獨秀的書信論戰，將無政府主義者與馬克思主義者理論之爭帶到最高潮，本節的《民聲》雜誌言論述評，即聚焦於此。

---

[86] 同上註，頁 187—193。

　　首先，在後期《民聲》的文章中，對馬克思主義者所謂的「平民的獨裁政治說」，《民聲》有著非常精彩的批判與辯駁。基於繼承師復「平民主義」的立場，《民聲》對馬克思主義者的無產階級革命的階級鬥爭說，提出了不同看法，《民聲》指出「階級鬥爭應是使支配階級與平民立於平等地位，而非再製造一新的支配階級。」[87]因為「無產階級推翻資本階級和保障資本家的貴族階級之後，自己即躍登政治臺上，行使政權，這時候至尊無上的執權者，Dictator 其實已經不是平民了。」[88]在《民聲》看來，「什麼『階級專制不同一人或一部分人專制』這些話，事實上已經告訴我們是偽的了。」[89]蓋無產階級專政乃一不折不扣之專政，仍是少數者的英雄主義，最後的弊端是生出少數者的壓制，因此《民聲》呼籲，少數自覺者應當要喚起民眾，真正進行運動的是民眾本身，否則就容易產生夾雜權力的政治慾。[90]

　　其次，更犀利的是，《民聲》還把批判矛頭，指向當時世界上第一個共產國家俄國，在〈評平民的獨裁政治〉一文中，該刊首先引用考茨基對俄國革命的描述，指出俄國雖說是平民的獨裁政治，但其實是布爾雪維克黨一黨的獨裁政治，並且是一黨中少數指導者的階級獨裁。《民聲》繼而說：考茨基指列寧曲解了馬克思的「平民獨裁政治」，所謂獨裁政治實有兩種：一為作為政治「形式」的獨裁統治；一為作為「狀態」的獨裁統治，馬克思講的是後者的「狀態」獨裁統治，亦即「平民趨向資本主義制度爛熟一方面，其數漸次增加，從政治上德模克拉西得了優勢，自然成了平民獨裁政治的狀態」；而列寧卻把它解讀為「形式」上的「權力集中」的獨裁政治。[91]《民

---

[87]　〈評平民的獨裁政治〉，《民聲》第 32 號（1921 年 5 月 15 日），頁 3。

[88]　〈無政府共產派與集產派之歧點〉，《民聲》第 30 號（1921 年 3 月），頁 12。

[89]　〈「階級戰爭」和「平民專政」果適用於社會革命嗎?〉，《民聲》第 33 號（1921 年 7 月），頁 5。

[90]　〈評平民的獨裁政治〉，《民聲》第 32 號（1921 年 5 月 15 日），頁 3。

[91]　〈評平民的獨裁政治〉，《民聲》第 32 號（1921 年 5 月 15 日），頁 1−2。

聲》會特別提出考茨基的學說是有其目的的，因為列寧的無產階級專制，引發個人自由與民主被剝奪，以及少數專制的問題，而列寧將社會革命摻雜於政治革命中，更令無政府主義者質疑。《民聲》言：「革命除了政治革命就沒有別的麼？雖稱社會的革命，也要帶政治的革命色彩，這是甚麼道理？革命越是政治的越暴虐。」[92]

《民聲》強調，他們對於政治之終極目的是廢除統治權，消滅任何形式的政治；對於經濟之終極目的是由生產者以自由組合的種種團體機關，直接處理產物，依公道的法則分配之。而馬克思主義者在政治及經濟的根本主張與他們大異其趣，馬克思主義者在政治方面主張保留統治權，變更貴族式的政治為平民專制政治；在經濟方面主張取所有屬於資本主的生產機關而盡屬於國家，由國家強迫人民從事於生產的勞動，而給以相當的「工值」。[93]所以，《民聲》根據他們的基本主張與觀念，對馬克思主義進行了尖銳的批評，尤其著重在批判馬克思主義的「階級戰爭」與「平民專政」這兩點錯誤上，認為其不適用於社會革命，不能救社會的死亡。無政府主義者認為馬克思主義者的有產階級與無產階級甚難區分，而馬克思主義者的社會過去的歷史，都是階級鬥爭史之說，恐怕也未必盡然。[94]

不僅如此，《民聲》還認為馬克思主義的「平民專政」比「階級戰爭」更帶有危險欺騙之性質，他們不客氣的說到「平民本是平民，一經專政，魔皇立現真形了。」因此，他們指責馬克思主義者所說的「階級專政，不同於一人或一部分人專政」根本就是騙人的、虛偽的；在馬克思主義主張的「平民專政」制度下的社會，只會走向「死亡」，而不會走向「生發」。[95]《民

---

92 〈評平民的獨裁政治〉，《民聲》第 32 號（1921 年 5 月 15 日），頁 3。

93 〈無政府共產派與集產派之歧點〉，《民聲》第 30 號（1921 年 3 月 15 日），頁 11－12。

94 〈「階級戰爭」和「平民專政」果適用於社會革命嗎?〉，《民聲》第 33 號（1921 年 7 月 15 日），頁 3。

95 〈「階級戰爭」和「平民專政」果適用於社會革命嗎?〉，《民聲》第 33 號（1921 年 7 月 15 日），頁 5。

聲》猛烈批評馬克思主義的「階級戰爭」與「平民專政」之說外，還嚴厲指責 1917 年俄國「十月革命」後的布爾什維克獨裁政治，認為俄國的布爾什維克政權，無法實現「自由社會」的理想，只會出現強調權力集中的「權力國家」。《民聲》對布爾什維克的批評最為中肯，也最足為後人警惕者，即他們非常清楚的指出，俄國所謂的「平民的獨裁政治」，實即「布爾什維克的一黨獨裁政治」，並且是「一黨中少數指導者的獨裁政治」。[96]

　　最後，對列寧的「國家消亡論」，《民聲》也不無挖苦的說，一個權力集中的國家是不可能「自滅亡」的，因為「一回粘著權力的人，對於權力便生執著心，很不容易去離開權力了。」[97]《民聲》更評論道：「俄羅斯革命取這般方向前進，自然比較沙爾（皇帝）的壓制政治高出萬萬。」[98]好一個「高出萬萬」，換言之，早在 1920 年代初期，以《民聲》為代表的中國無政府主義者，已看出俄國共產黨專政要比過去沙皇專制要「高出萬萬」，證之後來史實，《民聲》所作的結論，真是一針見血的卓見。《民聲》一直強調他們「排斥所有的壓制和窘迫，向自治方面進行的，就是企望自由社會的實現。」他們指出，若是取集權方向，「不過造出國家社會主義底窘迫機械的社會」，在俄羅斯的那些社會主義者，主張平民獨裁政治，建設集權的組織，他們的努力就是促使這樣的社會出現，而這樣的社會是無政府主義者所極力反對的。[99]歷史證明，俄國確實是走上了中國無政府主義者早在 1921 年就已預見的「權力國家」之路，而且還愈走愈偏、越走越遠，而終至在 20世紀的尾聲解體。

---

[96] 〈評平民的獨裁政治〉，《民聲》第 32 號（1921 年 5 月 15 日），頁 1。《民聲》也尖銳批評了布爾什維克主義，在〈無政府共產黨與布爾札維克主義〉譯文按語中，譯者即指出，無政府主義者對於蘇維埃俄羅斯的態度，大多數是反對他那種「集中的、高壓的、武力的、獨裁的政治。」〈無政府共產黨與布爾札維克主義〉，《民聲》第 31 號（1921 年 4 月 15 日），頁 7。

[97] 〈評平民的獨裁政治〉，《民聲》第 32 號（1921 年 5 月 15 日），頁 2。

[98] 〈評平民的獨裁政治〉，《民聲》第 32 號（1921 年 5 月 15 日），頁 2。

[99] 〈評平民的獨裁政治〉，《民聲》第 32 號（1921 年 5 月 15 日），頁 4。

在後期 4 期的《民聲》中，因著區聲白與陳獨秀的論爭，將無政府主義者與馬克思主義者的論戰帶到最高潮。區、陳之間，一來一往的 6 封信辯駁，可說代表了這個時期無政府主義者與馬克思主義者的共同意見。因此，任何研究 1920 年代初期中國無政府主義運動及馬克思主義運動的學者，對於區、陳二氏的爭論都非常重視。美國著名學者史卡拉匹諾（Robert A. Scalapino）在他與 George T. Yu 合著的《中國無政府主義運動史》一書中，即把區、陳的爭論稱之為一場既富有誘人的魅力，又富有知識意義的論戰。[100]基本上，繼承中國無政府主義創始者劉師復衣缽的黃凌霜、區聲白等，他們宣揚克魯泡特金的「無政府共產主義」學說，否定一切權力，攻擊俄國「十月革命」和由「十月革命」所建立起來的無產階級專政的政治制度，主張實現「無政府共產主義」，否認任何集中和紀律、領導和服從，他們從極端的個人主義出發，鼓吹個人的「絕對自由」，反抗一切權威，反對國家、反對專政、反對建立有嚴格組織紀律的無產階級政黨。《民聲》猛烈攻擊馬克思主義，認為其不僅束縛個人的自由生活，也束縛了自由思想的發展。上述《民聲》所反對的一切，係因這些東西都與「絕對自由」相對立，只有取消這些東西，無政府共產社會才能建立，也才能充分地發揮個人的「絕對自由」。《民聲》所「理想」的未來社會是個集合種種「自由的社團」組織而成的「無政府共產社會」[101]

為了實現「無政府共產社會」，《民聲》主張要廢除國家，推翻政府，去除一切強權。[102]至於如何做到，《民聲》認為唯有用革命的手段為之，此革命乃師復所說的「平民大革命」，而非馬克思主義者所說的階級鬥爭之

---

[100] Robert A. Scalapino and George T. Yu, The Chinese Anarchist Movement（Berkeley, California：Center for Chinese Studies, Institute of International Studies, University of California, 1961）, pp.55.

[101] 葉麟，〈無強權主義的根據及無強權的社會略說〉，《新潮》2 卷 3 號（1920 年 4 月 1 日），頁 436－464。

[102] 〈政府和國家〉，《北京大學學生週刊》第 17 號（1920 年 5 月 23 日）。凌霜，〈馬克思學說的批評〉，《新青年》6 卷 5 號（1919 年 5 月），頁 468。

法。[103]相反的，陳獨秀則認為個人的「絕對自由」根本不可能存在，且強權不一定就是罪惡，強權之所以可惡，是它的用法不當，而非性質使然。而在人類歷史發展中，國家是階級矛盾的產物，是執行統治階級意志，對被統治階級實行專政的工具。他們表示，其最終目的也是沒有國家的，但在階級沒有消滅以前，他們卻極力主張要國家，而且還是要強而有力的無產階級專政的國家。既然要推翻資產階級統治，那就要更強力奪取政權，而為了要進行革命和建設，必須要加強人民群眾的組織和紀律，加強集中和領導，這是馬克思主義與《民聲》最大的分歧點。陳獨秀進而批評《民聲》所提出的理想社會——沒有國家、沒有政治、沒有法律，沒有一切強權的「無政府共產社會」，只是一種「脫離實際的幻想」，只是一些「動聽的名詞」和「美妙的幻影」罷了。[104]綜上所述可知，《民聲》的基調非常清楚，即他們不贊同俄國馬列主義，在階級、國家以及權力的主張上，他們反對階級壓迫，將其視為一階級強加於另一階級的強權，也就是新支配者取代舊支配者產生的新壓迫，由此立論看來，《民聲》還是獨具慧眼且相當有遠見的。[105]

## 五、結論：烏托邦的幻滅——「師復主義」的時代意義

基本上，師復在《民聲》上所論述的無政府主義文章，可歸納出兩個重要地方：一是無政府主義和其他社會主義的差別是什麼？二是無政府社會革命的手段和方法是什麼？針對第一個問題，師復認為社會民主黨（指馬克思

---

[103] 蔡章編著，《五四時期馬克思主義反對反馬克思主義思潮的鬥爭》（上海：人民出版社出版，1962 年 2 月初版），頁 104。

[104] 陳獨秀，「討論無政府主義」（專欄），〈陳獨秀答區聲白的信〉、〈陳獨秀再答區聲白書〉、〈陳獨秀三答區聲白書〉、《新青年》9 卷 4 號（1921 年 8 月 1 日），頁 3－5、13－14、24。

[105] 周麗卿，〈政治、權力與批判：民初劉師復派無政府團體的抵抗與追求〉，同註 14，頁 27。

主義者）是主張集產主義，而無政府黨則主張共產主義，而他定義「共產主義而兼主張無政府者」是為「無政府共產主義」。[106]所以，無政府主義是「公名」，而無政府共產主義是「專名」，即無政府主義包括無政府共產主義；且無政府主義也包括社會主義，但社會主義不能包括無政府主義，師復說，他是屬於無政府主義中一個無政府共產主義者。

在區別無政府主義與其他社會主義方面，師復指出孫中山的民生主義具有強烈的國家社會主義性格，並判斷其對國家權力之性格的深刻把握方面缺乏認識。因此，師復藉由批判其平均地權說和產業國有政策後提出質疑：「如果孫中山所說的國有化政策被認為是社會主義，那麼，清朝政府與袁世凱政府的國有化政策是不是社會主義？」[107]至於對江亢虎的批駁更是猛烈，在《民聲》上，他曾撰〈答江亢虎〉、〈駁江亢虎〉、〈江亢虎之無政府主義〉等多篇文章批評江說。師復認為「江氏不主張生產機關公有，不主張廢私產，根本違背社會主義之原則，故江氏所主張非社會主義。」[108]總之，在《民聲》中，透過對社會黨人的質疑和師復的答辯方式，明確揭露社會黨人在觀念上的種種謬誤。另外，師復對平民教育也甚為重視，他主張平等教育的主要內容是科學教育和平民教育，對科學教育來說，他認為當時中國科學尚處幼稚階段，欲發展科學教育，宜鼓吹留學向西方取經。[109]而平民教育的經營，師復主張以工人階級為主要對象，他提倡通過普通日報、畫報、小說報、科學報的刊行，來提高工人的識字率，但他也一再聲明，在學習方法上應注意教育對象的水平以及各種環境因素。[110]

整體而言，師復一生之思想，可謂經歷三個時期的演變：辛亥革命前的

---

[106] 師復，〈答悟塵〉《民聲》第 20 號（1914 年 7 月 25 日）。

[107] 師復，〈孫逸仙江亢虎之社會主義〉，《民聲》第 6 號（1914 年 4 月 18 日）。

[108] 師復，〈駁江亢虎〉，《民聲》第 15 號（1914 年 6 月 13 日）。

[109] 師復，〈答悟塵〉《民聲》第 20 號（1914 年 7 月 25 日）。

[110] 師復，〈答悟塵〉《民聲》第 20 號（1914 年 7 月 25 日）。

思想仍以民族主義為思想主軸，此為第一期；辛亥以後則以批評家族及封建社會為主，並進而提倡道德文化運動，此為第二期；1913 年後，其思想漸趨成熟，訴求改以進行無政府社會革命，而以宣傳無政府共產主義者自居；兼亦推動無政府的工團主義運動。在民初三大無政府派中，師復的「民聲社」無疑是影響力最大的，「民聲社」推動的教育、世界語、工人運動等，都成為 1915 年前後，國內最大的社會運動力量。師復之死，雖然使無政府派一時歸於沉寂，但到五四時期又再度興起。可以這麼說，民初的「師復主義」所扮演之角色，是承接清末無政府主義至五四新文化時期無政府主義之間的重要橋樑。

然由於嚴苛的政治現實，導致其後與馬克思主義的工人運動領導權之爭落居下風。而其強烈的反強權、反政府之訴求，在民初的政治形勢之下，使其成為政府嚴厲取締打壓之對象，自然大大壓縮了自己的生存空間。在與馬克思主義的論戰之後，無政府主義最終因為提不出解決中國社會現實問題的具體方案，而逐漸淡出歷史舞台，勢力於此開始衰落。到了 1920 年代末，無政府主義者雖還出過一些《革命小叢書》及《自由叢書》，宣傳無政府主義，但它的運動卻已大致消亡了。[111]關於中國無政府主義運動的衰亡，有人說是「形勢比人強」，是「中國現實的政治狀況決定了無政府主義的空想只能是全部幻滅。」[112]

雖然如此，但師復及其代表的《民聲》和後來所形成的所謂「師復派」、「師復主義」，在民初政壇上仍有其重要的象徵意義，他不但提出了社會革命作為民主政治的思想、概念延展及實踐的可能性，更提供一種用

---

[111] 蔡國裕，《一九二〇年代初期中國社會主義論戰》（台北：商務版，民國 77 年 4 月初版）頁 417。

[112] 周子東，〈無政府主義在中國〉，《社會科學》（上海版）1982 年第 2 期（1982 年 2 月 15 日），頁 28。鄭學稼則指出，中國無政府主義運動，大概消亡於 1920 年代末，到了 1930 年代中期抗日戰爭發生後，在中國的政治和思想舞台上，已沒有無政府派的踪跡了。鄭學稼，〈劉師復和他的思想〉，《中共興亡史》第一卷（下冊）（台北：中華雜誌社，民國 59 年 1 月初版），附錄 10，頁 903。

「平民革命作為政治革命之超越與再造」來思考中國革命發展不可或缺的視角。[113]大陸學者張九海即評論說，師復是中國近代無政府主義思潮的範本式人物，被稱為「中國的普魯東」。師復無政府主義是對民國初年社會現狀的一種疏解，是對辛亥革命後現實政治的一種反動，是在救亡與啟蒙的雙重變奏中對政治制度和文化價值的一種選擇。[114]

五四時期，師復無政府主義為黃凌霜、區聲白等人繼承，並被尊稱為「師復主義」，奠定師復在中國無政府主義運動的先覺和導師地位，其影響甚至超過了馬克思、列寧的科學社會主義和基爾特社會主義，在這三家社會主義中可以說是獨占鰲頭。[115]至於師復所辦的《民聲》，更是民國初年中國無政府主義的機關報，[116]也是 1920 年代批評馬克思主義的主要陣地。[117]中國的無政府主義運動，在師復逝世後曾沉寂一陣子，五四時期的無政府主義者再度繼承了師復的衣缽，將無政府主義的理論更加系統化。可以說，師復的無政府主義，是中國無政府主義學理最完備、行動最堅決、影響最廣泛的表現形態。[118]而師復個人的影響，也誠如日本研究者的評價，狹間直樹說他是民初最高水平的社會主義理論家。丸山松幸認為其對進步青年的影響力與陳獨秀可以匹敵不相上下。[119]思想巨人是不寂寞的，師復烏托邦的無政府主義思潮，雖抵擋不了現實政治和社會需求而淡出歷史舞台，然其思想主張仍可提供一條中國未來路向的不同選擇，由此角度觀之，師復及其「師復主義」，仍有其時代意義存在的。

---

[113] 周麗卿，〈政治、權力與批判：民初劉師復派無政府團體的抵抗與追求〉，同註 14，頁 28。

[114] 張九海，《執著的烏托邦追求——劉師復無政府主義研究》，同註 7，頁 3。

[115] 徐善廣、柳劍平，《中國無政府主義史》（湖北：人民出版社，1989 年版），頁 3。

[116] 貝馬丁（Martin Bernei），〈劉師復與中國無政府主義〉，《民聲》第 1 期至第 33 期合訂本，代序，頁 5。

[117] 蔡國裕，《一九二０年代初期中國社會主義論戰》，同註 111，頁 283。

[118] 張九海，《執著的烏托邦追求——劉師復無政府主義研究》，同註 7，頁 2。

[119] 曹世鉉，《清末民初無政府派的文化思想》，同註 15，頁 226。

# 第二章　救國下的覺悟
## ——記五四時期的《國民》雜誌

## 一、前言：反日下的學生救國行動

　　1914 至 1918 年的第一次世界大戰期間，日本趁西方列強無暇東顧之際，加緊了對中國的侵略。當時段祺瑞政府為實現武力統一中國的迷夢，與日本簽訂「中日共同防敵軍事協定」，從而進一步使日本達到控制中國政治、軍事、經濟之目的。[1]中國留日學生首先感到亡國危機日深，乃開始採取反制行動。1918 年 5 月，在東京的中國留學生舉行大規模的遊行示威，要求日本政府還我青島，歸還山東權益，這一正義的愛國行動，遭到了日本警察當局蠻橫的鎮壓，於是一千多名的留日學生全體罷學歸國以示抗議。[2]學生回國後，在上海組織了「學生救國團」，積極進行反日愛國活動。當時他們派往北京的代表，與北大等校的愛國學生取得了聯繫，發動了北京大專學校兩千多人的請願示威運動，要求廢除所謂的「中日共同防敵軍事協定」。[3]在這次運動中，並成立了「北京學生愛國會」。該會代表在南下活動中，得到了上海、南京、天津、濟南等地學生的支持，最後成立了全國學生統一的愛國組織——「學生救國會」。為了便於在軍閥統治下進行反帝愛

[1]　黃福慶，〈五四前夕留日學生的排日運動〉，張玉法編，《中國現代史論集（六）——五四運動》（台北：聯經版，民國 69 年），頁 141。

[2]　〈留日學生的政治活動〉，實藤惠秀，《中國人留學日本史》（香港：中文大學出版，1965 年），頁 289－296。

[3]　《時報》（上海版）（1918 年 5 月 15 日）。

國宣傳，救國會在北大組織了「國民雜誌社」，並決定創辦《國民》雜誌。[4]

另外，據張國燾《我的回憶》說：「當時北大同學對於救國的意見並不完全一致，大體有三種看法：第一、不少同學主張由愛國人士逐漸展開活動，獲得人民支持，將來這些愛國者能進入國會，掌握政權，形成政治上的新風氣，救國才有辦法。第二、醉心新文化運動的人物認為還應當加強新文化運動，才是救國的正當途徑。第三、一般急進的同學們，包括我自己在內，則認為應當從事徹底革命，推翻親日派的統治。同學們往往成群的聚集在寢室裏辯論這問題，而我的房間也是這風暴的一個中心。結果大致得到「救國第一」的結論。既然要救國，就要組織一個團體，發行一種刊物，作為行動的第一步。當時這種組織小團體的想法頗為流行，不少有抱負的青年人都想藉以一試身手，登高一鳴，於是我和一些同學們發起組織一個「國民雜誌社」，參加這個社的有一百多個同學，多數是北大學生，北京其他高等學校也有少數活動份子參加。我們籌備出版一個名叫《國民雜誌》的月刊。我自始即被推擔任發行工作，忙著向社員募集經費、經理出版、發行等業務。這月刊於 1919 年 1 月 1 日創刊，大約出了四期（按：張記載有誤，應為 8 期），後來因為五四運動的爆發，社員們都是五四運動的積極份子，無暇兼顧出版事務，因而停刊了。」[5]

基本上，救國會原名「學生愛國會」，它是在 1918 年中國學生反對「中日共同防敵軍事協定」的鬥爭高潮中宣告成立，即「留日學生救國團」赴京代表阮湘等人被政府限令離京前後成立。[6]主要組織者為罷學歸國的「留日學生救國團」成員和部分北京大學學生。「學生愛國會」成立不久即

---

[4] 許德珩，〈回憶國民雜誌社〉，張允侯、殷敘彝等編，《五四時期的社團》（二）（北京：三聯版，1963 年），頁 4。

[5] 張國燾，《我的回憶》（第一冊）（香港：明報月刊出版社出版，1974 年第 2 版），頁 45。

[6] 陳正茂，《少年中國學會之研究（1918－1925）》（台北：中國青年黨黨史委員會印行，民國 85 年 5 月 1 版），頁 10。

改名為「學生救國會」，並決定出版該組織的刊物《國民》雜誌。不僅如此，當年的「學生救國會」，也得到國民黨高層的支持與鼓勵，據親身參與其事的許德珩，晚年之回憶載：「1918 年暑假，『學生救國會』派許德珩、易克嶷為代表，南下聯絡，以通聲氣。」許說：「我和易克嶷南下之前，蔡先生（蔡元培）給我們寫了介紹信，介紹我們到上海去看望吳稚暉。吳稚暉曾做過短時期的北大學監，因這樣的關係他給我們介紹了廖仲愷、朱執信、戴天仇（後改名戴季陶）、蔣志清（即蔣介石）等人。這些人對我們組織國民雜誌社進行反帝愛國宣傳，均表示贊助。記得蔣介石以蔣志清的名義還為《國民》雜誌捐了十塊銀元。同年 8 月間，經吳稚暉介紹，我和易克嶷去莫利愛路拜見了孫中山先生。當時，中山先生因護法運動失敗，被迫辭去軍政府大元帥的職務，離開廣州再到上海。中山先生在客廳裡接見了我們。首先我們對於北京學生開展反帝愛國運動的情況，以及組織救國會和為什麼要成立國民雜誌社的理由都一一作了介紹。中山先生對北京學生的愛國活動深表同情，對出版《國民》雜誌加強宣傳完全贊同，並且講了一些鼓勵我們的話。記得在座的還有廖仲愷、朱執信、戴天仇等，這是我第二次見到孫中山先生。」[7]

　　由此可見，「國民雜誌社」之成立與《國民》雜誌的創刊，是在學生愛國情緒高昂以及反軍閥、反日本帝國主義的時代氛圍下，所自動自發組織形成的。而學生要救國，組織團體發行刊物以為喉舌，這在五四時期是頗為流行的做法與想法。當時北大學生發起的「學生救國會」，參加者並不限於北大學生，其他學校的學生也積極參加，南北各地學生都有，至於籌備出版刊物，就是五四時期與《新潮》、《國故》鼎足而三的《國民》雜誌。[8]

---

[7]　許德珩，《許德珩回憶錄》（北京：中國青年出版社出版，2001 年 1 月 1 版），頁 42。

[8]　《國民》雜誌與新潮社的《新潮》及「國故社」的《國故》月刊，為北京大學鼎足而三的社團。這三個社團代表著三種不同的政治傾向。《新潮》提倡白話文，反對舊禮教，但絕口不談政治，《國故》則專門反對白話文，鼓吹封建文化和封建道德，《國民》比較突出的特點是，公開談論政治，堅決反對日本的侵略中國，發表了不少政論文章。這些言論對當時的愛國青年

## 二、《國民》雜誌的創刊與問世

　　1918 年 10 月 20 日，「國民雜誌社」召開成立大會，到會社員 80 餘人，蔡元培、徐寶璜（伯軒）、邵飄萍（徐、邵均有演說）、徐彬彬等貴賓亦應邀觀禮。當天上午 9 時，由許德珩主持並報告「國民雜誌社」籌備之經過。接著，蔡元培致辭，對於學生之愛國行徑，深致嘉許，對學生志在拯國家於危亡，深堪嘉尚。[9]《國民》雜誌為北京「學生救國會」的機關報，創刊於 1919 年 1 月 1 日，原定為月刊，16 開本，但從 1 卷 4 號（1919 年 4 月 1 日）以後，實際上成為不定期刊物，2 卷 4 號（1921 年 5 月）停刊，前後共出版 8 期。《國民》創刊時聲明該刊是「一般青年學子公共言論機關」，標榜的宗旨有四：（1）增進國民人格；（2）灌輸國民常識（後改為灌輸國民新知識）；（3）研究學術；（4）提倡國貨。[10]這是一個愛國主義的綱領。該刊的出版，同樣得到北大校長蔡元培的支持，他希望雜誌的發行「重在提倡實業，發展學術，增進道德，誠足以抒救國之熱忱矣。」還必須注意辦雜誌無論內容形式和語言都應俱佳，雜誌才算完善。[11]從總體上說，該刊言論比較激進，具有鮮明的反帝愛國色彩，這在「五四」前的雜誌中是比較少見的。[12]

　　由於《國民》雜誌的發刊宗旨，以其進步傾向而受到學生歡迎，因此初

---

是產生過一定的影響。它的許多成員直接參加了隨後爆發的五四愛國運動，對五四是起過顯著的作用。許德珩，〈回憶國民雜誌社〉，張允侯、殷敘彝等編，《五四時期的社團》（二），同註4，頁5。許德珩，〈五四運動六十周年〉，中國社會科學院近代史研究所編，《五四運動回憶錄》（續）（北京：中國社會科學出版社出版，1979 年 11 月第 1 版），頁 40－48。

9　　許德珩，《許德珩回憶錄》，同註7，頁 43－44。

10　　〈國民雜誌社啟事〉，《北京大學日刊》（1918 年 12 月 19 日）。〈國民雜誌社組織大綱〉（民國 8 年 10 月 5 日全體大會修正），《國民》2 卷 1 期（1919 年 11 月 1 日）。

11　　許德珩，《許德珩回憶錄》，同註7，頁 43－44。

12　　李焱勝，《中國報刊圖史》（武漢：湖北人民出版社出版，2005 年 4 月 1 版），頁 94。

成立時社員即達到 80 多人。雜誌創刊後,參加編委會的有:鄧中夏、黃日葵、高君宇、陳寶鍔、黃建中、許德珩、馬駿等人。李大釗應邀作該雜誌的指導,邵飄萍和徐悲鴻作該雜誌的顧問。[13]雜誌創刊號上有蔡元培親自作序,他充分肯定北大學生出於愛國之心創辦該雜誌,希望雜誌的内容要正確、純潔和博大,任務進行要持恆,切記不要以無聊之詞章充篇幅。而所謂國民者,亦同時為全世界人類之一分子,苟倡絕對的國家主義,而置人道主義於不顧,則雖以德意志之強而終不免於失敗,況其他乎?願《國民》雜誌勿提倡絕端利己的國家主義。他還希望社員永遠保持青年人的朝氣,堅持不懈,才無負於大家喚醒國民的願望。[14]此外,許德珩也撰寫了類似〈發刊詞〉的〈吾人所望於今後之國民者〉,從感受、恥辱、痛惜、知恥、力行、勤奮、毅力等 7 個方面闡明了辦刊宗旨。[15]

　　至於雜誌的經費,是由救國會會員出資,「國民雜誌社」社員入社時,每人繳納社金 5 元,繳納常年捐 1 元,再加上許德珩等南下時各地學生捐助的款項,一共湊足了 1500 元,這在當時是筆不小的數目,可見全國學生愛國熱情之高漲及捐獻之踴躍。這個刊物是由愛國學生創辦,除宣傳愛國和反抗北洋軍閥統治外,「內除國賊」反對賣國賊,也是一訴求重點。其反帝愛國的主張,除北大學生外,也吸引了全國各地愛國學生的加入。創刊後的「國民雜誌社」,在北京北池子 53 號騎河樓路南租一間房子辦公。[16]《國民》雜誌主要以宣傳愛國主義為主,經常請報界及學術界名流撰稿,也連續刊登由鄧中夏編輯的國內外大事記、時事述評,以及分析國際形勢,抨擊帝國主義侵華的文章。因此,從政治態度上說,《國民》雜誌實際上比所宣布

---

[13]　《國民》的封面即由徐悲鴻設計,北京新文化運動紀念館編,《新時代的先聲——五四新文化運動展覽圖錄》(北京:北京出版社出版,2011 年 9 月 1 版),頁 21。

[14]　蔡元培,〈國民雜誌序〉,《國民》(1 卷 1 號)(1919 年 1 月 1 日)。

[15]　許德珩,〈吾人所望於今後之國民者〉,《國民》(1 卷 1 號)(1919 年 1 月 1 日)。

[16]　許德珩,〈五四運動六十周年〉,中國社會科學院近代史研究所編,《五四運動回憶錄》(續),同註 8,頁 46。

的宗旨還要激進些。[17]《國民》雜誌與《新潮》月刊創刊於同一日。《新潮》的目的主要是為了燃起一種純粹的文學和思想革命的火花，而《國民》雜誌則集中致力於聯合新知識分子和民眾來共同參加愛國活動。[18]

五四時期，「新潮社」曾輕而易舉地取得了與「國故派」鬥爭的勝利。但對於《國民》，就不那麼簡單了。學者王汎森分析說：「實際上，在非保守派的學生中，明顯可分為兩個派別：政治改革派和激進派。傅斯年領導的是政治改革派和文化激進派，國民社由政治激進派和文化改革派組成。這兩個團體的雜誌都瞄準了不同層次的觀眾：《新潮》的目標是中學和高等學校的學生，然而國民社的目標是普通民眾。國民社的成員甚至為下層民眾開辦一系列公共講座。」《國民》的缺點是初期發行時，它們用深奧的文言文寫成。而《新潮》盡量用淺顯的語言表達激進的思想，這種組合得到年輕一代的積極響應。[19]

雖說初始時，《國民》較吃虧，但實際上其影響力仍不容小覷，《國民》雜誌曾經暫時把不同階級立場和不同覺悟程度的青年知識份子團結在反帝愛國的旗幟之下，在準備和發動五四運動上起了積極的作用。[20]而雜誌在青年學生中產生了巨大的影響，它的許多成員都成為五四運動的領導者和積極參加者，在中國學生運動史上留下了光輝的一頁。文人相輕，自古而然，遺憾的是，《國民》雜誌因採用文言文，被「新潮社」視為「國故派」的同黨。《新潮》看不起《國故》，《國民》看不起《國故》，也看不起《新

---

17　張惠芝，《「五四」前夕的中國學生運動》（太原：山西教育出版社出版發行，1996 年 12 月第 1 版），頁 205－210。

18　周策縱原著，楊默夫編譯，《五四運動史》（台北：龍田出版社印行，民國 69 年 5 月初版），頁 103。

19　王汎森，《傅斯年：中國近代歷史與政治中的個體生命》（台北：聯經版，2013 年 5 月初版），頁 35－36。

20　中共中央馬、恩、列、斯著作編譯局研究室編，《五四時期期刊介紹》第一集（上冊）（北京：三聯版，1978 年 11 月 1 版），頁 73－74。

潮》、《新青年》，而《國故》則看不起《新青年》，更看不起《新潮》和
《國民》。「新潮社」的楊振聲說：「大家除了唇舌相譏，筆鋒相對外，上
班時冤家相見，分外眼明，大有不能兩立之勢。甚至有的懷裡還揣著小刀
子。」[21]

　　學生的意氣之爭確實如此，《國民》要角的許德珩提到：「五四前夕，
北大成立了若干社團或刊物，這些社團和刊物，都程度不同地得到蔡元培、
李大釗、陳獨秀等的支持和幫助。但這些社團，由於各有不同程度的政治思
想傾向，因而彼此之間隔閡甚深，甚至不相往來，偶一發生問題，就寫揭帖
來貼在牆上（猶如後來的大字報那樣），贊成的，反對的，你唱我和，張貼
滿牆。……《新潮》雜誌是傅斯年主編的，傅也是國文學門，和我同班。胡
適來北大後，我和傅等幾個學生對他常常散佈的資產階級思想甚為不滿，後
來傅斯年受到胡適的影響倒到胡適那邊去了。……1918 年 5 月，傅斯年不
贊成我們搞反日運動，竟跑到教育部去告密，從此我們瞧不起他，他就更加
投靠胡適。」[22]動盪的年代，正需要愛國青年的大團結，但因理念之爭而分
道揚鑣，似乎是五四這一代中國知識份子的悲劇宿命。

## 三、《國民》雜誌之體例及內容述評

　　《國民》雜誌於創刊號時，曾刊載一則〈國民雜誌社啟事〉曰：「同人
感於世界潮流變遷之劇，國民智識不足以資為因應，實為國家前途之一厄
象；爰集同志組織一月刊雜誌，名曰《國民》，以增進國民智識為主旨，本

---

[21] 楊振聲，〈回憶「五四」〉，《人民文學》（1954 年第 5 期）（1954 年 5 月）。葉曙明，《重
　　返五四現場——1919，一個國家的青春記憶》（香港：中華書局出版，2014 年 4 月初版），頁
　　206－207。

[22] 許德珩，〈回憶國民雜誌社〉，張允侯、殷敘彝等編，《五四時期的社團》（二），同註 4，
　　頁 38。

研究之所得貢獻國民。」該號並同時將雜誌內容略例如下：1.插圖：歷史上可作國民紀念之影片、各地風景影片及其他關於教育實業之攝影；2.通論：登載有關道德及智識之普通論說；3.專著：登載學術上之專門著述；4.譯述：迻譯歐美日本名著及外報論事、論學之文；5.調查：國內教育實業之現狀、國外教育實業之新制及本國風俗、物產，為國民所必知者，詳細調查，著之紀錄；6.藝林：錄最有旨趣之詩文、筆記及小說；7.通訊：與全國學子商榷意見，剖析疑義；8.記載：中外大事，為有系統之紀述；9.附錄：本社特請名人講演之稿及其他重要文字，經本社認為有轉錄之必要者。本雜誌敦請國內有名學者，每期擔任兩篇以上之著述。本雜誌無黨無偏，一唯真理之是尚，凡不背本誌宗旨之投稿，極表歡迎！刊錄時無社員與投稿者之別。[23]

　　綜觀 8 期的《國民》雜誌，其內容要而言之，可細分為 15 類：1.祝詞，如黃侃，〈國民雜誌出版祝詞〉（1 卷 1 號）；2.政治、經濟，如李大釗，〈大亞細亞主義與新亞細亞主義〉（1 卷 2 號）、黃日葵，〈東亞永久和平之基礎〉（1 卷 2 號）、常乃悳，〈建設論〉（1 卷 3 號）、李四杰，〈論近世經濟學說之趨勢及中國所有權制度之宜改〉（1 卷 3 號）、許德珩，〈五四運動與青年的覺悟〉（2 卷 1 號）、馬寅初講演、李澤彰筆記，〈經濟界之危險預防法〉（2 卷 2 號）；3.思想、社會，如許德珩，〈國民思想與世界潮流〉（1 卷 2 號）、周長憲，〈國家思想與中國〉（1 卷 4 號）、周炳琳，〈社會主義在中國應該怎樣運動〉（2 卷 2 號）、常乃悳，〈東方文明與西方文明〉（2 卷 3 號）；4.馬克思主義與蘇聯介紹，主要有李澤彰譯，〈馬克思和恩格斯共產黨宣言〉（2 卷 1 號）、費覺天譯，〈馬克思資本論自敘〉（2 卷 3 號）、陳國渠，〈蘇維埃俄國底經濟組織〉（2 卷 4 號）；5.其他社會主義流派介紹，有黃日葵，〈新村之說明〉（2 卷 1 號）、周長憲，〈勞工之意義及價值〉（2 卷 2 號）；6.哲學、歷史，黃建

---

23　〈國民雜誌社啟事〉，《北京大學日刊》，同註 10。

中，〈中國哲學之宇宙論〉（1 卷 1－2 號）、陳鐘凡，〈老子學說略〉（1
卷 2－3 號）、陳國渠，〈羅素的將來世界改造觀〉（2 卷 3 號）；7.教育，
陳國渠，〈羅素對於教育底批評〉（2 卷 3 號）、常乃惪，〈斯多奈夫人之
教育法〉（2 卷 4 號）；8.調查，若農商部權度製造所調查報告、財政部印
刷局調查報告等；9.通訊，為會員間通訊或外來讀者投書，如夏敬觀致《國
民》雜誌、黃日葵復阮有秋；10.國內外大事記；11.國民雜誌社的組織和活
動，如成立會紀事、組織大綱、社員錄、周年大會紀事等；12.新詩、白話
小說與散文，收錄俞平伯、羅家倫、常乃惪等人之新詩、散文創作；13.舊
體散文與小說，登載章炳麟、劉師培、黃侃、陳鐘凡、馬敘倫等古文家之論
文、筆記、小說、贊詞；14.舊體詩詞，刊登黃侃、汪東、章炳麟、吳梅等
古文派大師的舊體詩詞之作；15.附錄，刊布如易克嶷，〈記張君勱先生談
話〉（1 卷 1 號）、徐寶璜，〈新聞紙之社論〉（1 卷 3 號）、許廣武，〈余
日章先生在北京社會實進會演講記略〉（1 卷 3 號）等。[24]

　　在發行僅 8 期的《國民》雜誌上，其內容仍有諸多擲地有聲的文章，值
得介紹與述評。日本是當時中國最大的敵人，《國民》曾發表了大量反日的
文章，李大釗在《國民》1 卷 2 號撰寫了〈大亞細亞主義與新亞細亞主義〉
一文，是反日的戰鬥鴻文，他文章尖銳的揭露了日本軍國主義者所提倡的
「大亞細亞主義」，根本不是和平主義，而是「併吞中國的隱語」，是侵略
的主義，是吞併弱小民族的帝國主義。所以李提倡「新亞細亞主義」這個概
念，也就是在「民族自決」和「民族解放」的基礎上聯合起來，對抗日本帝
國主義的「大亞細亞主義」。[25]

　　在同期上，黃日葵也發表〈東亞永久和平之基礎〉，系統地列舉了自
1915 年以來，日本侵略中國的行動始末。黃認為要保持東亞的永久和平，

---

[24]　〈《國民》分類索引〉，中共中央馬、恩、列、斯著作編譯局研究室編，《五四時期期刊介
　　紹》第一集（下冊）（北京：三聯版，1978 年 11 月 1 版），頁 464－468。

[25]　李大釗，〈大亞細亞主義與新亞細亞主義〉，《國民》（1 卷 2 號）（1919 年 2 月 1 日）。

日本必須無條件的取消「二十一條件」及在中國的種種特權和「軍事協定」。[26]對歐戰後的「巴黎和會」,《國民》曾寄予厚望,對美國總統威爾遜的「十四點」和平原則,也視為「公理戰勝強權」的宣言。許德珩的〈吾人所望於今後之國民者〉認為英法為「今日改造世界,擁護人道之先驅」,極力稱讚威爾遜之功績。[27]及至「巴黎和會」出賣中國權益後,許乃失望的覺悟說到「所謂和會,不知其優於柏林會議、神聖同盟者幾何,而去其所謂征服、壓迫、分贓、打擊之野蠻名詞者又幾何」。[28]「協約國」雖打著公理戰勝之旗幟,實則何嘗因此稍戢其侵略之野心。[29]

許德珩在《國民》上常常提倡「國家主義」,且標榜其非德國式的極端國家主義、侵略的國家主義,而是「自衛的國家主義」、「合理的國家主義」、「世界的國家主義」,其立論乃肇基於「民族平等」與「世界大同」的不切實際之幻想之上。其提出之辦法為:對人民進行愛國主義教育、開發富源、振興實業、提倡國貨、訓練海陸軍等。其中,《國民》更在每期強調欲拯救國家於危亡,必須富國強兵,要富國強兵,就必須喚起國民之自覺心,「救今日之中國者,今日之國民也;訓練今日之國民克勝救國之任者,國民思想之改革也。」[30]於此思想前提下,北大教授楊昌濟寫到,把「增進國民人格」,即所謂的「國民性改造」,視為最重要的論述重點。把國民思想改造,看作是整個社會改造的起點,國民自身,國家之本體也,有不良之國民,斯有不良之政府。[31]欲改造不良之政府,必先改造不良之國民。《國民》所謂的自我改造,是主張用閉門思過,用自我反省的方法,達到人格的

---

26 黃日葵,〈東亞永久和平之基礎〉,《國民》(1卷2號)(1919年2月1日)。

27 許德珩,〈吾人所望於今後之國民者〉,《國民》(1卷1號)(1919年1月1日)。

28 許德珩,〈人道與和平〉,《國民》(1卷4號)(1919年4月1日)。

29 周長憲,〈國家思想與中國〉,《國民》(1卷4號)(1919年4月1日)。

30 許德珩,〈國民思想與世界潮流〉,《國民》(1卷2號)(1919年2月1日)。

31 楊昌濟,〈告學生〉,《國民》(1卷1號)(1919年1月1日)。

修養和鍛鍊。

　　《國民》對於五四前夜的新舊思想，立論往往採取妥協調和的態度。「不必厭國粹為陳腐，無者輸而入之，不必詫歐化為新奇，始當各守封界以存真，無取附會；繼當辨析同異，以通彼此之郵，無取牴牾；終當擇中西學術之性質相同者，而一一熔鑄化合之，無取乎復力國粹歐化之名。」基於這種新舊調和論，《國民》喊出了「不可為古人奴隸，不可為西人奴隸」的口號。[32] 常乃悳在《國民》1 卷 3 號上的〈建設論〉，更進一步從政治上來發揮這種新舊調和的折衷主義思想。常乃悳說：「中國所以不能自強的原因，本來不止一端，但是舉其最重要，最顯然易見的，莫過於新舊二派的氣味思想不能融洽。……而新舊矛盾鬥爭的存在，便是今日中國社會國家所以杌隉不安的原因；而新舊調和的結果便是『社會國家所以改良進步的方式』。」因此常乃悳以為新舊二字，其間的分別只是程度的關係，換言之，新舊之間……不是根本上不能相容的。「新的固然應當採用，舊的也不能完全破壞」。[33] 對常乃悳的新舊調和論說，當然社裡也有社員有反對意見，邦式在〈改革之手段〉文中，提到破壞與建設同為改革之要素，但當應該改革的舊思想和舊制度，與新思想是絕對不能相容的，必須先破，然後才能立，中國的情況正是如此。故居今日而欲言改革，非以大刀闊斧，破壞舊社會之種種積弊不可。[34]

　　1918 年，俄國的「十月革命」震驚全世界，多少也影響到《國民》，在初期，《國民》對俄國革命仍有所疑懼，在《國民》發表的一些文章中，曾指責布爾雪維克是「過激派」，矯枉過正、違反民治精神等。[35]但五四運

---

[32]　攖寧，〈國民之自覺與自勉〉，《國民》（1 卷 3 號）（1919 年 3 月 1 日）。

[33]　常乃悳，〈建設論〉，《國民》（1 卷 3 號）（1919 年 3 月 1 日）。

[34]　邦式，〈改革之手段〉，《國民》（1 卷 3 號）（1919 年 3 月 1 日）。

[35]　陳國渠，〈蘇維埃俄國底經濟組織〉、〈蘇維埃俄國底新農制度〉，《國民》（2 卷 4 號）（1921 年 5 月 1 日）。

動過後，在李大釗影響下，《國民》對俄國革命看法開始有所改觀，且從形式到內容也都有了突出的轉變。這主要表現在 1.杜絕了國粹主義的宣傳，不再刊登章太炎、劉師培等人的文章，並開始採用白話文。2.開始發表介紹蘇聯和馬克思主義的文章，同時也登載了一些介紹非馬克思主義的社會主義流派的文章。[36]

　　1919 年 10 月，《國民》雜誌社成立周年，召開紀念大會，李大釗特別告誡社員，「斯世有以強權壓迫公理者，無論是日本人非日本人，吾人均應排斥之。」在談到五四運動的性質時，李指出「此番運動，僅認為愛國運動，尚非確當，實人類解放運動之一部分也，並且希望，諸君本此進行，將來對於世界造福不淺。」[37]接著，李在〈再論新亞細亞主義〉文中，進一步闡發亞洲人民必須聯合起來反對帝國主義的道理，重申殖民地人民的民族解放和民族自決的主張，更堅信殖民地人民，有著摧毀帝國主義世界的無比威力。李傳神的比喻，世界上的軍國主義或資本主義，只是像唐山煤礦上的豪華建築物般，其實底層基礎早就被挖空了，只要敢與他搏戰，信他必有摧拉。最後，李提醒大家，要堅信民族自決的力量，放棄對任何帝國主義的幻想，因為資本主義、帝國主義，不論是東方的、歐美的，絕講不出公道的話來。[38]

　　基本上，經過五四「三罷」（罷工、罷市、罷課）後，《國民》對群眾的力量有進一步的認識，不管是工人或青年的力量。許德珩的〈五四運動與青年的覺悟〉一文，有比較全面分析了五四運動給予中國青年的影響，並進而提到要貫徹五四運動的「打倒軍閥」、「反抗強權」為人類求幸福自由的主張，首先就必須在反軍閥的同時，實行平民政治，為此就需要與勞動階級

---

[36] 中共中央馬、恩、列、斯著作編譯局研究室編，《五四時期期刊介紹》第一集（上冊），同註20，頁 70。

[37] 李大釗，〈本社成立周年大會紀事〉，《國民》（2 卷 1 號）（1919 年 11 月 1 日）。

[38] 李大釗，〈再論新亞細亞主義〉，《國民》（2 卷 1 號）（1919 年 11 月 1 日）。

聯合，只有到勞動階級去，和其打成一片，灌輸他們知識，使他們有組織，有辦法，成無數個精密完善的團體。這是知識階級與勞動階級的大聯合，是民眾活動和民眾政治實行的第一步。[39]對勞工階級的肯定，《國民》其實早在 1 卷 2 號就刊載過陳寶鍔所撰的〈勞工神聖〉一文，文中嚴詞痛斥不勞而獲的剝削者，歌頌勞工階級勞動的偉大。[40]而楊亦曾在〈社會為什麼要改造〉中，已經把勞工問題視為社會問題的一個重要部分，控訴今日之社會，是個寄生的社會，是私產制度發達的社會，是軍閥壓制平民的社會，是資本家壓制勞動者的社會。[41]因此要打倒資本家，必須打倒私產制度，因為該制度是社會萬惡的本源。據此，《國民》逐一駁斥用道德、宗教、法律、教育去改造社會的謬誤。根本解決之道就是非改造社會不可。周長憲於 2 卷 4 號的〈社會根本改造運動〉文中指出，社會的根本改革，主張積極的建設，是要以消極的破壞為基礎的；而政治的改造，是要以社會革命為前提的。至於具體做法，《國民》認為宜設立平民學校，舉行通俗演講，教授注音字母，調查社會習尚，注意公眾健康等種種緩不濟急的辦法。[42]

　　對馬克思主義的傳播，《國民》分別在 2 卷 2 號刊登了李澤彰譯的〈共產黨宣言〉；2 卷 3 號也刊載了費覺天譯的〈馬克思資本論自敘〉。此外，2 卷 2、3 號也連續刊登常乃惪譯的〈馬克思主義的歷史唯物主義〉；2 卷 4 號亦刊布了〈蘇維埃俄國底經濟組織〉和〈蘇維埃俄國底新農制度〉等。當然這些文章只是客觀的譯介，不代表是《國民》雜誌社的贊成或認同。[43]同樣是基於傳播西方思潮的使命，《國民》也介紹了無政府主義或基爾特社會

---

[39]　許德珩，〈五四運動與青年的覺悟〉，《國民》（2 卷 1 號）（1919 年 11 月 1 日）。

[40]　陳寶鍔，〈勞工神聖〉，《國民》（1 卷 2 號）（1919 年 2 月 1 日）。

[41]　楊亦曾，〈社會為什麼要改造〉，《國民》（2 卷 1 號）（1919 年 11 月 1 日）。

[42]　周長憲，〈社會根本改造運動〉（2 卷 4 號）（1921 年 5 月 1 日）。

[43]　例如主張國家主義，日後為青年黨理論大師的常乃惪，曾譯〈馬克思主義的歷史唯物主義〉（2 卷 2、3 號）（1920 年 6 月 1 日、10 月 1 日），但這些文章只是客觀主義的介紹，並不表示譯者贊成馬克思主義。

主義、新村主義和泛勞動主義等等。2 卷 1 號的〈新村之說明〉，是一篇專門介紹日本武者小路實篤的新村主義之文章。而 2 卷 2 號的〈勞工之意義及價值〉則是專門介紹托爾斯泰的「泛勞動主義」學說。另外，在 2 卷 3 號也發表了兩篇宣揚羅素之說的文章〈羅素底將來世界改造觀〉與〈羅素對於教育的批評〉。[44]

## 四、結論：風流雲散 ──《國民》雜誌的停刊與結束

　　平實說來，《國民》的誕生，是五四前後愛國青年活動下的產物，《國民》的中堅份子黃日葵曾說到：「五四運動之前年，除《新青年》外，學生方面，有兩種大的傾向，……一種傾向是代表哲學文學一方面，另一種傾向是代表政治社會的問題方面。前者是《新潮》雜誌社，後者是《國民》雜誌社。……《國民》雜誌社的一群，始初以反抗國際帝國主義（日本）之壓迫這點愛國的政治熱相結合。在雜誌上可以看出他們對於政治問題、社會問題是特別注意的。他們在民國七年為軍事協約問題發起中國第一次的政治示威運動，八年他們發起五四運動，並為這運動的中堅。五四運動之後，這一群的傾向越發分明了，他們顯然是社會主義 ── 尤其是布爾扎維克主義的仰慕者了。新潮社一派，隱然以胡適之先生為首領；國民雜誌社一派，隱然以陳獨秀先生為首領。前派漸漸傾向於國故整理的運動，……陳獨秀的一派，現在在做實際的社會革命運動。」[45]

　　黃日葵的說法與《國民》另一主角張國燾的觀點類似，張在《我的回

---

[44]　見〈《國民》分類索引〉，中共中央馬、恩、列、斯著作編譯局研究室編，《五四時期期刊介紹》第一集（下冊），同註 24。

[45]　黃日葵，〈在中國近代思想史演進中的北大〉，《北京大學二十五周年紀念刊》（1923 年 12月 17 日）。

憶》談及「國民雜誌社的社員們都是狂熱愛國的人物，後來成為五四運動的
發動者和組織者，但他們對新文化運動的意見卻有紛歧，並常因此引起爭
論。大別之可分為三派：一是少數的保守派，以陳鐘凡、黃建中為代表，主
張保存國粹，反對白話文；二是幾佔半數的調和派，以易克嶷為代表，他是
國民雜誌社的主要發起人，提倡一致救國，同時也是一個新舊學說並行、東
西文化並重的調和論者；三是與調和派幾乎勢均力敵的急進派，我和許德珩
常是這派的發言人，我們主張革命救國，同時擁護新文化運動。我是國民雜
誌社的一個要角，很起勁的為它服務，但因上述內部意見的紛歧，已經感覺
不滿足了。」[46]

　　有趣的是，《國民》內部雖有不少激進愛國青年，但是政治上的激進，
文化上的態度卻包容保守的意識，此形成一個頗為矛盾弔詭的現象。誠如
《國民》骨幹份子許德珩坦言：「從文學革命和介紹歐美新文化的角度來
說，《新潮》比《國民》的影響大。因為我們反對胡適、傅斯年，所以北大
的黃侃、劉師培等人都同情我們，章炳麟也支持我們。」《國民》2卷1期
開始用白話文，「因為和傅斯年不對頭，他們幹的事我們就不幹，這裡面也
有些意氣用事。《國民》的主編是我（許德珩），鄧康與黃日葵，名義上則
推陳鐘凡、黃建中主持，他們年級高，實際並不問事。高尚德、易克嶷都起
過很大作用。」[47]

　　《國民》至第2卷才開始用白話文發行，較《新潮》的影響力已失先
機，這是《國民》很不智的地方。早在發行之初，已有讀者投書反映「文字
宜淺近，貴雜誌四大宗旨，自以灌輸常識一條為最重要，故所作之文字宜為
一般國民所能共讀，此亦為諸君子創辦貴雜誌之本旨也。然求其能貫徹此條
之精神而達其預定之目的將如何耶？以愚見當以最淺近之文字表明最顯著之

---

[46]　張國燾，《我的回憶》第一冊，同註5，頁45–46。

[47]　許德珩，〈回憶國民雜誌社〉，張允侯、殷敘彝等編，《五四時期的社團》（二），同註4，
　　　頁39。

理由為唯一主義。」[48]但不知《國民》何以拖了年餘到第 2 卷才改弦易轍。
從內容上說，原本《國民》表現得比它的宗旨更急進些，反帝愛國的色彩也
較鮮明，這在五四前的雜誌中是少見的。但因為有甚多文章都是用文言文寫
的，而且除政論之外，還發表了一些完全脫離實際的舊詞章，這與《國民》
的戰鬥性很不調和。

　　《國民》的這種不調和的矛盾性，從內部成員的結構亦可看出端倪，在
《國民》180 餘名會員中，有接受馬克思主義的鄧中夏、高君宇、黃日葵
等；也有信仰無政府主義的易家鉞；甚至國家主義者的曾琦、常乃惪等；另
有國民黨的段錫朋及社會主義者的吳載盛，段錫朋且擔任過「國民雜誌社」
評議部部長，這也正反映出《國民》雜誌社成員的複雜性。[49]五四以後，
《國民》言論一度有左傾的情況，但真正成為共產主義者還是不多，可以
說，《國民》的成員仍是以一般知識青年居多。五四以後，一部分激進青年
選擇離開，內部成員也因理念之爭而呈現矛盾疏離的現象；兼以《國民》並
非一組織嚴密的團體，如同「少年中國學會」一樣，最終走向分裂瓦解之
途，其言論內容的發展變化及不徹底性，亦充分反映了社員的發展與分化的
過程。五四前後的中國社團，在理想與現實中的衝突與掙扎，幾乎，無一倖
免，都是步向同樣的歸途。

---

48　〈臥佛致記者〉，《國民》1 卷 1 期（1919 年 1 月）。

49　〈國民雜誌社第一期職員錄〉、〈國民雜誌社社員錄〉，《國民》（1 卷 1 期）（1919 年 1 月
　　1 日）；〈國民雜誌社社員錄〉（續），《國民》（1 卷 2 期）（1919 年 2 月 1 日）。

# 第三章　常燕生與五四時期的《平民教育》雜誌

## 一、前言：早慧的教育思想家

　　常燕生（1898－1947）本名乃惪，字燕生，後以字行。山西省榆次縣人。北京高等師範學校畢業。[1]早年即積極參與新文化運動和五四運動，為新文化運動中嶄露頭角的志士之一，肄業北京高等師範史地部時已投稿《新青年》，與主編陳獨秀討論新舊文化問題。[2]及至「北京學生聯合會」成立，又當選為該會教育組主任，並參加在「五四」遊行示威運動中「出力獨多」的「國民雜誌社」，一度出任《國民》編輯。[3]同時他還經常為《平民教育》周刊撰稿。[4]1925 年，燕生加入主張國家主義之「中國青年黨」。[5]並成為該黨之理論大師，畢生倡導「生物史觀」以對抗共產黨之唯物史觀。[6]

---

[1]　吳天墀，〈常燕生先生簡要年譜〉，23 歲條，見黃欣周編，《常燕生先生遺集》（8）（台北：文海版，民國 56 年 12 月台初版），頁 120。

[2]　許冠三，〈常乃德：生物法則支配一切〉，見《新史學九十年》（下冊）（香港：中文大學出版社出版，1988 年），頁 44。

[3]　張允侯、殷敘彝等編，《五四時期的社團》（二）（北京：三聯書店出版，1979 年 4 月 1版），頁 16。

[4]　〈平民教育目錄〉，見中共中央馬、恩、列、斯著作編譯局研究室編，《五四時期期刊介紹》第一集（下冊）（北京：三聯書店出版，1978 年 11 月 1 版），頁 808－824。

[5]　〈常燕生〉，秦孝儀主編，《中國現代史辭典——人物部份》（台北：近代中國出版社，民國 74 年初版），頁 400。

[6]　黃敏蘭，〈國族集團主義的生物社會史觀〉，見其著，《學術救國——知識分子歷史觀與中國政治》（河南：人民出版社出版，1995 年 12 月 1 版），頁 132。

為中國現代著名的史學家、思想家和社會哲學家。然世人咸知常氏創立生物史觀,為一思想理論大師,但殊不知其早年亦為一個主張「全民教育」之教育哲學家,其有關教育主張與教育制度之論文,最早發表於《民鐸》雜誌,後來編入《全民教育論發凡》一書中,於 1922 年交由商務印書館出版。另尚有〈教育上的理想國〉等譯介文章及單篇探討教育論文,散見於《國民》、《教育雜誌》、《中華教育界》、《東方雜誌》等刊物中。[7]

由於國內學者對常氏在教育思想上的主張尚無人研究,故拙文嘗試以第一手資料《平民教育》周刊為素材,探討常氏生平最重要「全民教育」與「平民主義」之教育思想。文中首先略敘常氏與五四時期主張平民教育思想社團「平民教育社」之關係外,更重要的是,由常氏在該社團的機關刊物《平民教育》所發表的文章,來爬梳整理常氏對當時教育制度的看法及其提出之主張。基本上,筆者肯定常氏在教育問題上的許多創見卓識,並評價其對中國教育界的貢獻。

# 二、常燕生與「平民教育社」

「平民教育社」為五四時期提倡通過普及教育來改造社會和救國圖強的一個社團。該社大約成立於五四運動後不久,由北京高等師範學校(北京師範大學之前身)教職員和學生聯合組織的。[8]它的成立受到當時來華講學的美國教育學家杜威的影響很大。據社員姚以齊在〈本社四年來的回顧〉一文中說到:「本社成立於民國八年雙十節以前,恰當杜威博士來華之後。至本

---

7　陳正茂,〈常燕生傳〉,《國史擬傳》第五輯(台北:國史館印行,民國 84 年 6 月出版),頁 110。

8　「平民教育社」,見《五四時期的社團》(三),同註 3,頁 4。

社之所以成立，直可謂由於受杜威學說之影響和感動。」[9]另一社員任熙烈也說：「民國八年杜威博士來華講演，同人因鑒於中國教育之不良，急待改善，乃組織平民教育社。」[10]由此可見，此社團的成立，多少受到杜威來華的影響下組成的。

與五四時期諸多社團相比較，「平民教育社」壽命還算是長的，從1919 年成立到 1924 年，因經費無著而停止活動，前後共維持將近 5 年之久。[11]社員最多時曾達 140 餘人。該社宗旨為：「研究宣傳及實施平民教育」。[12]「平民教育社」成立後，最重要之事即創辦了社刊《平民教育》雜誌。[13]「平民教育社」於 1919 年 10 月 10 日發行《平民教育》周刊，至 1920年 5 月 8 日停刊止，共出 23 期，每期一張。[14]1920 年暑假後，高師另一部分學生又辦了一分《教育與社會》刊物，並與《平民教育》合併，名稱仍叫《平民教育》。此刊物於 1920 年 11 月 14 日出版第 24 號。從這一號起，改為 16 開本的半月刊，全年 18 冊（寒暑假休刊）。[15]1922 年 5 月，《平民教育》又與該校「實際教育研究社」所辦的《實際教育》合併，仍沿用《平民教育》一名。目前所見《平民教育》共有 73 期，中缺 21—23 期，且愈到後來兩期合刊的愈多。而刊物的思想傾向，從 24 期後有明顯之不同。[16]

---

9   姚以齊，〈本社四年來的回顧〉，《平民教育》第 68、69 號合刊（平民教育四周年紀念特號）（1923 年 10 月 30 日）。

10  任熙烈，〈平民教育發行情形四年之回顧〉，《平民教育》第 68、69 號合刊，同上註。

11  〈平民教育〉，《五四時期期刊介紹》第一集（上冊），同註 4，頁 337。

12  「平民教育社」的組織共 12 條，其第 2 條即「本社以研究宣傳及實施平民教育為宗旨」，見姚以齊：〈本社四年來的回顧〉，同註 9。

13  「平民教育社」的組織第 5 條「本社為利於研究及宣傳起見，特發行《平民教育》雜誌及其他同性質出版品」，同上註。

14  同註 11。

15  〈本社特別啟事〉，《平民教育》第 24 期（1920 年 11 月 14 日）。

16  〈《實際教育》同《平民教育》合并的聲明〉，《平民教育》第 51 期（1922 年 5 月 10 日）。《平民教育》的前 23 期，是主張通過教育的革新和改良來改造社會的，認為教育的改良是一切改良的根本。24 期以後，則有不少成員著重闡述資本主義的教育制度，其中以常乃惠為主要代

　　前期的「平民教育社」，主張通過教育的革新和改良來改造社會，認為
教育的改良是一切改良的根本。故前期的《平民教育》一再強調通過改革教
育來突顯當時中國社會的黑暗腐敗與批判廣大平民不能接受教育、不能過基
本幸福的不合理狀況。因此在〈發刊詞〉中，開宗明義即言：「平民政治之
目的求人人都得幸福。平民教育目的求人人都知道怎樣才是真幸福，兼明白
求幸福的法子。所以我們要談的平民教育，不限在學校範圍裡，社會上種種
事情都是教育的材料，可以提舉，可以批評，說之不離了平民者便是。這是
我們的宗旨。」[17]所以我們要來細談根本改造的教育，不願去高論空中樓閣
的政治。不先有了平民教育，那能行平民政治？那能使用平民政治的工具？
簡單的說，我們的宗旨有三：第一、提倡「德謨克拉西」教育的學說；第
二、研究「德謨克拉西」教育實施的方法；第三、批評舊式的教育、思想和
社會──改造環境。這三種是並行的，是相互發展的，並不是從那一方面著
手，便就忽略別的方面的；所以我們說「平民教育不僅限在學校的範圍以
內」也就是這個緣故。[18]

　　後期的《平民教育》，則日益趨向於對資本主義教育的嚮往，甚至肯定
中國的教育只有朝向資本主義的教育發展，此外別無出路。基本上，「平民
教育社」的企圖通過改革和普及教育的途徑來救國和改造社會，其手段是主
張從事溫和的改革路線來進行的，他們對於用革命手段去徹底消滅舊社會的
做法是抱持疑懼態度與不支持的。但在五四那個風馳電掣的狂飆時代，徒喊
口號而乏具體行動的改良主義是行不通的，在不能找到真正的辦法和社會力
量來促其實現的情況下，平民教育鼓吹「教育救國」的良善美意，終究抵擋

---

　　表人物，所以遭到攻擊批評的也最厲害。見《五四時期期刊介紹》第一集（上冊），同註 4，
　　頁 337－351。

[17]　〈發刊詞〉，《平民教育》第 1 期（1919 年 10 月 10 日）。

[18]　〈俍工復曼支〉，《平民教育》第 5 期（1919 年 11 月 8 日）。

不住歷史潮流之衝擊而走向終點。[19]

　　「平民教育社」成立之際，亦常氏肄業該校史地部之時，故常氏也加入該社，並與常道直、王卓然、湯茂如等人為該社機關刊物《平民教育》週刊第 2 屆（1920 年）編輯。[20]常並經常撰稿發表於該刊。據《平民教育》目錄記載，常氏發表在《平民教育》的文章計有：〈對於全國教育會聯合會的希望〉：第 1 號（1919 年 10 月 10 日）、〈天才和社會〉：第 3 號（1919 年 10 月 25 日）、〈格里學校〉R. S. Bowvne 著（Gray School）（譯述）：第 12 號（1919 年 12 月 27 日）、15 號（1920 年 1 月 24 日）、〈理想學校的先決問題〉：第 26 號（1920 年 12 月 20 日）、〈教育家懷疑的態度〉：第 27 號（1921 年 1 月 10 日）、〈我所望於「教育博物館」者〉：第 27 號（1921 年 1 月 10 日）、〈未來教育改造趨勢之觀察〉：第 38 號（1921 年 9 月 25 日）、〈打破隔閡人性的教育制度〉：第 39 號（1921 年 10 月 10 日）等文。[21]數量或許不多，但卻是一個 20 歲初頭，思想早熟的青年，最早的教育思想主張。

## 三、常燕生在《平民教育》雜誌的教育主張

　　常氏教育思想之發軔，實與其親身教學經驗有密切關係。1920 年夏，常氏卒業於北京高師，下學期留校教高師附中。[22]1921 年，常氏接受上海吳

---

19　〈編者說明〉，張允侯、殷敘彝等編，《五四時期的社團》（三）（北京：三聯書店出版，1979 年 4 月 1 版），頁 4-5。

20　〈平民教育社歷屆職員名單〉，《五四時期的社團》（三），同上註，頁 9。

21　同註 4。

22　〈常燕生〉，見劉紹唐主編，《民國人物小傳》第一冊（台北：傳記文學出版社印行，民國 64 年 6 月初版），頁 155。又見阮毅成，〈記常乃德先生〉，載其著，《前輩先生》（台北：傳記文學出版社，民國 61 年初版），頁 67。

淞中國公學中學部之聘，南下教書。此一、二年中所撰雜文至夥，但以探討教育問題為多，曾先後發表於《平民教育》、《時事新報》之副刊〈學燈〉、《民鐸雜誌》及《教育雜誌》等報章雜誌。[23]1922 年，常氏將歷年所撰有關教育問題之文章，輯為《全民教育論發凡》一書，交由商務印書館出版。該書提倡大同主義的全民教育觀，思想至為新穎。[24]1924 年春，常氏再赴北京就師大附中教職。秋，改就燕京大學之聘，教授歷史，正式結束其將近 6 年之中學教職經驗，此 6 年之中學教學經驗，對常氏影響至大，其諸多改革教育之思想主張，即因親身教學經驗之感受而啟發的。[25]

　　對於當時國內教育環境的不滿，係刺激其思考教育的一大外緣因素。如對彼時教育環境與制度的深切不滿，常氏即不諱言的說到：「現在凡是學師範學教育的人，稍微有點進取思想的，大約沒有一個不希望將來出校任事之後，對於教育現狀將加以多少的改良。」[26]常氏自承：「從民國九年離開學校以後，到民國十四年，這一時期因為服務於中等教育而對現行學校教育制度根本起了懷疑。」[27]常氏明白指出，「現在國內教育制度有許多弊病，一

---

[23]　黃欣周，〈愛國詩人常燕生先生〉（中），《現代國家月刊》第 277 期（民國 77 年 2 月 1 日），頁 38。

[24]　舒新城，〈大同教育思想〉，載其編，《近代中國教育思想史》（上海：中華書局印行，民國 17 年出版），頁 187－201。

[25]　常燕生，〈自序〉，載其著，《歷史哲學論叢》（香港：自由出版社出版，民國 45 年 11 月出版），頁 1。

[26]　常乃惪，〈毀校造校論〉，《民鐸》第 4 卷第 5 號（1923 年 7 月 1 日），頁 1。

[27]　同註 25。關於常氏對當時教育界之不滿與懷疑，時與常氏同在中國公學附設吳淞中學任教之舒新城說的最清楚。舒氏坦承在教育上，當時各人對於學校的辦法和前途，雖各有其不同之理想，但於舊制度及方法之懷疑，卻是一致的。而懷疑之最甚者，當推常乃德與我。其次為沈仲九與孫俍工。常君根本懷疑當時之學校而主張全民教育，主張毀校造校，有《全民教育論發凡》一冊，於十一年由商務印書館出版，其思想之背景為大同主義。見舒新城，《我和教育》（上）（台北：龍文出版社出版，民國 79 年 5 月初版），頁 108－181。又言：當時教育界，除去我們在吳淞的一群「浮薄少年」以及其他的少數青年及非教育家對於中國的教育有所懷疑，有所批評而外，大多數的教育家，似不感著當前的教育有問題，尤少有人感到教育制度與社會組織之關係的問題。我的疑問既不能向教育家求得解決，便只有自己努力。《我和教育》（下），頁 342－343。

是教育方法的不能盡善，一是教育事業的不能普及，還有教育制度本身的種種缺點，這都是社會學家與教育學家所應當盡力去求解決的。」[28]

# （一）全民教育（平民主義）之思想淵源

常氏的教育思想名為「全民教育」，其實全民教育亦可稱之為平民主義的教育思想。此思想之淵源，實肇始於常氏就讀北京高師時。此思想之產生，為民主思想盛行的結果。在歐美各民主國家，早已有此種思想，至於中國由於幾千年來的君主專制政體，人民思想始終處於「天下有道庶人不議」的觀念中，所以平民主義思想的出現乃是辛亥革命以後的事。[29]五四時期，歐美各種新思想紛至沓來的傳來中國，平民主義教育思想亦於適時傳入。[30]此際，又由於平民主義思想的創造者杜威博士來華講演，更予中國社會莫大的影響。[31]

湯茂如對於此種思想所以能在中國產生的原因，說得很詳盡。他說：「歐戰發生，我國人民的思想大為變動，全國學生和有智識的人，對於本國的文化思想，大大懷疑；對於本國內政外交，群起參加。甚麼新文化運動，學生運動，公開學術講演，都在這個時候發生。最可注意的就是此時國內平

---

[28] 常乃惪，《社會學要旨》（上海：中華書局發行，民國 13 年 4 月初版），頁 98。

[29] 任時先，《中國教育思想史》（台北：商務版，民國 57 年 12 月台 2 版），頁 358。

[30] 1919 年之後，隨著西方學者的來華講學，介紹平民主義以及國內學者的不斷引述與鼓吹，平民教育遂成為一股重要的思潮。見洪喜美，〈北伐前平民教育運動初探〉，載《中華民國史專題論文集》第二屆討論會（台北：國史館印行，民國 82 年 12 月初版），頁 92。

[31] 舒新城即言「五四」運動以後，舊社會上的一切被否定，對於什麼都要重新估價。青年們多少年來被社會風俗習慣的種種壓抑，當時都可以無顧忌地推翻。在教育方面，當時的學校制度以及教育制度，本不能滿足青年以及社會的需要；加以 1919 年 5 月，美國的民治主義教育大家杜威博士應北京大學與江蘇教育會等之請來中國講學。其親炙弟子胡適又是當時文學革命的先驅。一年之間，師生講演的足跡幾遍中國。杜威的民治主義的教育哲學尤其「教育即生活」「學校即社會」兩句話，差不多是教育界——包括學生教師——的口頭禪。見其著，《我和教育》（上）（台北：龍文出版社出版，民國 79 年 5 月初版），頁 150-151。

民主義的鼓吹和白話文學的提倡，……民八以後，共計三年，有美國教育哲學家杜威博士在全國各大學校講演平民主義與教育，又有國立北京高等師範教育研究科的教授和學生在民國九年創辦平民教育週刊，鼓吹教育平民主義化。」[32]另研究教育思想史的任時先亦言：「平民主義教育思想實萌芽於康有為的大同教育理論，不過那時國體尚沒有具體的變革，大同二字多為人所忌言，故其思想不甚普遍。……歐戰告終，民主思想大盛，中國的五四運動因以『德先生與賽先生』為骨幹，此種新文化運動實為平民主義教育思想的媒介。」[33]誠然，1919 年 5 月杜威博士應北京大學之請來華講演，造成平民主義教育思想因此而盛極一時。杜威的平民主義教育之系統主張，全在他的《平民主義與教育》（Democracy and Education）一書中。當時他提出的口號是「教育即生活，學校即社會」。而胡適更根據其師之教育哲學，竭力加以推演。[34]自此以後，平民主義教育思想影響於我國教育思想至為巨大。

常氏此際的教育思想，可以肯定受到杜威一派「平民主義」教育思潮影

---

[32] 湯茂如，〈平民教育運動的經過〉，《教育雜誌》第 19 卷第 9 號（民國 16 年 9 月 20 日），頁 1。

[33] 任時先，《中國教育思想史》，同註 29，頁 359－360。

[34] 胡適，〈杜威的教育哲學〉，《新教育月刊》第 1 卷第 3 期——杜威號（1919 年 4 月）。另胡適又言：美教育學者杜威在五四前夕來華，住了兩年，在 11 省作過學術演講，他的實用主義教育主張受到中國知識份子的重視，在北京 5 種長期講演錄《杜威五大講演》，在他離華前已再版 10 次。胡適：〈杜威先生與中國〉，《晨報》（民國 10 年 7 月 11 日）。另呂芳上也說到，五四學運中，有許多觀念是來自外國的影響。例如美國教育家杜威（John Dewey，1859－1952）說「教育即生活」、「學校即社會」，孟祿（Paul Monroe，1869－1947）提倡「學生自治」及「自由共和的教育」，不論學生對這些教育學說有多少理解，他們的確把它拿來實踐，並作為學運的一種訴求。見呂芳上，《從學生運動到運動學生》（台北：中央研究院近代史研究所出版，民國 83 年 8 月出版），頁 12。至於杜威的教育主張在中國之實際影響，可見 1922 年底湖南學生聯合會引杜威「教育即生活」的話，要求各校組織學生會，以營團體生活，即可見其影響。見〈湖南學聯會對會務進行的方針和計劃〉，長沙《大公報》（民國 11 年 12 月 10 日）。而另一美國哥倫比亞大學教授孟祿，於 1921 年 9 月來華考察各地教育實況，傳播平民教育思想，主張「共和自由之教育」，亦影響極大。參見王卓然著，《中國教育一瞥錄》（上海：商務版，民國 12 年）。及孟祿在南京的演講，〈學生運動之意義〉，《讀書雜誌》卷 8 期 11（民國 10 年 11 月 5 日），頁 6－10。

響極深的。這可從常氏《全民教育論發凡》一書；及其撰寫有關教育的論文中，屢屢盛道和介紹杜威平民主義的教育主張可見端倪。[35]舒新城在《近代中國教育思想史》一書中曾說：「歐戰而後，國際和平的聲浪雖然哄動一世，但軍國主義與資本主義的進展仍和從前無異，於是一部分教育者由國際和平的聲浪與國際壓迫的事實兩重矛盾的狀態中，發現大同主義的希冀。」在此，舒新城和任時先一樣，均將平民主義稱之為大同主義。舒氏又說：「代表此種希冀者，為常乃德、沈仲九、陳兼善和其本人等。且為實現此理想，他們於民國十一年發起「教育改造社」組織。此社原定藉上海《時事新報》附刊，出一種《教育旬刊》刊物，以鼓吹他們底見解，後因他故未發行，而該社也無疾而終。但《教育旬刊》之宣言，即由常氏草就。」[36]在該宣言中，常氏闡述他們主張教育改造的原因說：

「幾千年的教育，祇是少數人的專利品虛榮的裝飾物，特殊階級的擁護利器。自家族主義、部落主義、貴冑主義，以至於現代的軍國主義、資本主義，都很巧妙地利用教育以擴張他們底勢力，維繫他們的地盤。而為了替特殊階級裝點門面，幾千年來的教育家，也無形地變作特殊階級雇用的工人；這些可憐的被雇者，還要創出些可憐的學說，可憐的制度，用以牢籠後代的青年。」[37]為爭脫此牢籠桎梏，常氏以為必須根本上從教育著手，才能剷除這些不合理的現象。而為求解決之道，常氏提出以「全民教育」為改造的目標。其言：「要實現真正的社會平等，必先使社會上各個人，都有受平等教育的機會；因此我們主張：改造後的教育，是人類全體的，不是特殊階級的。一切有利於官僚階級，資本階級的制度，應當盡力剷除。」[38]其後，常

---

[35] 具見常乃惪，〈全民教育論發凡〉（上、中、下）3 篇文章，發表於《民鐸》第 5 卷 3－5 號（1924 年 5 月 1 日－7 月 1 日）。

[36] 舒新城，〈大同教育思想〉，載其編，《近代中國教育思想史》，同註 24，頁 195。

[37] 常乃惪，《全民教育論發凡——附錄》，轉引自舒新城編，《近代中國教育思想史》，同上註，頁 195。

[38] 同上註，頁 196－197。

氏又一再於其教育理論中談到：「將來的教育是全民的，是即社會即教育
的。」[39]此說法即平民主義的基本內涵。

## （二）全民教育（平民主義）之理論

平民教育的基本精神，本為打破社會上種種愚民政策，積極主張開放
「獨占的教育」，把神聖的教育普及到每個平民身上，使「真正的平民」都
受著教育，而且都受著程度相等的教育。只有如此，平民主義的基礎才能穩
固，平民主義的社會也才能完全實現。[40]此一基本精神，也正應和著上述常
氏的兩點教育主張，由此亦可知，常氏教育思想之淵源，脫胎於平民主義的
教育，殆無疑義。首先，對於教育制度之演變，在《平民教育》38 號上，
常氏發表了〈未來教育改造趨勢之觀察〉一文，以中國為例，特別說到中國
未來教育制度之變遷及趨勢。他說：「中國在上古封建時代、井田時代，其
教育有庠序學校等制度，那時的學校，帶有貴族主義與家族主義的特質。中
古以後，井田廢，阡陌開，商業興起，於是教育制度隨著社會組織的變更，
有兩種分化的趨勢。一種是隨著私有農業的發達家族的制度的鞏固，故有私
塾；尤以族學為盛的教育制度。一種是隨著商業的發達、交通運輸的便利，
故有游學的教育制度。這兩種制度的合併，產生近世的科舉考試制度，一直
維持到十九世紀末年。自清光緒二十八年（1902）到現在，二十年來的中國
教育制度，常氏說：都是師法日本的，而日本又是從德國那裡學來的，故簡
言之，中國過去的教育制度，可以說是屬於大陸派的，是較偏重於軍國主義
的；然而中國的國家組織並不能像德法日本那樣強固，因之軍國教育的好處
看不到，反倒是機械的不自然的毛病卻到處發現。」[41]

---

39　常乃惠，〈全民教育論發凡〉（下篇）《民鐸》第 5 卷第 5 號（1924 年 7 月 1 日），頁 14。

40　光舞，〈平民主義和普及教育〉，《平民教育》第 12 號（1919 年 12 月 27 日）。

41　常乃惠，〈未來教育改造趨勢之觀察〉，《平民教育》第 38 號（1921 年 9 月 25 日），頁 6—7。

　　因此常氏推測，以後中國的教育制度，大約是要從軍國主義過渡到資本主義，因為照中國現在社會狀況的趨勢看來，在未來資本主義必將逐漸興盛，到那時許多應運而生的資本家，為博振興教育的美名起見，一定會多辦學校，於是教育的中心便從國立學校移到私立學校，從政府移到資本家手裏。資本主義有了與君代興的資格，教育界一般的眼光，一定會從德日式轉到英美式。常氏說：「只要看近二三年來，教育界中日本出身的學生和美國出身的學生的勢力消長情形，就可見教育界心理於一斑了。所以說：最近幾年教育界本身的風潮，也可以說是軍國主義的失敗和資本主義代興的一種表現。」常氏以為，未來教育改造具體的形式如何，雖然尚不能預測，但大體離不開兩種背景：「一種是看未來社會組織的變化如何，一種是看現在教育制度的弊害如何；未來的教育制度，便是適應和利用當時社會的組織，為矯正已往教育制度的弊害，而產生的制度。」[42]

　　五四時期，常氏從教育演變立論，認為在教育方面，已有資本主義將要壓倒軍國主義的趨勢。常氏舉例言之，近幾年來北京教育界的現象可以用「鬧風潮」三字表示出來。而所鬧的風潮大約說來不外兩種：「一種是對內的，那是學生對教員的不信任等；一種是對外的，即是教育界和政府的衝突等。對內風潮之多，表示北京式的教育已經不能令學生滿意，實在說起來，即是對日本式的教育厭棄的一種心理表現；而轉過來說，上海學生鬧風潮的比較少，即是表示美國教會派的教育尚未被一般人所厭棄的一種現象。至於對外風潮之擴大，更可以表示政府無力維持教育，教育界不信任政府，此即是軍國主義教育制度的根本破產；而同時因為產業的發達，新資本家的興起，商教兩界的聯合，請求學校維持學校的動議，都表明一種新興資本主義下的教育制度將要一飛沖天的樣子。」[43]

---

[42]　常乃惠，〈未來教育改造趨勢之觀察〉，同上註，頁9。

[43]　常燕生，〈北京與上海〉，《時事新報》〈學燈〉（民國10年10月20日）。轉引自其著，《蠻人之出現》（上海：中華書局出版，民國26年12月發行），頁8-9。對於學潮之發生，

　　常氏從當時國立學校和私立學校招生的消長情形分析，更肯定的說明中國在此後的十年、二十年當中，國立的學校將要奄然自滅或者轉型，資本家作主的學校將要繼續的興起。換言之，上海式的教育將取北京式的教育而代之，全國之教育或者被教育者將要膜拜屈服於資本家的鼻息之下，這是已經造定的形勢，不可倖免的。基本上，常氏對時代的發展脈絡是相當敏銳的，所以大膽認為未來的教育，有很大一部分將由資本家所把持，且教育走到資本主義的教育制度亦不可避免。觀之現今教育由財團或資本家贊助的私立學校之多，令吾人不得不佩服常氏當年之遠見。但常氏此主張，卻引來共產黨對此的大肆撻伐，認為其反動墮落透頂，並批評其幻想依靠資產階級，甚至說他與反動政權同流合污。[44]想來還是階級立場與意識形態作祟，未能客觀持平論之。

---

常氏在其他教育文章中亦多所著墨。如談到，學校的風潮，就是學生對於某種境遇而生的反應。與其歸罪於多數人本身，不如還是歸罪於造成此種環境好些。所以研究學校風潮的人，不可忘了學校本身的制度問題。見常乃惪，〈打破隔閡人性的教育制度〉，《平民教育》第39號（1921年10月10日），頁15。常氏又說：其5年首尾的教師生活，南北東西幾個學校的奔走，仔細的觀察及親身經歷了幾次大大小小的學潮。冷眼旁觀發現到其實學潮的產生，與師生之間的階層意識甚有關係。常氏坦承：「我假如是站在學生的地位，我始終地承認凡在一切學潮之中，學生固然是未嘗錯的，而教員卻也不能便說他是有什麼大錯的緣由；反過來，我現在是站在教師的地位了，我卻又堅決地主張不但教師在學潮中不曾做過有錯的行為，即學生也同樣的不能算錯。」此外常氏也以為：「站在學生的地位，曾經攻擊過教師的不德的人，而到了自己站在教師地位上的時候，卻仍然要照樣抄襲自己所攻擊過的人的墨卷。尤其奇怪的是一面做教師一面做學生的人，在那一方面把教師的人格看得不值一錢，在這一方面卻又要求學生尊重自己的人格。」常氏言：此矛盾之現象，只不過是階級意識作祟使然。而造成此階級意識得以發榮滋長，乃出在教育制度上。常乃惪，〈全民教育論發凡〉（上篇），《民鐸》第5卷第3號（1924年5月1日），頁2－3。

[44] 見《五四時期期刊介紹》〈編者說明〉提到，《平民教育》後期，大多數作者都沒有跟上時代的進步思潮，而漸趨於保守、落後和反動。對於他們過去極力鼓吹、宣傳和渴望實行的平民教育逐漸失了信心，而日益趨向於對資本主義的教育的嚮往，此外就別無出路，如常乃惪。又言，平民教育這個口號本身又帶著改良主義的色彩，因此在空喊了一陣以後，並不能找到真正的辦法和社會力量來保證實現。同註11，頁348－351。

## （三）未來教育制度之理想藍圖

對五四時期國內的教育制度之觀察，基本上，常氏是持相當批判不滿的態度。常氏言：「如現在的學校是孤立在社會以外的。我們相信：教育的本旨是發展生活的，只有在實際生活中才能學得實際生活的方法。現在的教育制度，特別是學校制度，是不配負這個責任的。因為實際社會是民治的、具多方面活動的、立於實際經濟的基礎之上的。而這些均是現行學校所無法負擔的。」因此常氏說：「現行教育制度是不夠用的，因為它是非社會的。所以主張只有在真正社會中，才能達到真正教育目的的機會。因此我們不得不主張打破『非社會的』及『擬社會的』教育制度，建設『即社會即教育的』教育制度。我們的口號是『教育的社會化』、『社會的教育化』。」[45]

現行教育制度既然存在那麼多缺失，那到底未來的教育制度是個什麼樣子，其趨勢為何？常氏倒是信心滿滿的描繪出其具體的理想藍圖。在《平民教育》刊物上，常氏說未來的教育制度演變之趨勢應有如下 8 點，分別為：1.未來的教育制度是融會現今所謂「學校教育」、「家庭教育」、「社會教育」三者冶為一爐而成，不是現在三者各分離不相連絡的樣子。2.因為是三者融合的緣故，故未來的學校是沒有一定的住址的，是普及於全人民的，是凡有社會之處即有學校的，是「社會即學校」的。3.未來的學校是沒有期限的，人從落地到老死，一生都算在學校之中。4.未來的學校便同時負有兒童公育，養老送終的責任。5.未來的學校有經濟獨立的能力，不必受外界的幫助，每個學校即是每個獨立的小社會。6.未來的學校生徒人數可以大至無限，譬如一個幾百萬人口的大城也可以算做一個學校，因為那時電氣事業發達，必可以不出家門而接觸多少里外之事，故教室等制度一概取消。7.未來的學校沒有教育者被教育者之分，教員也是學生，學生也是教員，按程度的

---

45　常乃惪，〈全民教育論發凡〉（下篇），《民鐸》第 5 卷第 5 號（1924 年 7 月 1 日），頁 2－14。

高下遞相授受，大家共同處理學校的事務。8.未來的教育制度是「做工」、
「求學」、「娛樂」，三種事情融合而成，不似現在專管求學的事。」[46]

　　常氏說：以上 8 點內容，總起來說，便是「學校的社會化」，同時也是
「社會的學校化」。現在的學校和社會是彼此分離的，但將來的學校和社會
是彼此融合的；社會就是學校，學校也就是社會。至於如何由現在的教育制
度，變到未來的教育制度，其途徑有二，常氏以為除自然因素外，最主要是
人為的，而人為做法又以提倡「全民教育」為最要之手段。因為我們固然要
求「全民政治」，卻也要要求「全民教育」；沒有全民政治產不出全民教
育，沒有全民教育，全民政治的基礎也不會穩固，政治和教育是社會上的兩
個輪子，缺一不可。

　　常氏之主張乃印證了上文提及之「平民教育社」的基本宗旨：「不先有
了平民教育，那能行平民政治？那能使用平民政治的工具？平民政治之目的
求人人都得幸福。平民教育目的求人人都知道怎樣才是真幸福，兼明白求幸
福的法子。所以我們要談的平民教育，不限在學校範圍裏，社會上種種事情
都是教育的材料，可以提舉，可以批評，說之不離了平民者便是。這是我們
的宗旨。」[47]所以說：常氏之全民教育，其實只是平民教育的另一種說詞罷
了！

## （四）對教育界學潮之看法

　　二〇年代，國內教育界學潮層出不窮此起彼落，常氏對其產生，有著與
眾不同深刻的看法。他認為學潮的起源和影響，因各校的環境而異，但畢竟
最根本和最重要的總原因，即是學校制度的問題。據常氏看來，大多數學校

---

46　常乃惪，〈未來教育改造趨勢之觀察〉，同註 41，頁 9—10。

47　〈發刊詞〉，《平民教育》第 1 期，同註 17，頁 1。

風潮的主因，恐怕多半是由於教、學兩階級彼此中間的誤解所致，他相信這個觀察應該無誤才對。常氏說：「現在的學校制度，真是最適宜於發生教學風潮不過的了，因為學校顯然把教員和學生分成兩個對抗的階級，且分成對抗的階級還不算，還要使他們兩個階級之中嚴格區分，永遠沒有彼此融合的機會。常氏以教室的編排舉例言：四角方方的教室，教師站在高處向南，學生坐在低處向北，這樣分明的區劃，怎能不使身當其境的人，自然起了一種階級的感覺呢？所以說：就近幾年來學校風潮的蔓延看來，其主因為被教者與教者之間的衝突，此外尚有以經費問題為主因之教員索薪風潮。」

　　探討此兩種風潮之起因，關於前者對內風潮，常氏將其歸咎於現行教育制度之不良。換言之，常氏以為此乃從歐美移殖過來的學校教育制度根本上不可避免的缺點，非一時枝葉的改良所能奏效。既然學校以內的風潮起於教者與被教者二者間的衝突，但在現行教育制度之下，教者與被教者二者之間，天然的階級區別不可泯滅。「這種階級一日不撤除，階級間互相存在的異類意識即一日不能消滅，即是仇視的心理一日不能減少，即是衝突的原因一日不能去掉。總之，學校風潮之起因，固然原因各各不同，但主要的原因即是教者與被教者間的誤會。而誤會則由於隔閡。隔閡又是現行教育制度下必然的結果，因為他先造成了兩個相對的階級，如此便不能禁止他們產生階級的意識。所以在現行教育制度之下，教者與被教者之間的衝突是絕對免不掉的。」

　　至於後者對外風潮，即所謂索薪風潮者。常氏認為其近因固然因經濟缺乏所致，然其較遠之因，則在政治之不良，政局之動盪。當然學校經濟之不能自給自足，實為現代教育制度之最大的缺陷。「從有歷史到今，教育之所以不曾有獨立發生價值之一日，箇中原因雖多，但經濟之不能獨立要算是最大的主因。因此從獨立自由的理想上看來，經濟不能獨立，實為現行教育制

度之致命傷。」[48]除了從內外兩個面向來觀察學生「鬧風潮」外，在《平民教育》周刊上，常氏也還特別提到：「學校的風潮，就是學生對於某種境遇而生的反應。與其歸罪於多數人本身，不如還是歸罪於造成此種環境好些。所以研究學校風潮的人，不可忘了學校本身的制度問題。」[49]易言之，常氏認為學校本身的制度問題，也是二〇年代國內常鬧學潮的主因之一。

## （五）理想學校的規劃（從基礎宿舍到高等研究所）

　　對何謂才是理想學校？常氏在《平民教育》上曾撰〈理想學校的先決條件〉一文，出乎尋常地提出廣建宿舍為第一要務。因為學校這環境，所負的責任不單是模仿社會，還要改進社會。而欲改進社會，則須培養未來社會的主力，學生之人格，故教師對學生人格的感化至為重要。教師對於學生如何人格感化，第一步為彼此了解人格，而了解人格是需要長期相處才能奏效的，故常氏認為只有學校提供宿舍才能有師生長久相處的機會，進而達到其感化人格的目的。

　　常氏指出「就現在不寄宿學校的一般狀況而言，我敢斷定無論如何，是決不會收到教育上的最大效果。因此，常氏呼籲，寧可少招幾班學生，少聘幾位教員，少添幾種科目，但不可少蓋幾間宿舍。」[50]常氏此一看法，其實

---

48　常乃惠，〈打破隔閡人性的教育制度〉，《平民教育》第 39 號（1921 年 10 月 10 日），頁 15
　　－16。又見〈毀校造校論〉，《民鐸》第 4 卷第 5 號（1923 年 7 月 1 日），頁 4－6。

49　常乃惠，〈打破隔閡人性的教育制度〉，同上註，頁 15。

50　常乃惠，〈理想學校的先決問題〉，《平民教育》第 26 號（1920 年 12 月 20 日），頁 6。除強
　　調學校寄宿的重要外，常氏對理想學校的要求尚多，如言：教育事業不僅以客觀研究為足，須
　　加入被觀察者之中，為其一分子，再慢慢領較其性格。因此，誠懇、謙恭、忍耐諸德，在教育
　　家中，較任何人均更需要。故理想的教師必須先有一種修養；此種修養即以自己之精神與被教
　　者之精神相接觸、貫通，然後才能盡感化之能事。又說：理想的教育不但教師須有充分素養，
　　即環境之設備亦須大大翻新。舊存之學校型式萬不足以供個性發展之用。學校必須變為一個可
　　以使學生自由生活之地方；此種自由生活兼內外心理生理兩方面而言。常乃惠，〈蒙台梭利
　　之小學教育方法論〉，《教育雜誌》第 14 卷第 9 號（民國 11 年 9 月 20 日），頁 3。總頁

與恢復中國古代的「書院」制度功能相類似。另外，常氏也說：中國教育界不但沒有一處實現過一種知行合一的學校的計畫。因此我以為想辦理想學校，非從幼稚園辦起不可，又非繼續辦至大學不可。友人陳兼善先生主張三館主義：「一個學校非具備有圖書館、科學博物館、體育館三館不可。」我以為「在中國的現狀之下，與其辦小學，不如辦博物館，運動場；與其辦中學，不如辦圖書館；與其辦大學，不如辦科學研究所。熱心教育的人，望三思我言！」[51]

既然常氏認為辦高等教育研究所非常重要，那麼研究生本身必需具備，須真正有以學術為終身志願之精神、且能甘於淡泊質素之生涯、及無家庭之牽累等條件，才能符合研究生之標準。常氏對研究所的看重，尚可從他致函李石岑信中得到佐證，常氏對李石岑提及，要積極鼓吹政府、資本家來幫辦學術獨立的事情。並頗有遠見的認為，恐怕在共產主義下學術思想的不自由，比資本家還要厲害哩！所以我們現在惟一的辦法，只有鼓吹政府、資本

---

20455。

此外，理想的學校，常氏尚主張須與自然界接近、學校家庭化、大多數的食物都是產自自己的田園，由學生自己的勞動得來的、學生自治、注重實際的試驗與作業、注重手工與體育、道德的訓練、注重學生的自動精神。見〈教育上之理想國〉（二），《教育雜誌》第 14 卷第 8 號（民國 11 年 8 月 20 日），頁 1。總頁 20199。基本上，常氏對理想學校的規劃，自己亦不諱言，是頗受比利時斐梨（Adolphe Ferriere）博士：《比利時的新學校》一書及美國格里學校（The Gary School）制度的影響。該校位於美國印第安州的一個小市，對格里學校制度，常氏說：我以為各種理想的制度，在今日最可仿行，最有利無弊的，再沒有過於這種制度的了。常氏覺得最可佩服的有幾點：第一：是他把學校認為是工作、學習、娛樂三種性質的練習場，而不僅是學功課的地方。中國現在的辦學者大半只知以教授功課為惟一的目的，姑無論講演式的教授決不會有多大的效果，即使效果十分滿足，也不過造就出一個盛載智識的機器罷了。尤其最壞的，是現在鐘點式的制度，其結果使無論教者學者都認只有上課的幾點鐘為在學校負責任的時候，過此以後，任憑學生怎樣，便與學校毫不相干了。第二：是他主張學校應當包含各級的兒童在內。我以為這是要辦一個理想的學校所必不可缺的條件。第三：是學校的自給主義。這尤是中國一般學校的良藥。第四：是統合教授的主張，這真能打破科目的限制，尤妙在以分科教室制的學校而能教採用這種制度。這也是我國學校所應當取法的。見〈教育上之理想國〉（一）《教育雜誌》第 14 卷第 7 號（民國 11 年 7 月 20 日），頁 1－2。總頁 20067－20068。

51　常乃惪，〈我所望於「教育博物館」者〉，《平民教育》第 27 號（1921 年 1 月 10 日），頁 17－18。

家，尤其是資本家出錢來創辦各種科學研究所。常氏並說，我平常有一種狂想，總覺得在中國的現在，與其拿錢辦小學，不如拿錢來辦戲院辦電影；與其辦中學，不如辦圖書館博物館；與其辦大學，不如辦研究所。[52]由此信可知，其對研究所之重視甚至超過大學矣！

# 四、結論：教育創見及其他

　　平情而言，二〇年代，常氏以一個甫踏入社會，涉世未深的熱血青年，在初執教鞭，講學杏壇，尤以擔任中學教師方五、六年間。對國內教育環境觀察之入微；對教育制度；尤以學校制度感受之深刻，可說已相當敏銳深入，並由此而引發其一系列周詳縝密之「全民教育論」、「平民教育說」等之主張，實非常不易、相當了不起的，吾人實不可以「烏托邦」等閒視之。誠然，常氏當時之教育主張，因受限於時空環境及時代背景，確無實現之可能。然撫今追昔，放諸於現在的教育環境，其實有相當大的一部分已付諸實現。常氏最重要之全民教育（平民教育）之主張，以今日教育普及的情況看來，幾乎已完全實現。當然，除此之外，常氏的教育思想，還有幾點頗值得論述：

## （一）進步的懷疑主義教育觀

　　五四時期，受到外來思潮的影響，懷疑主義一度大行其道，胡適為篤守此道的學者；常氏也相信此說。常氏認為合理的懷疑是一種進步的象徵，他對積弊已久的教育界風氣相當不滿，尤以對那些迷信權威，倚老賣老不求進

---

[52] 常乃惪，〈覆李石岑書〉，《教育雜誌》第 14 卷第 6 號（民國 11 年 6 月 20 日），頁 1。總頁 20033。

取的為師者，更是鄙棄。他希望教育界所受新思潮影響者，不是別的，而是大家都能改變一種新態度，這種新態度，即為懷疑的態度。他在《平民教育》上說：「當你懷疑的時候，同時便是你要求解答的時候。懷疑而得了解答，解答便是懷疑的結果。若懷疑而沒有解答，則應當繼續懷疑，繼續研究求解答。沒有正確的解答，便不能承認這事正當的存在權。應當仍舊懷疑，直到得了解答為止。這便是教育家應持的態度，也是所有從事教育者應具的進步教育觀。」[53]

## （二）全民（平民）教育之理念

全民教育是常氏最重要之教育理念，常氏認為教育的定義為「教育即生活」，而教育之目的則在發展完全的生活。就人之一生而言，人的完全生活是徹始徹終的，因此從小到老都是可以施行教育的。另就人的職業而論，完全生活是不拘一格的，不僅讀書、作文算是教育的事業，即便是引車賣漿之事，也算是含有教育的意義在內。此外，就人之素質說，精神，肉體，社交三者缺一不可，常氏也都將其歸入教育的可能範圍之內。而就人的活動論，求學，做工和娛樂，三者更是缺一不可，因此常氏說，決不可單拿求學的事業算做教育，而把其他二種置之度外。[54]換句話說，常氏主張人的一生都是教育的歷程，如同俗語說的「活到老，學到老」的精神，而教育的意義是無所不在的，並沒有什麼職業階級之分。另外，教育的基本內涵包括了求學、做工和娛樂，目的可以豐富人精神、肉體與社交之素質，此為其全民教育觀之具體展現。

---

53　常氏一再強調，教育界所受新思潮的影響不是別的，只是大家改變一種新態度。這種新態度，不是別的，便是懷疑的態度。見常乃惪，〈教育家懷疑的態度〉，《平民教育》第 27 號（1921 年 1 月 10 日），頁 1—2。

54　常乃惪，〈全民教育論發凡〉（上篇），同註 43，頁 15—16。

## （三）救國的普及教育與文化教育之提倡

　　民國初年的中國，內則軍閥禍國，外則列強侵逼，政治腐敗民生凋敝。常氏不諱言說，中國今日是貧國，是弱國，是愚國，是亂國。貧弱亂愚四字便是中國今日的病源，所以教育的方針自然要認定以救治這四種病源為目的。今日欲改良教育，使達到救貧，救弱，救愚，救亂的目的。常氏開出唯一的藥方即是從普及教育著手。他接著說，我們以為中國今日既已陷於貧弱愚亂的境地，要想挽救這種頹運，非從教育著手不可。因為教育是精神的事業，要想使一個國家能夠自己站得起來，固然實際方面應該設施的事情非常多，但最先一個前提須要她的國民先能夠自己站得起來，有意志去信仰國家的命運，有勇氣去擔當國家的困難，有智識去解決國家的問題。

　　能夠深深了解國家的文化上和實際上的種種事情，而深切的發揮一種同情，這才是國民覺醒的第一步，也就是教育的第一個目的。對此，他提出兩點做法：「（1）求國民文化的普及：要想使平民了解文化，就不能不先使文化接近平民。若想使文化普及於平民，不能不就原來流行於平民間的各種體裁的文字加以改作，以新的精神和材料輸入舊的體裁之中。（2）求國民情緒的增高：欲使這些平民強健起來去擔當國家的責任，不能不首先注意發展他們的情緒。因此那些舊式的平民娛樂和信仰的設備，不但不可禁止摧毀，反而更應當幫助他們發展光大。而民間一些有志者不妨可以先做，比方什麼國民文化協會之類，可以編輯許多適合平民的小冊子，廉價供給平民，也可以籌辦許多平民娛樂的機關，巡迴各地去供給平民的需要。」[55]

---

[55]　常乃惠，〈普及教育與平民生活〉，《中華教育界》17卷11期（民國17年5月），頁4−9。

## （四）菁英教育的需要與主張

　　因為外患及亡國危機的加深，使常氏不得不去思考中國到底需要何種教育主張，何種是最迫切和需要的教育制度。他說，教育不能改造環境，那這教育有何用處？中國十幾年來教育事業之不能得到實際的效果，最大的毛病在於宗旨不確定，太隨風倒了。一種主張，平均施行不到五年，即推倒之而另換一新花樣。各種制度和教學法亦然。在「五三事件」濟南慘案後，常氏憂心忡忡的提到怎樣改造教育，首先，他認為宜從確定教育的方針做起，應當把教育方針建築在現實基礎上。他指出，我們要求的新方針是應該打破平均發展造成完全人格的虛想。因為中國現在還不是要求造就完美的人的時代，而是要求造就適合於時代要求的人的時代。

　　其次，應該注重少數天才菁英的培植，常氏強調這並無違背其早年平民教育的主張，甚至認為在今日愚昧的中國社會之內，提倡義務教育，普及教育，當然誰也不能加以反對。只不過他懷疑，單單是這樣恐怕仍救不了中國的急。在亡國迫在眉睫之際，他老實說，我不相信四萬萬人將平民千字課讀完之後便可以將中國改變到怎樣好了。現在所缺少的是將領，是民眾指導者，是國民的領袖。我所說的並不是最少數的一二領袖，而是站在上級和下級之間的中級領袖，中國太缺乏這種人才了。有鑒於國家需才孔急，為及時彌補，他要求以後教育應該極力提高高等教育的內容，充分的設備，使學者可以從中得到養成實際人才的材料，這是比普及教育還重要的一件事。[56]

　　常氏為一勤奮認真的學者，每一立論都有憑有據根基紮實，其早年平民教育的主張亦復如此。基本上，常氏對教育最大貢獻之一，即為二〇年代透過《國民》、《平民教育》、《中華教育界》、《教育雜誌》等刊物，介紹不少當時西方最新之教育思潮，如杜威、孟祿、斯多奈夫人、斐梨以及「道

---

56　常乃惪，〈外患聲中教育界應有的覺悟〉，《中華教育界》17卷5期（民國16年11月），頁1—7。

爾頓制」、「格里學校」、「蒙台梭利」等教育制度。[57]常氏對這些教育思
想家及其主張的制度，都持相當肯定的態度，評價也很高，甚至將其視為
「教育上之理想國」，認為值得國內教育所借鏡。唯其理想過高，且未考慮
國情環境不同；兼以時機尚未成熟，而國內又內憂外患不斷。所以其教育理
想，終究只能是「理想」，而無完成落實之機會也。然誠如本文所提，放在
今日時空和教育環境下，常氏之一系列教育思想與主張，反倒是有相當大的
一部分實施，且付諸實現，這是很值得吾人探討思考的地方。另一方面，常
氏於 20 餘歲之年，初執教鞭未久，即對當時國內教育諸多問題，已觀察入
微，又提出一套「全民教育」之理論，姑不論其是否可行，然其理論本身即
有一定之價值與影響，此亦常氏對教育界之一大貢獻。

---

57  陳正茂，〈常燕生傳〉，同註 7，頁 109－115。

# 第四章　領航者——陳獨秀與《嚮導週報》

## 一、前言：《嚮導週報》發刊前的革命背景

　　1921 年 7 月 27 日，中國共產黨第一次全國代表大會於上海法租界博文女學校召開，在決議中決定實行社會主義革命，積極組織工人，發動罷工鬥爭，想依靠無產階級力量來完成社會革命，由於客觀環境尚未成熟而失敗。[1]戰略的失敗，使中共在隔年「二大」召開時，決定改弦易轍轉變戰略，先是勾結軍閥（吳佩孚），想在軍閥的保護下開展職工運動；及至勾結軍閥失敗，乃發動罷工欲打倒軍閥，並開始以「援助民主主義革命」為名求助於國民黨。所以，中共在聯合國民黨的同時，以打倒軍閥為主要目標，積極地開展職工運動以擴大黨的群眾基礎，自然是中共黨組織發展的另一策略。[2]

　　1922 年 7 月 12 日至 23 日，中共在上海召開「二大」，出席會議的正式代表有：陳獨秀、李達、張國燾、蔡和森、高君宇、包惠僧、施存統、鄧中夏、譚平山等 9 人。會上決議了「民主革命的聯合戰線政策」，並推舉陳獨秀、蔡和森、張國燾 3 人組一「宣言起草委員會」，由陳獨秀執筆，正式提出「打倒軍閥、反對帝國主義，建立『民主革命聯合戰線』」，這是中共與國民黨進行黨外合作的一個深具時代意義的重要宣言。[3]「二大」後不久，8 月 22 日，中共又在西湖舉行二屆二中全會，此會議因地點在杭州，故又稱

---

[1]　張玉法，《中國現代史》（台北：東華版，民國 75 年 11 月 7 版），頁 377。

[2]　李雲漢，《從容共到清黨》（上冊）（台北：國防部總政治作戰部出版，1974 年 10 月出版），頁 95－96。

[3]　張玉法，《中國現代史》同註 1，頁 379。

「杭州會議」或「西湖會議」。參加此會者除「二大」選出的 5 個中央委員陳獨秀、張國燾、蔡和森、李大釗、高君宇外，另有共產國際代表馬林（G. Maring）及其翻譯張太雷。[4]在「杭州會議」上，原本中共欲與國民黨結成聯合陣線的政策，發生根本性質的改變，「二大」的決議是以「黨外合作」的方式實行聯合陣線，「杭州會議」則決定是以共產黨員以個人資格加入國民黨的「黨內合作」來定調，而其最終目的當然是希望用「黨內合作」方式的聯合戰線來滲透操控國民黨。[5]

　　中共之所以採取退卻策略同意共產黨員以個人資格加入國民黨，主要原因是先前的黨外聯合戰線為孫中山所嚴拒而失敗。故在「杭州會議」上，馬林堅決主張中共黨員加入國民黨，是實現關於國共建立聯合戰線唯一可行的具體步驟，其理由如下：第一、中國在一個很長的時期內，只能有一個民主的和民族的革命，決不能有社會主義的革命；而且現在無產階級的力量和其所能起的作用，都還很小。第二、孫中山先生的國民黨是中國現在一個有力量的民主和民族革命的政黨，不能說它是資產階級的政黨，而是一個各階層革命份子的聯盟。第三、孫中山先生可以而且只能容許共產黨員加入國民黨，決不會與中共建立一個平行的聯合戰線。第四、中共必須學習西歐工會運動中，共產國際所推行的各國共產黨員加入社會民主黨工會的聯合戰線的經驗；中共必須尊重共產國際的意向。第五、共產黨員加入國民黨既可以謀革命勢力的團結；又可使國民黨「革命化」；尤其可以影響國民黨所領導的大量工人群眾，將他們從國民黨手中奪取過來。[6]於此，國共聯合對抗帝國主義及打倒軍閥的大革命背景下，1922 年 9 月 13 日，根據中共「二大」決

---

4　郭成棠，《陳獨秀與中國共產主義運動》（台北：聯經版，民國 81 年 1 月初版），頁 162－163。

5　姜新立，《瞿秋白的悲劇》（台北：國立政治大學東亞研究所印行，民國 67 年 6 月初版），頁 111。

6　張國燾，《我的回憶》第一冊（香港：明報月刊出版社出版，1971 年 2 版），頁 243。

議，以肩負宣傳打倒帝國主義和推翻軍閥為訴求的《嚮導週報》（THE GUIDE WEEKLY），終於在上海秘密創刊問世，它是中共創黨後的第一份正式刊物，也是闡述中共在二〇年代大革命初期，黨的理論、決議之總喉舌。[7]

## 二、《嚮導週報》之創刊及其內容簡述

　　《嚮導週報》是中國共產黨中央創辦的第一個公開的機關刊物，它是一份偏重於政治理論的週刊。1922 年 9 月 13 日創刊於上海，後因受軍閥取締，遂遷至北京；其後又繼遷上海、廣州、武漢等地出版發行，1927 年 7 月 18 日停刊，共出版 201 期。《嚮導週報》始於中共草創之初，終於第一次國共合作失敗之際，在問世的五年間，正值中國現代史上驚濤駭浪風雲詭譎時刻。期間歷經軍閥混戰、陳炯明叛變、國民黨改組、黃埔建軍、孫中山決定「聯俄容共」、共產黨加入國民黨、孫中山逝世、國民政府成立、國民黨內左右派之爭、「中山艦事件」、蔣介石崛起、國民革命軍北伐、寧漢分裂與合作等一連串影響現代中國政局與命運甚鉅之事件。

　　《嚮導週報》主編為蔡和森（1895－1931），蔡為湖南湘鄉人，曾就讀於湖南第一師範學校與高等師範學校，為毛澤東早年摯友，1918 年與毛等組織「新民學會」，1919 年赴法勤工儉學，曾與毛澤東、陳獨秀等通信，討論組織中國共產黨等問題。1921 年底於法回國後，在上海加入中國共產黨。1922 年 7 月，參加中共「二大」，被選為中央委員。同年 9 月任中共中央機關報《嚮導週刊》主編。1925 年，蔡曾參加領導「五卅運動」，10 月去蘇聯任中共駐共產國際代表團團長。1927 年 3 月回國，擔任中共中央宣

---

[7]　李焱勝，《中國報刊圖史》（武漢：湖北人民出版社出版，2005 年 4 月 1 版），頁 108。

傳部長，後又負責中共中央北方局書記。1928 年 6 月，再度赴蘇聯出席中國共產黨第六次全國代表大會，後任中共駐共產國際代表。在中共第二至第六次全國代表大會上，蔡均當選為中央委員及中央政治局委員，是中共早期中央的領導人物之一，具有舉足輕重的影響力。[8]

在《嚮導》的發刊詞中，以〈本報宣言〉提出四個標語於國人之前，此四標語乃統一、和平、自由、獨立四大訴求。[9]《嚮導》認為中國人民彼時最需要的是什麼？是統一與和平。然民國肇造後，因連年戰亂，民不聊生，百業蕭條，百姓流離失所，所以大家渴望和平，問題是，在軍閥割據下的中國，互爭地盤互爭雄長的情況下，戰亂是必不能免的，只有將軍閥打倒，將軍權統一政權統一，構成一個力量能夠統一全國的中央政府，然後國內和平才能夠實現。所以《嚮導》說：為了要和平要統一而推倒為和平統一障礙的軍閥，乃是中國最大多數人的真正民意。近代民主政治，若不建設在最大多數人的真正民意之上，是沒有不崩壞的。接著，《嚮導》對所謂近代政治有所解釋，該刊認為近代政治的核心價值，即為民主政治與立憲政治，而此民主立憲政治之精髓，簡單說來，只是市民對於國家所要的言論、集會、結社、出版、宗教信仰這幾項自由權利而已，所以有人說，憲法就是國家給予人民權利的證書。為了這幾項自由，《嚮導》強調「在共和名義之下，國家若不給人民以這幾項自由，人民必須以革命的手段取得之，因為這幾項自由是我們的生活必需品，不是可有可無的奢侈品。可是現在的狀況，我們的自由，事實上為軍閥剝奪淨盡，所以我們一般國民尤其是全國市民，斷然要有誓死必爭的決心。」[10]

另外，現今的中國，軍閥的內亂固然是和平統一與自由之最大障礙，而

---

[8]    〈蔡和森〉，《中國近現代人名大辭典》第一冊（北京：中國國際廣播出版社出版，1989 年 4
        月 1 版），頁 717。

[9]    〈本報宣言〉，《嚮導》第 1 期（1922 年 9 月 13 日），頁 2。

[10]   〈本報宣言〉，《嚮導》第 1 期，同上註，頁 1。

國際帝國主義的外患，在政治上經濟上，更是箝制我們中華民族不能自由發展的惡魔。「在這樣國際帝國主義政治的經濟的侵略之下的中國，在名義上雖然是一個獨立的共和國，在實質上幾乎是列強的公共殖民地；因此我中華民族為被壓迫的民族自衛計，勢不得不起來反抗國際帝國主義的侵略，努力把中國造成一個完全的真正獨立的國家。」[11]基於全國真正的民意及政治經濟的事實所要求，《嚮導週報》乃義正辭嚴的提出統一、和平、自由、獨立為創辦該刊立論的主要宗旨。清楚闡明該刊以指導國民革命運動為宗旨，並系統地宣傳了中國共產黨在第一次國共合作時期的綱領和革命統一戰線的策略。另該刊也著重於報導全國各地的工人運動與農民活動的情況，且對國民黨右派勢力展開口誅筆伐的鬥爭批判。

　　至於如〈中國共產黨第三次全國代表大會宣言〉（第 30 期）和〈中國共產黨第三次對於時局宣言〉（第 82 期）、〈中國共產黨對於時局之主張〉（第 92 期）、〈中國共產黨第四次大會宣言〉（第 100 期）、〈中國共產黨中國共產主義青年團宣言〉（第 121 期）、〈中國共產黨、中國共產主義青年團告全國民眾〉（第 138 期）、〈中國共產黨致中國國民黨書——為時局及與國民黨聯合戰線問題〉（第 157 期）、〈中國共產黨對於時局的主張〉（第 163 期）、〈中國共產黨對於時局宣言〉（第 186 期）、〈中國共產黨致中國國民黨書——為肅清軍閥勢力及團結革命勢力問題〉（第 192 期）、〈第三國際代表團為帝國主義威嚇武漢及蔣介石背叛宣言〉（第 194 期）、〈中國共產黨為蔣介石屠殺革命民眾宣言〉（第 194 期）、〈中國共產黨告全國農民群眾〉（第 197 期）、〈中國共產黨致中國國民黨書——關於政局的公開的信〉（第 197 期）、〈中國共產黨中央委員會對時局宣言〉（第 201 期）、〈國民革命的目前行動政綱草案〉（第 201 期）等等中共早期的重要文件，也都發表於該刊。又當時適值「聯俄容共」時期，在 1924

---

[11]　〈本報宣言〉，《嚮導》第 1 期，同上註，頁 2。

年國民黨改組期間，該刊也大量刊布國民黨的〈改組宣言〉、黨章草案、章程草案、孫中山改組國民黨之演說、「中國國民黨全國代表大會宣言」等等之歷史文獻（第 48—54 期）。[12]

　　該刊主要作者群為：蔡和森、陳獨秀、高君宇、張國燾、李達、瞿秋白、劉仁靜、彭述之、彭湃、鄭超麟、向警予、高語罕、張太雷、李立三、羅亦農、羅章龍、蕭楚女、伍豪（周恩來）、任卓宣、毛澤東、羅易（第三國際代表）、陳紹禹（王明）、高一涵、林育南、袁子貞、王若飛、王若愚、韓麟符、柯仲平、馮菊坡、蔣光慈、沈雁冰、周佛海、李之龍、施存統、蘇兆徵、譚平山、陳此生等。

　　期刊重要文章有：獨秀，〈聯省自治與中國政象〉（第 1 期）、和森，〈武力統一與聯省自治──軍閥專政與軍閥割據〉（第 2 期）、和森，〈目下時局與國際帝國主義〉（第 6 期）、國燾，〈國民黨應否復建革命政府〉（第 10 期）、國燾，〈知識階級在政治上的地位及其責任〉（第 12 期）、獨秀，〈革命與反革命〉（第 16 期）、和森，〈四派勢力與和平統一〉（第 18 期）、秋白，〈政治運動與智識階級〉（第 18 期）、和森，〈外國帝國主義與軍閥協同壓迫革命的真勢力〉（第 21 期）、獨秀，〈資產階級的革命與革命的資產階級〉（第 22 期）。

　　和森，〈中國革命運動與國際之關係〉（第 23 期）、獨秀，〈帝國主義的列強與軍閥〉（第 27 期）、春木，〈國民黨目前之兩種責任〉（第 30 期）、獨秀，〈我們要何種勢力管理中國〉（第 33 期）、獨秀，〈賄選後國民所能取的態度〉（第 43 期）、獨秀，〈陳炯明與政局〉（第 47 期）、巨椽，〈國民黨改造與中國革命運動〉（第 49 期）、獨秀，〈國民黨之模範的改造〉（第 56 期）、獨秀，〈中國工人運動之轉機〉（第 58 期）、獨秀，〈國民黨左右派之真意義〉（第 62 期）、獨秀，〈國民黨與勞動運

---

12　見《嚮導》全套 201 期總目錄。《嚮導》（一）（台北：秀威覆刻版，2021 年 11 月）。

動〉（第 71 期）、述之，〈國民黨右派反革命的經濟背景〉（第 82 期）、獨秀，〈國民黨的一個根本問題〉（第 85 期）、和森，〈警告國民黨中派諸領袖〉（第 85 期）、述之，〈我們為什麼反對國民黨之軍事行動〉（第 85 期）、和森，〈北京政變與國民黨〉（第 89 期）、述之，〈十月革命與列寧主義〉（第 90 期）、獨秀，〈國民黨的政治態度〉（第 91 期）、述之，〈中國共產黨對於時局主張的解釋〉（第 93 期）。

獨秀，〈孫段合作與國民黨之運命〉（第 94 期）、魏琴，〈國民會議、軍閥和帝國主義〉（第 97 期）、和森，〈孫中山病後帝國主義與軍閥之陰謀〉（第 101 期）、獨秀，〈帝國主義者及其工具對付中國國民運動之總策略〉（第 105 期）、和森，〈廣東反革命勢力的覆滅〉（第 106 期）、和森，〈何謂國民黨左派？〉（第 113 期）、超麟，〈中國反帝國主義運動在世界革命上的意義〉（第 128 期）、秋白，〈五卅運動中之國民革命與階級鬥爭〉（第 129 期）、任卓宣，〈旅法華人反帝國主義運動與留法青年黨的告密〉（第 133—134 期）、獨秀，〈十月革命與中國民族解放運動〉（第 135 期）、獨秀，〈中國民族運動中之資產階級〉（第 136 期）、獨秀，〈什麼是國民黨左右派？〉（第 137 期）、述之，〈國民黨中之左右派鬥爭與共產黨〉（第 138 期）、獨秀，〈國民黨新右派之反動傾向〉（第 139 期）、國燾，〈中國國民黨第二次大會的教訓〉（第 145 期）、獨秀，〈反赤運動與中國民族運動〉（第 146 期）、獨秀，〈國民黨右派之過去現在及將來〉（第 148 期）、秋白，〈中國革命的五月與馬克思主義〉（第 151 期）、獨秀，〈南方形勢與國民黨〉（第 153 期）、獨秀，〈給蔣介石的一封信〉（第 157 期）、高語罕，〈一封公開的信致蔣介石先生〉（第 158 期）、獨秀，〈論國民政府之北伐〉（第 161 期）、述之，〈中國政局大變動之前日與民眾之責任〉（第 167 期）、述之，〈我們的北伐觀〉（第 170 期）、獨秀，〈我們現在為什麼爭鬥？〉（第 172 期）、獨秀，〈我們現在怎樣鬥爭？〉（第 175 期）、獨秀，〈對於國民黨中央會議的希望〉

（第 176 期）。

　　獨秀，〈十月革命與東方〉（第 178 期）、獨秀，〈革命與武力〉（第 179 期）、述之，〈帝國主義對國民政府之態度與國民政府的外交問題〉（第 180 期）、獨秀，〈各國承認國民政府問題〉（第 182 期）、述之，〈目前革命中的聯合戰線問題〉（第 185 期）、獨秀，〈革命與民眾〉（第 186 期）、獨秀，〈赤的運動與中國外交〉（第 187 期）、獨秀，〈無產階級與民族運動〉（第 188 期）、獨秀，〈我們目前的奮鬥〉（第 190 期）、述之，〈目前革命右傾的危險〉（第 190 期）、獨秀，〈國民黨黨內糾紛與中國革命〉（第 190 期）、毛澤東，〈湖南農民運動考察報告──長沙通信〉（第 191 期）、羅易，〈中國共產黨第五次大會之意義〉（第 195 期）、秋白，〈農民政權與土地革命〉（第 195 期）、尹寬，〈資產階級叛逆後的中國時局〉（第 195 期）、羅易，〈革命與反革命〉（第 197 期）、獨秀，〈蔣介石反動與中國革命〉（第 198 期）、秋白，〈革命的國民政府之危機〉（第 198 期）、紹禹，〈中國革命前途與革命領導權問題〉（第 198 期）、高一涵，〈武漢國民政府與共產黨〉（第 198 期）、獨秀，〈中國國民黨之危機及其出路〉（第 200 期）、國燾，〈革命勢力聯合與時局〉（第 200 期）、秋白，〈革命失敗之責任問題〉（第 200 期）、和森，〈國家統一與革命勢力的聯合〉（第 200 期）等。[13]

　　《嚮導週報》於每周三出版，總發行所在上海老西門肇濱路蘭發里 3 號，另外，廣州、北京、長沙等地都有分售處。該刊編輯體例有：「中國一周」、「世界一周」、專論、專欄（寸鐵：應是陳獨秀，署名「實」，為陳獨秀「實庵」之縮寫）、讀者之聲、全國各地通信（如廣州通信、漢口通信、重慶通信等）、餘錄、特刊等；如「北京政變特刊號」（第 31、32 期）、「中國國民黨全國代表大會宣言特載」（第 53、54 期）、「九七特

---

[13]　同上註。

刊」（第81期——辛丑條約23周年紀念日）、「雙十特刊」（第86期）、
兩次「十月革命特刊」（第 90 期及 135 期）、兩次「中國共產黨對於時局
的主張特載」（第 92 期及 163 期）、「列寧逝世一週紀念特刊」（第 99
期）、悼念「孫中山特刊」（106—107 期）；內有獨秀的〈悼孫中山先
生〉、和森，〈孫中山逝世與國民革命〉、〈中國共產黨為孫中山先生之死
告中國民眾〉、〈中國共產黨致唁中國國民黨〉、「五一特刊」（第 112
期）、兩次「五卅事件特刊」（第 117 期及 155 期）、「九七特刊及嚮導第
三週年特刊」（第 128 期）、「上海市民紀念五卅運動特刊」（第 156
期）、「列寧逝世三週年紀念特刊」（第 184 期）等。其他重大事件如：五
七國恥、五四運動、廣州商團事變、「二・七罷工事件」、江浙戰爭、列強
共管、收回教育權、國民會議、善後會議、五卅慘案、關稅會議、金佛郎
案、廖案（廖仲愷被刺案）、反奉戰爭、中東路事件、郭松齡倒戈失敗之
事、廣州事變、中山艦事件（陳獨秀還特別在《嚮導週報》上發表給蔣介石
的一封信，駁斥共產黨有介入倒蔣之陰謀——1926 年 6 月 4 日）、反國家主
義派、國民政府之北伐、列寧主義、「三・一八慘案」、長沙許克祥發動的
「馬日事變」等，該刊也都有詳實的記載或評論。[14]

　　《嚮導》在上海、北京等地一直是祕密發行的，所以發行量較小，兼以
常被沒收，一直是入不敷出。國共合作後，該刊在武漢、廣州，基本上是可
以公開發行的，因此發行量也從初期的一千多份，增加成長到四萬多份，最
高峰時更達十萬份之多，此數量在當時全國的報刊雜誌中，也是非常罕見
的，可以說，《嚮導週報》是第一次國共合作時期，影響最大的中共黨刊。
[15]1925 年中共「四大」後，該刊改由蔡和森和瞿秋白共同主編；未幾又由當
時的中宣部長彭述之兼任主編，日常編務由鄭超麟負責。該刊先後在上海、

---

[14] 見《嚮導彙刊》第 1—5 集目次，《嚮導》（五）（台北：秀威覆刻版，2021 年 11 月）。
[15] 李焱勝，《中國報刊圖史》，同註 7。

北京、廣州、杭州等地編印、發行，1927 年 4 月編輯部由上海遷漢口，瞿秋白再任主編，至 1927 年 7 月 18 日出版到 201 期後，因汪精衛武漢政權「分共」而被迫停刊。作為中共中央的正式機關刊物，《嚮導》比較系統地宣傳了中國共產黨的民主革命綱領和革命，在號召人民打倒帝國主義、反對封建軍閥和與國民黨右派作鬥爭方面，發表了大量有影響的文章。

由於陳獨秀是該刊論述的主力，後期的《嚮導》言論受陳的右傾思想影響頗大，曾一度被中共視為是「托派」的代表刊物。陶希聖在〈記獨秀〉一文中提到：「中共也分為兩派，其一是幹部派，其二是反對派。幹部派跟隨史達林，大喊其『帝國主義第三期』和『革命高潮』。反之，獨秀的一派卻承認了『革命退潮』。幹部派與反對派遂告決裂，陳獨秀、李季、彭述之、高語罕等百餘人被幹部派開除黨籍。反對派的內部雖不能統一，但在馬克斯主義的理論上卻佔優勢。可以說《嚮導》時期的中共知識份子最大多數都歸入反對派之列。」[16]總之，《嚮導》是當日中共對群眾最有影響力的機關刊物，曾被譽為是四萬萬苦難群眾思想上的《嚮導》，在二〇年代的中國期刊界影響甚大。


## 三、陳獨秀與《嚮導週報》


陳獨秀身為中共第一任總書記又是《嚮導週報》的一支健筆，在該刊發表了大量的文章，舉凡當時國內外所發生之各重大事件，陳以《嚮導》為平台，撰述甚多的評論之文，由這些為數頗多的文章中，不僅可窺見陳對這些事件的看法，也可清楚了解到以陳為代表之中共中央的立場。值得一提的是，後期《嚮導》中陳的文章，隱然與中共黨內其他看法有異，從中也讓我

---

[16] 陳獨秀著，《實庵自傳》（台北：傳記文學出版社出版，民國 56 年 9 月初版），頁 3—5。

們預知中共黨內的路線鬥爭及陳被鬥離開的下場。茲就當時發生之重大事件，探究陳在《嚮導》上對這些事件之看法與批判。

## （一）廣州商團事件與國民會議

　　1924 年 8 月至 12 月，廣州商團和商界在陳廉伯主導之下，因反對孫中山組織的廣州軍政府而引發的一場流血衝突事件。[17]在商團事件中，因牽連到後續的軍事北伐，而當時的共產黨人是不贊成北伐的，早在「商團」叛迹初露時，《嚮導》就指出不可姑息養奸，要予以迎頭痛擊。《嚮導》認為商團是革命政府真正心腹之患，因此，革命政府的軍事計劃應當是「第一步解散商團軍，第二步討伐陳炯明，第三步才說得上北伐。」[18] 1924 年，孫中山在離開廣州後發表「北上宣言」及過上海時對新聞記者的談話中，呼籲召開有各人民團體、反曹、吳的各軍及政黨參加的國民會議，結束軍閥統治，解決中國的統一和人民的自由問題。孫說：「我們這次來解決中國問題，在國民會議席上，第一點就要打破軍閥，第二點就要打破援助軍閥的帝國主義。打破了這兩個東西，中國才可以和平統一，才可以長治久安。」[19]

　　為響應孫召開「國民會議」的主張，《嚮導》也大聲疾呼，應由人民團體直接選出，如此才能夠代表人民的意思與權能，也只有這樣的國民會議，才可望解決中國的政治問題。[20]而在之前的馮玉祥倒戈成功之「北京政變」議題上，陳在《嚮導》89 期發表〈北京政變與中國人民〉一文，認為英美帝國主義之所以棄吳擁馮，是馮比吳更柔順服從；及英美與日勢力的均衡，

---

[17]　李凡，《孫中山全傳》（北京：北京出版社出版，1991 年 6 月 1 版），頁 364−365。

[18]　獨秀，〈反革命的廣東商團軍〉），《嚮導》第 79 期（1924 年 8 月 20 日）。

[19]　〈在上海新聞記者招待會的演說〉，《孫中山選集》（北京：人民出版社出版，1956 年版），頁 964。

[20]　〈中國共產黨對於時局之主張〉，《嚮導》第 92 期（1924 年 11 月 19 日）。

中國軍閥的勢力也均衡，企圖由列強共同操縱的各級軍閥首領的和平會議，
並由之產生委員制政府。所以，解決中國糾紛的唯一辦法，只有掃除一切帝
國主義與軍閥，別無他途可循。[21]陳對孫的主張全國人民大會和廢除不平等
條約，都感到興奮，因為孫採取的立場不但是群眾革命的重要因素，而且更
是國民黨與中國人民合作的重要基礎；但是他同時也警告孫，如果他真同段
祺瑞合作，就與他給中國人民的承諾相違背。

　　陳深信，軍閥們忽視國家利益，他們與帝國主義勾結來達到他們自私的
目的，所以國民黨為了國家利益和人民的福利應該奮起與軍閥展開堅決的鬥
爭。對陳而言，國民黨與中國人民的合作是完成革命事業最有希望的道路，
如與軍閥合作則為極不幸的事件。[22]中共中央在同年 7 月發表「第二次對於
時局的主張」，認為擁護黎元洪或段祺瑞、國會南遷及制憲、團結西南聯省
自治和借助列強等手段都無濟於事，只有由「負有國民革命使命的國民黨，
出來號召全國的商會、工會、農會、學生會及其他職業團體，推舉多數代
表，在適當地點開『國民會議』，再由它產生新政府，統一全國。」推國民
黨領導反北京政府，是因為國民黨的力量比中共強得多。

## （二）對國民黨右派的攻擊

　　早在廣州「商團事件」爆發之初，中共即逮到機會在《嚮導》上，攻擊
此事件是國民黨右派勾結帝國主義所導致。陳於《嚮導》62 期刊載〈國民
黨左右派之真意義〉，用二分法的方式將國民黨內「採用革命方法的稱為左
派，採用妥協方法的謂之為右派。左派的觀念與出發點，是忠誠的要貫徹國
民主義，對於任何列強與軍閥終以群眾的反抗為目的，而不肯出於根本的妥

---

[21]　獨秀，〈北京政變與中國人民〉，《嚮導》89 期（1924 年 10 月 29 日）。

[22]　獨秀，〈孫段合作與國民黨之運命〉，《嚮導》94 期（1924 年 12 月 10 日）。

協；右派的觀念與出發點，是急於黨的勝利，甚至於是急於自己個人地位的成功，主張在與列強或軍閥妥協之下，靠少數人的武力與權謀，獲得若干政權。」[23]陳之意乃在公然指責，右派拋棄了國民主義，實際上可說不算是國民黨了。

為深化陳指稱的國民黨左右派之分，在《嚮導》第 71 期，陳又撰寫了〈國民黨與勞動運動〉一文，內中提到國民黨是各階級合作的黨，不能代表那一階級，應代表勞資兩階級，才有各階級合作之可能。但擁護資產階級的利益，應站在民族及民權主義上，不應站在反民生主義上。因為破壞中國資產階級利益的，是帝國主義和官僚軍閥。因此，要厲行民族主義反帝，厲行民權主義反官僚軍閥。陳並批評就國民黨革命的戰鬥力言，資產階級的「革命熱」總是間歇的，越向上層的資產階級越富於妥協性，越向下層的勞動階級越富於革命性。國民黨應看清那個階級能夠供給它更多的革命戰鬥力。如一味交歡財閥和資本家，不敢和勞動階級接近；它的革命戰鬥力必然要衰微下去，因此國民黨在估量國民革命全戰鬥力上，都知道勞農運動有最重大的意義，不應該為任何次重大的意義而犧牲也。[24]

陳的這番言論，如實地發揮了共產國際的指示，但公開這樣說，自然引起不少國民黨人的不滿，原本共產黨員加入國民黨，已引起眾多老國民黨幹部的質疑與不滿，如今在《嚮導》上又極力的區分國民黨的左右派系並加以攻擊右派，國民黨的反彈自在意料之中。為此，陳乾脆在《嚮導》第 83 期上以〈我們的回答〉加以回應。文中陳談到「我們因為有促進中國國民黨的必要，而以個人的資格加入了中國國民黨……因此惹起了黨中一部分黨員之誤會、攻擊。他們不按黨宣言或章程之某條某項，具體地指責某個黨員，而竟抽象的籠統攻擊加入國民黨之共產黨員，並且由此攻擊到在國民黨之外的

23　獨秀，〈國民黨左右派之真意義〉，《嚮導》62 期（1924 年 4 月 23 日）。

24　獨秀，〈國民黨與勞動運動〉，《嚮導》71 期（1924 年 6 月 18 日）。

共產黨。一個革命黨要取消別個革命的黨，是不應該，何況中共是共產國際的支部。若不許、不肯脫離共黨的人加入國民黨，那召開一次國民黨全國大會，取消前次大會准許共黨跨黨的決議便得。」[25]最後，陳以《嚮導》為平台，攻擊國民黨右派說「近來國民黨中所謂右派的反動行為，說他是右派，實在是太恭維了，實在只是反革命的帝國主義及軍閥之走狗。」[26]陳此番對國民黨右派的定調，終於招致以戴季陶為首的國民黨右派大反撲。

## （三）陳認為的國民黨根本問題

　　陳不僅為國民黨右派定調，對國民黨該屬性於何種性質的政黨，陳也期盼殷殷的提出自己的看法。1922 年 6 月至 1924 年 9 月間，陳曾起草和發表了三個對時局的宣言，都主張在國民黨的旗幟下組織群眾，以肩負資產階級的國民革命之使命。[27]為了同樣的目的，在 1924 年 10 月 1 日，陳又發表一篇題為〈國民黨的一個根本問題〉的文章，文中他建議國民黨停止一切軍事行動，放棄廣州政府，以便集中全力來推動勞工、農民和學生運動。陳的理由是，倘若廣州政府不能從帝國主義處獲得可觀的援助，是無法和軍閥抗衡的，更談不到打倒他們。尤其是，廣州政府的軍隊既沒有好的裝備，也沒有好的革命意識訓練，更不可能希望他們去將軍閥打垮。陳認為，在這種情形下去談革命行動，不是與軍閥講同盟，就是向軍閥低頭；這不但不是革命，而是反革命了。[28]

　　陳從實際的觀點出發最後得出目前領導革命的唯一出路是：組織工人、農民、士兵和學生來展開全國性的暴動，從而毀滅軍權階級的勢力，警告那

---

25　獨秀，〈我們的回答〉，《嚮導》83 期（1924 年 9 月 17 日）。

26　獨秀，〈這是右派的行動嗎，還是反革命？〉，《嚮導》87 期（1924 年 10 月 15 日）。

27　〈中國共產黨第三次對於時局宣言〉，《嚮導》第 82 期（1924 年 9 月 10 日）。

28　獨秀，〈國民黨的一個根本問題〉，《嚮導》第 85 期（1924 年 10 月 1 日）。

些將條約看作是神聖不可廢除的帝國主義，使他們放棄在中國的不法利益，
打破奸商與軍閥和帝國主義者勾結合夥的美夢，肩負起革命的軍事行動，以
推演出全國性的革命浪潮。最終一定要把社會一切腐舊的因素全部去掉，然
後才能建立起一個嶄新的國家。[29]當然為了國共聯合大局著想，陳基本上還
是積極擁護國民黨的，在各種政治場合，也堅決維護改組後的國民黨與孫中
山，例如在《嚮導》66 期，陳發表〈漢口之黨獄〉公開表示：「最近改組
後的國民黨和黨魁孫中山先生為中華民族獨立奮鬥的精神與決心，已漸漸得
著全國民眾的同情。」[30]而當軍閥大肆逮捕殺害國民黨員時，陳亦出來指斥
「得罪國民黨人其罪小，摧殘為中華民族獨立解放運動的國民黨其罪大。摧
殘為民族獨立解放運動的國民黨，實際上便是幫著外人壓迫中華民族。」[31]

## （四）在國民政府北伐議題上

　　革命的進程如風馳電掣快速變化，以至於一向都能迅即掌握時代脈動的
陳獨秀，也觀察錯誤的反對國民政府的北伐政策，在此議題上，陳在《嚮
導》85 期，以〈國民黨的一個根本問題〉提到他反對孫北伐的軍事行動。
就軍事行動言，陳以為直系的力量，廣州政府的軍力除乞求帝國主義者的援
助不能打倒它，其次廣州政府軍隊「完全是以利結合的傭僱軍隊」，連陳炯
明、趙恆惕也不曾打倒，說可用他們打倒國際帝國主義和北洋軍閥，是欺三
歲孩子的話。在這情形下，國民黨的軍事行動（北伐在內）必和反動的滇
軍，反動的西南將領，和反動的段系奉張妥協。孫中山明知那些人都是革命
的對象，為要增加軍事行動的聲勢，不得不稱他們為友軍。「這些恥辱的行
動，這些錯誤的政策，都是軍事行動所必然產生的」，這「使國民黨的打倒

---

[29]　獨秀，〈國民黨的一個根本問題〉，《嚮導》85 期（1924 年 10 月 1 日）。

[30]　獨秀，〈漢口之黨獄〉，《嚮導》66 期（1924 年 5 月 21 日）。

[31]　獨秀，〈楊德甫等冤殺與國民黨〉，《嚮導》68 期（1924 年 6 月 4 日）。

帝國主義和打倒軍閥的革命宣傳完全無效。」[32]陳希望國民黨回到革命同盟
會時代，下令全黨動員「到民間去」，在民眾中做政治宣傳，組織工農兵，
不斷為他們的利益而奮鬥，使民眾認識國民黨確是為民眾利益而革命的黨，
確與軍閥派和官僚的政黨不同。如此，國民黨才有軍事行動及建設革命政府
的真實力量。

　　總之，陳對北伐是不以為然的，對他而言，北伐只不過是國民革命中的
軍事局面，軍事並不能代表革命的全局。中國革命最有效果的是各階層革命
群眾的興起以圖自我解放，特別是解除工農群眾的疾苦。在陳的看法中，可
以把北伐本身看作是革命中富有意義的軍事行動，如果革命的潮流能因軍事
行動而向北伸展。倘若北伐只是機會主義的軍人和政客作為個人獲利的目
的，即使北伐成功也不能看作是革命的成功，而是軍事機會主義的勝利。但
當北伐軍攻下武漢積極向北方挺進時，北伐軍的節節勝利也改變了他對北伐
的消極態度，陳改口宣稱北伐是民主與封建勢力之戰，因此北伐是有政治原
則和社會目的的，並不只是為了個人或政黨的利益而已。照當時陳的看法，
如果北伐勝利，至少中國最後會得到獨立和內政民主化。然而陳也再度聲
稱，當時仍是國民革命的時代，還不是無產階級革命和專政的時候，在這個
過渡時期，小資產階級和無產階級都需要民主。甚至於國民革命成功後，就
應該即刻成立一個革命的民主政府，這個政府便是小資產階級的民主和社會
主義的過渡政權。[33]總的說來，陳對北伐的消極態度，是他懷疑採取軍事行
動的時間還未成熟，歷史證明他錯估了國民黨的實力，但卻正確的看到蔣因
北伐而擴展其個人軍事獨裁的發展態勢。[34]

---

[32]　獨秀，〈國民黨的一個根本問題〉，《嚮導》85 期（1924 年 10 月 1 日）。

[33]　獨秀，〈我們現在為什麼爭鬥？〉，《嚮導》172 期（1926 年 9 月 25 日）。

[34]　獨秀，〈論國民政府之北伐〉，《嚮導》161 期（1926 年 7 月 7 日）。

## （五）與戴季陶交鋒及國民黨的因應

　　1925 年 3 月 12 日，孫中山逝世後，戴季陶感到孫的容共政策被鮑羅廷所曲解，在是年 7 月，戴出版了《國民革命與中國國民黨》一書，呼籲國民黨的忠實黨員，堅持革命的主義和孫中山的國民黨。戴警告如果沒有共同的信念，就沒有共同的信仰和合作，戴認為國民革命的目的是根據革命的主義來創建一個新國家，這種目標只能由負有同樣信仰和政策的黨員來完成。[35]戴同時控訴，共產黨有意忽視國民革命時代的需要，利用國民黨之名來遂其政治目的，他要求共產黨要即刻停止反國民黨的一切活動。

　　在戴季陶書出版後，陳立即在《嚮導》發表他致戴的公開信，在信中，陳否認共產黨人參加國民黨的目的是在減少國民革命的成功和毀滅國民黨。陳說國家的平等和自由是國民革命的最高使命，至於什麼力量可以用來獲得國家的平等和自由，是國民革命最緊急的問題。由於中國工業的落後，不可能出現歐洲式的資產階級革命，在中國，國民革命要成功，大部分要靠群眾力量的發展和集中，而群眾力量的發展和集中則端賴基於自身利益的群眾鬥爭，如果停止階級鬥爭就會消滅國民奮鬥的主要力量。換言之，吾人必須承認國民革命中階級鬥爭的必要性。[36]批戴完後，陳又撰〈國民黨新右派之反動傾向〉一文，繼續對國民黨右派窮追猛打，他說這些右派分子既然反對階級鬥爭、反對蘇俄、反對共產黨、反對國民黨左派，並反對國民黨政府，客觀上便實實在在的幫助了反革命和帝國主義者。[37]

　　國、共內部左右派劍拔弩張的鬥爭，使國民黨有了強烈黨權旁落的危機感，1926 年 5 月 15 至 25 日，蔣介石在國民黨第二屆中央執行委員會議上，提出「整理黨務案」8 項：1.共產黨應訓令其黨員改善對國民黨的言論態

---

[35]　戴季陶，《國民革命與中國國民黨》（台北：台灣省教育廳重刊，1950 年），頁 81。

[36]　獨秀，〈給戴季陶的一封信〉，《嚮導》129 期（1925 年 9 月 11 日）

[37]　獨秀，〈國民黨新右派之反動傾向〉，《嚮導》139 期（1925 年 12 月 20 日）。

度，尤其對於總理及三民主義不許加以批評和懷疑。2.共產黨應將國民黨內的共產黨員全部名冊，交國民黨中央執行委員會主席保管。3.中央黨部各部長須不跨黨者方能充任。4.凡屬於國民黨籍者，不許在黨的許可以外，有任何以國民黨名義召集的黨務會議。5.凡屬於國民黨籍者，非得最高黨部的命令，不得別有組織及行動。6.中國共產黨及第三國際對於國民黨內共產分子所發一切訓令及策略，應先交國、共聯席會議通過。7.國民黨員未經准許脫黨以前，不得入其他黨籍；如已脫黨籍而入共產黨者，以後不得再入國民黨。8.黨員違反以上各項時，應立即取消其黨籍，並依其所犯的程度加以懲罰。[38]

國民黨及蔣的「整理黨務案」，隔月的 6 月 9 日，《嚮導》刊載了〈中國共產黨致中國國民黨書〉，文中，共產黨再度向國民黨保證，他們願意繼續合作的誠意；承認所加予他們的一切限制；要求假如對在國民黨中的任何共產黨員有懲處時，首先應在兩黨間有所討論。[39]在同一期，陳也發表了他給蔣介石的信，他否認「中山艦事件」是共產黨人企圖刺殺他的事件；陳並指出中國的革命只完成一半，兩黨還有合作的必要，他建議蔣要提高對帝國主義破壞中國革命企圖的覺醒。[40]

## （六）反帝國主義與重視群眾勞工的力量

綜觀陳獨秀在《嚮導週報》上的言論，反帝與重視勞工階層仍是他最關注的焦點。在整個 1924 年中，陳以《嚮導》為平台，不斷揭露帝國主義對中國的種種侵略，尤期突出日本侵略的新計劃和美國大批軍械給吳佩孚之事

---

[38] 郭華倫，《中共史論》第一冊（台北：國立政治大學國際關係研究中心出版，1989 年 6 月四版），頁 176－177。

[39] 〈中國共產黨致中國國民黨書〉，《嚮導》157 期（1926 年 6 月 9 日）。

[40] 獨秀，〈給蔣介石的一封信〉，《嚮導》157 期（1926 年 6 月 9 日）。

實。陳指出日本在東北的「南滿鐵道會社」不但是日本開發滿蒙的總機關，也是其侵略中國之重鎮。[41]陳更揭露軍閥是帝國主義之工具，帝國主義援助軍閥是中國禍亂之根源，是為了幫助軍閥抑制新勢力，使中國永遠處於他們的支配之下。[42]

　　有意思的是，陳在批判帝國主義侵略中國的同時，卻高度讚揚俄國以平等的原則對待中國，與中國直接交涉。[43]稱讚「中俄協定」廢棄妨礙中國主權及利益之舊約，承認中國與外蒙之主權，拋棄租界地與庚子賠款，取消治外法權及領事裁判權，關稅規定平等等，這些都於中國有莫大的利益。[44]也因此，在俄國十月革命七周年時，陳大聲疾呼「俄國十月革命是真有利最大多數人民的革命。十月革命在國內保障全俄人民經濟生活脫離外國帝國主義的宰制而獨立，在世界給一切被壓迫民族反抗帝國主義之一個有力的暗示。」陳希望中國最大多數的人民，應該接受俄國十月革命之精神，而不要誤信謠言，將其視為洪水猛獸。[45]陳獨秀與其所領導的中共，因接受俄國的奧援，以至於昧著良知讚嘆俄國是以平等待我之國家，殊不知俄國之帝國主義行徑，較之西方之英美等帝國主義國家，有過之而無不及。

　　在反帝之餘，陳更重視廣大群眾的力量，陳一再呼籲國民革命要有廣大民眾參加才能成功，要求國民黨堅持正確的革命方向，肅清內部，擔當國民革命的領袖。陳認為國民黨是各階級合作的黨，[46]國民革命的領袖應該是國民黨，[47]而要擔負其領袖責任必須要有正確的政治態度和政策。他說：此時

---

[41]　獨秀，〈日本在華侵略之新計劃〉，《嚮導》77 期（1924 年 8 月 6 日）。

[42]　獨秀，〈軍閥是帝國主義者的工具又一證據〉，《嚮導》67 期（1924 年 5 月 28 日）；獨秀，〈帝國主義者援助軍閥之又一證據〉，《嚮導》76 期（1924 年 7 月 30 日）。

[43]　獨秀，〈中俄會議之成敗〉，《嚮導》58 期（1924 年 3 月 26 日）。

[44]　獨秀，〈評中俄協定〉，《嚮導》59 期（1924 年 3 月 26 日）。

[45]　獨秀，〈俄羅斯十月革命與中國最大多數人民〉，《嚮導》90 期（1924 年 11 月 7 日）。

[46]　獨秀，〈國民黨與勞動運動〉，《嚮導》71 期（1924 年 6 月 18 日）。

[47]　獨秀，〈國民黨與中國革命〉，《嚮導》80 期（1924 年 8 月 27 日）。

中國的一切政治局面，都是各帝國主義者及各派軍閥暗鬥明爭循環起伏的局面，只有革命的廣大民眾之長期的暴動，打破此循環仍舊的局面，別開一新局面，是唯一之路。放棄政權與軍事行動，從民眾中去宣傳民眾，組織民眾，訓練民眾，領導民眾，對於一切帝國主義一切軍閥，不放棄每個鬥爭；這是國民黨的政治態度所應取之上策，因為中國只有此策可救。他反對聯合這個軍閥、反對那個軍閥的政策，更反對無條件的與軍閥合作，與帝國主義妥協的政策。[48]

而在中國廣大群眾中，他最關注工人運動，陳非常肯定工人階級在國民革命中的重要地位和作用。1924 年 3 月，陳在《嚮導》發表〈中國工人運動之轉機〉，指出中國工人運動已從「二‧七罷工」大屠殺後逐漸復甦。[49]呼籲社會同情工人，要求國民黨維護工人權益，不能犧牲最有革命戰力的工人階級。[50]1925 年 5 月 30 日「五卅慘案」發生後，陳氣憤的寫下〈上海大屠殺與中國民族自由運動〉一文，指出帝國主義是中國的主要敵人，中國的反帝國主義運動即是民族自由運動，是一個全國運動，他號召全國的工人、學生、商人同時起來向帝國主義者展開堅決的鬥爭。[51]

在「五卅運動」中，陳高度讚揚工人階級的力量和堅定的革命精神，他說工人階級是民族運動中最勇敢的戰士。在反對英、日帝國主義運動中，已表現出極偉大的力量。陳更說，中國的工人階級得著這樣偉大的政治上組織上的訓練，提高了自己的地位，成了民族解放運動中極重大的動力。[52]相反的，他對資產階級的妥協性則表現得極為不滿，陳批評說「中國資產階級對於此次民族運動的態度，使我們的幻想終於是一個幻想，而殖民地半殖民地

---

[48] 獨秀，〈國民黨的政治態度〉，《嚮導》91 期（1924 年 11 月 12 日）。

[49] 獨秀，〈中國工人運動之轉機〉，《嚮導》58 期（1924 年 3 月 26 日）。

[50] 獨秀，〈國民黨與勞動運動〉，《嚮導》71 期（1924 年 6 月 18 日）。

[51] 獨秀，〈上海大屠殺與中國民族自由運動〉，《嚮導》117 期（1925 年 6 月 6 日）。

[52] 獨秀，〈我們如何繼續反帝國主義的爭鬥？〉，《嚮導》126 期（1925 年 8 月 13 日）。

的資產階級不革命這一公例，居然又在中國民族運動中證實了。」[53]是年 6
月中旬，陳又發表〈此次爭鬥的性質和我們應取的方法〉，進一步提出「中
國國民應該運用自己的團結力，立即在上海召集全國工商學兵代表大會，議
決廢除一切不平等條約，嚴責政府宣布執行。倘政府不肯執行此議決，立起
國內戰爭，建設一個國民革命政府。」[54]陳獨秀的這個主張，後來他在《嚮
導》創刊三周年時，以〈本報三年來革命政策之概觀〉再作說明，矢言開始
國內戰爭，合全國的力量，打倒英、日帝國主義的走狗——奉天軍閥。[55]

　　早在曹錕驅逐黎元洪之時，在《嚮導》31、32 期合刊（北京政變特刊
號）中，該刊即發表〈北京政變與勞動階級〉一文，指出曹得勢，「使中國
民主政治的實現遙遙無期，封建的戰爭不可休止；而且英美帝國主義奴隸宰
制中國的新銀行團是要慶祝他們的勝利。」[56]他號召全國工人應該聯合全國
商人、知識階級和國民黨來奮鬥，以博得最後的勝利。基本上，陳的以工人
為主體的革命策略，平情言，與國民黨的革命策略是有頗大的差距，但身為
中共領導者的他，不得不委屈地就範於第三國際的國、共合作政策，但他始
終堅決主張獨立的無產階級政黨的政策，他深知合作不是融合，因為社會階
級是不能融合的，對他而言，合作是政治性的，並不是資產階級和無產階級
之間的經濟調和，因為這兩個階級之間，經濟上是沒有合作的基礎。換言
之，國民革命之後，社會主義仍然是無產階級的最後果實。[57]

53　獨秀，〈中國民族運動中之資產階級〉，《嚮導》136 期（1925 年 11 月 21 日）。

54　獨秀，〈此次爭鬥的性質和我們應取的方法〉，《嚮導》118 期（1925 年 6 月 20 日）。

55　獨秀，〈本報三年來革命政策之概觀〉，《嚮導》128 期（1925 年 9 月 7 日）。

56　競人，〈北京政變與勞動階級〉，《嚮導》31、32 期合刊（北京政變特刊號）（1923 年 7 月 11
　　日）。

57　獨秀，〈國民黨與勞動運動〉，《嚮導》71 期（1924 年 6 月 18 日）。

## （七）「二次革命論」的主張及對蔣的批判

陳在《嚮導》上最引人注意的是他有關「二次革命論」的政治主張，他認為「在私產制度之下，資產階級未壯大，無產階級也自然不能壯大，因此，我們敢說，中國產業之發達還沒有達到使階級壯大而顯然分裂的程度，所以無產階級革命的時期尚未成熟，只有兩階級聯合的國民革命的時期是已經成熟了。」[58]接著，陳又發表〈資產階級的革命與革命的資產階級〉一文，繼續論述其「二次革命論」，他認為「半殖民地的國民革命，是資產階級的民主革命，應當由資產階級領導。資產階級的民主革命，若失去了資產階級的援助，在革命事業中就沒有階級的意義和社會的基礎。」因此，陳提出「中國國民黨目前的使命及進行的正軌應該是『統率革命的資產階級，聯合革命的無產階級，實現資產階級的民主革命。』」[59]在 1926 年 9 月，陳發表〈我們現在為什麼爭鬥？〉，重彈其「二次革命論」的老調，聲明「共產黨取得政權，乃是無產階級革命時代的事，在國民革命時代，不會發生這類問題。」[60]

在蔣介石崛起之初，陳將蔣視為國民黨左派而高度肯定他，陳稱蔣是中國民族革命運動中的一個柱石。在〈中國共產黨致中國國民黨書──為時局及與國民黨聯合戰線問題〉，陳形式的接受了國民黨的「整理黨務案」，並表示了共產黨的服從。在〈給蔣介石的一封信〉中，陳肯定蔣在中國革命統一戰線中的地位，肯定蔣的國民黨左派身份。共產黨絕不會參與倒蔣陰謀，如果共產黨是這樣一個反革命的黨，你就應該起來打倒它，為世界革命去掉一個反革命的團體；如果是共產黨同志中那一個人有這樣反革命的陰謀，你

---

[58]　獨秀，〈造國論〉，《嚮導》2 期（1922 年 9 月 20 日）。

[59]　獨秀，〈資產階級的革命與革命的資產階級〉，《嚮導》22 期（1923 年 4 月 25 日）。

[60]　獨秀，〈我們現在為什麼爭鬥？〉，《嚮導》172 期（1926 年 9 月 25 日）。

就應該槍斃他，絲毫用不著客氣。[61]但在蔣北伐後，軍事獨裁面貌逐漸呈現，陳開始強力批判蔣，陳稱蔣已成了全國反革命勢力的中心，國民政府的領袖在鄭州開會，已決定了討蔣政策，這是中國革命進展之一個重大時機，在革命史上值得大書特書的。[62]諷刺的是，1927 年 7 月 1 日，就在蔣、汪合流武漢「分共」前夕，陳還在《嚮導》為汪精衛獻策，勸「以汪精衛先生為中心的國民黨左派領袖及左派的武裝同志，應該有一大覺悟，下一大決心，首先自身團結起來，再和一切革命勢力團結起來，拿出中山先生組織中華革命黨的精神，來一個從左邊的清黨運動，毫不顧惜的清除黨內一切反革命的投機分子，以救出真正革命分子的國民黨正統之生命。」[63]

## 四、結論：書生議政的悲劇與《嚮導》的結束

基本上，畢竟是書生，曾為新文化運動旗手，又膺任中共第一代領袖的陳獨秀，在第一次國、共合作時期，對孫中山、蔣介石、國民黨以及國、共合作，對共產黨員參加國民黨均懷有相當複雜的心情，且在實際上加入國民黨後，也確實國、共頻頻發生摩擦衝突，情緒與理智始終糾纏在政治與黨派的矛盾中，尤其是在與國民黨合作的問題上，種種進退出處，上下左右情勢複雜，更何況還有「太上皇」共產國際的硬性指導，而這種指導又政出多門，不了解狀況自相矛盾甚至朝令夕改的。身為共產黨總書記的他，只能理性認知實踐經驗，從一極端跳到另一極端，是非判斷又往往與政治原則、鬥爭策略、硬性命令糾雜在一起，由此而產生種種矛盾衝突也就不難理解了。陳獨秀後來被迫一昧追隨共產國際，陷入所謂的「右傾機會主義」和「右傾

---

[61] 獨秀，〈給蔣介石的一封信〉，《嚮導》157 期（1926 年 6 月 9 日）。

[62] 獨秀，〈蔣介石反動與中國革命〉，《嚮導》198 期（1927 年 6 月 15 日）。

[63] 獨秀，〈中國國民黨之危機及其出路〉，《嚮導》200 期（1927 年 7 月 8 日）。

投降主義」者，儘管陳一生堂堂正正，鄙視機會取巧，但有組織，他只能就範，面臨決議一講原則，他只能放棄己見遵從眾議。

陳獨秀為知識份子出身，一個知識份子在風雲詭譎多變的中國二〇年代，要領導一個迅速成熟組織嚴密、戰鬥力極強的中國共產黨，在現代革命的疆場上廝殺搏鬥，其知識份子的屬性顯然讓他經驗不夠力不從心。以其和國民黨的關係為例，始初陳就不願意與國民黨合作，更不願意參加國民黨，故陳缺席了國民黨的「一全」大會，但後來他不得不合作了也參加了；幾次想要退出，不能，要放棄，不許。不僅不能、不許，他還要說服同志不能、不許的理由。他對孫、蔣都有所不滿及批評，但他沒有孫的威望，在政治上也鬥不過蔣介石，更別說還有上司共產國際的瞎指揮。在共產國際的號令下，他只有繼續和國民黨合作妥協，只得承認蔣的威權與地位，只得聽從蘇聯顧問與共產國際代表的決策與意見。儘管陳對當時中國的政治生態與政黨活動有較深切的認識與理解，但在不利的大環境下，他只有違背自己的認知，默默地忍受，一步步的退卻，陳獨秀一生的悲劇，只有從這個脈絡去看才能清晰可見。[64]

再舉例而言，陳在《嚮導》上發表〈論國民政府之北伐〉寫道：北伐的意義不能代表中國民族革命之全部意義，……革命的北伐時期尚未成熟，現在的實際問題，不是怎樣北伐，乃是怎樣防禦。[65]陳的文章立即引來軒然大波，一位黃埔軍校學生名叫黃世見的讀者寫信給《嚮導》編輯部，質問陳獨秀「挑撥北伐期中的人心，煽惑一班不明真相隨風飄蕩的幼稚革命者嗎？或者先生被反動派利用，在此北伐期中灌輸令人懷疑的論文，代它們鼓吹嗎？或者先生聰明一世懵懂一時嗎？」[66]在廣州，國民黨黃埔特區黨部也下令禁止學生閱讀《嚮導週報》，國民黨中央黨部李濟琛、孫科、張靜江、顧孟餘

---

[64] 胡明，《正誤交織陳獨秀》（北京：人民文學出版社出版，2004 年 5 月 1 版），頁 223－224。

[65] 獨秀，〈論國民政府之北伐〉，《嚮導》161 期（1926 年 7 月 7 日）。

[66] 黃世見，〈讀者之聲——討論北伐問題〉，《嚮導》171 期（1926 年 9 月 20 日）。

等人開會討論此事，最後決定由張靜江給陳獨秀寫信，指責陳獨秀亂放炮，甚至有投機權位之嫌。又 1926 年春，毛澤東將〈中國社會各階級的分析〉交《嚮導》彭述之，因為強調農民運動，實際上批評了陳獨秀 1923 年 12 月發表的〈中國國民革命與社會各階級〉強調國民黨力量的觀點，陳獨秀、彭述之不同意《嚮導》刊載。[67]而陳在《嚮導》三年多之言論文章，其前後矛盾反覆的論述，正足以提供我們一個見證其思想轉變蛻變的過程，此乃研究陳獨秀與《嚮導週報》最有價值的地方。總之，陳獨秀在共產國際控制和他所了解的中國實際政治之間躊躇不前，由於他的特殊氣質和對共產國際的效忠，註定他終將成為中共黨內鬥爭的犧牲人物。

---

[67]　朱洪，《陳獨秀與中國名人》（北京：中央編譯出版社出版，1997 年 1 月 1 版，頁 266－267、295。

# 第五章　《現代週刊》研究（1945－1946）──兼論其反映戰後國民黨的「再中國化」政策

## 一、前言：略論戰後初期台灣的雜誌文化

　　台灣雜誌出版事業的興起，僅僅不過是百餘年來的事，但隨著社會經濟結構的轉變，以及配合統治階級的宣傳政策，報章雜誌的發行遂逐漸普及開來，成為公共領域建構的重要媒介，深刻地影響著公共領域的形成。[1]日本殖民台灣後，透過傳媒來普化深植其統治論述，以維護鞏固其政權統治的合法性。然而，台灣民間社會並沒有因強大政治壓力而退縮畏懼，同樣的也是藉由雜誌傳媒來與之對抗，表達台灣人的真正心聲，這樣的輿論抗衡，一直持續到日本殖民統治政權的結束。[2]

　　1945 年 8 月，台灣光復後，一個嶄新的局面，讓台灣人歡欣鼓舞。對祖國充滿著期待，台灣人延續日治時期的辦報經驗與關懷社會的熱誠，眾聲喧嘩，再度掀起一波辦報高潮。據當時行政長官公署宣傳委員會的登記資料顯示，日本投降後至「228」事件爆發前，大約有 4、50 種雜誌在台灣發

---

[1]　根據哈伯瑪斯（J. Habermas）的看法，他以 18、19 世紀英法德三國市民社會（civil society）形成的經驗，來說明公共領域的概念。他將文藝傳播視為公共領域形成的重要媒介。西方學者在研究公共領域或市民社會的形成，都相當重視文化傳播媒介扮演的角色。Habemas. "Communication and The Evolution of Society," Beacon Press, 1979。

[2]　莊惠惇，〈戰後初期台灣的雜誌文化（1945.8.15－1947.2.28）〉，《臺灣風物》第 49 卷第 1 期（1999 年 3 月 31 日），頁 51。

行。[3]舉凡政論、文藝、綜合、學術、機關團體通訊等,琳瑯滿目不一而足,而且種類相當繁多。

此外,戰後初期的台灣雜誌文化,也呈現出有別於日治時代遭壓抑監控的苦悶格局,而是以一種蓬勃發展的局面亮相,在文化人無所顧忌的臧否時局之下,雜誌內容出現大量的政論文章,這是時代精神的展現,同時也顯示出雜誌作為公共論述的特質。而此時期雜誌文化的另一特色,是外省族群的加入,彼輩不僅要面對眾多左翼雜誌論述的挑戰,更要背負為統治者宣傳政令之任務,因此也積極的搶攻出版市場。

當時由官方或親官方所辦的雜誌中,有行政長官公署宣傳部編輯的《台灣通訊》、陸軍 70 師政治部所辦的《自強旬報》、三民主義青年團之《台灣青年》;以及由長官公署參議吳克剛所主編的《現代週刊》,其中尤以《現代週刊》最具代表性。然平情說來,就 1945 年政府接收初期台灣雜誌出版的情況言,論雜誌數量與種類,還是以台灣本土文化人所辦的居多,官方或親官方雜誌,相較之下仍顯得零星單薄。[4]

但在當時為數不算多的右翼雜誌中,吳克剛所主編的《現代週刊》,則頗具代表性。揆其因,除該刊發行較久,內容較豐富外;主要還是該刊的

---

3  台灣省行政長官公署宣傳委員會編,《台灣一年來之宣傳》(台北:台灣省行政長官公署宣傳委員會發行,1946 年 12 月),頁 26－33。根據統計,從 1945 年 9 月到 1947 年 3 月,亦即陳儀來台接收前後到二二八事件爆發為止,台灣島內至少有 110 種以上新雜誌創刊,這些新雜誌有兩項特點:第一,絕大多數雜誌與日治時期的刊物沒有承接關係;第二,大部分雜誌都在二二八事件前停刊或事件後未再續刊。何義麟,〈台灣文學期刊史編纂──戰後初期(1945-1949)總論〉,《文訊雜誌》第 318 期(101 年 4 月),頁 82－86。

4  1945 年 9 月 22 日,活躍於日治時期的文學作家楊逵,創辦《一陽週報》,為戰後最早發行的中日文合併的雜誌。其後,《前鋒》、《政經報》、《新青年》、《台灣青年》、《夏風》、《台灣公論》、《日月潭週報》、《青年週報》、《台灣藝術》、《大同》、《新風》、《新新》等刊物亦相繼發行。這其中以左翼論述為主體的刊物較多,影響力亦較大;相對的,由官方或親官方所辦的刊物則顯的較為寥落。當時的右翼刊物如《台灣通訊》、《自強旬刊》、《新聲》、《台灣畫報》、《新台灣畫報》、《台灣警察》、《新台灣週刊》;以及由吳克剛所辦的《現代週刊》等。見何義麟,〈戰後初期台灣出版事業發展之傳承與移植(1945－1950)──雜誌目錄初編後之考察〉,《台灣史料研究》10 期(1997 年 12 月),頁 3－24。

言論宗旨，頗能代表國府當時對台灣的「再中國化」政策。戰後初期，國府
以台灣被日本殖民 50 年之久，無論就思想觀念、行為舉止或社會文化等方
面，台灣人均有著深深濃厚的東洋日本風。為徹底清除台灣人的「日本
化」，光復之初，國府當局即以如何使台灣「再中國化」為當務之急，而輿
論的鼓吹和教育是最快速之管道，所以《現代週刊》內容以「再中國化」為
主軸即不言而喻了。[5]

　　基本上，《現代週刊》內容雖極力為政府的政令做宣傳，但難能可貴
的是，刊物園地並非全是八股的政策宣導，而是呈現多元之取向。研究戰後
初期雜誌文化的學者莊惠惇，在〈戰後初期台灣的雜誌文化（1945.8.15—
1947.2.28）〉論文中，列表分析《現代週刊》之內容，其中文藝學術性占
26.0%、時事政論性占 18.2%、其他占 32.4%，宣導性只占 23.4%。[6]換言
之，《現代週刊》是屬於一種綜合性的刊物，雖然也總攬時事的消息報導，
但內容卻是橫跨政治、經濟、教育、歷史、社會與文化等各個面向；並隨時
反映報導社會輿論之所趨，這是該刊之所以兼具代表性及全面性的原因。[7]

　　過去學界對戰後初期台灣雜誌的研究，以左翼雜誌報章居多，較著者有

---

[5] 　另外，莊惠惇亦將當時雜誌分為官方/民間、外省/本省兩大類，而民間雜誌又可分為台灣本土
　　文化人所辦、大陸文化人來台創辦；或統治集團的成員以個人身分創辦（親官民辦）等三種型
　　態。第三類雜誌的組織社群是有擔任官職或與統治者保有程度上良好之關係者，如公署參議吳
　　克剛發行的《現代週刊》，在雜誌內容上即相當呼應統治論述。莊惠惇，〈戰後初期台灣的雜
　　誌文化（1945.8.15－1947.2.28）〉，同註 2，頁 65。

[6] 　莊惠惇，〈戰後初期台灣的雜誌文化（1945.8.15－1947.2.28）〉，同上註，頁 63。

[7] 　何義麟言《現代週刊》就是一份具有代表性刊物，該刊於 1945 年 12 月 10 日創刊，主編是台灣
　　省立圖書館館長吳克剛。這本刊物最大特點是，包括主編與撰稿者，幾乎都是中國大陸來台的
　　教育與文化界人士。由於他們都肩負在台推動祖國化之重任，因此刊物的宗旨當然就是傳播中
　　國新文化、教導中文寫作。雖然，這份刊物的宗旨可謂政策正確，但還是抵擋不了經濟之壓
　　力，隔年 12 月 15 日停刊，發行滿一年，共出刊 32 期。且除了政治相關之論述外，《現代週
　　刊》的文藝欄也不能忽視，例如，該刊第 1 卷第 12 期朱梅的〈死鳥〉、第 2 卷第 7、8 期合刊
　　出現許天虹譯、小泉八雲著，〈不能克服的困難：西洋文學上的一個「謎」〉；第 2 卷第 9 期
　　陳松明之〈詩兩首〉、羅洪，〈文藝的寫作〉，還有章錫琛的〈悼夏丏尊先生〉；及第 3 卷第
　　5 期周學普翻譯的〈海涅詩選〉等。何義麟，〈台灣文學期刊史編纂戰後初期（1945-1949）總
　　論〉，同註 3，頁 82－86。

何義麟，〈《政經報》與《台灣評論》解題──從兩份刊物看戰後台灣左翼勢力之言論活動〉、〈戰後初期台灣報紙之保存現況與史料價值〉、〈戰後初期台灣出版事業發展之傳承與移植（1945－1950）──雜誌目錄初編後之考察〉、〈《民報》──台灣戰後初期最珍貴的史料〉；李筱峰，〈從民報看戰後初期台灣的政治與社會〉；陳芳明，〈二二八前夜臺灣的改革要求──以《民報》社論為中心〉；莊惠惇，〈戰後初期台灣的雜誌文化（1945.8.15－1947.2.28）〉；呂東熹，〈李萬居與新聞自由──公論報在戰後報業發展史的角色〉，及日本學者丸川哲史，〈「去殖民地化」與「祖國化」：從《新生報》「橋」副刊的論爭談其意涵〉和徐秀慧，〈光復初期的左翼言論、民主思潮與二二八事件〉等。

　　至於博碩士論文有：吳純嘉，〈人民導報研究（1946－1947）──兼論其反映出的戰後初期台灣政治、經濟與社會文化變遷〉（中壢：國立中央大學歷史研究所碩士論文，1999 年）、呂婉如，〈《公論報》與戰後初期臺灣民主憲政之發展（1947－1961）〉（台北：國立臺灣師範大學歷史研究所碩士論文，2001 年）、莊惠惇，〈文化霸權與抗爭論述──戰後初期台灣的雜誌文化分析〉（桃園：國立中央大學歷史研究所碩士論文，1998年）、黃淑英，〈《民報》與戰後初期的臺灣〉，（台北：國立臺灣師範大學歷史研究所碩士論文，民國 92 年 8 月）等。

　　反觀右翼報章雜誌則付之闕如，乏人研究，是以《現代週刊》雖係親官方的雜誌，但在內容取向上，卻較符合一份獨立雜誌應有的立場，這是值得肯定之處，此或許與其撰述者的學術背景有關。也因如此，筆者選擇《現代週刊》為研究議題，就有其意義和重要性：一則可以探討當時中國知識份子對國府「再中國化」政策的理念為何；再則亦可窺見其論述之盲點為何？及台灣人之所以無法接受的原因。

　　本論文所使用的資料，除 3 卷 8 期完整的《現代週刊》外，也參考了同時期的其他報章雜誌、政府檔案史料以及和本論文主題相關的著作與論文、

時人回憶錄或後人所寫之人物傳記等。在研究方法上，除運用史學訓練對史料做考證、分析、歸納、綜合與排比等傳統方法外，也參考新聞學研究上的內容分析法與比較法，以及相關口述歷史資料的採集與整理。尤其是以哈伯瑪斯的「傳播行動理論」為架構，由傳播行為觀點切入，談及當時國府如何以策略性的傳播行動，經由公開的行動，有意識的強行灌輸其理念（操縱性的傳播）；或採取隱藏性的行動，媒體人因無意識的自欺，而被統治者收編作有系統的扭曲傳播。

　　此種結構型態，誠如西方意識形態理論家阿圖塞（Althusser）在《意識形態與意識形態國家機器》書中所言：「意識形態作為國家機器的『教化』工具，乃是透過大眾傳播媒介的運作，在政治上它合法化了權力的宰制基礎，在經濟及社會層面上則合理化了資本主義體系對社會的操縱。」[8]《現代週刊》充當了國府教化台灣人「再中國化」之工具，為此政策撰述辯護的知識文化人，在不了解台灣人歷史記憶的同時，有意無意的強行灌輸或扭曲傳播，不僅此政策未竟全功，且最終導致其後「228」悲劇的發生。

## 二、《現代週刊》作者群及戰後國府的對台政策

　　1945 年 12 月 10 日創辦的《現代週刊》，是以闡揚三民主義，傳播民主思想為宗旨。內容分成論壇、思潮、史談、名人小傳、本國情況、國際現勢、科學叢談、國語國文講話、一週大事、一週輿論、文藝、問題討論、雜記、讀者通訊等 14 門類。[9]該刊創辦人為吳克剛先生（1903－1999），吳氏安徽壽州人（舊鳳陽府），法國巴黎大學畢業，留法時與巴金相過從。1930

---

8　轉引自馮建三譯，《大眾文化的迷思》（台北：遠流版，1993 年），頁 124－125。

9　〈現代週刊社徵稿簡約〉，《現代週刊》創刊號（民國 34 年 12 月 10 日），頁 15。

年至福建泉州創辦黎明高中，曾邀張庚、周貽白等左翼文人蒞校演講。1945
年隨陳儀到台灣，任行政長官公署參議，1946 年 6 月，「臺灣文化協進會」
成立，時任台北市長的游彌堅任理事長，吳克剛與范壽康、陳兼善等為理
事。[10] 8 月，吳還擔任私立延平大學籌備會董事，10 月，出任台灣省圖書館
館長。[11]1947 年 4 月，吳於圖書館內設立兒童閱覽室，開風氣之先。[12]於此
同時，尚兼任台灣大學教授。1953 年 11 月，「中國圖書館學會」第一屆理
事會成立，吳與蘇德用、藍乾章、王省吾、潘成義等 5 人當選常務理事。
[13]1955 年 4 月，吳從省立台灣圖書館館長卸任後專職台大迄於退休。吳一生
盡瘁圖書館事業，以專業創意拓展閱讀，對台灣圖書館事業貢獻至大；不僅
如此，吳也是個經濟學家和社會科學研究者，在合作主義經濟理論及教育方

---

[10]　「台灣文化協進會」於 1945 年 11 月由台北市長游彌堅負責籌備，1946 年 6 月 16 日成立於台
北，係當時社會層次最高，也是最龐大的一個文化團體，是個半官半民組織，其主要成員幾乎
網羅當時全台大陸及本省文化界菁英，如理事長游彌堅；常務理事吳克剛、陳兼善、林呈祿、
黃啟瑞；理事林獻堂、林茂生、羅萬俥、范壽康、劉克明、林紫貴、楊雲萍、陳逸松、陳紹
馨、連震東、許乃昌、王白淵、蘇新等；監事則有李萬居、黃純青、劉明朝、周延壽、謝娥
等。該協會主張擬從文學、美術、演劇、教育、學術等文化層面著手，與政府合作，掃除日本
文化之「遺毒」，改造台灣文化。參加者多為政府機關人物及民意代表，負主要責任者為理事
兼總幹事許乃昌、理事兼宣傳組主任蘇新、理事兼教育組及服務組主任王白淵，另外理事兼編
輯組主任楊雲萍及理事兼研究組主任陳紹馨二人，在戰前文化界亦極活躍。該會之活動包括文
化講座、座談會、出版、音樂及展覽會、國語補習班、招待所及調查文化情形等，機關刊物為
《台灣文化》。秦賢次，〈《台灣文化》覆刻說明〉，《台灣文化》覆刻本（壹）（台北：傳
文文化，1994 年）。

[11]　吳克剛，《一個合作主義者見聞錄》（台北：中國合作學社出版，1999 年 4 月初版），頁 153
－154。

[12]　王潔宇，〈台灣省立台北圖書館館史〉，《臺灣省立台北圖書館館刊》第 2 期（民國 54 年 9
月），頁 1－64。

[13]　1953 年 11 月 25 日，「中國圖書館學會」第一屆理事會成立，理事共 21 人，有蘇薌雨、吳克
剛（省立圖書館館長）、藍乾章、蘇德用（中國國民黨中央黨部圖書館主任）、方豪（臺大教
授）、王省吾（革命實踐研究院圖書館，後接吳克剛任省圖書館長）、潘成義（師範大
學）、羅秀貞（農復會）、周傳禮（成大圖書館主任）、賴永祥、王瑞徵、章昌平、富蘭英、
韓石爐（臺南市立圖書館館長）、曹永和、關伯麟、林逸、張廷樑、劉筠實、蔡殿榮、馮愛
群。由其中推選常務理事 5 人：吳克剛、蘇德用、藍乾章、王省吾、潘成義。《坐擁書城──
賴永祥先生訪問紀錄》（台北：遠流版，2007 年 8 月 1 版），頁 159－160。

面，均有其重要地位。[14]

　　《現代週刊》主要作者群除主編吳克剛外，尚有陳兼善（博物館館長）、范壽康（省教育處長兼圖書館館長）、姜琦（教育學家，時任長官公署參議兼台灣省編譯館編譯、台灣省立師範學院教授）、張皋（青年黨籍，時任長官公署參議）、沈雲龍（青年黨籍，時任長官公署宣傳委員會委員兼主任秘書）、游彌堅（台北市長）、丁名楠（陳儀外甥，「228」事件時，曾任台南縣曾文區區長）、夏濤聲（青年黨籍，時任長官公署宣傳委員會主任委員）、廖文毅（時任台北市工務局長，成立《前鋒》雜誌）、魏建功（時任國語推行委員會主任委員）、何容（台灣省國語推行委員會主任委員，後為「國語日報社」社長）、楊乃藩（作家）、李季谷（省立師範學院院長）、許壽裳（省立編譯館館長）等。[15]由這紙名單可看出，陳儀的「福建幫」與當時的「台灣文化協進會」成員，是《現代週刊》的主力撰述團隊。

　　至於在《現代週刊》上，有關所謂「再中國化」議題之探討，則需先了解當時國府的對台治理方針。基本上，戰後國府的治台政策，其實早在1944年即已開始，是年4月17日，為使台灣能順利回歸中國，蔣介石於中央設計局下設置「台灣調查委員會」，開始從事調查台灣實際狀況，作為收復台灣的籌備機構。該委員會由陳儀擔任主任委員，王芃生、沈仲九、錢宗起、夏濤聲、周一鶚、葛敬恩、丘念台、謝南光、黃朝琴、游彌堅等為委員。[16]「台灣調查委員會」針對戰後如何接管台灣，曾草擬一份〈台灣接管計畫綱要〉，其中第4條接管後之文化設施為「應增強民族意識，廓清毒化

---

[14]　〈台灣圖書館史人物故事──吳克剛〉，《台灣百年圖書館史》「數位圖書館先導計畫」（國立政治大學圖書資訊與檔案學研究所），tlh.lias.nccu.。

[15]　上述諸人經歷，俱見劉紹唐主編，《民國人物小傳》（台北：傳記文學雜誌社出版）各冊。

[16]　林忠，《臺灣光復前後史料概述》（臺北：民國72年10月），頁26－30。

思想，普及教育機會，提高文化水準。」[17]換言之，即是透過教育的力量，掃除台灣的日本化，強化中華民族意識，以達成「再中國化」之目的。所以說，台灣的文化重建政策，國府在抗戰未結束前即已做好準備。

1945 年 12 月 31 日，陳儀透過廣播向全島發佈〈民國 35 年度工作要領〉談到：「心理建設在發揚民族精神，而語言、文字與歷史，是民族精神的要素。台灣既然復歸中華民國，台灣同胞必須通中華民國的語言文字，懂中華民國的歷史。明年度的心理建設工作，我以為要注重於文史教育的實行與普及。我希望於一年內，全省教員學生，大概能說國語，通國文、懂國史。學校既然是中國的學校，應該不要再說日本話、再用日文課本。現在各級學校，暫時應一律以國語、國文、三民主義、歷史四者為主要科目，增加時間，加緊教學。」[18]

陳儀之廣播講演，具體地道出當時國府的「心理建設」，乃是向台灣人灌輸中國意識、中國文化，希冀在最短的時間內，達到台灣人快速「中國化」的目的。其後的 1946 年 2 月，陳儀又透過《人民導報》更直接的說：「本省過去日本教育方針，旨在推行『皇民化』運動，今後我們就要針對而實施『中國化』運動。」所以，陳儀的所謂「心理建設」，說穿了根本就是「去日本化」與「再中國化」的文化重建政策。[19]不僅如此，在全省中學校校長會議上，陳儀還當場表示：「台胞過去受助日本之奴化教育，其所施之愚民政策不使大眾對政治正確認識，……各位是青年的領導者，應好為指

---

17　〈台灣接管計畫綱要——34 年 3 月 14 日侍奉字 15493 號總裁（卅四）寅元侍代電修正核定〉收入陳鳴鐘、陳興唐主編，《台灣光復和光復后五年省情（上）》（南京：南京出版社，1989 年），頁 49。

18　〈民國三十五年度工作要領——三十四年除夕廣播〉，台灣省行政長官公署宣傳委員會編，《陳長官治台言論集》第 1 輯（台北：台灣省行政長官公署宣傳委員會，1946 年），頁 41－43。

19　《人民導報》（1946 年 2 月 10 日）。

示，認識我國的情況。」[20]

　　重點是，國府在台推動「再中國化」政策本無可厚非，但台灣人憤憤不平，深感痛苦的是，國府官員與官方報紙對台灣人「台人奴化」的指控與汙衊。當時，長官公署機關報《台灣新生報》即不斷透過社論、專論批評台人「奴化」、「缺乏民族文化」之指責。[21]要求台灣人要改正「日化」習慣，「肅清日本思想遺毒」、「發揚民族精神」。[22]此現象，柯旗化在其回憶錄《台灣監獄島》一書也提到親身見聞：「戰後，國民黨認為被日本統治五十年受過『奴化教育』的臺灣人有再教育的必要，把日本人留下的重要職位幾乎全給大陸人和由大陸回來的『半山』，而不起用受過日本教育的臺灣人。」[23]面對政府當局一再指控台人「奴化」，台灣文化界人士王白淵，終於忍不住而加以反擊。王白淵說：

　　「日本統治下有『皇民化』三字，使台胞非常頭痛，光復後有『奴化』兩字，不斷地壓迫著我們。台省現在的指導者諸公，開口就說台胞『奴化』，據說政治奴化、經濟奴化、文化奴化、語言文字奴化、連姓名亦奴化，好像不說台胞奴化，就不成台灣的指導者，而似有損及為政者的資格一樣。……『奴化』、『不奴化』是嚴肅的本質問題，若是台胞反對光復，這

---

[20]　同上註。

[21]　〈建設台灣新文化〉（社論），《台灣新生報》（民國 34 年 11 月 6 日）。盧冠群，〈台灣文化重建之路〉，《台灣新生報》（民國 34 年 11 月 23 日）。其實早在 1944 年 5 月，陳儀與教育部長陳立夫討論台灣收復後教育工作，函件中即直陳：「台灣與各省不同，他被敵人已佔據四十九年。在這四十九年中，敵人用種種心計，不斷地施行奴化教育，……收復以後，頂要緊的是根絕奴化的舊心理，建設革命的心理。」〈陳儀致陳立夫函〉，收於陳鳴鐘、陳興唐主編，《台灣光復和光復后五年省情（上）》（南京：南京出版社，1989 年），頁 58。

[22]　〈糾正「日化」的習慣用語〉（社論），《台灣新生報》（民國 34 年 12 月 12 日）。〈改正「日化」名詞〉（社論），《台灣新生報》（民國 34 年 12 月 26 日）。〈肅清思想毒素〉（社論），《台灣新生報》（民國 34 年 12 月 17 日）。張兆煥，〈發揚民族精神〉，《台灣新生報》（民國 34 年 12 月 12 日）。

[23]　柯旗化，《台灣監獄島——柯旗化回憶錄》（高雄：第一出版社，2008 年 6 月修訂 1 版），頁 41。

就可說奴化，因為這是屬於本質問題，一點不能放鬆。但是台胞沒有一個人反對光復，都是各個慶祝光復，何以以『奴化』相欺，而損害台胞的自尊心。」[24]

　　未幾，王白淵還意猶未盡的在《政經報》發表一篇措詞更強烈的〈告外省人諸公〉，抨擊「許多外省人，開口就說台胞受過日人奴化五十年之久、思想歪曲，似乎以為不能當權之口吻。我們以為這是鬼話，除去別有意圖，完全不對。……台胞雖受五十年之奴化政策，但是台胞並不奴化，可以說一百人中間九十九人絕對沒有奴化。只以為不能操漂亮的國語，不能寫十分流利的國文，就是奴化。那麼，其見解未免太過於淺薄，過於欺人。……外省人諸公，若是以為發奇財而來台，或是以裙帶人事為上策者，當然奴化這個名詞，可以做護身符亦說不定。」[25]王白淵的憤慨，其實代表絕大多數台灣人的憤怒，明明是外省人壟斷所有的政治資源，還要汙衊是台灣人「奴化」故無法參政，這簡直是欺人太甚。

　　戰後初期曾任《民報》記者的吳濁流也認為，台人「奴化」說有明顯的政治意涵，它意味著「本省人受了奴化教育，既然受了奴化教育，便多多少少有奴隸精神，既然有奴隸精神，在精神上難免有缺陷而不能跟祖國人士一般看待，因此在一段時期只好忍耐於被統治者的地位。」[26]總之，誠如學者陳翠蓮指出，這有兩層意涵：表面上是指語言文字、生活習慣的「日本化」；更深層的意義是指台灣人在精神上的「皇民化」、「奴隸化」。[27]

　　既然官方一再強調台灣人「奴化」，那如何去除「奴化」呢？陳儀認為

---

24　王白淵，〈所謂「奴化」問題〉，《台灣新生報》（民國 34 年 1 月 8 日）。

25　王白淵，〈社論──告外省人諸公〉，《政經報》2：2（民國 35 年 1 月）（台北：傳文文化公司復刻版），頁 1−2。

26　吳濁流，〈黎明前的台灣〉，收入吳濁流著、張良澤編，《黎明前的台灣》（台北：遠流版，1980 年），頁 80−81。

27　陳翠蓮，《台灣人的抵抗與認同（1920−1950）》（台北：遠流版，2008 年 8 月 1 版），頁 357。

要去除「奴化」，台灣該走的就是「中國化」的道路。1946 年 10 月，陳在「全省縣市級民意機關工作檢討會」致詞時再次指出：「台灣受日本統治五十年，一般人民都習於日本的思想及性格，政府目前最要緊的任務，即為推行心理建設，使台胞首先完全中國化，成為地道的中國人，使台胞盡速了解國語國文，歷史，地理，風土人情及法令規章。」[28]

　　而省教育處長范壽康亦指出，今後教育方針的第一個重點在「中國化」、「祖國化」，其做法包括：1.法規制度；2.言語文字；3.思想，當以三民主義為中心，以寬大和平為精神；4.生活習慣，台胞慣於日人習慣，氣量狹小並且性急，須逐漸改善。[29]易言之，「中國化」的內涵不只在於學習中國的典章制度、思想文化，更在於變換習慣與心性。「中國化」論述的另一重點，在於一再強調中國文化的優越性，以及彰顯三民主義的重要性。國民黨台灣省黨部主任委員李翼中即認為，必須使三民主義成為領導台灣文化運動的最高原則，方能使文化運動配合建設三民主義新台灣的偉大任務。[30]

　　1946 年 6 月 16 日，「台灣文化協進會」成立，在半山人士主導下，該協會雖標榜是一文化團體，但其實是負有政治任務的，在宣言中，該會明確指出，其成立宗旨為：「建設民主的台灣新文化！建設科學的新台灣！肅清日寇時代的文化的遺毒！三民主義文化萬歲」。[31]其中的「肅清日寇文化遺毒」，不就是認同國府對台人「奴化」的指控嗎？是年 10 月 27 日，另一個以「半山集團」為主體的「台灣憲政協進會」也跟著宣布問世，該會成立旨趣，亦是強調要喚起民族意識、宣揚民族革命及擁護三民主義思想，並且發動「台灣新生祖國化運動」，推行「新生活運動」。[32]

---

[28]　陳儀，〈「全省縣市級民意機關工作檢討會」致詞〉，《民報》（民國 35 年 10 月 16 日）。

[29]　《民報》（民國 35 年 10 月 16 日）。

[30]　李翼中，〈對當前台灣的文化運動的意見〉，《台灣新生報》（民國 35 年 7 月 28 日）。

[31]　《民報》（民國 35 年 6 月 17 日）。

[32]　《台灣新生報》（民國 35 年 10 月 28 日）。

　　綜觀「台灣文化協進會」與「台灣憲政協進會」，兩會屬性相似，會員幾乎網羅當時所有的半山新貴，彼輩在台灣位居要津，知名度與影響力皆夠，與國府當局關係良好，自然樂於為國府驅馳効勞。而對於當時的國府政權來說，治理台灣首要之務即為如何在最短的時間內，將已「奴化」、「日本化」甚深的台灣人，教育成為所謂真正的「中國人」，此即意味著台灣在進入「中國化」的同時，台灣人亦需隨之「中國人化」。對此議題研究甚為深入的學者黃英哲即言：「在這段時期內，國府採取的一切文化政策悉以『去日本化』、『再中國化』為目的，積極重建台灣的文化，建立以中國文化為中心的新的『文化體制』（cultural institution）。」[33]

## 三、《現代週刊》對「再中國化」議題之論述

　　為配合國府對台「再中國化」之治理方針，當時在台所辦的右翼雜誌，其內容連篇累牘，幾乎都是秉此原則、方向來加以發揮，《現代週刊》自然亦不例外。該刊在〈發刊辭〉上即說到：「現在的臺灣，有不少人說日本話語，用日本文字。物質設備如房屋、旅館、飯店、商店，以至器物等等日本式的很多。一般人的待人接物，亦有不少是日本樣子。在曾經到過日本的人，如果到臺灣來，特別是臺北，將有如在日本之感。如果所謂文化是指一切生活的樣式，那末臺灣的文化，幾乎是『日本化』了。臺灣既經光復，既經屬於中華民國，這樣的文化，是應該改變的，臺灣應該是中國化，臺灣的文化，應該是中國的文化。而所謂中國的文化，當然是和世界的文化，不能脫節的。因此，臺灣現在應有新的文化，應有新的文化運動。如何產生新的文化、如何發動新的文化運動，又是今日的臺灣，所很需要的。左列三種工

---

[33] 黃英哲，《「去日本化」「再中國化」——戰後台灣文化重建（1945－1947）》（台北：麥田出版，2007年12月），頁17。

作我們認為有他的必要性，對於一般認為最重要的政治建設與經濟建設，也是相輔相成的。我們對於這三項工作打算稍稍有所盡力，於是編印這週刊，作為商討工作問題，報導工作情形的相關。」[34]

由上述引文可清楚知道，《現代週刊》創辦宗旨乃是強調，台灣要有新的文化、新的文化運動；而此新的文化運動，應該是屬於中國的文化，因此台灣確實有「再中國化」的迫切需要。基本上，《現代週刊》為國府的「再中國化」政策作宣傳，主要呈現在三個議題上，即台灣人再教育的必要性、「國語運動」推動的迫切性；與三民主義治理台灣的最高性這三個層面，茲略敘如下：

## （一）台灣人再教育的必要性

「工欲善其事，必先利其器」，要在台灣具體有效的落實「再中國化」政策，首先宜從教育著手。當時任職於長官公署宣傳委員會的沈雲龍，在《現代週刊》發表〈臺灣青年的再教育問題〉一文，強調「要使臺灣真正成為中華民國的一省，臺胞真正成為中華民國的國民，第一步非先將現在全臺青年加以再教育不可。」沈對這問題，還分做治本治標兩方面來說：

「（1）治本方面，第一、應迅速對臺灣青年推行國語教育，……隨時隨地都應給予臺灣青年學習國語的機會與便利，最好，全臺公私學校應立即添設臺胞國語課程或舉辦臺胞補習國語夜校，而每個來臺文武公務人員，更應該負起向臺灣青年推行國語教育的責任，甚至每個部門均可設法利用公共場所及夜晚時間設立國語補習班。……第二、應立即對臺灣青年糾正生活風尚，……凡是過去日本政府對於臺灣男女青年使其足以「腐化」、「惡化」而頹廢墮落的種種奢侈淫樂的場合，應該加以切實的矯正、切實的取締、把

---

[34] 〈發刊辭〉，《現代週刊》創刊號（民國 34 年 12 月 10 日），頁 2。

過去日人的放任和不干涉政策，一變而為嚴格的管理和督促，因為今日全臺灣的廣大青年群，都是中華民國最親愛的子女，我們決不能不關痛癢地任其放縱而不加以管束！

（2）治標方面，第一、應徹底清除日人在文化思想上所散播的毒素，過去日本人統治臺灣同胞，一面施行隔離政策，使其對於祖國觀念模糊甚至歪曲事實，故意污蔑，一面施行同化政策，不惜高唱「日臺一體」以完成其「皇民化」的目的。……因此不妨由主管當局組織一大規模的日文圖書雜誌小說電影戲劇的審查會，把凡是污蔑我國、污辱我國，尊崇日本皇室，頌揚大和民族，鼓吹武士道及軍國主義，暨謳歌獨裁，反對民主的種種書籍，分別加以焚燬、沒收及通令禁止發售，並通告本省人及日本人如藏有上項書籍者，應該立即向主管官所交出，如故違或以後續有發現，即施以嚴厲的處分！第二、應利用宣傳和學校的力量，使臺灣青年充分了解祖國。……全省大中小學應普遍添設中國語文及中國史地課程，規定為必修科目，不斷的啟示，不斷的誘導，一直到能夠國語流暢，國文精通，完全了解中國國情及自動研究中國文化為止，然後臺灣青年對於祖國信念才不致動搖，愛國情緒也就不待培養而自然加強了！」[35]

沈之主張，柯旗化在其回憶錄留下親身見聞的歷史紀錄，可與之應證，柯說：「戰後來臺的國民黨政府，以掃光日治時代遺毒為名，向圖書館、國民學校、民間團體與個人發出『公學校用的教科書悉予燒毀』的命令。圖書館或學校當然忠實地執行這個命令。由於宣佈違反命令者將予嚴懲，膽小的臺灣人把家裡所有的教科書統統燒毀，沒有人敢偷留一本。」[36]柯所言，或有誇大之處，但由此亦可想見，當年國府對台灣的文化控制，在某種程度上，是相當成功的。

---

[35] 沈雲龍，〈臺灣青年的再教育問題〉，《現代週刊》第 1 卷第 2 期（民國 34 年 12 月 17 日），頁 7。

[36] 柯旗化，《台灣監獄島——柯旗化回憶錄》，同著 23，頁 43。

　　與沈文呼應的是夏濤聲的文章，夏在《現代週刊》亦以〈新中國與新臺灣〉為題，力倡「在教育方面，臺胞知識既非常普及，目前最迫切的補救，就是要做一番思想改造工夫，使他們接受本國的文化，認識本國的國情，了解本國的大地文物，即可以蔚為新中國的新國民。……今後臺灣教育，自當根據國家教育政策而加以推進，臺灣同胞有強烈的民族意識，有深厚的祖國愛，一定樂於並且容易接受本國文化的洗禮。」[37]

## （二）「國語運動」推動的迫切性

　　然台灣剛光復不久，人民大多數不會講國語，欲推行「再中國化」政策，當務之急便是要積極推動「國語教育」。時任長官公署參議兼台灣省編譯館編譯的姜琦，首先在《現代週刊》為文提到：「本省同胞平日所使用之第二種語日本語，不消說是殖民地的語言，就是他們平日所使用之第一種語臺灣話，或福老話，也是很有阻礙於全中華民族意識之統一。……因此，今後本省同胞，無論在公務機關、學校或社會教育機關內，都必須逐漸使用國語。大家必須努力學習國語，以期達到國語普及，人人能懂、能寫，及能說的目的。這樣，中國才可以成為一家，中華民族才可以真正團結。」[38]

　　為全面推展「國語運動」，當時在台灣省教育處下，設置一個「國語推行委員會」，由語言學家魏建功負責。台灣省教育處長范壽康曾有所說明：「臺灣同胞都回到了祖國的懷抱，過去所受不平等，不合理的皇民化教育，我們自然應該從速徹底加以推翻，用最經濟最科學的手段，使臺灣教育完全中國化，這就是今後臺灣教育的方向。關於這個方向，有兩種做法：第一、語文方面，任何國家的國民都應該說本國語，懂本國文，這是很明顯的道

---

[37]　夏濤聲，〈新中國與新臺灣〉，《現代週刊》第 1 卷第 4 期（民國 35 年 1 月 1 日），頁 2-3。

[38]　姜琦，〈國語普及與民族主義〉，《現代週刊》創刊號（民國 34 年 12 月 10 日），頁 13-15。

理。不會講中國語,不能懂中國文,這種人民就不合乎中國的國民的資格。……現在教育處為使臺灣同胞人人會講中國話,寫中國文起見,想先做下列的幾種工作:

（一）國語推行委員會——教育處內為推行國語計,設有國語推行委員會,主任委員是魏建功,魏為國內有數的國語專家,已於 1946 年 1 月 29 日抵台,國語推行的工作,今後當可積極展開。（二）教材編輯委員會——教育處內為編印臺灣適用的中小學教科書起見,設有教材編輯委員會,主任委員為朱文叔,目前急需的國語、國文、公民、歷史、地理等教科書及民眾讀本,已陸續完成,正在設法趕印中,不久即可大量供應。」[39]

基本上,這兩個委員會是相輔相成的,它們可以說是職司國府在台推行「再中國化」政策的火車頭。其中尤以「國語推行委員會」的功能更顯重要,當時在台推動國語政策,主其事的魏建功有其自己的主張,魏以語言學家之專業背景,於 1946 年 1 月底抵台後,隨即撰寫一篇〈「國語運動在臺灣的意義」申解〉的文章,開宗明義地告訴台灣人,什麼是「國語」?「中華民國人民共同採用的一種標準的語言是國語,國語是國家法定的對內對外,公用的語言系統。……國語包括（1）代表意思的聲音叫『國音』,（2）記錄聲音的形體叫『國字』,（3）聲音形體排列組合表達出全部的思想叫『國文』。」[40]

至於談到如何推展國語運動,魏說:「我們要仔仔細細的坦坦白白的再把敵人攪亂的語言組織方式,——在全臺灣返本還原起來……臺灣光復了以後,推行國語的唯一的意義是『恢復臺灣同胞應用祖國語言聲音和組織的自由』!……我們要穩穩實實的清清楚楚的先把國語聲音系統的標準散佈到全

---

[39] 范壽康,〈今後臺灣教育的方向〉,《現代週刊》第 1 卷第 12 期（民國 35 年 3 月 31 日）,頁 4—8。

[40] 魏建功,〈「國語運動在臺灣的意義」申解〉,《現代週刊》第 1 卷第 9 期（民國 35 年 3 月 31 日）,頁 9。

臺灣。這是在臺灣同胞與祖國隔絕的期間，國語運動的目標，傳習國音——『統一國語』的基礎。我們在臺灣的國語推行工作不僅是『傳習國語』和『認識國字』兩件事，而最主要的就在『言文一致的標準語說寫』。我用兩句賅括的話指出國語運動在臺灣的意義：文章復原由言文一致做起；解脫『文啞』從文章復原下手！」[41]

　　魏接著又說：「臺灣音說與國語只是聲音上的不同，臺灣人只要注意改用國音，不就一下子便說成了國語嗎？反過來，知道國語的人如果注重改用臺灣音說，臺灣人自然也能明白。這就是推行國語的『統一語言』的意思，要從聲音對照上互相謀統一的語言，這是件頂要緊之事。」[42]為此「國語運動」的推展，魏還特別寫了一本小冊子《「國語運動在臺灣的意義」申解》，由台灣省國語推行委員會編輯，「現代週刊社」印行，列為國語問題小叢書第一種，以利傳播。

　　唯當時倡導「國語運動」，最大的困難是師資與人才的不足，所以《現代週刊》提到根本的解決之道是，台灣與祖國相關人才和師資的互動。讓「國內移流大批師資過來，而且必須是第一流人才，提高教職員待遇，保障教育人員生活與進修以及提高其社會地位的制度。其次為了加速雙方的相互了解，為了臺灣的教育能迅速的走向全國一致性，應該鼓勵臺灣青年大量到內地去求學，並鼓勵內地的青年也到臺灣來求學。……教育部可以選擇幾個地點設立大中學，訂立優待辦法，鼓勵臺灣青年回內地讀書。這樣不僅可以從速收到普遍國語的效果，同時更可以加速消滅五十年間雙方人為的疏隔，而為今後臺灣社會文化政治經濟諸建設工作奠立下鞏固的基礎。」[43]

---

[41]　魏建功，〈「國語運動在台灣的意義」〉，《人民導報》（35年2月10日）。

[42]　魏建功，〈怎樣從臺灣話學習國語〉，《現代週刊》第2卷第7、8期（民國35年7月20日），頁10－14。

[43]　謝爽秋，〈對於臺灣教育的一點意見〉，《現代週刊》第2卷第5期（民國35年5月28日），頁9。

## （三）三民主義治理台灣的最高性

　　弔詭的是，國府口口聲聲的台灣「再中國化」，但其實包裝的是，台灣
的全面「三民主義化」。范壽康在〈今後臺灣教育的方向〉文中說到：「我
們今後要積極灌輸與培養的乃是現代中國的三民主義的思想，……希望我們
臺灣全體同胞趕快認真學習國語、國文，徹底了解三民主義，做三民主義新
中國主人翁的一份子來共同參加建設新臺灣，新中國並改造世界的偉大事
業。」[44]而夏濤聲也說：「新臺灣的建設是新中國的建設之一部，自然也以
三民主義為最高指導原則。……以中國本位或臺灣本位的政策，代替過去的
日本依存主義或日本本位政策。」[45]連魯迅摯友，時任臺灣省編譯館館長的
許壽裳，也積極地為國府的三民主義作宣傳。

　　許在編譯館設立的時候說：「臺灣的教育雖稱普及，可是過去所受的是
日本本位的教育，對於中國的國語、國文和史地，少有學習的機會，所以我
們對於臺胞有給予補充教育的義務和責任。」，故「本館的使命，就要供應
這種需要的讀物。本館的工作分為學校教材、社會讀物、名著編譯、臺灣研
究四組。學校教材以我民族之特長、我國歷史上偉大而光榮之事蹟、我國政
治思想與制度的優點、有教育意義和價值之一切事物為主。社會讀物編撰以
宣揚三民主義，解釋重要法令，提高家庭教育為宗旨；此外，編纂一部人人
必讀的中國通史及中國地理通論也是社會讀物組的重大使命。」[46]

　　許又說：「三民主義，是我國立國的最高指導原則，臺灣省行政當局施
政的方針，也以建設三民主義的新臺灣為理想。不過要求三民主義的實現，

---

44　范壽康，〈今後臺灣教育的方向〉，《現代週刊》第 1 卷第 12 期（民國 35 年 3 月 31 日），頁
　　4－8。

45　夏濤聲，〈新中國與新臺灣〉，同註 37，頁 2－3。

46　許壽裳，〈臺灣省編譯館的設立〉，《現代週刊》第 2 卷第 11 期（民國 35 年 9 月 3 日），頁
　　3。

必須就政治、經濟、文化、教育、社會等各部門，一致努力趨向共同的標
的。尤其是教育工作，是一切建設的張本，要實現三民主義的建設，必先實
施三民主義的教育。……必須把三民主義的中心思想，滲透到整個的教育設
施中去，使受教者於不知不覺中受到三民主義的教養。」最後，許分別就民
族、民權、民生三個宗旨，強調臺灣非常適合推行三民主義教育的原因及有
利條件以及必要性。」[47]

　　陳兼善在〈日本統治下之臺灣教育〉文中曾言，日本對臺灣的教育完全
是對殖民地侵略的一種工具。[48]基本上，國府在不尊重臺灣人的真正意願
下，以台灣人「奴化」為由，制定「再中國化」政策，為其治台方針，強行
以三民主義教條，灌輸臺灣人的思想，以「國語運動」，逼迫臺灣人接受，
這不也是比日本時代更變本加厲的「再殖民化」過程嗎？

# 四、結論：「再中國化」政策之失敗與檢討

　　近代以來，資訊傳播與統治政權的關係，可說是十分密切，甚至影響到
政權之安危。國、共纏鬥 20 餘年，1949 年國府之失敗，「槍桿輸給筆桿」
亦是其中關鍵因素之一，這點國民黨自己也承認。是以，歷來每個統治政
黨，無不將對輿論的掌控視為一件大事，特別是獨裁者，對於媒體的控制，
更是視為禁臠，不容染指。D. McQuail 即指出：「傳媒的力量常被用來指實
現既定目標，諸如勸服、動員或提供資訊的效用的問題。」[49]故 D. McQuail

---

[47] 許壽裳，〈新臺灣與三民主義的教育〉，《現代週刊》第 3 卷第 5 期（民國 35 年 10 月 30
　　日），頁 4－6。

[48] 陳兼善，〈日本統治下之臺灣教育〉，《現代週刊》創刊號（民國 34 年 12 月 10 日），頁 10。

[49] D. McQuail, "Mass Communication Theory：An Introduction", 1994, P381－382。轉引自呂東熹
　　著，《政媒角力下的台灣報業》（台北：玉山社出版，2010 年 7 月初版），頁 41。

認為，基本上，傳媒的力量就是統治階級的力量。

　　臺灣過去在漫長的被殖民經驗中，意識形態國家機器及文化霸權介入媒體與社會，報章雜誌期刊自不能倖免。統治者充分利用上述媒介，發揮施蘭姆（Wilbur Schramm）在《大眾傳播媒介與國家發展》（*Mass Media and National Development*）一書中所指陳的「發展中國家的大眾媒介功能」，如「告知」、「決策」、「教育」等三種，它所促成的社會化及其意義構成（fabric of meaning），反映在當時的殖民社會中，對於被傳播的民眾，自然起了啟迪作用。[50]

　　戰後初期的台灣右翼雜誌，首先因為使用中國文字出版的方式從事傳播，語言文字的紛歧，導致台灣知識文化人認同的困難。台灣人於戰後雖努力學習國語漢字，但短時間內仍無法流利辨識，特別是其中的內涵意義。國府「去日本化」與「再中國化」的一再遭到誤解，潛在的認知差異和語言文化傳播的衝突，或許是影響兩個文化（台灣文化與中國文化）間之障礙及成為後來「228」事件爆發的導火線之一。

　　其次，戰後初期台灣的雜誌文化，因特殊的歷史背景，日本殖民統治結束，台灣回歸祖國，所以剛開始在眾多刊物上，不論左翼或右翼，在創辦發行宗旨上，大多以「建設新台灣、新中國」為前提。[51]因此，當時的雜誌期刊，最常見的是「去日本化」與「再中國化」和「建設台灣新文化」這三個特色。[52]而建設台灣新文化，又必須是以中國文化為本位，中國文化是台灣文化的基本，具體做法就是以三民主義來建設創造台灣的新文化。[53]所以

---

[50] 轉引自林淇瀁，《書寫與拼圖——臺灣文學傳播現象研究》（台北：麥田出版，2001 年 10 月初版），頁 28。

[51] 莊惠惇，〈戰後初期台灣的雜誌文化（1945.8.15－1947.2.28）〉，同註 2，頁 66－71。

[52] 如當時親官民辦影響力最大的《台灣文化》，其創辦宗旨即為「新世界需要新文化，用新文化來培養新觀念。三民主義的文化是新生的台灣，迫切所要求的文化，也是新中國所需要的文化，而台灣要作這新文化的苗圃。」游彌堅，〈文協的使命〉，《台灣文化》1 卷 1 期（1946 年 9 月 15 日），頁 1。

[53] 如當時由民間所辦的《台灣英文雜誌》，創辦宗旨為「本刊願在建設新台灣的過程中作文化和

說，戰後初期台灣的雜誌期刊對於統治當局的「再中國化」政策是相當支持與配合的，這或許也是代表台灣的知識文化人對中國「國族認同」的一種表態。

由於統治當局巧妙的將中國化論述移花接木為「國家認同」的外貌，在國民黨強力掌控中國文化詮釋權的情況下，其實已將中國等同於國民黨，所以台灣知識文化人在認同中國化的同時，無形中已被統治政權給收編。[54] 就當時治台的國府政權而言，欲「再中國化」政策成功，必須積極的「去日本化」，此即當時諸多雜誌所言的「肅清日寇時代的文化遺毒」。[55]「去日本化」是對過去日本經驗的反省，也是對「日本情結」的解構。但因右翼雜誌如《現代週刊》等，缺乏台灣人經歷的日本記憶，故論述的內容常顯得蒼白空洞，無法有效打動人心，而當台灣人開始接受國府統治後，昔日的日本經驗與當下的感受對比，巨大的落差令台灣人失望絕望，這或許也是「228」事件爆發的另一導火線！

最後，綜觀戰後初期國府的「再中國化」與「去日本化」政策，國府將此兩大主軸捆綁在一起，即「去日本化」是「再中國化」的先決與必要條件，當時台灣的文化知識人對「再中國化」較無異議；某種程度上甚至是支持的，但對是否一定要以「去日本化」為前提，則較保留與有些許不同的雜音。[56] 台灣人能諒解國府急於「再中國化」的用心，但對身受日本50年殖民

---

輿論的『播種機』，努力播揚三民主義的種子，灌溉民主精神的新苗，同時介紹歐西文明國家的各種情形，來培植我們台灣的新園地。」見莊惠惇，〈戰後初期台灣的雜誌文化（1945.8.15－1947.2.28）〉，同註 2，頁 69。又參見〈台灣文化協進會成立大會宣言〉，《台灣文化》1卷 1 期（1946 年 9 月 15 日），頁 23。

[54] 莊惠惇，〈戰後初期台灣的雜誌文化（1945.8.15－1947.2.28）〉，同註 2，頁 74－75。

[55] 如《民權通訊社》甲種稿，提到該刊宗旨是「把祖國的事物，忠實的介紹給國內的同胞。在台灣迅速展開建設三民主義的文化運動，因為三民主義文化就是中華民族的文化，必須根除『日本本位』的文化，而代之以『中國本位』的文化，本刊願意在這一方面竭智盡慮導正確的輿論，使新台灣與新中國融為一體。」莊惠惇，〈戰後初期台灣的雜誌文化（1945.8.15－1947.2.28）〉，同上註，頁 68。

[56] 陳翠蓮，《百年追求：臺灣民主運動的故事》（卷一：自治的夢想）（台北：衛城出版，2013

統治的台灣人而言，要一夕之間去除日本化談何容易，且日本化一旦不去，常被統治者視為「奴化」、「東洋化」而加以批判撻伐，這對台灣人是非常痛苦與不公的。[57]諷刺的是，當台灣人真切感受到「再中國化」較「日本化」不如時，輕蔑不滿之情乃油然而生，「228」事件爆發前的文化心理衝突，從此角度去觀察，當可提供另一面向的真相。

---

年 10 月初版），頁 242－247。

[57] 徐秀慧，〈光復初期的左翼言論、民主思潮與二二八事件〉，黃俊傑編，《光復初期的台灣：思想與文化的轉型》（台北：台大出版中心，1995 年），頁 109－112。

# 第六章　動盪時代下的堅持
## ——記《新路》周刊

## 一、前言：「中國社會經濟研究會」之成立

　　1948 年 3 月 1 日，正當國、共內戰方酣之際，一群以清華大學教授為班底的華北學術界領袖，在古都北平成立了一個團體，名為「中國社會經濟研究會」。蔣碩傑言，那是一個超然獨立的團體。[1]該會頗類似英國「費邊社」的組織，會員最多時有 50 餘人，絕大部分是學界中人，也有少數資本家，以個人名義加入。[2]「中國社會經濟研究會」於成立大會上，曾選出理事 11 人，分別是王崇植、吳景超、周炳琳、孫越崎、陶孟和、樓邦彥、劉大中、潘光旦、錢昌照、錢端升和蕭乾；監事則有 3 人，係邵力子、吳蘊初和童冠賢，而機關刊物即為《新路》周刊。[3]

　　「中國社會經濟研究會」成立之目的，是企圖對統一後的建國工作有所準備，抱著一腔愛國赤誠，期待著建立一個富裕強大的中國，不再遭受內部的紛擾、與強鄰的侵略。[4]為此目標，「中國社會經濟研究會」在 3 月 2 日的會員大會中，對於中國的政治、外交、經濟、社會各問題，曾提出 32 條

---

[1] 蔣碩傑，〈劉大中、戴亞昭伉儷逝世週年之追憶〉，見吳惠林策劃，《蔣碩傑先生悼念錄》（台北：遠流版，1995 年 9 月初版），頁 193。

[2] 〈讀者來信〉，《觀察》第 4 卷第 4 期，頁 2。

[3] 謝泳，〈社會學家吳景超的學術道路〉，《傳記文學》第 81 卷第 5 期（2002 年 11 月），頁 35。

[4] 李樹青，〈紀念傑出的社會學家吳景超先生〉，《傳記文學》第 46 卷第 1 期（1985 年元月），頁 72。

主張，分成 4 項，主要觀點如下：

（甲）在政治方面：我們主張是政治制度化，制度民主化，民主社會化。法治必須代替人治，因制擇人，而不因人設制，執法與制法並重，憲政尤重於憲法。軍隊屬於國家，軍人不得干涉政治。民主制度必基於政黨組織之運用。國內應有並立的政黨，互相批評與監督，並各致力於爭取民意的支持。政黨不得假借任何口實，施用暴力壓迫異己，民意的最後表現為選舉，政權的轉移，應視選舉的結果而定。民主政治，不應只重形式，並應注重行政對於大眾所發生的實惠。我們所要的民主政治，應保障人民基本自由與權利，務使免於恐懼，免於匱乏，免除壓迫，免於剝削。

（乙）在外交方面：我們主張要積極進行睦鄰政策，建樹獨立的外交。反對種族歧視，支援弱小民族，尊重其獨立意識。反對以戰爭為國家政策的工具。國際糾紛，應依據正義及國際法之原則，以和平方式解決。同時擁護健全的國際組織，使其成為真正解決國際衝突的機構。

（丙）在經濟方面：我們主張國家應籌劃妥善方法，負責發展國家資源，實現全民就業，促成公平分配，提高生活水準。國家應運用各種合理的政策，積極促進我國經濟的現代化與工業化。全國土地，以全部收歸國有為最終目標。第一步應即規定私人農地的最高限度，超過此限度者，應立即收歸國有。對於原來地主，給以長期債券，以為補償，收歸國有的農地，或租與自耕農，或集體經營，視情形而定。市地應立即收歸國有，並酌予補償。凡獨佔性及關鍵性之工鑛交通事業，原則上應由國家經營。金融事業，應由國家經營。第一步應將國家銀行之私人股本立即收回，並簡化及統一其機構。國家賦稅政策，應以平均私人財富，創造國家資本，促進資源開發，維持經濟繁榮，及達成社會安全為目標。

（丁）在社會及其他方面：我們主張要充實教育經費，擴大教育機會，並限期完成普遍的國民義務教育。此外，強調教育應著重個性的自由發展，健全人格培植；反對男女歧視，在法律前受教機會平等。在勞工方面，國家

應制定勞工福利法，參照我國經濟情形，規定最低工資，最高工時，並對勞
工工作環境安全予以保障。在社會福利方面，推行各種社會安全制度，使人
民在疾病、失業、老年、殘廢等狀況下，不受貧困之威脅。更先進的是，該
團體尚主張推行義務醫藥制度，使人民在保健的機會上漸趨平等。尤其甚者
為國家應負責傳播節育知識，在不使品質下降的條件下，減少生育，以緩和
中國的人口壓力。[5]

## 二、《新路》的發刊與言論立場

有關《新路》週刊創辦經緯，錢昌照似乎是主要的催生者。據錢昌照晚
年回憶說：「有一次我到北平，在清華大學住了兩天，一天在吳景超家，一
天在劉大中家。朋友們聚在一起，談到想辦一個雜誌，批評時政，對國民黨
和共產黨都批評。雜誌的名字，就叫『新路』，是我提的。我們還決定在北
平找所較大的房子，買些參考書籍，在北平的朋友可以在那裡討論問題；從
南方來的朋友可以住在那裡。後來我們看中了一所房子，就在東直門大
街。」[6]

錢氏回憶所言不虛，當年也是《新路》週刊台柱的劉大中去世後，同為
《新路》作者群之一的蔣碩傑，在追悼文中亦提及「那時北大和清華有一個
聯合研討會，每月舉行一次討論學術或經濟現狀及政策等問題，因此時常聽
到他的讜論。我們又同時為《經濟評論》撰寫文章，交換意見的機會很多。
不久錢乙藜（昌照）先生（時任資源委員會副主任委員）揚言願出資辦一獨

---

5　〈中國社會經濟研究會的初步主張〉，《新路》1 卷 1 期（附錄）（1948 年 5 月 15 日），頁
　24。

6　錢昌照，《錢昌照回憶錄》（北京：中國文史出版社，1998 年 9 月），頁 19。

立性的雜誌。[7]他和大中在美就相識，又知道他現在在經濟學界的名望，所以就央請大中作主編。乙藜先生早年一從英國留學歸來，即擔任政府要職，不久就膺任資源委員會這麼重要機構的副首長。但是勝利之後不知何故變得很消極，竟想要以社會賢達自居，所以來北平聯絡學術界人士，成立一個超然獨立的團體。這雜誌命名為《新路》，以示在『國』『共』之外，開闢一條新出路的意思。」

蔣碩傑說，「這雜誌的經費究竟是他私人荷包所出，還是資源委員會的公款，我到現在還不大明白。不過大中主編這雜誌，完全是以公正的學術態度來評論時事，並以提出建設性的方案為目標，決未刊出一篇惡意的謾罵，或煽動性的鼓吹。這雜誌成為北平教授們討論經濟問題的論壇，大中和我都是它的基本投稿者，過從也因此日密。這一段在北平教書和辦雜誌的時期，是大中兄自認為一生中最痛快的時期。」[8]

所以說，《新路》之創刊，完全由錢昌照一人募款籌劃，應該是不錯的。胡適的日記，也為我們證明了這點。1948 年 1 月 24 日，胡適在日記中寫到：「吳景超來談，他說，錢昌照拿出錢來，請他們辦一個刊物。要吳半農主編，景超任社會，劉大中任經濟，錢端升任政治，蕭乾任文藝。」[9]此日記中提到的蕭乾任文藝一事，最後事情起了變化，據蕭乾在自己回憶錄《未帶地圖的旅人》書中談到：「朋友姚念慶告訴我，北平幾家大學的教授們計劃出一份刊物，內定由清華大學教授吳景超主編，錢端升主持政治欄、

[7] 蔣碩傑此說有誤，1946 年 5 月，國府還都南京，行政院改組，資源委員會改隸行政院，成為院屬之一級單位，編制擴大，昌照以積功升任為主任委員，孫越崎為副主任委員。〈錢昌照〉，劉紹唐主編，《民國人物小傳》第 2 輯第 17 冊（台北：傳記文學出版社出版，1996 年 10 月出版），頁 418。

[8] 蔣碩傑，〈劉大中、戰亞昭伉儷逝世週年之追憶〉，同註 1，頁 193。

[9] 〈胡適日記〉（1948 年 1 月 24 日），曹伯言整理，《胡適日記全集》第 8 冊，（台北：聯經版，2004 年 5 月初版），頁 351。另有一說為《新路》周刊的班底是：周炳琳總負責，經濟編輯是劉大中，政治編輯為錢端升和樓邦彥，文藝編輯則由蕭乾擔任。謝泳，〈社會學家吳景超的學術道路〉，同註 3，頁 35－36。

劉大中主持經濟欄。那裏正在物色一個編國際問題及文藝的。他認為我最合適不過了。我思忖，不妨走上一年半載再回滬。於是，就同意了。刊物後來定名《新路》。但是沒等刊物面世，我由於受到復旦同學及楊剛的勸告，就堅決辭了。事實是：一、刊物封面上寫明係吳景超主編。二、我最後並沒有去北平，仍留在上海《大公報》，也依然兼著復旦教職。這是當時有目共睹的。」[10]

　　另大陸研究中國自由主義知識群的廈門大學教授謝泳，在〈社會學家吳景超的學術道路〉一文中也提到，「中國社會經濟研究會」和辦《新路》的錢，應該是錢昌照去籌募的。基本上，錢氏任職的資源委員會出了些錢，宋子文也出資若干，但宋氏可能不知道辦刊物之事。[11]唯謝氏所言宋子文也出錢，不知何所本？但錢昌照應該是大家一致承認的。[12]作為「中國社會經濟研究會」之機關刊物，《新路》在〈發刊詞〉中，即嚴正表明其言論立場為：「我們這個刊物，是中國社會經濟研究會主辦的。中國社會經濟研究會，是本年（按：即 1948 年）三月一日正式成立的，在三月二日的會員大會中，對於中國的政治、外交、經濟、社會各問題，曾通過主張三十二條。這三十二條主張，表示我們一批朋友對於幾個重要問題的基本看法。我們所以作這種主張的理論根據，以及實現這些主張的辦法，乃是本刊以後所要討論的。」但是，「新路周刊社」也特別強調，「中國社會經濟研究會」並非

---

10　蕭乾，《未帶地圖的旅人——蕭乾回憶錄》（香港：香江出版公司出版，1988 年 11 月 1 版），頁 269。

11　謝泳，〈社會學家吳景超的學術道路〉，同註 3，頁 35。

12　錢昌照與宋子文關係匪淺，據曾任資源委員會主任秘書的沈怡說到：錢昌照做到資源委員會主任委員。「俗氣一點的說法，已是部長特任階級的地位，他自己也隱隱然以此自得，及至翁（翁詠霓）先生已被他利用得差不多，他又送秋波於宋子文失意之際，巨眼識英雄，兩人成了莫逆，也可以說是國府秘書時期，得膺白姐丈之助，又於國防設計委員會時期，受翁先生之撐腰，到了資源委員會時期，得力於宋子文的支持不小，宋其時掌握國家財政，同時又為中國銀行董事長，乙藜這種地方確是有他的一手。」以錢、宋之密切，宋贊助經費是完全有可能的。沈怡，《沈怡自述》（台北：傳記文學出版社出版，1985 年 6 月初版），頁 188。

政黨組織，32 條主張也不是黨綱，而是在一個憲政社會裡，知識份子關心國是，提出主張建言，是件極普通正常之事。

「新路週刊社」進而說明，他們確實是無黨無派，也不附屬任何政黨，但那一個政黨，採納了他們的意見，他們就表同情於那一個政黨，這也是在憲政之下，一般公民對於政黨所應採取的態度。身為國家的一個公民，對於每一問題，公開提出自己的看法，不但是盡公民的義務；也是做公民的權利。該社聲明，在我國將來真正行憲之際，任何人的選票，會投給那一黨候選人，端視那一黨採納他們的看法。所以一個團體，把自己的主張說出來，同時又說明自己不是政黨，也是再自然不過的事。其次，關於所提的 32 條主張，《新路》強調，乃是我們以後討論中國各種問題的出發點，並非大家意見的最後總結，之所以先提出主張，是讓以後討論有所附麗，不致空談無補，漫無邊際。尤其社會變動極快，所以提出之主張和辦法，也要與時適應，不能固執不變。我們對於目前的重要問題，一定要虛心研究，從事實中求結論；而且還要不斷的從新的事實中，來試驗我們所作結論的正確性。

為怕遭到外界誤解，《新路》重申，他們並非頑固衛道之士，也不會擺出包辦真理的姿態，凡是他們所提之理論與事實，倘別人能以相反之理論與事實批駁之，他們都願意誠懇虛心與之相商。總之，提高討論水準，以理論應付理論，以事實反駁事實，以科學方法，攻擊盲從偏見，這是本刊創刊之所願。畢竟，思維矛盾的揭露，以及對立意見的衝突，是發現社會真理的最佳方法。但假如以謾罵來對付我們，則不與計較，隨之起舞。若更進一步以武力相要脅壓迫，要我們改變主張，我們這班剛毅之士，是不會輕易就範的。

最後，該刊說到，在萬方多難的今日，我們深感「天下興亡，匹夫有責」，所以才發行本刊。想以大家的智慧，來探索中國的前途。探索的方法、角度，個人容有不同意見；但動機，大家則一致。即對於國家社會的各種事實與問題，想了解得更清楚。我們的態度也是一樣，就是，刊物儘管由

團體辦理，但文責自付。我們相信只有如此，才能腳踏實地，不草率將事。我們希望國人，也以同樣動機與態度，給我們道義上、精神上的支持協助，使我們的工作，可以發揮最大的效用。[13]感時憂國、理性務實、言之有物的發刊旨趣，於此清楚的向讀者說明出來。

## 三、《新路》周刊之內容

　　《新路》周刊的內容，非常豐富多元，其中以「短評」和「專論」二欄，是最精彩的部分，抨擊力道也是最犀利的。「短評」中的幾篇文章如〈從新閣難產說起〉（1卷5期）、〈民青兩黨可以休矣〉（1卷5期）、〈司徒大使的聲明〉（1卷6期）、〈中美友誼的考驗〉（1卷6期）、〈新閣的施政方針〉（1卷7期）、〈和平不限於對外〉（1卷8期）、〈絕望中的殘忍〉（1卷9期）、〈誰是物價漲風的罪魁禍首〉（1卷9期）、〈職業學生的尊號不要輕易授人〉（1卷10期）、〈文過飾非，殘民以逞，莫此為甚〉（2卷2期）、〈乾脆重彈舊調，取消偽裝的憲政吧！〉（2卷2期）、〈立法委員的隨聲附和〉（2卷3期）、〈到了乞求的地步，就可不拘泥形式了！〉（2卷3期）、〈救不救「一不能控制其自己人民信仰與效忠的政權」？〉（2卷4期）、〈總統夫人也說話了〉（2卷4期）、〈從英美撤僑說起〉（2卷4期）、〈經濟危機已不是經濟措施所能解除的了！〉（2卷5期）等文。對彼時執政的國府當局，在政治、外交、教育、社會、國、共關係等方方面面，都提出非常嚴厲的批判。
　　「專論」中的文章，最大特色為作者群，基本上，相當多是當時華北的學術界領袖，其中尤以清華大學的教授為主。他們的文章是專業與批評兼

---

[13]　〈發刊詞〉，《新路》1卷1期（1948年5月15日），頁2。

具，除切中時弊外，也提出建言或解決之方。如樓邦彥，〈當前中國的行憲問題〉（1卷1期）、劉大中，〈準備金多了有什麼用〉（1卷1期）、谷春帆，〈如何研究中國經濟問題〉（1卷1期）、蔣碩傑，〈經濟制度之選擇〉（1卷3期）、葉景莘，〈如何肅清貪污〉（1卷5期）、胡慶鈞，〈皇權，紳權，民權〉（1卷7期）、龔祥瑞，〈政府制度化與政治統一的基礎〉（1卷8期）、滕茂桐，〈公款，國家銀行，與物價漲風〉（1卷9期）、喻滄邨，〈我國銀行的罪惡〉（1卷9期）、趙守愚，〈舊話重提財產稅〉（1卷10期）、周炳琳，〈施與受施——論美援協定〉（1卷10期）、馬逢華，〈社會主義下的生產效率〉（1卷11期）、龔祥瑞，〈政治責任與蔣總統的錯覺〉（2卷1期）、粟寄滄，〈從法幣的崩潰看金圓券的前途〉（2卷1期）、吳景超，〈資本形成的途徑〉（2卷2期）、楊人梗，〈教育的濫用〉（2卷3期）、樓邦彥，〈華萊士悲劇的時代意義〉（2卷3期）、龔祥瑞，〈政治責任與責任政治〉（2卷4期）、樓邦彥，〈這究竟是什麼政府？〉（2卷5期）等。對當時政府諸多沈疴，如政治、經濟等議題，提出專業探討與撻伐，頗具深度。

當然，綜觀整個《新路》周刊內容，最具份量和影響力的，仍屬「論壇」部份。《新路》當年設計幾個國人最迫切想要探討的專題，如〈論耕者有其田及有田之後〉（1卷2期）、〈論我國今後的人口政策〉（1卷5期）、〈中國工業化的資本問題〉（1卷7期）、〈論教育的更張〉（1卷10期）、〈政治民主與經濟民主〉（1卷13期）、〈論公務員的法律地位與政治權利〉（1卷17期）、〈論經濟自由〉（1卷21期）、〈新幣制的善後〉（1卷23期）、〈混合制度與計劃制度中間的選擇〉（2卷5期）等。這些專題參與討論的有：吳景超、徐毓柟、戴世光、陳振漢、韓德章、陳達、趙守愚、吳澤霖、劉大中、丁忱、谷春帆、汪馥蓀、蔣碩傑、潘光旦、朱光潛、邱椿、周先庚、樊際昌、蕭乾、翁獨健、芮沐、趙德潔等華北學術、教育界領袖。他們均是學有專精的一時之選，針對彼時諸多亟需興革

改進問題，除有所指責外，也提供不少意見給當局參考。

　　值得一提的是，該刊還設計不少新的體例，如「辯論」、「我們的意見」、「經濟學識淺談」、「美國大選特輯」、「新金圓券特輯」、「蘇聯經濟特輯」等。「我們的意見」一欄，是由《新路》作者群，針對如〈還我言論自由〉、〈忠告美國政府〉、〈一個解決大學畢業生失業問題的具體建議〉、〈經濟行政應即公開〉、〈穩定新幣值的有效措施〉、〈制裁獨佔的立法〉等特殊或及時發生的事件，代表該刊立場發言外，其餘欄目均是對外公開，且以外稿居多。而外稿特點是，拋出議題與之論辯，故「辯論」欄每每是兩位作者並列而互相辯駁，《新路》則扮演提供雙方論辯溝通、交換意見看法的一個平台。

　　此外尚有「短評」、「文藝」、「通訊」、「書評」、「讀者來書」等欄，其中「文藝」欄頗具特色，也網羅不少名家撰稿，如蕭乾、楊振聲、沈從文、馮至、艾蕪、汪曾祺等。在朱自清逝世後，該欄曾闢追悼號以紀念之。在「通訊」欄部分，則類似新聞報導，將彼時在國、共內戰下，全國各地的苦況，詳實呈現國人面前。這些「通訊」對國、共雙方均有所指責，但對國府當局的批判較烈。[14]

# 四、《新路》的主張——以吳景超理論為例

　　基本上，四〇年代末期，部分自由主義知識份子，對中國政治社會經濟問題認識的言論，《新路》是頗具代表性的。可惜「中國社會經濟研究會」和它所屬的《新路》雜誌，在以往的研究中，幾乎完全闕如。然從學術的角度觀察，當時這些教授對中國社會、經濟問題的看法，其實是相當深刻的，

---

[14]　見〈新路周刊第 1 卷合訂本上、下冊目錄索引〉；及第 2 卷各期封面。

若以學術角度來評價，吳景超等人他們當年的建議，對現代中國的發展仍有
其參考啟示作用。

　　茲以《新路》最重要靈魂人物之一的吳景超為例，說明彼輩當年對中國
政經問題的看法。至於何以要以吳氏為例，原因是，吳氏可說是《新路》作
家群中最具代表性者。誠如謝泳所說的，《新路》周刊主要由吳景超負責，
他在四○年代末，對中國社會問題主要分析和批評，都集中在這本雜誌上。
《新路》每期設一個專題討論，由一個人主講，然後大家發表不同意見，參
加者以當時清華大學社會學系的教授為主，吳景超是一個主要參加者。《新
路》周刊的作者群，最關心的是，中國今後發展所應該走什麼樣的道路，應
該避免什麼問題，為此，他們奉獻了作為知識份子應有的感時憂國之使命
感。[15]

　　吳景超在《新路》周刊發表的文章，主要集中在經濟議題上，如針對當
局那時提出的「耕者有其田」政策以解決土地分配問題。吳景超以為，耕者
有其田若只是變動生產關係，而不變動生產力是不夠的，而如何變動農業中
的生產力，土地國有與農業機械化是必要的步驟，重點是如何做到農業機械
化後的收穫如何分配問題，這才是根本的改革。[16]吳景超此文是作為《新
路》周刊專題討論的一篇主要發言刊出的，參與討論的有清華大學教授徐毓
枬、戴世光、陳振漢、韓德章等人。他們基本上均贊同吳景超的論點，可見
當時中國知識份子對中國的農村問題和土地制度，都有他們自己的認識與看
法。

　　至於在對待地主階級方面，吳景超顯然不怎麼認同共產黨打倒土豪劣
紳，清算鬥爭的主張。他以為「一個階級假如他在生產過程中，有其貢獻，
那麼消滅他是不公平的。同時，我們還要看我們所採用的方法，是否合理。

---

[15]　謝泳，〈社會學家吳景超的學術道路〉，同註3，頁36。

[16]　吳景超，〈論耕者有其田及有田之後〉，《新路》1卷2期（1948年5月22日），頁3、9。

地主階級，雖然已失其功能，但他們乃是社會制度的產物，社會對於他們地位的形成，也要負一部分責任。因此，我們不可以為其人是地主，便要驅逐他，或者殺掉他。我們應當給他一個機會，使他可以從一個不生產者，變為一個生產者。」[17]

此外，有關「中國工業化的資本問題」，《新路》上也討論過，主講者也是吳景超，參與討論的清華教授有丁忱、谷春帆、汪馥蓀、劉大中、蔣碩傑。這批《新路》學者群，咸認為在工業化過程中，培植人才是重要的一環，因此而增加投資也是必要的，人才是無形的資本，此資本也須花有形的錢，才可培植出來。[18]在用人方面，劉大中認為：「任何一個國有或私有企業，不得在任何一個企業內，享有絕對的獨占權。」[19]吳景超也進一步說明，政府不得干涉各企業的用人權，即使所有的企業，都由國營，也是如此，我們不必仿傚蘇聯，那種大權獨攬的辦法。他以為「用人權的分散而不集中，不但是經濟民主的主要條件，也是政治民主的重要條件。」這一點做到了，那麼某項企業，即使由國家單獨經營，對於人民就業的選擇，並無妨礙。[20]

特別探討的是，在四〇年代末期，對知識份子來說，中國今後要走什麼樣的道路？是一重要抉擇。彼時有不少知識份子，對蘇聯的計劃經濟與社會公平有所期待與好感，但對蘇聯缺少個人自由的現實也不無疑慮。吳景超在〈論經濟自由〉文中就談過這個問題，他說經濟自由，美國優於蘇聯，這與私有或公有財產關係不大，而與計劃經濟關係卻很大。吳景超認為，社會主義與經濟自由並不衝突，在戰爭的特殊時候是可以犧牲經濟自由，但在太平時期，就不應當了。對於社會主義的看法，吳氏認為它是人類崇高的理想，

---

17　吳景超，〈中國工業化的資本問題〉，《新路》1卷7期（1948年6月26日），頁8–9。

18　吳景超，〈中國工業化的資本問題〉，同上註。

19　劉大中，〈經濟行政應即公開〉，《新路》1卷15期（1948年8月21日），頁3。

20　吳景超，〈私有財產與公有財產〉，《新路》1卷15期（1948年8月21日），頁6。

但經濟自由也是人類輝煌的成績，如何兼而有之，才是個大問題。[21]

基本上，他期望經濟自由與計劃經濟同時兼得，但他把經濟自由看得比計劃經濟重要。吳景超以蘇聯的生活程度為例，說到蘇聯豐富之資源及較公平的分配制度，蘇聯人民的生活程度應該較好才是，但過去蘇聯人民的生活程度之所以沒有預期的高，除了戰爭和備戰原因外，強迫儲蓄累積資本，發展重工業，沒有擴大消費市場亦是主因。換言之，即缺少經濟自由之故也。是以吳景超言：「以後蘇聯人民如想提高生活程度，使社會主義真能對於人民的享受有所貢獻，則蘇聯的政府及人民，必須努力與他國合作，創造一個和平的國際環境。」所以吳景超對蘇聯社會主義計劃經濟持保留態度的說：「現在推行社會主義的蘇聯，是採取計劃經濟的，但我們不能由此推論，將來所有實行社會主義的國家，也必須採取計劃經濟。」[22]

在〈社會主義與計劃經濟是可以分開的〉一文中，吳景超強調，他一向的看法是，社會主義可以使我們經濟平等，而計劃經濟則剝奪消費者的自由。只有社會主義與價格機構一同運用，我們才可以自由與平等兼而有之。計劃經濟限制人民的自由，凡是實行計劃經濟的國家，不管他奉行什麼主義，都難免侵犯人民的自由，因此損傷了他的福利。實行計劃經濟的國家，必須要集中控制，必然把生產因素的支配權，控制在少數人之手。萬一少數人濫用其權威，逞其私慾來支配生產因素，則其對於民眾之禍害，真是不可勝言。人類不要輕易放棄自由，到今天為止，我們還沒有看到一個制度，其保護人民消費自由的能力，勝過價格機構。所以我不願意看到社會主義與計劃經濟聯姻，而願意他與價格機構百年偕老。[23]

對於現代資本主義的發展，吳氏亟具世界眼光，他對於利用外資，讓外

---

[21] 吳景超，〈論經濟自由〉，《新路》1 卷 21 期（1948 年 10 月 2 日），頁 4。

[22] 吳景超，〈蘇聯的生活程度〉，《新路》2 卷 4 期（1948 年 12 月 4 日），頁 18。

[23] 吳景超，〈社會主義與計劃經濟是可以分開的〉，《新路》2 卷 5 期（1948 年 12 月 11 日），頁 9。

人在中國設廠都有非常清楚的看法,有些認識,遠比我們今天深刻。在〈論外人在華設廠〉文中提到:「在不平等條約取消之後,外人在華設廠,便是利多害少。我們決不可把外人在華設廠一事,與其他外人在中國享受的不平等特權,等量齊觀。」針對外人在華設廠,會衝擊到民族工業問題,吳氏以為我們應當認清,現代中國所最需要的,是趕快工業化問題,要趕快的把新式生產事業,在中國境內樹立起來,至於在中國境內樹立的工廠,是中國籍還是外國籍,乃是不大重要的問題。[24]此外,在縮短貧富差距方面,吳氏以為縮短貧富距離的主要辦法是,制定最低工資發展社會福利,用所得稅和遺產稅的辦法。[25]

總之,以吳景超為首的《新路》作者群,之所以對中國當時政經社會等面向,有如此深刻的了解與體悟,大陸學者謝泳以為,和其學術背景甚有關係。基本上,《新路》周刊是錢昌照一手成立的,而錢昌照又是「資源委員會」的副主委,是以《新路》和「資源委員會」也頗有淵源。故謝泳說到:研究中國現代知識份子,需要對當年資源委員會成員的思想和教育背景給予注意。資源委員會那些成員後來多數成了四〇年代著名的《新路》雜誌的參與者。因為這些人不同於一般的自由主義知識份子,他們多數人是經濟學家和工程師,是做實際工作的。他們的重要性,不體現在政治思想上,而體現在經濟思想上。

資源委員會的主要成員是以留英的學生為主的,他們多數出於倫敦政治經濟學院,很多人就是四〇年代對中國自由主義知識份子以重大影響的拉斯基(Harold Joseph Laski)的學生。他們經濟思想的一個主要的特點,就是對於計劃經濟都有好感。在當年的自由主義知識份子當中,作為一個團體集

---

[24] 吳景超,〈論外人在華設廠〉,《新經濟半月刊》第 8 卷第 1 期,轉引自《中國資產階級右派經濟言論批判參考資料》(北京:中國人民大學出版),頁 18、21。

[25] 吳景超,〈縮短貧富的距離〉,《世紀評論》2 卷 3 期(1947 年),轉引自《中國資產階級右派經濟言論批判參考資料》,同上註,頁 28。

中留下來的，就是資源委員會。他的主要成員的政治選擇，也許與他們對計劃經濟和對蘇聯經濟的好感有關，這可能就是他們致命的弱點。[26]謝氏看法，基本上是相當深入且正確的，筆者亦依此說。

# 五、結論：《新路》之結束

《新路》周刊於 1948 年 5 月 15 日創刊於北平，發行至是年 12 月 18 日停刊，共出刊 2 卷 6 期。該周刊是「中國社會經濟研究會」的機關刊物，作者群陣容堅強，網羅不少華北學術界領袖，如吳景超、潘光旦、劉大中、蔣碩傑、樓邦彥、邵循正、邢慕寰、周炳琳、蕭乾、汪曾祺、楊振聲等。刊物最大特色為，贊成和反對馬列主義的文章均可同時發表。換言之，即對國、共兩黨，均持批判立場，它一面罵蔣介石和國民黨，對共產黨及共產主義亦持懷疑態度。因標榜言論不偏不倚、中立客觀之旨趣，在國、共劍拔弩張，非紅即白的時代，其不受歡迎，遭左右兩方夾擊之情形自可預料。易言之，保守與激進兩方面都對它不滿。國民黨先是嚴重警告，橫施壓力，最後乾脆勒令其停刊。[27]

關於此事，錢昌照曾回憶道：「我在辭職後出國前的一個階段裡，在北平創辦了一份走中間路線的刊物《新路》，由周炳琳、吳景超等執筆。因社論中多次抨擊蔣介石獨裁誤國，一度被社會局勒令停刊，復刊後的社論指責蔣介石更為嚴厲。後該刊終於在各方壓力下宣布停刊。辦了這個刊物，進步人士乃至共產黨人指責它阻撓革命，而國民黨方面認為是反『革命』言論。

---

[26] 謝泳，〈社會學家吳景超的學術道路〉，同註 3，頁 27。

[27] 國府當局對《新路》周刊給予關切和警告，然知識份子只問是非不懼死生的風骨，在《新路》上仍可一覽無遺的看到。在〈本刊對于「嚴重警告」的答覆〉，《新路》2 卷 1 期（1948 年 11 月 13 日）文中，《新路》以是其所是，非其所非，不諂媚，不趨俗的嚴正立場來回應當局。

蔣介石得知是我辦的，更是怒不可遏。他對陳布雷說：『錢昌照是叛徒！』陳布雷找了我秘談，勸我早點出國。」[28]

　　在共產黨這邊，對《新路》也是抱持否定態度的，據《錢昌照回憶錄》言：「一九四九年我來到北平，周恩來對我提起這件事。他說：那時《新路》這個刊物的論調沖淡了共產黨的宣傳，所以要組織力量去批判。如果是早三年辦這個刊物，應該算是進步的，到現在辦也還可以，就是那個時候辦不適宜。」[29]此即所謂理想與現實的衝突，針對《新路》周刊在動盪時代的堅持，其直言敢言，不作左右袒的言論立場，不見容於國、共當局，其被迫停刊的下場是可想而知的。尤其它又是以華北高級知識份子為主體的刊物，在社會上的影響力自然不容小覷，故其批評言論也自為朝野雙方所重視。基本上，《新路》周刊為一帶有自由主義色彩的刊物，和儲安平主編的《觀察》，可說是當時期刊界的雙璧。[30]

　　而論其影響，謝泳的評論頗為中肯，他說：「一九四九年前，對於中國經濟和世界經濟真正做過深入研究的，就是以吳景超為代表的一批社會學家，我們過去總是批評知識份子不了解中國的國情，其實他們對中國社會的了解，實際上是非常深刻的。」1949 年後，掌握中國經濟發展的那些人，如陳雲、薄一波、李富春等人，根本不了解現代經濟；即便是中共的經濟學家如沈志遠、許滌新、孫冶方、薛暮橋等人，對於現代西方經濟之了解，也根本無法與《新路》周刊作者群相提並論，惜這些社會、經濟學家，在新政

---

28　錢昌照，《錢昌照回憶錄》，同註 6，頁 19。

29　錢昌照，《錢昌照回憶錄》，同上註，頁 19。

30　謝泳說，「與《觀察》比較起來，《新路》顯得更專業化一些，尤其偏重於經濟和社會問題，但這兩個刊物除了內在精神上有相近的一面外，在刊物形式本身上也有相似的地方。」、「《新路》與《觀察》並沒有什麼直接的聯繫，將兩個幾乎同時期出現的刊物聯在一起，是從他們內在精神上的一致性著眼的。與《觀察》比較起來，《新路》的命運更引人深思。」謝泳，〈《新路》與《觀察》〉，見其著，《逝去的年代——中國自由知識分子的命運》（北京：文化藝術出版社出版，1999 年 1 月 1 版），頁 358、365。

權下，已英雄無用武之地，毫無用處了。[31]

　　謝泳接著感慨道：「半個世紀前，他們所努力奮鬥爭取的一切，並沒有隨著時間的推移而有所進步，單從言論自由和民間報刊的生長情況看，他們再也沒有能像當年那樣從容地議論國事，據理力爭，公開坦率表達自己思想的機會了，這是何等悲哀啊，作為年輕的一代，對於我的前輩們在國家危機關頭所發出的真正知識份子的聲音，我除了表示敬意外還能再做些什麼呢！我要做的就是將他們當年的經歷和言論告訴更年輕的一代，你們今天所努力思考和爭取的一切，你們的前輩在半個多世紀前已經都做過了，其思想的深刻、全面和產生的影響遠在今天我們的口號之上，現在我以晚輩的名義，請求那些健在的前輩將當年的歷史和經歷如實公正地告訴年輕的一代，讓自由主義的理想再以血的代價積累幾十年，以換得一個新世界的到來。」[32]誠哉斯言，這是一個嚮往自由主義的大陸知識份子，在向過去的自由主義者招魂，也期盼自由主義能在重臨神州大地。謝泳感嘆《新路》作家群的「無用武之地」，其實不也是自五四以降，中國知識份子在動盪時代中，政治抉擇的無奈悲劇。

---

31　謝泳，〈社會學家吳景超的學術道路〉，同註3，頁39。
32　謝泳，《逝去的年代──中國自由知識分子的命運》，同註30，頁367-368。

# 第七章　第三勢力運動的初試啼聲 ——以《自由陣線》週刊之論述為例

## 一、前言：五〇年代香港的第三勢力之背景

　　1949 年前後，正值國府於大陸挫敗，國命如絲，國家在危如纍卵、風雨飄搖之際，有一部份堅持民主自由的人士，在美國和李宗仁的支持下，雲集於南天一隅，首揭反國、共兩黨大旗，標榜反蔣且反共不作左右袒的一股勢力正在滋長著，這一股力量曾經在五〇年代的香港盛極一時，甚囂塵上，喧騰不已，它就是一般人所通稱的「第三勢力」運動。[1]第三勢力運動在當時以張發奎、顧孟餘、張國燾、許崇智、伍憲子、李微塵、童冠賢、邱昌渭等人為首，也曾組織了「自由民主大同盟」和「自由民主戰鬥同盟」兩個主要機構。[2]其後，以青年黨的謝澄平和程思遠、羅夢冊、董時進等人為主的「民主中國座談會」亦加入第三勢力的行列。[3]一時間在香港的第三勢力運動搞的好不熱鬧，而各種以第三勢力為政治訴求的團體也如雨後春筍般的出現，最多時曾達百餘個。[4]

---

[1]　陳正茂，〈宣揚第三勢力的自由陣線〉，《全民半月刊》第 12 卷第 10 期（民國 80 年 11 月 25 日），頁 4。

[2]　程思遠，《政海秘辛》（香港：南粵出版社，1988 年 1 月 1 版），頁 231－236。

[3]　周淑真，《一九四九飄搖港島》（北京：時事出版社，1996 年 1 月 1 版），頁 305。

[4]　陳運周，〈從香港看「第三勢力」〉，《新聞天地週刊》第 6 年第 40 號（民國 39 年 10 月 7 日），頁 4。

　　然未幾，隨著韓戰的爆發、國際情勢的丕變，美國基於防共策略的需
要，重拾與台灣的國府修好，在國府的抗議反對及第三勢力自身之內鬨下，
美國終究放棄扶植第三勢力的努力。這股在五〇年代初期曾想躍躍欲試，大
幹一場的第三勢力運動，卒在頓失所倚的情況下，不得不日趨窮途末路而終
歸風流雲散。[5]第三勢力運動雖有如曇花一現的乍起旋滅，在政治上可說是
以淒涼悲劇收場，但在宣揚民主反共的言論上，則有一定的貢獻。原因是當
時的張發奎、顧孟餘等人，尚能利用美援，糾集了一批文化學術界人士，
以言論從事民主反共，闡述第三勢力運動，出版了若干相當不錯的書籍刊
物。[6]

　　專書有民社黨人孫寶毅，《第三勢力必興論》、王厚生，《中國之路》
（一名《第三勢力與中國前途》）、司馬璐，《平民政治》、李微塵，《中
國局勢的必然發展》、于平凡（按：即許冠三），《中國民主自由運動史
話》等。[7]刊物較著者如《大道》、《獨立論壇》、《中國之聲》、《再
生》、《中聲日報》、《中聲晚報》、《民主與自由》、《主流月刊》、
《前途》、《今日半月刊》及《自由陣線》等。[8]其中尤以《自由陣線》最
為重要。《自由陣線》是第三勢力運動刊物中，發行最久、立場最堅定、內
容最明確、旗幟最鮮明的喉舌先鋒。是以本文即以《自由陣線》週刊為代表
素材，述評第三勢力之理論，兼亦評論第三勢力在中國當代政治挫敗之因素
所在。

---

[5]　程思遠，《我的回憶》（北京：華藝出版社，1994 年 12 月 1 版），頁 234。

[6]　李璜，《學鈍室回憶錄》(下)（香港：明報出版社，1982 年元月初版），頁 723－724。

[7]　同註 4，頁 6。

[8]　虞初行，〈試論「第三勢力」〉(上)，《自由陣線》第 8 卷第 4、5 期合刊（民國 40 年 12 月 14
　　日），頁 32。

# 二、《自由陣線》週刊簡介

　　《自由陣線》週刊，創刊於 1949 年 12 月 3 日，負責人先是左舜生，後為謝澄平。[9]創刊時初為週刊，中間一度改為半月刊，後又恢復週刊形式。[10]該刊由 1949 年 12 月問世到 1959 年 6 月停刊止，共發行了 40 卷 6 期，時間將屆滿 10 年，在所有第三勢力刊物中，可說是一支獨秀且絕無僅有的。至於該刊緣起之由來，據熟稔內情的郭士提及：

　　「遠在 1949 年李宗仁代總統時代，當時國民政府大勢已去，李宗仁在離國以前，紛紛對有關的政治人物和政治團體，大放交情，拚命拉攏，有的送錢，有的送官，有的送護照，自己則希望去美國取得美援後東山再起。青年黨也就透過總統府邱昌渭的關係（邱早年為青年黨黨員），分到了 4 萬銀元券，這一筆錢即由謝澄平經手，以團體名義領到，分了一部份給臺灣青年黨總部，其餘的便在九龍牛池灣的一個村落，租了一塊地皮，修了一些房屋，作為香港青年黨人的落腳地，也就成為後來『自由出版社』的大本營所在。一方面由於錢的數目太少，粥少僧多，無法分配；一方面也由於青年黨人參政的時間較短，鬥爭意志尚未完全淘汰腐朽，所以便將這一筆錢創辦了『自由陣線』週刊。」[11]

　　而刊物取名為《自由陣線》之因，由其封面的「沒有自由絕無生路；聯合起來才有力量」的標語可知，它是含有深沉的時代意義。[12]至於該刊立論

---

[9]　陳正茂，〈左舜生傳〉，《國史擬傳》第六輯（台北：國史館編印，民國 85 年 6 月初版），頁13。

[10]　同註 1，頁 5。

[11]　郭士，〈「自由出版社」滄桑史〉，《醒獅月刊》第 1 卷第 1 期（民國 52 年 1 月 1 日），頁8。

[12]　刊物取名《自由陣線》的由來，據盛超言：「作為個人言論自由的一種刊物，它是在中共氣燄最高的時候，中國大陸上人民全失了自由而逃亡到香港的人們敢怒也不敢多言的時候，一群愛自由生活而認定『不自由，毋寧死』的朋友，大家來作自由的呼聲，自由的呼聲雖然薄弱，總

宗旨,在〈我們要向新生的大道邁進〉一文中提到,該刊之企圖,「在鼓吹正確的思想,推動第三勢力的力量,抱著戰鬥的人生觀,努力復國運動,摧毀專暴的、反動的、黑暗的、賣國的統治,以建立國家獨立、政治民主、經濟平等、生活自由的新中國,進一步,促進實現和平繁榮康樂的新世界。」[13]

而這一新中國的營建;新世界的未來,依《自由陣線》而言,只有積極鼓吹第三勢力運動,才是唯一的希望及力量。因此,基於順應時代潮流,負起歷史使命,推動第三勢力運動,《自由陣線》義無反顧提供了闡述、討論的空間。在〈本刊的動向〉文中,《自由陣線》自陳:「檢討過去言論,第一卷提出『第三勢力』這一名辭,肯定中國第三勢力的存在,而展望其前途的發展,這一階段可以說是醞釀時期。第二卷,各方人士響應第三勢力運動,熱烈討論第三勢力的使命、任務乃至組織與領導等等問題,這一階段可以說是廣泛討論時期。今後,第三勢力運動必然進展到理論建立時期和組織表現時期。」[14]

換言之,身為第三勢力之代表性刊物,《自由陣線》有必要隨著不同階段之第三勢力運動需求而調整其言論立場。既使到了 1954 年,第三勢力運動已逐漸沒落式微之際,《自由陣線》仍一本初衷,聲嘶力竭的為第三勢力搖旗吶喊,且在外界攻擊第三勢力缺乏理論系統之批判聲中,明確的提出第三勢力的歷史使命,其言:「《自由陣線》是倡導第三勢力的革命運動,這種運動的基本目標,在於『政治民主』、『經濟公平』、『文化自由』,根據此三種目標,為樹立『理論的體系』,及訂定『政治的綱領』、『經濟的

---

叫中國人民自由的生路之一線不致完全斷絕。」見盛超,〈自由陣線在爭鬥中〉,《自由陣線》第 3 卷第 6 期(民國 39 年 12 月 1 日),頁 24。

[13] 〈我們要向新生的大道邁進〉,《自由陣線》第 2 卷第 1 期(民國 39 年 4 月 16 日),頁 2。

[14] 〈本刊的動向〉,《自由陣線》第 3 卷第 1 期(民國 39 年 9 月 16 日),頁 2。

政策』之準繩，而作建設新中國的藍圖。」[15]然形勢比人強，在第三勢力運動已偃旗息鼓後，《自由陣線》仍堅持到底，直到 1959 年 6 月，才走完它的歷史任務。

　　平情而言，在五〇年代香港複雜惡劣的環境下，《自由陣線》的表現可謂相當了不起的。它呼籲自由人大聯合，結成廣大的自由陣線，並樹起第三勢力的大纛，以期建立民主自由的新生力量，對新舊極權勢力，做殊死的鬥爭。[16]尤其在第三勢力的醞釀、溝通、推廣以及在反共建國的立論和報導等等作用上，實有其不可數量的功績。[17]其價值誠如郭士所言：「當時大大小小的官僚逃來香港後，都忙著開飯館開舞廳，效法白俄路線，他們（按：指《自由陣線》）在這樣的氣氛中，能首先燃起自由反共的火炬，這不能不說是非常難能可貴的事情。」[18]

# 三、第三勢力理論述評

　　五〇年代於香港的第三勢力運動，《自由陣線》無疑是其宣傳的主要刊物。第三勢力運動日後被譏評之最大缺點，乃為缺乏理論體系的建立，而事

---

[15]　午潮，〈讀「試評自由陣線」後的我見〉，《自由陣線》第 6 卷第 8 期（民國 40 年 8 月 10 日），頁 16。

[16]　〈卷頭語〉，《自由陣線》第 7 卷第 1 期（民國 40 年 9 月 14 日），頁 3。

[17]　虞初行，〈試評「自由陣線」〉，《自由陣線》第 6 卷第 4 期（民國 40 年 7 月 13 日），頁 15。

[18]　同註 11，頁 8。另張葆恩亦言：「自由陣線，樹立了反奴役、反暴政、反極權的大纛。正值紅朝新貴們彈冠相慶，自由陣線在東方之珠，帶頭發出了：『沒有自由絕無生路，結成陣線才有力量』的反共怒吼。其時，避居港、九的人多如恆河之沙，號稱反共的民主人士，亦大有人在。可是他們對沐猴而冠的新仕版，卻都噤若寒蟬，沒有半點斥責與批判。他們有的做寓公，閉門謝客；有的做生意，專探商情。而自由陣線能從事於一般謂為『不識時務』的民主自由運動，這不能不說是異數、是壯舉。」見張葆恩，〈大時代的悲劇人物（上）——悼念謝澄平老哥〉，《全民半月刊》第 14 卷第 7 期（民國 81 年 10 月 15 日），頁 27 - 28。

實上亦如此。然吾人仍可由《自由陣線》上有關介紹第三勢力之文章，分別
就定義、源起、組織、領導、目標與任務；及其和第三方面的分野等面向，
來描述勾繪第三勢力之理論架構。

## （一）第三勢力之定義

何謂「第三勢力」，此為最基本之正名，然由《自由陣線》上宣揚第三
勢力的文章看來，對於第三勢力一詞，在定義上是有各種不同的解讀。有言
第三勢力並不是黨，一定要以黨名之，則可謂「沒有黨的黨」。[19]或謂第三
勢力是中國人民爭生存、爭自由的新生力量。[20]通俗的說，第三勢力是真正
信仰自由與民主的勢力。[21]眾說紛紜中，較具體的歸納有四點：

一、為代表民主自由的勢力，史農父於〈中國第三勢力究竟在那裡？〉
言：「第三勢力名詞的又一由來。在極右的政治法西斯作風之下，人民沒有
民主自由。在極左的布爾希維克政治之下，人民也沒有民主自由。然而爭民
主爭自由是人民的共同要求，爭民主爭自由的勢力便是第三勢力。」[22]但由
於國、共兩黨亦標揭民主自由的招牌，為免魚目混珠，王厚生以為「區別
國、共的民主自由和社會上民眾所要求的民主自由有所不同，我們要把民眾
所要求的民主自由勢力稱呼為『第三勢力』。所以確實地言，第三勢力就是
民主自由勢力，第三勢力是民主自由勢力的代名詞，不過必須弄清楚，這個
以『第三勢力』之名為代表的民主自由勢力是由民眾的民主自由要求所匯合

---

[19] 洪明，〈第三勢力與中國前途〉，《自由陣線》第1卷第8期（民國39年3月1日），頁13。

[20] 盧一寬，〈第三勢力與勞工〉，《自由陣線》第2卷第2期（民國39年5月1日），頁6。

[21] 孫誼，〈第三勢力與工商界〉，《自由陣線》第2卷第2期，頁13。又虞初行亦言：「今日的所謂第三勢力，只是中國民主自由運動的俗稱而已。」見虞初行，〈試論「第三勢力」〉（上），同註8。

[22] 農父，〈中國第三勢力究竟在那裡？〉，《自由陣線》第1卷第10期（民國39年4月1日），頁1。

而成的力量，而不是掛羊頭賣狗肉的少數勢力。」[23]民主自由的勢力既然是真正的第三勢力，那麼其信念為何呢？盛超說：「第三勢力運動既以真正的民主自由的新中國之創建做它的最高信念，我們運動的方向當然是以中國人民最大多數的最大幸福為指歸。第三勢力不僅在國、共兩黨之外尋求出路，它也在資本主義和社會主義之間另闢新道，更在自由世界對極權帝國主義的戰鬥勝利之中創建新中國，以拯救中華民族於水深火熱之中。」[24]由上述言論分析，可知《自由陣線》相當堅持只有第三勢力才是自由民主理念的正統，國、共兩黨的民主自由只是虛有其表，以民主自由為名，行專制獨裁之實的幌子而已。也因如此，在國、共兩黨缺乏民主自由的信念下，能給中國人民真正幸福，挽救中國人民於水火中，只有第三勢力一途了。

　　二、為象徵中國人民的自覺運動，胡雪情說：「第三勢力運動是中國人民的自覺自救運動。這是中國人民對腐敗自私的國民黨政權已經絕望，對專制賣國的共產黨有了深切體驗與認識之後，迸發出來的自救運動。」[25]而這種人民的自覺自救運動表現於軍事上，為大陸上各地農民武裝抗暴運動；在政治上，則為自由民主人士的聯合運動；在文化上，即係否定舊勢力、反抗共產黨、開拓新生道路的言論及反馬列主義的運動。《自由陣線》言：「這些自發自覺的運動，雖然在國、共兩黨不斷的打擊與壓制之下，仍能繼續滋長發展，足以表示潛在力量之強大。」[26]是以肯定認為第三勢力運動，即中國人民廣泛普遍的自發自覺的更生運動，它是所有反專制、反極權、反暴

---

[23]　王厚生，〈什麼是第三勢力？〉，《自由陣線》第 2 卷第 3 期（民國 39 年 5 月 16 日），頁 10。

[24]　盛超，〈我們應有的信念和動向——創造中的第三勢力運動〉，《自由陣線》第 2 卷第 8 期（民國 39 年 8 月 1 日），頁 5。

[25]　胡雪情，〈現階段第三勢力運動的檢討〉，《自由陣線》第 2 卷第 8 期（民國 39 年 8 月 1 日），頁 5。

[26]　同上註。

力、爭民主、爭自由、爭生存的諸種力量之總和。[27]不是外界力量可以輕易
摧毀的。

　　三、為民主中國運動，《自由陣線》負責人謝澄平曾提：「《自由陣
線》創立之初，我們就明確指出中華民族面臨有史以來的空前危機，我們立
願推進民主中國運動（先名第三勢力運動，後稱新勢力運動），以期搶救中
華民國。」[28]而此民主中國運動，就其基礎和動力來說，可以說是中國人民
自救運動，就它必須經歷的過程和階段而言，可謂為聯合反共運動，但終極
目標仍是民主中國運動的實現。[29]

　　四、為綜合性的運動，勞乃人在〈第三勢力與知識份子〉文中說到：
「第三勢力運動應該是一個全中國被奴役被壓榨的同胞的自覺運動。它不僅
是一個政治運動，而且是一個社會運動、文化運動。第三勢力，不只要否定
政治上的第一第二勢力；同時要否定社會，文化方面的第一第二勢力。」[30]
黃新民則云：「第三勢力運動，消極方面是反專政、反侵略、反飢餓、反殘
暴、反貪污的運動，積極方面是爭獨立、爭民主、爭自由的運動。前者的目
的是在推翻專制王朝，是革命性的行動；後者的目的是在創設一個人人安樂
的國家，是積極性的行為。所以第三勢力運動，統括說來，是革命建設的運
動。」[31]總而言之，第三勢力是一個非常的政治運動，是一個革命運動，同
時也是一個新的思想鬥爭運動。這個運動在中國是創舉，是一個偉大的歷史
性的創舉。[32]

　　綜觀《自由陣線》上有關第三勢力之定義，可知第三勢力基本上應該只

---

27　〈樹立堅強的文化陣線〉，《自由陣線》第 2 卷第 4 期（民國 39 年 6 月 1 日），頁 2。

28　謝澄平，〈為中華民族獨立自由民主而加強奮鬥〉，《自由陣線》第 25 卷第 5、6 期合刊（民
　　國 44 年 12 月 5 日），頁 22。

29　胡雪情，〈論民主中國運動〉，《自由陣線》第 4 卷第 1 期（民國 40 年 1 月 1 日），頁 4。

30　勞乃人，〈第三勢力與知識份子〉，《自由陣線》第 2 卷第 2 期，頁 10。

31　黃新民，〈華僑——第三勢力的支柱〉，《自由陣線》第 2 卷第 2 期，頁 16。

32　竺以，〈展望第三勢力運動〉，《自由陣線》第 6 卷第 8 期（民國 40 年 8 月 10 日），頁 7。

是革命過程中一個暫定的名詞。[33]至於此一名詞沿用時間之久暫，端視客觀
形勢的推移而定。由於第三勢力一詞之定義，並無明確的界定，所以此一名
詞甫提出，即頗具爭議性，也遭至各方不少批判。李璜說：「第三勢力」四
字不通，在今日用之，尤其不通，因第三之上，必須有第一、第二；如果假
定中共是第二，則三者之間已有是非善惡之分，何況反共與共，勢難兩立，
如何能相提並論，故爾不通！[34]《民主評論》社論亦言，「第三勢力的所謂
『第三』，假如是一個單純的數目字的涵義，則近乎不通；因為一個國家，
出現幾個政治勢力，是一種自然的演進，並非可以人力預先用數目字來加以
限定的。」[35]陳啟天則評論：

「我們以為第三勢力這個名詞，含意過於含糊，不足標明一種運動的特
徵。我們以為現在世界的大勢，只有兩大勢力的對抗：一方面是共產勢力，
又一方面是自由勢力。除此兩大勢力外，並無所謂第三勢力存在的可
能。……所謂第三勢力既以反共抗俄為號召，則一切反共抗俄的力量，無論
在大陸、在臺灣、在海外，也無論是國民黨、非國民黨，均應聯合起來一致
反共抗俄。所謂第三勢力這個名詞易於使人誤會；不但反共產黨，而且反國
民黨，不但反大陸，而且反臺灣。其實中國自由勢力的基地在臺灣。沒有臺
灣，自由中國便無立腳的基地。……我們以為在臺灣以外，在國民黨以外，
從事反共抗俄的自由運動，是必要的，但不必標名為第三勢力，致分散了自
由勢力。[36]」語云：「名正言順」，陳氏之論，可說為這個在邏輯上陷入不
可存在矛盾中的「第三勢力」一詞，下了最佳之註腳。

---

[33]　〈對第三勢力的熱望〉，《自由陣線》第 2 卷第 8 期（民國 39 年 8 月 1 日），頁 2。

[34]　李璜，〈談第三勢力〉，《聯合評論》第 49 號（民國 48 年 7 月 24 日）。

[35]　〈變態心理下的第三勢力問題〉，《民主評論》第 2 卷第 9 期（民國 39 年 11 月 5 日），頁 2。

[36]　陳啟天，〈評第三勢力〉，《新中國評論》第 2 卷第 4 期（民國 40 年 9 月），頁 2。

## （二）第三勢力之源起

　　凡是一種政治勢力的崛起，必須具備客觀環境，本身條件和外在機緣等因素。五○年代初期國內及國際間的特殊時代背景，為第三勢力提供了一個相當好的成長空間。日本政治學家古島一雄曾言：「當政治發展到某一階段，再加上國際環境的演變和需要，一個力量自然而然就要產生的。」[37]五○年代初期的國際和國內環境有何演變呢？其對第三勢力的興起有何影響呢？辛念渠在〈第三勢力的領導問題〉一文中，提出了清楚的說明，他說：「今日中國客觀環境促使第三勢力成長的基本因素有三：一為極權統治者與被壓榨的人民之間所存在著的對立形勢。二為國際情勢的急劇轉變，已使反侵略反極權的民主自由陣線日益顯明而堅強。三為覺悟份子正期待一個真正民主的新生力量的成長。」[38]關於上述所言的第一點，同為第三勢力刊物的《再生》曾有很好的補充，《再生》在〈論我國的第三勢力〉文中提到：

　　國民黨統治大陸時代，只有人民與政府之間的矛盾，亦即官僚、豪門與人民之間的矛盾，今日共產黨統治大陸，情形亦復如此，也只有人民與政府之間的矛盾。人民要自由，共產黨不給；人民要民主，共產黨不准；人民要和平，共產黨要戰爭；人民要國家獨立於國際社會之林，共產黨要一面倒；人民要與一切以友好善意待我之國家合作，共產黨偏聽命於莫斯科，排斥西方民主國家。這是中國社會當前面臨的另一個特殊形勢——人民之間沒有矛盾，人民與政府之間卻存在著尖銳的衝突。[39]這種人民與政府間的尖銳衝突，有朝一日終將爆發，在中國人民了解只有從共產黨鐵蹄之下再解放出來，才有生路；而台灣的獨裁政權與其特務統治和腐敗政治，又不能當此大

---

[37] 〈古島一雄談中國第三勢力〉，《自由陣線》第 5 卷第 10 期（民國 40 年 6 月 1 日），頁 12。

[38] 辛念渠，〈第三勢力的領導問題〉，《自由陣線》第 2 卷第 6 期（民國 39 年 7 月 1 日），頁 7。

[39] 〈論我國的第三勢力〉，《再生》香港版第 2 卷第 24 期（民國 40 年 9 月 16 日），頁 2。

任，於是一個新勢力的產生就是理所當然而勢所必至的了。[40]至於第二點，《自由陣線》以為，要構成一個世界自由民主陣線的整體，便不能缺少中國人民爭生存、爭自由的新生力量。世界自由民主陣線正急切的期待著中國新生力量的成長，好把東西兩方面的自由陣線連接起來；如此對冷戰有個全面的安置，對熱戰也才有一個善後的準備。[41]所以說，第三勢力的源起並不是一件偶然的事，它是有其內在生長的社會條件和外在大時代的要求所致。是以《自由陣線》樂觀的認定：「歷史經驗告訴我們：二十世紀的後半期，極端的個人資本主義固應成為過去，但反資本主義的極端反動的極權共產主義，經過一度狂瀾之後，也開始走向下坡路去；代之而起的應該是這個既不代表資本主義也不代表共產主義的新興的第三勢力運動的時代了。中國第三勢力運動便是這新時代的產物，亦即是這個世界性運動的一支生力軍。」[42]

最後在第三點方面，當整個大陸同胞陷於水深火熱的時候，人民在對國民黨已厭惡失望，對共產黨更加痛恨絕望的同時，自然都渴望有一股力量，能引導中國走向新生大道，因之第三勢力就應運而生。[43]易言之，《自由陣線》以為：第三勢力的興起與展開，是由於全國普遍的要求與企盼，而這股要求與企盼的心聲，是隨著國、共的不得人心所產生。誠如魏沐塵所言：「人民對第一勢力已感絕望，所以才盼望第二勢力為他們的救星，怎奈第二勢力倒向新帝國主義，行動乖謬更甚，致無數的良民被迫上梁山，這些被迫上梁山的善良百姓，他們既領略夠了往昔的壓榨，復遭受如今的奴役，事實的教訓使他們瞿然懷悟，自救的責任應當及時負起，只有把自己武裝起來才

---

40　石貫一，〈六年來的台灣〉，《自由陣線》第 25 卷第 5、6 期合刊（民國 44 年 12 月 5 日），頁 33。

41　同註 38。

42　同註 32，頁 6。

43　午潮，〈試論第三勢力的前途〉，《自由陣線》第 6 卷第 11 期（民國 40 年 8 月 31 日），頁 4。

是自衛的不二法門，這個為了自衛的團體，就是第三勢力。」[44]

　　綜上所言，可知《自由陣線》亟力強調第三勢力運動，是中國近代政治發展的一個必然之勢，它並不是一個已經成熟的力量，它只是一種基於客觀條件所催逼所造成的結果，它是一種不期而然，不約而同，直接產生於中國近代政治發展的中心原則，它是一種時代的脈動。[45]也因此，在當時眾多懷疑第三勢力背後有不單純因素存在的批判聲中，《自由陣線》以第三勢力的興起乃是國內時勢演變之必然，現實環境演變之結果，人心自發自覺之歸向，給與外界抨擊者有力的回應。

# （三）第三勢力的組織

　　第三勢力在確立了意識型態，有了行動的靈魂後，接下來的步驟，就要談到行動的基本形式。換言之，也就是組織形態的問題。針對外界批評第三勢力缺乏組織，《自由陣線》原先不以為意，還說：「所謂組織不必就是形式上的機構，第三勢力在目前也不需要形式化地設立總部分部支部一套機構。」[46]第三勢力是基於民主自由的信念所凝成，凡是民主信徒、自由鬥士，都是同一陣線的成員，凡是反共的機構，都是同一陣線的組織。[47]其後由於客觀環境的日益迫切需要，第三勢力分頭努力各不相謀的散漫情形也亟需改進，《自由陣線》不得不調整態度，開始重視檢討組織的重要性。最早提出此問題者為辛念渠，他說：「中國被壓迫的人民唯有在民主的原則下，自動的組織起來，並且產生一個真正代表民意的領導重心，然後才能有計

44　魏沐塵，〈第三勢力的基礎〉，《自由陣線》第2卷第1期，頁13。

45　張丕介，〈論第三勢力〉，《民主評論》第1卷第17期（民國39年2月16日），頁17。

46　岳中石，〈我對第三勢力的希望〉，《自由陣線》第2卷第3期，頁12。

47　同註22。

劃、有步驟、有效果的展開反抗極權統治者的鬥爭。」[48]而歷史上任何一個運動，必須有了組織和領導，才能發揮它巨大的力量。因此，如何來組織和領導呢？

　　辛念渠提出了四點主張：「1.集結獨立自覺份子商訂共同行動綱領。2.實踐共同行動綱領，深入廣大群眾。3.透過廣大群眾的意見，配合國內外的情勢，舉行全國代表性的會議。4.成立常設機構，指導自由民主運動的全面開展。」[49]上述意見雖嫌空泛，但終歸已是第三勢力運動想要步入組織化的開始。至於領導人物問題，辛念渠說的也很明確：「真正的領導者，必須是在廣大的運動開展中長成的。它並不是某個人，或者某少數的人……我們解決第三勢力的領導問題，不是去覓求某些權威，或者去發現某些英雄；而是要在第三勢力的平面上，從集結和組織的過程中建立一個民主的重心。」[50]故第三勢力運動理想的領導者，應該從根本上忘記自己是一個領導者，否定領導者傳統的優越感與自我意識，全心全意的確立一新的領導方針，回到人民中間，把自己當做一個真正的平民。所以第三勢力運動，就領導人言，應該是一個下級運動，或者叫做還原運動。來自民間的領導者，仍然回到民間去。唯有站在人民中間，才能懂得什麼是民主自由；才能堅持自己的立場，為民主自由奮鬥到底。[51]

　　既然第三勢力運動的領導者不能有英雄氣質，也不可有「超人」偏向，要徹頭徹尾是個平民化的領導者，此領導者的任務是艱鉅的，責任是重大的，故他必需具備有恢宏的襟度、壯闊的意志，律己從嚴，責人從寬，眼光遠大，負責而不居功，果敢而不償事，體格強壯，神志清明，刻苦任勞任

---

[48]　辛念渠，〈第三勢力的領導問題〉，同註38。

[49]　同上註。

[50]　同上註。

[51]　同註30，頁11。

怨，知人容人用人，打破名利生死關。[52]能符合上述所舉之各項條件，才配成為第三勢力運動的領袖。繼辛氏之後，對第三勢力運動組織發表最具代表性文章者，當屬冷生的〈第三勢力組織問題的關鍵〉一文了，該文對第三勢力由誰來組織說到：「要組織的人便來組織。我可以組織，你可以組織，他也可以組織。集合許多『我』、『你』、『他』，自不難走上組織的道路。」[53]而且第三勢力的組織結構形態，應該要採取單一式的組織，不是混合式的組織，也就是說，每一第三勢力的成員，均以個人的身分，參加組織，從事組織，不是以任何黨派任何團體的全部或一部來參加的。第三勢力的結構實質，應該有可以共同信守的某種限度的約束性與相當嚴格的紀律，應該有原則上可以共同遵行的基本信念和主張，以作行動的標的。這是有鮮明個性的革命組織，不是個性不鮮明甚至沒有個性的普通政團。[54]

上述之言，簡單的說，即第三勢力的組織結構，不想再重蹈當年「民主政團同盟」或「民盟」的悲劇。由冷生之文可看出，《自由陣線》對第三勢力組織結構之基調乃是：第三勢力的組織形態必須是一個革命政黨的組織，而不是一盤散漫的政治團體、或派系集團。組織必須走群眾路線，而不能關門自守的與群眾隔離、架空。另外，基於組織是群眾政治理念相結合的最高形式，為要正常的行動和有計劃的領導群眾，必須要有統一的綱領和嚴明的紀律，唯此紀律的規範是可以透過自覺的、民主的原則來形成。[55]最後，則為組織的性能，不應該只是一個黨的性能，或政治性同盟的性能；第三勢力以為它應該是要具有全面改造社會的機能。[56]

---

[52] 冷生，〈第三勢力組織問題的關鍵〉，《自由陣線》第 2 卷第 10 期（民國 39 年 9 月 1 日），頁 5。

[53] 同上註，頁 4。

[54] 同上註。

[55] 張炬人，〈論第三勢力〉，《自由陣線》第 4 卷第 3 期（民國 40 年 1 月 19 日），頁 3–4。

[56] 〈第三勢力運動的現階段〉，《自由陣線》第 5 卷第 1 期（民國 40 年 3 月 30 日），頁 5。

## （四）第三勢力的使命（目標及任務）

　　任何一種革命運動，均有其奮鬥的目標、努力的使命和最終的任務。第三勢力運動亦不例外。冷生說：「第三勢力的使命，就國內言：應該在國、共兩黨之外，以絕對超然的地位，別樹一幟。打破暴君統治的鐵牢，開闢國家民族新生的大路。就國際言：應該在民主國家集團與極權國家集團的對立之下，在資本主義與社會主義的矛盾之中，另闢蹊徑，尋求世界和平的坦途，導引人類歷史趨於合理正常的發展，謀取人類生活的繁榮康樂，長治久安。這是人類歷史的遠景，中國第三勢力者應當勇敢的負起加速此種遠景實現的責任。」[57]冷生之言，或許陳義過高，然基本上，它只是第三勢力運動一個長程的使命與希望。至於近程的奮鬥目標，《自由陣線》言：「第三勢力努力的指標，不僅在摧毀舊的，黑暗的，更著重於新的光明的建設。我們的努力不是衝動的，盲目的，而是有明顯的目標和確實的途徑。我們的基本信念，就是新中國建設的遠景。」[58]而此一遠景之藍圖，即求中國與世界之臻於「政治民主」、「經濟公平」、「文化自由」的理想社會。[59]故具體言之，吾人可歸納第三勢力運動的使命有三：近程：摧毀中共政權，恢復祖國獨立。中程：確立民主制度，還我人民自由。長程：打倒極權主義，永建世界和平。[60]

　　客觀說來，僅就上面三點而言，第三勢力之訴求，其實與國民黨的反共主張大同小異，但對於國民黨當局極力封殺第三勢力運動，《自由陣線》頗為不解的提出〈國民黨不必怕第三勢力〉，原因為第三勢力不但不危害國民黨，且對國民黨有許多利益。理由如下：

---

[57]　冷生，〈第三勢力的幾個基本問題〉，《自由陣線》第 2 卷第 8 期，頁 7。

[58]　倪惟一，〈地方政權的重建〉，《自由陣線》第 6 卷第 2 期（民國 40 年 6 月 29 日），頁 6。

[59]　午潮，〈試論第三勢力的前途〉，同註 43，頁 4。

[60]　張一之，〈第三勢力的歷史使命〉，《自由陣線》第 2 卷第 2 期，頁 5。

1.現在大陸上的人民，被共產黨殘害得生存無路，憤激反抗的情緒日漸高漲，但是他們想到國民黨過去的腐化無能，又覺無所寄託。如果有一個不危害國民黨的新生勢力出現，這些反共而不滿意國民黨的人們，就會集中起來，成為最堅決的反共力量，這就有助於國民黨的反共戰爭。2.共產黨由於奴事蘇俄，出賣國家，實行專制，殘害民主，在共產黨內部業已存在著深刻的不滿情緒，但是對國民黨又感到絕望的，因此他們在理想和組織上又無路可走。如果有一個新理想新形態的第三勢力，就會使這些愛祖國愛民主的份子，脫離共產黨，投入反共陣營。這樣便能分化瓦解共產黨的組織。這個力量是國民黨所絕無的，而是第三勢力所能有的。3.如果國民黨能真誠與第三勢力合作，承認其平等地位與民主權利，這樣一來，『自由中國』才能名符其實，才與『鐵幕中國』成為善惡是非的鮮明對照，才使有良知的人，勇於抉擇。因為自由中國不止於民族獨立的意義，而是在內部真正能實行自由民主制度。國民黨如果能這樣做，也唯有這樣做，才能挽回人民的信心與國際的同情。[61]這段話，坦白說，平實中肯，頗具意義。第三勢力運動之使命，既與國民黨努力目標大致相契，何以反共力量無法團結，左舜生說：

「散居在中國大陸和臺灣以外的中國人，其數目在一千萬以上，大多數都是反共的。臺灣沒有方法運用這股力量以加強反共的陣容，這股力量的自身，也無法加強團結以發揮更大的作用。為許多人所相驚怕有的所謂『第三勢力』，僅僅只有這麼一個傾向，說真有人可以提挈這股力量，而加以像樣子的組織，截至現在為止，這樣一個或者若干個理想的人物，確實還沒有為世人所發現。把這種零星的力量分別附益於臺灣，對臺灣未必有益；把這種零星力量組織起來以與臺灣相呼應，也許反而可以相得益彰。可是留在臺灣的人們，具有這種認識的人也不太多，或許這也就是這種力量難於形成的原

---

61　秦秋帆，〈國民黨不必怕第三勢力〉，《自由陣線》第 2 卷第 2 期，頁 19。

因之一。」[62]陳啟天亦云：「我們以為政府當局對於所謂第三勢力的態度，宜用自由勢力的聯合陣線，融化許多各自為謀的所謂第三勢力份子，不必因其曾經從事所謂第三勢力便過度疑忌。我們深信：如果自由勢力的聯合陣線能早日建立起來，便可融化一切反共勢力，並團結一切反共勢力，而不必以第三勢力自詡了。」[63]可是台灣當局，計不及此，仍使雙方分道揚鑣，殊途而無法同歸。

## （五）第三勢力與中間勢力

第三勢力最令外界質疑的，即為第三勢力乃是「中間勢力」、或謂「第三方面」、「第三黨」等稱呼。而在《自由陣線》上，關於第三勢力與中間勢力的區別，也是人言言殊，各不相同的。有贊成第三勢力即中間勢力者。[64]有承認「中間路線」存在者。[65]然更多的文章是反對將第三勢力與第三方面或中間路線劃上等號。魏沐塵即說：「第三勢力既為隨著國、共的沒落而產生，所以他在先天性上負有艱鉅的使命，其歷史任務在承擔起國、共所不能解決的問題，並剷除國、共兩大之間的一切惡勢力，因此第三勢力決不是徘徊於國、共兩大之間的騎牆份子，更不是倚靠於兩大之間的中間路線。」

---

[62]　左舜生，〈反共形勢在延宕中〉，《自由人三日刊》第 17 期（民國 40 年 5 月 2 日）

[63]　同註 36。

[64]　如農父言：「第三勢力是基於民主自由的共同要求而漸漸凝成的，並不藉國際背景的提攜，或者實力分子的拉攏雜湊——拉是拉不來，湊是湊不攏的。對國、共而言，它是第三勢力（以前國是第一勢力，共是第二勢力。目前共是第一勢力，國是第二勢力）猶之國、共談判時候之有第三方面。這是第三勢力名詞的由來。再，國代表右的勢力，共代表左的勢力，其代表中間不左不右的勢力就是第三勢力。所以第三勢力也可以叫做中間勢力。這是第三勢力名詞的又一由來。」見農父，〈中國第三勢力究竟在那裡？〉，同註 22。

[65]　如洪明言：「我們承認『中間路線』的存在，相信第三勢力即將成長。」見洪明，〈第三勢力與中國前途〉，同註 19。

[66]易言之，第三勢力，它不是跨於國、共兩黨之間，而是超出國、共兩黨之外，它不是調和折衷於國、共兩黨之間，而是對國、共兩黨有所否認與批判。[67]因此，第三勢力絕對不是國、共兩黨左右兩家之分店。持此論者，在當時不僅存在於《自由陣線》，張丕介在《民主評論》亦發出相同的論調，他說：「所謂第三勢力者，決不是國民黨加上共產黨的混合體，也不是寄生於國、共之間的中間路線，更不會是某些野心政客軍閥的封建力量。它是以全民族全社會為基礎的，超越於今天國、共之上的新勢力。」[68]

其後，同為宣揚第三勢力刊物之《再生》亦言：「你們走中間路線？不，我們拒走中間路線，也反對走中間路線。在民主與獨裁、自由與奴役、理性與瘋狂之間沒有中間路線可走。想走中間路線的人，一定是掛羊頭賣狗肉，不是投機、取巧份子，定是騙子。」[69]語鋒犀利，以示第三勢力絕不同於中間路線者。由上觀知，彷彿第三勢力之「第三」，除了是出諸暫時的權宜之計外，它不僅不是標榜中間的「第三」，甚至還含蓄著代表排斥左右兩極端之意義。[70]是故王厚生說：「第三勢力，它與極左極右都勢不兩立，所以，第三勢力具有一個特徵，即它不是一種消極的被動的因素；相反的，它是一種積極的主動因素，它不與極左極右的勢力妥協，也不為極左極右的勢力拉攏，起調和作用，是故第三勢力又可視為辯證法中的『合』的勢力，辯證法中的『合』，不是調和『正』、『反』而成，乃是摧毀『正』、『反』以後奠立的新的『合』。」[71]

除了和中間路線有所不同外，第三勢力和「第三方面」也有明顯的歧

---

[66]　同註 44，頁 12。

[67]　〈展望第三勢力〉，《自由陣線》第 3 卷第 6 期（民國 39 年 12 月 1 日），頁 38。

[68]　同註 45。

[69]　〈論我國的第三勢力〉，同註 39。

[70]　王厚生，〈回首年話〉，《再生》香港版第 24 期（民國 39 年 9 月 16 日），頁 4。

[71]　王厚生，〈第三勢力與憲政〉，《再生》香港版第 13 期（民國 39 年 4 月 1 日），頁 4。

異。冷生對此有簡要的說明：「第三勢力既不同於共產黨人所說的『中間路線』，亦不同於國、共和談期間人所慣稱的『第三方面』。中間路線易流於政治上的機會主義者，而成為騎牆派。第三方面原是兩者之間的『和事佬』，上焉者左右逢源，沒有主張，也不能表現主張。下焉者變形易質，竟完全一邊倒了。兩者充其量只是沒有個性的政治團體，自不能與具有革命特質的第三勢力等量齊觀。」[72]呼應冷生之文，而能真正對第三勢力與第三方面提出更具體區分的為王厚生，王氏在〈什麼是第三勢力？〉文中明白描述到二者的分別，他說：第三勢力與第三方面是不同的，就組織內容言，「第三方面」是除開國、共兩黨之外，各黨各派和和一部分社會人士形成的，所以它的範圍局限在一些政團和民主人士，比較上是社會的少數力量。而第三勢力在組織內容上則完全與「第三方面」不同，因為它本身就是全國四億民眾的組織，它的範圍遍及全國，不分老少男女農工商學，都是「第三勢力」的組成分子，所以，它是社會上的絕大多數力量。

職係之故，第三方面只能建築基礎於「第三勢力」上面，沒有「第三勢力」，那裡來「第三方面」？沒有第三勢力即無第三方面，有了起來了的第三勢力，然後才會產生堅強有力的「第三方面」。[73]至於「第三黨」與第三勢力之分野，亦是如此。王厚生言：「今日國內，倘果有第三黨之組織，亦決不能以民眾的第三勢力自居，因為第三勢力為民眾的勢力，果有合乎民主精神與標準之第三黨組織，並只能認為第三黨在民眾要求民主的環境中，基礎上，適合時代的需要而成立，但絕不能讓第三黨『獨占代表第三勢力』的資格。」[74]整體觀之，五〇年代的第三勢力運動者，大多數的人顯然在態度上是不承認第三勢力與第三方面有任何關連的，除了極力撇清二者之間的不同外，也不願意外界對其與「政協」時代之第三方面產生聯想，甚至亦怕重

---

[72]　冷生，〈第三勢力組織問題的關鍵〉，同註52，頁4。

[73]　王厚生，〈什麼是第三勢力？〉，同註23，頁10－11。

[74]　同註71。

蹈戰後國、共對峙期間第三方面走中間路線之悲劇。

# 四、結論：兼論第三勢力之挫敗

大凡一種革命運動的成功，需要多方面因素來配合，五〇年代的第三勢力運動之所以只能造成一股狂熱，但形成不了氣候，基本上是由多種原因所致。就客觀情勢而言，第三勢力運動，在遭受國、共兩黨的左右開攻打擊，其環境之惡劣，可想而知。[75]但就運動本身的條件論之，其所具備的條件不夠充分，亦是一大關鍵。如缺乏正確的思想領導，光有空洞的政治理想，是不能成為事實的；領導人物的不足，不能領袖群倫，人心無法昂揚；組織的鬆弛，未能將散漫的意志與力量集中起來，運動自然無法達到預期的凝聚作用。[76]此外，理論體系的闕如，無完整周詳嚴密的實踐計劃，亦為第三勢力運動的一大敗筆，從事運動者認識含糊，觀念上缺乏進取精神，舊式的政治觀念，沒有與時俱進，信心不夠，對第三勢力運動欠缺真正的認識與了解。也是第三勢力一分子的孫寶毅批評的很好，他說：第三勢力迄今何以還沒有成為一具體的強大政治力量之因為若干人太重視美援，認為美援不來，一切都無辦法。且大家太重視於現成領袖與現成力量，而決心赤手空拳，自己站起來幹的，簡直鳳毛麟角。

在思想上，雖反共抗俄的前提是一致的，但在內容上，則五花八門，無法統一；在方法上，有的主張從百年大計的文化與教育入手，有的則迫不及待最好在五分鐘內即開始軍事行動。[77]檢視五〇年代的第三勢力運動，孫氏

---

[75] 伯平，〈何以不能造成狂熱？〉，《自由陣線》第 25 卷第 5、6 期合刊（民國 44 年 12 月 5 日），頁 30—31。

[76] 同上註。

[77] 孫寶毅，〈第三勢力如何團結起來？〉，《再生》香港版第 19 期（民國 39 年 7 月 1 日），頁

所指出的缺失，無可諱言，是確實存在於第三勢力陣營中的。不僅孫氏批評，第三勢力運動大將之一的左舜生指責更是露骨，左氏說：「在今天要構成一個『第三勢力』之所以難於有成，其原因也不複雜：一、領導無人，不得已而思其次，以為可以藉組織來作集體領導，此即無異表示並無任何人確有自信並確有把握，敢於挺身出來多負責任。二、今天的青年也確實不容易領導，許多的老年人和中年人在多數青年的眼中，不是已經人格破產，便是思想落伍，要他們輕於接受這樣一種人物的領導而效命於國家，實在是難之又難。三、今天這個局面確實是太艱難也太複雜，要提出一個釐然有當於人心，而又切合於事實需要足以解決當前難題的良好辦法，有什麼個人或集團真正可以提出？四、這個運動的起來既雜得有國際因素，甚至可以說大部是由於國際因素，而今天的國際情勢又確實是微妙難知，變化莫測，假定『第三勢力』因今天國際的情勢如此而起來，萬一明天國際的情勢如彼，又如何求得一足以自存之道？古今中外原有不少借助外力的政治運動，但如果完全依靠外力，這豈不是過於危險？五、此外還有一個更基本的難題，便是由於一般精神的墮落，與新生機的梏亡，因之使人處處感到新人才的缺乏，在這一點上『第三勢力』之不容易形成，也正猶之臺灣之不能作有力的表現一樣。一言以蔽之，實由於問題太大太難，而人才太少太不夠標準而已。」[78]

總之，五〇年代的第三勢力運動，吾人可以很客觀的說，其「勢」是有的，但「力」則談不上。《工商日報》曾評「力」之主觀內容有七個基本條件，分別是 1.要有足以號召群倫的領導人物。2.要有堅強刻苦的幹部。3.要有廣大支持的群眾。4.要有切合此時需要的綱領主張。5.要有嚴密的組織。6.要有深入廣泛的行動。7.要有國際的同情與援助。[79]準此七點而言，第三勢力運動顯然是夠不上標準的，故其失敗之因亦就不言而喻了。五〇年代的

---

7-12。

[78] 左舜生，〈對復國建國的一個期待〉，《香港時報》（民國40年8月4日）。

[79] 〈評所謂「第三勢力」〉，《工商日報》香港版（民國39年6月8日）。

第三勢力運動雖告失敗收場，然其起落在中國現代政治史上，仍有其參考取向的價值。何以在中國政治史上，以知識份子為主體的第三勢力常扮演一政治核心的邊緣角色，很難取得主流的地位，其故何在？吾人以為除了外在因素外，第三勢力在先天上也有其侷限性，以致於其能發揮的影響力有限，第三勢力的侷限性有四：

第一：角色的模糊，第三勢力雖然標榜有別於國、共兩黨，甚至亦強調其非「中間路線」。那到底其飾演何種角色呢？以民主自由勢力自詡，基本上，民主自由只是很空洞的口號，如何能因此口號而定位其屬性，且以「第三」自居，本身意涵已頗堪玩味，誠如《民主評論》批評甚是：「『第三勢力』並不是一個政黨的名稱，而是一種第三人的稱謂。一個人可以自稱為是甚麼政黨，或甚麼主義，但無法稱自己是第幾勢力。」[80]孫抱貞亦說：「第三勢力何以不能形成為我國一個具體的政治力量，並且何以會前後變質，這不能不歸根於這個名稱很不妥當。所謂第三勢力的怪現象，如含糊、不堅定，易於引起一般國人的錯覺，和便於引起政治野心家的幻想與混水摸魚或偷天換日的勾當，都是由此而來。」[81]試想，所謂第三勢力，顧名思義，應該是在第一勢力和第二勢力之外，另行建立一支勢力。換句話說，即在極權與反極權之外，再來一個也極權也反極權的集團，這在邏輯上如何能說的通呢？所以，角色的模糊可以說是第三勢力運動之最大致命傷。

第二：政治資源缺乏，第三勢力運動可謂完全靠美援起家，打通國際路線，有美國奧援，運動就搞的頗像個樣子，生龍活虎，一旦國際情勢有變，美援不來，士氣就土崩瓦解，無以為繼。針對這種完全倚賴外力的情況，也是當時海外第三勢力運動之精神領袖張君勱，曾專函在香港的謝澄平（按：謝即《自由陣線》負責人，是搞第三勢力運動最有成績者），提到「不依傍

---

[80]　〈變態心理下的第三勢力問題〉，同註35。

[81]　孫抱貞，〈「第三勢力」的思想背景〉，《再生》香港版第13期（民國39年4月1日），頁7。

實力」的精神條件，張說：「第三勢力倘稍存依傍瞻顧之心，自己動機不正，勇氣為之減少，此為第三勢力所不可不大大覺悟者也。」[82]然言者諄諄，聽者藐藐，第三勢力的政治資源可謂完全建立在美援之上，其後美援不來，第三勢力運動也旋即拆台。

　　第三：結構的脆弱，第三勢力的結構型態是以派系聯盟式的組織為主，衡諸五〇年代的第三勢力運動，這種聯盟式的組合方式，先天上有其脆弱性，因為容易造成分離主義或山頭主義。雖說在《自由陣線》上，從事第三勢力諸君亦提出第三勢力的結構型態，應以單一式的組織為佳，而不是混合式的組織。[83]然形勢比人強，最後第三勢力的組織仍是以派系聯盟的方式為之，這種多派系的聯盟組合，內部統合不易，凝聚共識困難，對於其特定的內容與所代表的事實則尚未範型，所以其角色較模糊不清。這種模糊不清的角色，使第三勢力在拓展社會基礎上遭遇很大的困難，因為它缺乏公共政策，目標不明確，缺乏決定政策之一貫性及統一性。美國密西根大學政治系教授(Samuel T. Eldersveld)說：「政黨最重要的功能是決定政策，隨著民主化的發展，民意的塑造對政黨選舉時獲得選票有著密切的關係。政黨政治即是民意政治的意涵，而表現在民意政治上最具代表的指標即為公共政策的制定。」[84]以此而言，第三勢力顯然尚未符合政黨的條件，也因如此，第三勢力要由一個菁英式的結盟轉化成平民性的政黨，在社會基礎上似嫌薄弱。其結果亦肇下第三勢力在參與政治和社會事務上影響力的不足，而這種不足，有一大部份的原因，與第三勢力在先天上組織結構的脆弱性有關，此亦第三勢力侷限性之所在。

---

[82]　張君勱，〈致謝澄平書論第三勢力之精神條件〉，《再生》香港版第 17 期（民國 39 年 6 月 1 日），頁 9。

[83]　冷生，〈第三勢力組織問題的關鍵〉，同註 52，頁 4。

[84]　轉引自陳正茂，〈第三勢力在兩岸交流之角色分析〉，《第二屆海峽兩岸關係研討會》（香港：1992 年 7 月 8 日－11 日），頁 16。

　　第四：屬性的限制，第三勢力基本上是以知識份子為主體的，知識份子在中國常扮演一個「關心他個人身處的社會及時代的批評者與代言人」的角色。[85]此角色尤以表現在政治的批評上最明顯。如果知識份子在社會上有立足之資，他就有較大的批判自由；如果在政治之外，尚有抗衡政治的憑藉，則其批判的自由將更大。[86]此種政治批判自由的權力，外緣因素來自社會對知識份子超然性、客觀性、中立性之角色期待；內緣因素則來自當一群知識份子所秉持的思想觀念遙遙領先社會的發展進度時，他們即很容易成為傳統文化和社會現象乃至於政治現實的批判者，甚至革命者。[87]職是之故，就政治立場言，知識份子在傳統政治中常以「第三勢力」或「中間勢力」的角色出現。但在中國現代政治舞台上，知識份子卻常遭到「同化」的命運，何故？那是因為知識份子在政治上雖然獲得了參與的機會，在政治與社會事務上扮演某種角色，但是，並不意味政治權利的分配，或者，雖然獲得政治權利的分配，也不意味參與理想的實現。在這種情況上，知識份子的參與成了分沾一些政治權力而遷就於現實。這有兩種形態，一是成了政治現實結構的一份子，一是成了對政治現實的妥協。這兩種形態，都是知識份子參與的被政治現實同化。

　　當然，這種同化並不是毫無積極意義的，可慮的是，知識份子在被同化的過程中嚐到了權力、權利與名譽的滋味，而放棄了對於參與理想的追求。當知識份子在現實政治社會中，因此而享受到權力、分配到權利，進入統治階層或成為現實政治與社會的利益既得者後，知識份子便會察覺到，這些收穫，事實上是一種妥協的代價，是一種交易；有所得必有所付出，有所妥

---

[85] See Crane Brinton, *The Anatomy of Revolution*（N.Y.: Vintage Book, Revised & Expanded, 1965），p.42.

[86] 金耀基，《中國現代化與知識分子》（台北：時報文化出版事業有限公司出版，民國 70 年 11 月初版），頁 62。

[87] 陳國祥，《青年呼聲》（台北：四季出版公司出版，民國 68 年 9 月 1 版），頁 172。

協。否則，這些獲得的便會立即喪失。因而，所謂「權力常使人腐化」的現象與後果產生了。知識份子不只耽於權力、權利與名望而放棄了參與理想，甚至為了保持所獲得的，進一步擴大與升高所獲得的，而成了「新階級」，既寄附於現實政治權力，復成為辯護與維護者，知識份子的參政理想性至此早已蕩然無存了。其實，中國的知識份子一直強調某種參與而保持獨立人格與理想的信念。但是，除非排斥的反應特別強烈而無可妥協，否則，知識份子被同化倒成了常態。[88]由過去的「民盟」及五〇年代的第三勢力運動，可以清楚的檢驗出第三勢力在中國當代現實政治挫敗之因素所在。

---

[88] 楊選堂，〈知識份子的政治參與〉，《中國論壇》第 15 卷第 1 期（民國 71 年 10 月 10 日），頁 4。

# 第八章　第三種聲音
## ——《自由人》三日刊始末

## 一、前言：《自由人》三日刊創刊之背景

　　1949 年是中國歷史上驚天動地的一年，隨著戡亂戰局的逆轉，中共取得大陸政權，國民政府則敗退台灣，此際真是國命如絲風雨飄搖，人心惶惶危急存亡之秋。在此動盪時代，大批軍民同胞除了隨政府播遷來台外；尚有一部分人選擇避難香江，南下港九一隅，這些人其中不少是知識份子。平情言之，當年選擇避秦來港的知識份子，其心態上，一則對國、共兩黨均失望不滿；再則也是看上香港為自由民主之地，較能有揮灑發展的空間。此情況考量，誠如雷嘯岑所言：「在一九四九——五〇年之間，因大陸淪陷，香港乃成了反共非共的中國人士望門投止的逋逃之藪。」

　　這些投奔港九的政治難民，以高級知識份子居多；兼以香港時為英屬自由之地，所以只要不違背港府法令，一般而言從事任何活動是百無禁忌，相當自由的。不僅可以高談政治問題，甚至於從事政治活動亦不加以限制。於是，「從大陸流亡到港九的高級知識份子群，乃相率呼朋引類，常舉行座談會，交換對國事意見，而美國國務院的巡迴大使吉塞普，斯時亦在香港鼓勵中國人組織『第三勢力』運動，目的以反共為主。」在此背景下，港九地區的自由民主人士，在美國幕後撐腰下，「各種座談會風起雲湧，熱鬧非凡；而諸多以反共為職志的大小刊物，更是應運而興，琳瑯滿目了。」[1]基本

---

[1]　馬五，〈「自由人」之產生與夭折〉，見馬五（雷嘯岑）著，《政海人物面面觀》（香港：風屋書店出版，1986 年 12 月初版），頁 212。又此種座談會多在週末舉行，也有人稱之為「週末

上，《自由人》三日刊，就是在此大時代氛圍下孕育而生的。

## 二、《自由人》三日刊誕生之經過

《自由人》三日刊醞釀誕生之經過，最早鼓吹者，一般而言，說法有二，一為由王雲五號召發起。據其《岫廬八十自述》書中提及：

「自民國三十九年開始以來，由於中共匪幫建立偽政權，並先後獲得蘇俄、緬甸、印度、巴基斯坦及英國的承認，於是匪幫的勢力在香港突然大振，不少反共分子漸呈動搖態度。旅港有識之士深感颺風日長，漸使全港華人隨而動搖，乃相與集議挽救之道。我因在港主辦一個小規模出版事業（按：即華國出版社），尤以一貫堅持反共方針，遂由多數參加集議人士推任領導。由臨時的集會，變為固定的坐談；其地點經常利用國民黨在銅鑼灣某街所租賃之四樓房屋一層。每次參加坐談者，多至三十餘人，少亦一二十人，皆為文化界人士，或為舊日與政治有關係者，各政黨及無黨派人士皆有之。後來我以香港政府最忌政治性的集會，凡參加人數較多，尤易引起猜疑，動輒干涉。加以如此散漫的坐談，亦未必能持久，因於某次坐談中提議創辦一小型之定期刊物，每週或半週出版一次，既可藉此刊物益鞏固反共人士之維繫，且刊物一經向港政府註冊，則在刊物辦公處所舉行的坐談，皆可諉稱編輯會議，可免港政府之干涉。此議一出，諸人咸表贊同，遂計劃如何組織與籌款。結果決辦三日刊，定名為自由人，其資金由參加坐談人士各自量力提供。我首先代表華國出版社提供港幣一千五百元，此外各發起人分別擔任，或一千，或五百不等；並經決定撰文者一律用真姓名，以明責任。其後，又決定委託香港時報代為印刷發行。因是，籌備進行益力，發起人等每

---

座談會」或「星期六座談會」。見馬五先生著，《我的生活史》（台北：自由太平洋文化事業公司出版，民國 54 年 3 月 1 日初版），頁 161。

星期至少集會一次，間或二次，一切進行甚為順利。[2]」

　　二為眾人集議，早有志於此，雷嘯岑即主此說。雷言：「這時候，即有原在大陸上服務新聞界的報人成舍我、陶百川、程滄波，協同青年黨人左舜生、民社黨人金侯城，以及國民黨人阮毅成、無黨無派的王雲五，外加香港時報社長許孝炎、新聞天地雜誌社社長卜少夫一干人等，於每週末午後在香港高士威道某號住宅中，舉行文化座談會。大家談來談去，得到一項結論，要辦一份刊物，以闡揚民主自由思想，在文化上進行反共鬥爭。……適韓戰爆發，預料東亞局勢將有變化，刊物必須及時問世，刊物取名『自由人』，由程滄波書寫報頭兼撰〈發刊詞〉，標題是〈我們要做自由人〉。[3]」

　　然由當事人之一的阮毅成事後追記，似乎《自由人》三日刊能草創成功，仍是由王雲五一手主導的。阮說：「民國三十九年十二月二十日，雲五先生在香港高士威道約大家茶敘，其中特別提及『今日我約諸位來，是想創辦一份反共的刊物，以正海外的視聽。間接幫助臺灣，說幾句公道話。我們讀書人，今日所能為國家效力的，也只有此途。』」[4]

　　由阮之記載，合理推論，《自由人》三日刊能順利催生問世，王氏為登高呼籲之首倡者，可能性是很高的！但就在王氏積極創辦《自由人》三日刊

---

[2] 王雲五，《岫廬八十自述》（台北：商務版，民國 56 年 7 月 1 日初版），頁 104－105。

[3] 王雲五，《岫廬八十自述》，同上註，頁 104－105。
馬五，〈「自由人」之產生與夭折〉，同註 1，頁 212－213。又見馬之驌，《雷震與蔣介石》（台北：自立晚報社文化出版部出版，1993 年 11 月 1 版），頁 81。

[4] 阮毅成，〈王雲五先生與自由人三日刊〉，見蔣復璁等著，《王雲五先生與近代中國》（台北：商務版，民國 76 年 6 月初版），頁 30－31。有關《自由人》之發起，另有一說為萬麗鵑博士論文所言：「《自由人》為『自由中國協會』成員所辦之三日刊。」見萬麗鵑，〈一九五〇年代的中國第三勢力運動〉（台北：國立政治大學歷史研究所博士論文，民國 90 年 7 月），頁 164。但根據「自由人」社發起人之一的雷嘯岑之回憶說：「『自由中國協會』為當時在美國的胡適、蔣廷黻、曾琦等人所發起，胡、蔣、曾諸氏希望以『自由人』全體發起人為主幹，先在香港成立總會，台灣暨歐美各省都設立分會。嗣經提出座談會詳細研討，大家認為總會以設在台灣為妥，香港亦只設分會，庶合體制。結果不知如何，這個會沒有成立，終於流產了。」馬五，〈「自由人」之產生與夭折〉，同註 1，頁 214－216。故萬氏此說，恐不確。

之際，突發一件暗殺事件，則頗值得一述；且對後來《自由人》三日刊的發
展不無影響。事緣於 1950 年 12 月下旬，王氏在《自由人》三日刊諸人集會
散會後，在香港寓所遭遇暗殺，幸子彈未命中，逃過一劫，這突如其來之
舉，使王氏決定立即離港赴台定居。

　　此事來台後，王氏曾將真相告訴繼之而來的成舍我。王氏謂：「到臺以
後，除將此次提前來臺的秘密暗中告知兒女外，他人皆不使知。後來事過境
遷，才漸漸透露給若干至好的朋友，首先是對於不久繼我而來的成舍我君；
因為他覺得我向來很少患病，在約定聯合宴客之日，我竟稱病缺席，舍我不
免將信將疑。其後到我家探病，見我毫無病容，更不免懷疑。及我不別而赴
臺，他懷疑益甚，所以在他來臺後，偶爾和我詳談及此，我也就不好意思對
朋友有所隱瞞了。」[5]

　　上述言及之 12 月下旬，實際上是 1950 年 12 月 31 日，除夕。阮氏說：
是日「王雲五先生約在高士威道午餐，我應約前往，王臨時以腹瀉未到，由
成舍我兄代作主人，謂『自由人』籌備事，大致已妥。」而 1951 年的元月
3 日，阮氏也說到是日，「應卜少夫、程滄波二兄之約，到高士威道二十二
號四樓午膳。據滄波兄言，是日原應由王雲五先生作東，而王於當天上午，
離港飛台，臨行前以電話托其代為主人。」[6]王氏的不告而別倉促離港赴
台，也使得後續有不少參與「自由人社」同仁跟進，紛紛來台，這對於原本
人力吃緊資金短絀的《自由人》三日刊之發展，當然有不小的影響。

　　至於《自由人》三日刊籌組的經過梗概，雖在王氏離港來台後，仍按部
就班的進行。1951 年元月 10 日下午，阮毅成與程滄波及左舜生又約至高士
威道聚談。關於創辦刊物事，左舜生主張宜立即出版，卜少夫則以須現款收
有相當數目，方能創刊。是月 31 日，雷震自台灣來，亦參加「自由人社」

----

5　王壽南編，《王雲五先生年譜初稿》第二冊（台北：商務版，民國 76 年 6 月初版），頁 743。

6　阮毅成，〈「自由人」參加記〉，《傳記文學》第 43 卷第 6 期（民國 72 年 12 月），頁 14－
　 15。

活動。會中大家一致決定《自由人》三日刊，於農曆年後出版。並在職務安排上初步有了規劃，即推程滄波撰〈發刊詞〉，以辦報經驗豐富的成舍我任總編輯，陶百川為副總編輯。又另推編輯委員 14 人，分別是劉百閔、雷嘯岑、陶百川、彭昭賢、程滄波、陳石孚、許孝炎、張丕介、吳俊升、金侯城、成舍我、左舜生、王雲五、卜少夫。[7]

1951 年 2 月 9 日，內定為總編輯的成舍我自香港致函王雲五，說到：「自由人半週刊已將登記手續辦妥，『館主』係由少夫出名，因渠後來未再提出不能兼任之困難，……編輯人經由弟以本名登記。股款雖交者仍不太多，但讀者則頗踴躍。……據弟觀察，維持六個月，在經濟上當可辦到。惟編輯方面，則危機太大，因主力軍如我兄及秋原兄均不在此，其他如滄波兄等不久亦將赴臺，（即弟本身亦恐將於三月間來臺）稿件來源，異常枯涸，然既已決定辦，弟亦只有勉力一試。」[8]尚未正式創刊，但資金人才捉襟見肘的窘境，已被成氏料中，這對好事多磨的《自由人》三日刊日後之發展，已埋下艱困之伏筆。

2 月 14 日，成舍我向雷震、洪蘭友等人報告，《自由人》三日刊已得港府核准登記，一俟台灣方面准予內銷，即行出版。28 日，成舍我向「自由人社」同仁報告，台灣內銷事已辦好，《自由人》三日刊即將出版，並出示創刊號大樣。因與會者多係辦報老手，提供不少意見，而成舍我也很有風度，博採眾議，為慎重起見，同意改遲數日出版，以便從容改正，並呼籲社員踴躍撰稿以光篇幅。[9]可見在王氏離港後，《自由人》三日刊真正之台柱角色，已責無旁貸的落到成舍我肩上。

---

7　見《自由人》創刊號（民國 40 年 3 月 7 日）第一版的編輯委員會名單。《自由報二十年合集》
　　（1）（香港：自由報社出版，民國 60 年 10 月 10 日）。阮毅成說為 16 人，疑有誤。見阮毅
　　成，〈「自由人」參加記〉，同上註。

8　〈成舍我致王雲五函〉，同註 5，頁 746。

9　阮毅成，〈「自由人」參加記〉，同註 6，頁 15。

　　3 月 7 日，《自由人》三日刊正式創刊，社址位於香港德輔道中 149 號 4 樓。目前所知參與的發起人有：王雲五、王新衡、王聿修、端木愷、程滄波、胡秋原、吳俊升、黃雪邨、閻奉璋、樓桐孫、陳石孚、陳訓悆、陶百川、雷震、阮毅成、劉百閔、左舜生、雷嘯岑、徐道鄰、徐佛觀、陳克文、成舍我、金侯城、張丕界、彭昭賢、許孝炎、卜少夫、卜青茂、范爭波、陳方、張純鷗、張萬里、丁文淵等 30 餘人。[10]發刊後，一紙風行，各方咸予重視，發行之初，每期印 8 千份。為打開台灣銷路市場，內容安排方面，特別增加一些軟性文字，勿使論文過多，淪為說教。

　　雷嘯岑即言：「《自由人》的作者確實很自由，各人所寫的文字題材雖相同，而見解不必一致，祇要不違背民主憲政與反共抗俄的大前提，儘可各抒己見，言人人殊，真有百家爭鳴，百花齊放的景象，……首任的《自由人》主編是成舍我兄，他包辦大陸通訊版，把大陸上的共報消息，參以陸續從國內逃到香港的難民所述情形，寫成有系統的通訊稿，可謂費苦心。」[11]誠然如是，由於文章精彩，見解深入，內容多元，析論入理，所以出版後不久，南洋各地僑報即紛紛轉載《自由人》文章。故在香港一隅辦一刊物，無形中等於在數地辦了幾個刊物，影響所及，至為廣大。

　　不僅如此，有關《自由人》所發揮的影響力，可以曾任該刊主編雷嘯岑之回憶為證，雷說：「《自由人》半週刊，頗受台灣以及海外；尤其是美國一般華僑的注意，原有的每週座談會照常舉行，參加的人亦陸續增多了，風聲所播，國際人士來到香港的，亦來參加我們的座談會，交換政治意見，如美聯社遠東特派員竇定，南韓內閣總理李爽，日本工商與新聞界人士前來訪談者尤多，……唯有駐在香港鼓勵華人組織『第三勢力』的美國巡迴大使吉塞普，始終沒有接觸過，大概是他認為《自由人》半週刊這些人，多數係國

---

[10] 「自由人社」成員，據筆者統計為此 30 餘人，且各會員加入時間先後不一，有關會員名單散見於雷嘯岑、阮毅成等人之回憶文章及《雷震日記》中。

[11] 馬五先生著，《我的生活史》，同註 1，頁 161。

民黨員，氣味不相投，我們亦以對『第三勢力』之說，不感興趣，因而絕交息游，毫無來往。」[12]雷氏這段記載很重要，它不只說明了《自由人》發刊後之影響力；也道出了《自由人》與「第三勢力」毫無瓜葛，這對坊間有不少人一直以為《自由人》是「第三勢力」刊物有澄清作用。

　　《自由人》三日刊甫發行，負責盡職之成舍我隨即寫信給王雲五提到：「連日為《自由人》半週刊事，頭昏腦暈，尊函稽答，至為罪歉。現半週刊已於今日出版，附奉一份，即希鑒察。大著分兩期刊布，並盼源源見賜。今後應如何改進之處，統希指示為荷。」[13]另針對其後外界對《自由人》諸多揣測，如與「自由中國協會」之關係等等，「自由人社」也在 3 月 21 日的高士威道聚會中做出決議，大家皆一致表示，「自由人」應獨立組織，以別於其他團體，乃推定董事 9 人，以左舜生為董事長。監事 3 人，為金侯城、王雲五、雷震。成舍我為社長兼總編輯，卜少夫為總經理。[14]

　　為了稿源，3 月 22 日總編輯成舍我又致函王雲五拉稿，其中說到：「《自由人》在香港銷路尚好，一般觀感亦不錯。惟共匪刊物正以全力抨擊，弟等亦一反過去自由派刊物置之不理的辦法，強烈反攻。臺灣發行未辦好，少夫兄不日來臺，或能有所改進。同人撰稿，此間仍不太踴躍，盼公能以日撰五千字之精神，多寫數篇，並乞即賜惠寄，無任感幸。又此間稿酬，公議千字港幣十元，前稿之款，已送託香港書局轉交。此數雖微細不足道，然吾輩合力創業，知識勞動之所獲，在道德標準上說，固遠勝於以吃人為業

[12] 馬五，〈「自由人」之產生與夭折〉，見其著，《政海人物面面觀》，同註 1，頁 213-214。另萬麗鵑博士論文也提到，為打擊「第三勢力」運動，「國民黨亦透過黨報如《香港時報》、新加坡《中興日報》、美國《美洲日報》，及其所資助的報刊如《自由人》報、《民主評論》等，展開對第三勢力的文宣戰，此即是《香港時報》社長許孝炎所說的以『輿論對輿論』的鬥爭。」萬麗鵑，〈一九五○年代的中國第三勢力運動〉，同註 4，頁 164-165。又見〈許孝炎意見〉，《總裁批簽》，台 (41) 央秘字第 0085 號 (1952 年 2 月 22 日)，黨史會藏。

[13] 〈成舍我致王雲五函〉，同註 5，頁 747。

[14] 阮毅成，〈「自由人」參加記〉，同註 6，頁 15。至於《自由人》與「自由中國協會」之關係，馬五在〈「自由人」之產生與夭折〉已言之甚詳，同註 4。

之共匪萬萬矣。盼尊稿如望歲，望即賜寄，以慰饑渴。」[15]除簡略報告社務外，重點仍是稿源問題，而此問題也是《自由人》三日刊以後長期揮之不去的夢魘。

## 三、《自由人》之命名與經費及發刊宗旨

筆路藍縷，創業維艱，有關《自由人》之命名，似乎是由阮毅成所起。原本成舍我欲名為《自由中國》，因與台灣雷震負責的《自由中國》半月刊同名而不獲採納。故阮毅成認為可參考台灣趙君豪所辦之《自由談》，而稍改其為《自由人》，卒獲大家一致同意，名稱問題因此而敲定。[16]其實若從五〇年代的背景去觀察，刊物取名為《自由人》並不足為奇。蓋彼時海外正刮起一陣「自由中國反共運動」浪潮，其中尤以香港地區為最。為壯大「自由中國反共運動」，於是乎，海內外的一些知識份子刻意以「自由」二字為雜誌刊物名稱，以凸顯有別於大陸的獨裁極權。

職係之故，各種以自由為名之刊物如《自由中國》、《自由陣線》、《自由談》、《自由世界》等雜誌，如雨後春筍般紛紛出籠，《自由人》三日刊之命名，應該是在此時代背景下而正名的，且的確有其時空的特殊意義存在。[17]至於現實的經費來源問題，早在 1950 年 12 月 20 日的聚會中，王雲五即定調說：「我要先與諸位約定，這是一份自由的刊物，所以，一不能接

---

[15] 〈成舍我致王雲五函〉，同註 5，頁 747-748。為稿源及素質起見，成舍我亦曾寫信向阮毅成拉稿，信上提到：「在臺同人寫稿，原約每期供給八千字。希望以兄之熱忱毅力，催請同人，公誼私交，達此標準。」又說：「《自由人》聲譽，雖日有增進。惟經濟及稿件，均危機太大。現此間已只賸左（舜生）、許（孝炎）、雷（嘯岑），及弟共四人，稿荒萬分。如濫用一般投稿，則水準即無法維持。」阮毅成，〈「自由人」參加記〉，同註 6，頁 16。可見身為主編的成舍我，為稿源及《自由人》之內容水準，真是心力交瘁，煞費苦心。

[16] 同註 6，頁 14。

[17] 馬之驌，《雷震與蔣介石》，同註 3。

受外國的幫助，二不能接受政府的支援。同仁不但要寫稿，還要負擔經
費。」[18]

　　王氏之所以要如此約法三章，是要避免外界將《自由人》視為拿美國人
錢所辦的「第三勢力」之刊物的疑慮或揣測；另外，不接受政府支援，也是
想以獨立身分之姿，能在言論上暢所欲言，而不受政府掣肘，更不想貼上政
府刊物之標籤。揆之《自由人》草創之初，因其經費來源係由各會員出資，
確實能夠如此。例如在籌備階段，王雲五首捐港幣一千五百元，各會員至少
認捐港幣一千元，「大家分途進行，未到一個月，即籌募到港幣一萬七千元
了。」[19]

　　創刊經費有著落，但接下來長期的經費支出，恐怕就不是由會員認捐可
解決。到最後仍不得不仰賴台灣國府的金錢支助，在《雷震日記》中即披露
不少箇中內幕，茲舉日記一則為證。1951 年 5 月 25 日，雷日記言：「雪公
（按：指王世杰（字雪艇），時任總統府秘書長）來電話，可助《自由人》
三千港幣，但不可明言，因《新聞天地》一再要求援助而未允許也。……
《自由人》因經費困難，而負責又無專人，致有停頓之可能，由予（雷震）
約集雲五、滄波、孝炎、毅成、端木愷、少夫諸君會商，由予等籌款接濟，
每月假定虧二千五百元，至年底約為一萬七千五百港元，改組組織，推定成
舍我為社長，左舜生代理董事長，予負臺北催稿及催款之責，總統府之三千
元，由予負責，予另外再籌五百元。」[20]

　　由《雷震日記》可知，創刊才二月餘之《自由人》，經費已拮据如此，
而不得不靠政府補貼，在此情況下，其日後之文章言論，就頗受台灣國府當
局之制約影響了。另有關《自由人》之創刊宗旨，其實早在刊物出版以前，

---

[18]　同註 6，頁 14。

[19]　同註 12，頁 213。

[20]　《雷震日記》（民國 40 年 5 月 25 日），見傳正主編，《雷震全集》（33）（台北：桂冠版，
　　　1989 年 8 月初版），頁 100－101。

對於未來言論與編輯方針,「自由人社」同仁即做了幾點規約:1.發揚民主
自由主義;2.發起人按期撰寫頭條論文,且須署出真姓名;3.文責各人自
負,但須不違背民主自由思想暨反共救國的大原則;同時將全體發起人的姓
名刊在報頭下面,表示集體責任。[21]

創刊後,首由程滄波撰發刊詞,題為〈我們要做自由人〉,擲地有聲的
強調:

「我們今天大膽向全世界人類提出一個問題:便是世界人類,現在與將
來,要不要做人?如果想做人,從什麼地方去著手奮鬥?……今天世界人類
只有兩個壁壘,一個是『人的社會』之壁壘,一個是『非人社會』之壁壘。
這兩個社會的磨擦,今天已到了白熱化的程度。……『人的社會』中每一個
人,是有人性,有人格,根據人性與人格,發揮其個性,以增加社會之幸福
與個人之生活水準,從而增進世界的和平與人類的文明。反觀『一個非人社
會』中,人除了具備人的形態外,沒有思想與靈魂。『非人社會』中,人只
是一群動物,既不許其有人性,亦不讓其有人格,他們是奴隸、是機器。」
接著程氏又言:「很不幸的,今天的中國大陸,全大陸數萬萬同胞一年來,
即陷入共匪的非人社會中。因此我們和全世界愛好和平民主的人們,要發動
正義的呼聲,救自己,救同胞,救人類。我們要扛著自由的大纛,叫著『做
人』的口號,開始『自由人』的運動。爭自由,爭人性,發動全人類自由人
性的力量,去打倒與剷除共產帝國主義反人性的非人社會。不殘殺,不掠
奪,在不流血革命的原則下,使人人有飯吃。本此目的,以建立新中國新世
界。所以,從今天起,根據以上主張,我們謹以此小小刊物《自由人》,貢
獻於全世界凡是不願做奴隸的人們,也就是我們這一群人,決心獻身於這一
運動的開始。全世界和平民主的人士:我們要做人,我們要做自由人。每個

---

[21] 同註 12,頁 213。吳相湘,〈成舍我為新聞自由奮鬥〉,見其著,《民國百人傳》第四冊(台
　　北:傳記文學出版社印行,民國 60 年元月初版),頁 275。

人爭取了自由，世界才有民主和平，人類才有幸福與光明。」[22]

我們要做人，我們要做自由人，起來，不願做奴隸的人們！程滄波這篇〈發刊詞〉，簡直是一篇慷慨激昂的宣示詞，代表全世界不願在「非人社會」生活下的自由人，向共產專制極權政權，發出堅決的怒吼。[23]

## 四、《自由人》的艱苦經營

平情言，《自由人》三日刊從 1951 年 3 月 7 日發行，到 1959 年 9 月 13 日停刊，維持八年餘。這八年多的歲月，可謂艱辛撐持，多災多難。首先為組織渙散不健全，於是才有 1951 年下半年的重組之舉，此中最大原因為「自由人社」大多數同仁均已離港赴台，計有：王雲五、王新衡、端木愷、程滄波、胡秋原、吳俊升、黃雪邨、閻奉樟、樓桐孫、陳石孚、陶百川、陳訓念、雷震，及阮毅成等，幾乎佔了一半以上；而在港的僅有：左舜生、金侯城、許孝炎、成舍我、劉百閔、卜少夫、雷嘯岑等人。其後在台參加的，又增加徐道鄰，共 22 人。為連絡方便起見，在台同仁乃公推王雲五為董事長，但又因刊物在港出版，故推左舜生為在港之代理董事長，就近處理刊物，成舍我則為社長。[24]

其次是「自由人社」未有組織章程，也沒有在台辦理社團登記。1952 年 1 月 10 日，在台同仁乃在王新衡家商議，適端木愷甫自港返台，報告港方同仁最近決定取消社長制，亦推左舜生代董事長，成舍我為總經理，劉百

---

[22] 程滄波，〈「自由人」發刊詞〉，見其著，《滄波文存》（台北：傳記文學出版社印行，民國 72 年 3 月 15 日初版），頁 157－160。

[23] 阮毅成也說到，這是一篇代表知識份子愛國反共心聲的大文章，義正辭嚴，擲地有聲。同註6，頁 15。

[24] 同上註，頁 16。

閔為總編輯。此事，在台「自由人社」同仁又有不同意見，在 3 月 7 日及 15 日的兩次餐敘討論中，決定仍採社長制，並推成舍我任社長。只是一個 30 餘人的「自由人社」，就為了區區的刊物人事組織問題，港、台同仁即不同調，其他之事就可想而知了。所幸意見儘管有異，但同仁感情尚佳，阮毅成即言：「自由人在香港創辦之初，同仁常有餐會，交換意見。在臺同仁，於民國四十年七月十二日起，舉行聚餐或茶會，由同仁輪流作東，平均每兩週一次。除談自由人社各事外，亦泛論時局，交換見聞。」[25]

　　1952 年 2 月 9 日，「自由人社」在台同仁餐敘，有鑒於《自由人》三日刊創刊已近一年，但組織與人事及編輯立論之困擾問題仍在，因此大家覺得有必要提出意見交換，以尋求解決之道。席間，程滄波首次提出編輯態度問題，但遭雷震反對。程又謂：「劉百閔不宜任總編輯，上次，此間同仁推成舍我任社長，何以改變？此間皆未知悉。」雷震與陶百川又認為，台方不宜干涉港方人事，雙方爭論甚久，最後由阮毅成提出折衷解決方案為：1.《自由人》本係超黨派立場，只知民主、自由、反共，不知其他，此後仍須守定此項立場。2.港方報刊如對台灣中華民國政府，有惡意攻訐，或無理批評，《自由人》不可自守中立，須起而加以駁斥。3.人事問題，另函在港之許孝炎查詢，不作決議。

　　眾皆贊成阮毅成之方法，並請其起草一函，致在香港之左舜生、許孝炎、成舍我、劉百閔、雷嘯岑諸人。阮函送各人簽名後發出，信中報告：「弟等今午聚餐，談及《自由人》編輯態度。回溯創辦之初，原屬超於黨派之外。……兄等在港主持，辛勞至佩，自亦必贊同弟等態度也。邇後港方報刊如對於臺灣中華民國政府惡意攻訐，或無理批評，《自由人》似不便自居中立，宜即加以駁斥。如有《中國之聲》作者來稿，希勿予以刊登，以嚴立場。再則，此間對第三方面各事，多持私人消息。語多片斷，難窺全貌。斯

---

後尚懇時將各方動態，擇要見示。既可為撰稿時之參考，亦為知彼知己之一道。《自由人》素以民主反共為宗旨。署名：王雲五、程滄波、黃雪邨、王新衡、樓桐孫、吳俊升、陳石孚、陶百川、雷震、阮毅成。」[26]

1952 年 3 月 15 日，《自由人》創刊已屆滿一年，留台「自由人社」舉行全體會議。會議主席推王雲五擔任，其中報告事項為：（1）經費小組許孝炎報告——擬募集港幣 3 萬元（其中成舍我、許孝炎、洪蘭友，被分配擬向各紗廠募台幣 1 萬元）。（2）編輯小組成舍我報告，1.組織擬仍採現制，並請加推 1 人為必要時接替編務工作之用。2.發行擬請先行籌集基金以期達到日後之自給自足。3.編輯方針方面，積極在倡導民主自由，消極在反共抗俄，至對於台灣態度應仍許有批評，但不可損及自由中國之根本。4.在台同人集體意見推定專人執筆寄港，決登載第一版，並不易一字，如係個人稿件，在編輯方面擬請仍保有斟酌之權。5.每期需要稿件 2 萬 4 千字，在港同人無多未能盡任，在台同人時惠稿件。

接下來的討論事項有：1.《自由人》三日刊社是否仍採社長制案，決議是仍採社長制，由成舍我擔任社長。2.《自由人》三日刊社費應如何加募案，決議由經費小組再進行籌募港幣 3 萬元，於兩個月內籌足，作為基金，備日後擴充發行之用；另由經費小組加募港幣 1 萬元，作為最近數月經常費不足之需，在未募起前由許孝炎、成舍我負責維持現狀。3.加推樓桐孫、程滄波參加經費小組，並以王雲五兼經費小組召集人。

而至關重要的《自由人》立論態度應如何確定案，經一番熱烈討論，眾人決議有三：1.除積極主張民主自由，消極的反共抗俄外，並須維護現行憲法倡導議會政治。2.凡外界對台灣有惡意攻擊影響國本時，應予駁斥，立場務須堅定，態度務須明確。3.除專門問題研究外，宜多載通訊及趣味性文

---

[26] 〈阮毅成致左舜生諸氏函〉，見王壽南編，《王雲五先生年譜初稿》第二冊，同註 5，頁 768。

字，理論文字及新聞性宜各佔三分之一。[27]基本上，此次會議非常重要，它為已紛擾年餘的《自由人》定調，但此為台方同仁之共識，港方同仁只是被動告知，並不見得完全同意，所以日後港、台雙方仍存有歧見。

最後是更為嚴重棘手的經費問題，因經費短絀入不敷出，《自由人》從創辦始，即常有支撐不下去而停刊之議，此問題從創刊起即已浮現，只是苦撐待變，能維持多久算多久，唯情況並無改善且持續惡化中。1952 年 6 月 14 日，王雲五、阮毅成與程滄波等聚會，商議如何應付《自由人》三日刊之困難。王雲五說，得左舜生與成舍我信，信上成舍我堅辭社長，因每月不足港幣 2 千元，實難以撐下去，如無法解決，建議自本月 18 日起停刊。劉百閔則說香港紙價日跌，印刷係由《香港時報》代辦，印費可以欠付，以往亦每月虧空，並不自今日始。

對此，王雲五建議是否能改為月刊，移台出版，但眾意覺得移台出版，則《自由人》功用全失，仍宜繼續在港發行。最後決定由王雲五函復，請成舍我維持至 7 月底止。[28]是年 12 月 2 日，「自由人社」同仁又再行會商，由

---

27 〈阮毅成致左舜生諸氏函〉，見王壽南編，《王雲五先生年譜初稿》第二冊，同註 5，頁 768。

28 同註 5，頁 774。《自由人》經費之窘困，自創刊伊始至結束均如此，阮毅成即言：「我只記得在創刊第一年中，就賠去了港幣參萬參仟元。時歷八年半，為數甚為可觀。這尚是距今三十多年前的幣值，如以現在幣值計算，則更為巨大。」阮毅成，〈王雲五先生與自由人三日刊〉，同註 4，頁 34。到《自由人》停刊止，其經費仍入不敷出，茲舉結束前致王雲五等人之二信函為證。1959 年 9 月 11 日許孝炎自港來信王雲五，報告《自由人》結束時經費情況。「雲五先生並轉鑄秋舍我做襄滄波新衡秋原佩蘭少夫諸兄惠鑒：關於《自由人》停刊事，前經兄等決定函達克文。兄弟回港後，復經再三磋商，始於前日由在港各有關友人舉行特別會議議決停刊，並於本月十三日起實行。茲將會議紀錄抄奉敬祈鑒察。」「預計《自由人》可能收入之款（連登記費在內）約為乙萬四千餘元，支出除舊欠稿費約乙萬三千元；及克文兄之欠薪近九千三百元暫不計入外，此外薪工紙張印刷房租，今年稿費應退報費及空運費等，共計約為二萬乙千餘元，不數之數約為七千餘元。倘預計可能收入之款有一部分不能收入時則虧欠之數將必更多，如何籌還以資結束頗費周章。而有把握之登記費乙萬元則尚待少夫兄回港簽字後始能提出備用。」

又 12 日社長陳克文亦致函王雲五。「岫公賜鑒：茲奉上《自由人》在港同人特別會議紀錄一份，請察閱。《自由人》經濟情形截至本年九月十二日止，共欠債務三萬餘元，除登記費一萬元外，尚可能收回之款二千餘元，結束用費約五百餘元，並此奉告，統請轉知在台各位同人為禱。」見王壽南編，《王雲五先生年譜初稿》第三冊（台北：商務版，民國 76 年 6 月初版），

王雲五主持，會中卜少夫表示願意接辦，至少可免招致停刊命運。然未幾
（12 月 6 日），卜少夫以有人表示異議，謂其「新聞天地社」同仁不贊成
再兼辦另一刊物，故不得不打消原意。王雲五即席宣布仍在港出版，並推成
舍我回港主持，改為有給職。[29]成謙辭不准，旋即表示接受。後當場推定王
雲五、程滄波、樓桐孫、胡秋原、陶百川、黃雪邨為在台撰述委員，程為召
集人；另推成舍我、程滄波、胡秋原 3 人起草言論方針。王雲五、端木愷、
王新衡為財務委員。香港方面的撰稿委員，則由成到港後約定人員擔任。當
事者之一的阮毅成，對是晚之會的結果表示很滿意，還稱為是《自由人》中
興之會，同仁莫不興奮。但其後，主要的重點之一，《自由人》未來的言論
方針並未草成。[30]

　　1953 年 3 月 14 日下午，「自由人社」同仁聚集在成舍我處參加茶會。
會中，成舍我出示香港許孝炎來信，謂《自由人》又不能維持，因已積欠
《香港時報》印刷費達港幣 6 千元，稿費 11 期。且人力亦明顯不足，雷嘯
岑將來台灣，左舜生又將赴日本旅行，主持無人，不如停刊。經同仁交換意
見，仍認為不能停辦，並催成舍我速赴香港負責。因茲事體大，3 月 21 日，
「自由人社」另一要角阮毅成，也在家中約集在台同仁茶敘。會上，成舍我
表示其有困難不願赴港，而港方近日來函，支持為難。眾意乾脆移台編印，
仍推成舍我主持。[31]

---

頁 1052－1053。

[29] 同上註，頁 779。《自由人》主編是不支薪的，可見其艱困於一般。同為主編的雷嘯岑曾說：
「首任主編人成舍我兄苦幹了一年之後，因為準備移家台灣，不能繼續盡義務了——主編人不
支薪——大家公推下走承其乏，因係義務職，唯有接受而已。」馬五，〈「自由人」之產生與
夭折〉，同註 1，頁 216。

[30] 同註 5，頁 779。

[31] 雷震日記當天即記載：「下午三時半至《自由人》座談會，阮毅成提議《自由人》表面在港，
實際遷臺，無一人反對。我內心不贊成，但不願表示，因《自由人》遷臺完全失去效用。今日
雲五未到，他們囑我報告。」《雷震日記》（民國 42 年 3 月 21 日），見傅正主編，《雷震全
集》（35）（台北：桂冠版，1990 年 7 月 20 日初版），頁 48。

25 日下午，阮親訪成舍我，成表示三點立場：1.決不去香港。2.《自由人》如移台出版，願意主持。3.未移台前，可先在台編輯，寄港印行。同月28 日下午，以《自由人》問題緊迫，急待解決。「自由人社」同仁復在端木愷家中餐敘。對《自由人》前途，共有四種主張：（1）停刊。（2）移台出版。（3）在台編輯，寄港印行。（4）推成舍我赴港主持。討論結果，決定用第四法，成亦首肯，然成謂：《自由人》除發行收入外，每月須虧 4 千元，此問題亟需解決。[32]

4 月 18 日，因港方同仁頻頻催促速做決定，眾議又思移台編印，王雲五亦同意移台出版，但謂須改為半月刊或月刊。30 日下午，成舍我與端木愷、阮毅成、王新衡、程滄波等人，應王雲五邀約茶敘。時端木愷甫自港返台，謂港方「自由人社」已無現款，勢不能繼續。因以由今日到會者商定：1.香港方面自 5 月 10 日起停刊。2.在台登記改為月刊，推王雲五為發行人，成舍我為總編輯。[33]然未幾，港方同仁又變掛，5 月 11 日，阮毅成訪成舍我，成謂卜少夫前日到台，攜有左舜生致王雲五函，主張《自由人》仍在港出版。此事經緯，雷震在其日記亦提到：「見到雷嘯岑來函，對我們囑香港停刊，決議移臺辦月刊則大不以為然，來信措詞甚劣，決定去電並去函說明，以免誤會。」[34]

雷嘯岑甚至為此來函欲辭去社長職務，《雷震日記》記載：「今日午間約來臺之《自由人》報有關各位來鄉午膳，除端木鑄秋、阮毅成、吳俊升、胡秋原外，到有十五人，即王新衡、樓桐孫、陶百川、張純鷗、陳訓悆、卜

---

32 雷震日記載：「下午四時，在端木愷處討論《自由人》移臺問題，王雲五、徐佛觀、端木愷及我均不贊成，程滄波、阮毅成、成舍我願移臺，最後決定請成舍我至港辦至六月再說，因行政院之款發至六月底止，如停刊或移臺亦須至六月底再說。」《雷震日記》（民國 42 年 3 月 28 日），見傅正主編，《雷震全集》（35），同上註，頁 52。

33 這問題一直延伸至四十三年依舊如此。雷震日記：「《自由人》在港不易維持，決遷臺辦週刊，由成舍我任社長，王雲五任發行人。」《雷震日記》（民國 43 年 8 月 7 日），見傅正主編，《雷震全集》（35），同上註，頁 314。

34 《雷震日記》（民國 42 年 5 月 9 日），見傅正主編，《雷震全集》（35），同上註，頁 74。

少夫、卜青茂、程滄波、范爭波、王雲五、成舍我、黃雪邨、閻奉璋等及另約陳方。飯後討論雷嘯岑來函辭去社長職務一事，經決議慰留。」為此事，雷震感慨的說：「《自由人》發起人在臺者，不過十餘人，港方不過數人，兩方意見不合，終會扯垮。民主自由人士之不易合作，於此可見一班。」[35]

　　由於雷嘯岑堅決辭社長職務，8 月 1 日，「自由人社」在台同仁藉茶敘機會，聽取甫自香港來台之劉百閔報告，劉謂在港同仁意見為：1.必須在港繼續出版。2.改推陳克文任社長。3.每月不足港幣 8 百元，在港有辦法可以籌得。王雲五說：「左舜生有信來，克文係其物色，本人絕對贊同」，眾亦皆表示贊成。但成舍我認為每月 8 百元之說，計算必有錯誤，至少每月亦需賠 2 千 5 百元，所以決定請王雲五再去函新社長，請重為估計。其實《自由人》經費之短絀，可由總其事的總編輯不支薪一事看出，1954 年 7 月 10 日，左舜生致函王雲五即說到：「弟意，《自由人》編輯者，原規定每月可支三百元，以舍我、百閔兩兄任編輯時，未支此款，後任編輯一年，亦即未支。」[36]如此窘境，要不是有台灣國府當局在幕後經費贊助，《自由人》三日刊能支撐八年餘，根本是不可能的。[37]

　　最後為文章尺度問題，《自由人》三日刊從創刊始，即面臨稿源不濟的困難，更麻煩的是，自從接受政府補助後，基本上，《自由人》的言論立場，在相當程度上已受政府箝制，以至於在很多議題上，不僅不能秉公立論暢所欲言；且須為政府妝抹門面極力辯解，稍一不慎即惹禍遭致抗議。如1952 年 6 月 1 日，「自由人社」王新衡訪問阮毅成，說到《自由人》最近兩

---

[35] 《雷震日記》（民國 42 年 6 月 2 日），見傅正主編，《雷震全集》（35），同上註，頁 85。

[36] 〈左舜生致王雲五函〉，同註 5，頁 824。

[37] 雷震日記：「王雲五約『自由人社』在台同仁晚餐，以《自由人》在港經濟困難，重申移台出版，由成舍我任編輯之議。」《雷震日記》（民國 43 年 7 月 11 日），見傅正主編，《雷震全集》（35），同註 35，頁 302。有關國民黨高層提供《自由人》之經費支援，尚可參閱〈對港澳政治活動之指示〉，見中國國民黨中央改造委員會第 165 次會議紀錄（1951 年 7 月 4 日──附件），黨史會藏。

期，刊載左舜生〈論中國未來的政黨〉一文，有人表示不滿。[38]為避免誤會，乃一起同訪王雲五，請其以董事長身份，致函香港總編輯成舍我，請其勿再刊出此類文字。[39]

　　雖係如此，但言論自由乃是知識份子的普世價值觀，用強制力約束是沒用的。果然 1955 年，又發生一件更嚴重的文字賈禍事件，差一點讓《自由人》無法在台銷售。事緣於是年 3 月 23 日，王雲五接到司法行政部部長谷鳳翔來函，表示《自由人》三日刊，登載雷嘯岑文章，影響政府信譽，要求王雲五代向該社方面解釋。全函內容為：「頃閱本月二十三日《自由人》刊載『自由談』及『半週展望』雷嘯岑先生文內謂，揚子公司貪污案牽涉本部，曷勝駭異，此種無稽之詞，殊足影響政府信譽，茲特寄上函稿二份，送請察閱，並祈賜檢一份轉致雷君查明更正，仍乞代向該報社方面照拂解釋為幸。」[40]

　　由於《自由人》所刊文章得罪當道，引起國民黨中央黨部對《自由人》言論的不滿。3 月 26 日，時任《中央日報》社長，亦是「自由人社」同仁的阮毅成，至中央黨部參加宣傳政策指導小組會議時，即受到中央黨部秘書長張厲生的警告：「香港《自由人》三日刊，近日言論記載，愈益離奇，須採取停止進口處分。」幸阮毅成趕快緩頰，除報告《自由人》艱難創辦經過外，並謂：「現在台北各同仁，久未與聞港事。王雲老曾去函港方，請以後勿再刊載不妥文字。又以所載台省情形，與事實相距甚遠，曾通知港方，以後遇有記載台省情形稿件，先行寄台複閱。認為可用者，方予刊布，亦未承照辦。惟《自由人》參加者，多為各方知名之人。如忽予停止進口，恐反而

---

[38] 左舜生〈中國未來的政黨〉（上）、〈中國未來的政黨〉（下）二文分別發表在《自由人》第 129 期（民國 41 年 5 月 28 日）、《自由人》第 130 期（民國 41 年 5 月 31 日）。

[39] 同註 5，頁 773。

[40] 雷嘯岑，〈半週展望〉，《自由人》第 423 期（民國 44 年 3 月 23 日）。雷文所寫之論揚子公司案，因涉及上海時期之揚子公司，對孔祥熙有所批評，遂奉命查辦。又〈谷鳳翔致王雲五函〉，同註 5，頁 847。

使海外人士，對政府有所批評。不如一面先採取警告程序，依照〈出版法〉，由內政部為之。一面通知在台之董事長王雲五氏，促其改組。如再有違反政府法令之事發生，則採取停止進口處分。」[41]

　　為此，是晚 10 時，阮氏先訪成舍我，說明會議經過；再與成同訪王雲五報告此事。王雲五似乎對此頗為不悅，乃決定於 3 月 30 日下午 5 時，在端木愷家中，約集「自由人社」在台全體同仁會商。在 3 月 30 日的決議中，提到《自由人》的現實問題，「本刊如不能銷台，勢必停刊。為避免使政府蒙受摧殘言論之嫌，希望政府妥慎處理，使其能繼續出版。在台同仁，願意退出。惟在港同仁意見如何，亦盼政府逕與洽商。」並推阮毅成與許孝炎 2 人將此項決議，轉達黃少谷，另函告在港同仁。[42]

　　換言之，針對當局對《自由人》的不滿，「自由人社」在台同仁採取了委曲求全的態度，一方面願意退出，此舉可能有兩層深意，一為逼香港「自由人社」同仁，小心謹慎，莫再刊登批評政府之文章，否則與渠無關；二為多少有向政府交心之意，明哲保身，不想惹禍上身；再方面亦有請政府介入之意，希望盡量保留能讓《自由人》繼續在台銷售。[43] 果然如此，4 月 7 日，王雲五即致函總統府秘書長張群，說明《自由人》之情形，並建議將「自由人社」改組，由政府指定負責主持言論之人實行接辦。信的內容為：「惟是該刊經費本奇絀，全恃內銷而維持，一旦停止內銷，勢必停止刊行，外間不察，或不免對政府妄加揣測，弟愛護政府，耿耿此心，竊認為消極制裁，不如積極輔導，將該刊改組，由政府指定負責主持言論之人實行接辦，可變無用為有用，弟當力勸原發起各人，本擁護政府之初衷，竭誠合

---

41 同註 5，頁 847-848。

42 同上註，頁 849。

43 《自由人》三日刊，國民黨中央嘗指示「扶助」之，以批判中共，擁護政府並同情國民黨為原則。故該刊早期立場為中間偏右，後來對國民黨的批評言論日益激烈，台灣當局乃禁止其輸入，並停止所有經費資助。故《自由人》能否銷台，對該刊影響至鉅。萬麗鵑，〈一九五〇年代的中國第三勢力運動〉，同註 4，頁 164。

作。」[44]

　　後以國民黨並無接手之意，在恐不能銷台的情況下，成舍我與王雲五、陶百川、徐道鄰、陳訓悆、程滄波、胡秋原、吳俊升、端木愷、黃雪邨、阮毅成等決議：「茲因環境困難，經濟無法支持，決議停刊，由主席（王雲五）根據本決議徵求在港同人意見。」其後，在台同仁復在成舍我宅聚餐，決定在台同仁既已必須退出，而中央黨部又規定不得再與《香港時報》發生關聯，則無地可以印刷，亦無處可再欠印刷費。外界聞知中央處分，亦必不願再行認指，環境困難如此，只可宣布停刊。並請王雲五函詢港方同仁意見，如港方同仁堅持續辦，在台同仁自不能再行參加。[45]

　　由於文章得罪當局，以至於有禁止銷台之聲，在港負責《自由人》編輯工作的陳克文，旋即致函阮毅成、王雲五等人，表示「咎衍實無可辭」，「《自由人》停止出版，唯覺可惜，形勢如此，亦復無可如何，文與左劉兩公對此均無成見，惟此間尚有其他股東，又年來出錢出力者，頗不乏人，此事似不宜由文等三人遽作決定，即為港方同人之全體意見，擬於最近邀集會議，提出報告，徵求多數意見，再作正式答覆。」[46]

　　唯不久，事情又起了變化，4月29日，一向敢言的左舜生，自港來函，明確表示反對《自由人》停刊，並謂在港「自由人社」同人決暫予維持。信中言：

　　「雲老賜鑒：四月七日阮毅成兄來信，並附有留台同人退出決議一紙，十八日奉　公手書，知同人復有集議，以經濟環境關係，主張停刊；均已誦

---

[44] 〈王雲五致總統府秘書長張群函〉，同註42。

[45] 同註5，頁850。有關王雲五在此問題之角色，阮毅成有相當持平之看法，阮說：「雲五先生名為董事長，出錢出力，卻不便範圍各黨及無黨人士，一定均作統一的宣傳，致反而完全成為俗套，失去向海外為政府說話的影響力。於是在發刊期中，常常發生選稿欠當的問題。每次有問題發生，雲五先生首當其衝，常為他人所不諒解，致生煩惱。臺港兩地同仁，為此書信往返，謀求各種補救辦法，效果均不甚彰。」阮毅成，〈王雲五先生與自由人三日刊〉，同註4，頁36。

[46] 〈陳克文致王雲五、阮毅成信〉，同註5，頁851－852。

悉。此間於當地環境，已洞悉無遺；對公等所採態度，並無不能諒解之處。
惟念同本刊宗旨，一面在『堅決反共』，一面在『爭取民主』，四年以來，
奉此周旋，雖不無一、二開罪他人之處，但大體上並未逾越範圍。今赤燄正
復高張，而民主亦勢非實現不可；大約在二、三月內或有變化，前途殊未可
知！故此間同人，經過再三考慮，仍決定暫予維持，並囑舜代為奉復，即乞
轉達諸友為荷。公等即不得已而必須退出，仍望不遺在遠，隨時予以指導，
除宗旨不能犧牲以外，同人無不樂於接受。海天遙望，曷勝悲憤憂念之
至！」[47]

　　從此以後，《自由人》三日刊似乎終於渡過了這段風風雨雨的歲月，儘
管港、台大多數「自由人社」同仁情誼依舊，但經費、稿源、立論尺度等問
題仍在。《自由人》三日刊即帶此痼疾，跌跌撞撞的支撐八年餘，到 1959
年 9 月 13 日，才宣布停刊。[48]

# 五、結論：從《自由人》到《自由報》

　　無論如何，在五〇年代那段風雨飄搖的歲月，《自由人》能以香江一隅
之地，在內外環境相當險惡的情況下，擎起「我們要做自由人」的大旗，反
抗共產極權，與中共作誓不兩立的言論鬥爭，其勇氣和決心仍值得刮目相看
的。另一方面，《自由人》雖義無反顧的支持台灣國府當局，但在「恨鐵不
成鋼」的期待心理下，對台灣當局若干錯誤的舉措，仍一本忠言逆耳之立
場，提出批判或建言，即使在經費斷炊的威脅下，亦不為所動，這份苦心孤
詣之意，也令吾人感佩。而此即所以《自由人》在發行的八年餘中，雖屢有

---

[47] 〈左舜生致王雲五函〉，同上註。

[48] 雷嘯岑說為 1958 年 9 月 12 日停刊，恐有誤。雷嘯岑，《憂患餘生之自述》（台北：傳記文學
　　出版社印行，民國 71 年 10 月 15 日初版），頁 182。

遷台之議，但大多數同仁始終以在香港立足為佳之看法，因其言論立場較客觀中立，雖稍偏向國府，但非無原則的一面倒；兼以香港為基地，較少政府、政黨色彩之觀感，且因對國、共雙方均有批評，是以其在香港作用較大之故也。

當然，《自由人》之悲劇，除經費、稿源、言論立場受制約等外緣因素外，尚有其內緣因素存在，此即中國傳統知識份子屬性使然。知識份子屬性強的「書生本色」，誰也不服誰之個性，常落人「秀才造反，三年不成」之譏。因渠主觀意識強，所以容易堅持己見，是其所是，不大能夠為大局著想，且因自視太高，未能屈己就人，所以較乏團隊精神。

此情況在「自由人社」這批高級知識分子間亦是如此，雷嘯岑曾舉一事證明，在《自由人》是否遷台之際，「王雲五以董事長資格，致函於我，囑將《自由人》人報遷赴臺北發行，且將繳存港府的押金萬元一併匯去。旋由代董事長左舜生召集在港同仁會商，決議仍在香港出版，但在臺北的同仁，亦可刊行臺灣版，然王雲五很不高興，說我不以他為對象，悻悻然嘖有煩言，殊堪詫異。未幾，許孝炎由臺北回港，主張《自由人》停刊，他怕我不贊成，先囑我莫持異議，我表示無所謂，而《自由人》三日刊，即於一九五八年九月十二日宣告停刊了。現代中國高級知識份子之沒有團隊精神，於此又得一實驗的證明，曷勝慨嘆！」[49]

是以當年左舜生在《自由人》創辦之初，樂觀的夸談「自由人社」同仁可以組織聯合政府，永遠合作無間之見解，雷嘯岑說，實係幼稚幻想。文人相輕，自古而然，《自由人》三日刊的緣起緣滅，依然落得一個「殺雞聚會，打狗散場」的結局，這也是中國現代高級知識份子的悲劇，想來仍不禁令人浩歎！[50]

---

[49] 同上註。

[50] 馬五，〈「自由人」之產生與夭折〉，同註1，頁220。其實雷嘯岑自己亦如是，當《自由人》剛成立時，「大家的情感很融洽，精神上團結無間，對任何事體決無爾詐我虞，或以多數箝制

　　《自由人》雖然走入歷史停刊了，但未及五個月，一份延續《自由人》精神的《自由報》，在 1960 年 2 月 17 日，另起爐灶又在香港創刊了。《自由報》社址位於香港銅鑼灣高士威道 20 號 4 樓，也是採半週刊（三日刊）的形式，於每個星期三、六發行。社長為雷嘯岑，督印人黃行奮，出版第一期，有由以本社同人署名撰寫的〈我們的志願和立場〉為發刊詞。

　　該文強調「我們是一群崇尚自由主義的文化工作者。對社會生活篤信『人是生而平等的』這項義理，珍重個人的人格尊嚴；對政治生活認定『政府是為人民而存在的』，要求基本人權之確立與保障。……我們膺受著共產極權主義的荼毒，深感國破家亡之痛苦，流落海隅，於茲十載，內心上大家不期然而然地具有強烈的愛國情操和政治理想，要從文化思想方面，努力培育民主自由精神，發揚其潛能，成為救國救民的偉大力量。職是之故，本報的言論方針是國家至上，民生第一，我們的立場是超黨派的。」[51]

　　簡言之，民主、自由、愛國、反共乃為《自由報》創刊之四大宗旨，嚴格而言，此宗旨仍是延續《自由人》三日刊的精神而來的。阮毅成曾說：「後來，雷嘯岑兄在香港出版《自由報》，乃係另一新刊物，與原來的《自由人》，完全無關。」[52]此話恐有商榷餘地。《自由報》在《自由人》的基礎上，發行至 1970 年代才結束，期間刊布了《香港自由報二十年合集》、《自由報》合訂本、《自由報二十週年年鑑》等，影響力不在《自由人》之下。

---

少數的作風。我（雷嘯岑）當時曾聲言：假使憑這種精神組織『聯合政府』，擔當國家政務，國事沒有不振興的。」馬五先生著，《我的生活史》，同註 1，頁 161。

[51] 本社同人，〈我們的志願和立場〉，《自由報二十年合集》（19）（香港：自由報社出版，民國 60 年 10 月 10 日）。

[52] 阮毅成，〈「自由人」參加記〉，同註 6，頁 18。

# 第九章　最後的訴求與迴聲
## 　　　——以五○年代香港第三勢力運動《聯合評論》為場域之分析

## 一、前言：《聯合評論》創刊之背景

　　當代表五○年代香港第一階段第三勢力運動的《自由陣線》雜誌已近尾聲之際，民國 47 年（1958 年）8 月 15 日，《聯合評論》（以下簡稱《聯評》）週刊創刊了。《聯評》創刊的時代背景是，第一階段的第三勢力運動，如「中國自由民主戰鬥同盟」和「自由中國民主政團同盟」因內部人事糾合而相繼瓦解後，香港的第三勢力運動陷入了空前沉寂低潮期。尤其在民國 45 年間，大陸推動的「鳴放運動」，積極拉攏知識份子和海外中國人回歸，近在咫尺的香港，更是其統戰的焦點。也因此，一些當初高喊反共、反蔣的第三勢力人士，其實是投機政客，如程思遠、李微塵、羅夢冊等，紛紛響應中共號召而回歸中國大陸。[1]

　　於此氛圍下，若干仍堅決反共且秉持第三勢力立場的人，如謝澄平、黃宇人等，覺得針對中共的統戰攻勢，有必要予以回擊，而且沉寂已久的第三勢力運動，也有須重整旗鼓的必要，否則反共前途堪虞。在此背景下，謝、黃二氏乃商議於張發奎。初步決定以座談會方式凝聚共識，後來覺得座談會

---

[1]　程思遠，《政海秘辛》（香港：南粵出版社，1988 年 1 月 1 版），頁 325－330。〈傳徐傅霖在港不穩〉，《總裁批簽》，台（45）（中秘室登字第 45 號，1956 年 2 月 28 日，黨史會藏）。冷靜齋，〈八年反共運動的檢討〉，《自由陣線》第 34 卷第 1－2 期（1957 年 12 月 5 日），頁 10－11。

易流於各抒己見，太過空泛，殊無力量可言，不如還是以建立團體為佳。張發奎即言：「過去我們的失敗，乃在於以個人為單位，未被邀請者即表示反對；參加者則又難免良莠不齊，某一個或某幾個人有了問題，便影響全局。若以團體為單位，我們只選團體，不選個人，倘若某人發生問題，可由他的團體自行解決，與大家無關。」[2]

左舜生、謝澄平等人覺得張所言甚是，接受張的意見，決定將團體擴大，原則上不限於國、民、青三黨人士，舉凡一切民主反共人士均為結盟對象，待成氣候後，再共同建立一個聯盟。[3]正當大家期待有結果時，是年 10 月底，青年黨在台核心幹部夏濤聲專程赴港晤左舜生，告知台灣方面雷震、李萬居、高玉樹等人正積極籌備成立新黨，並極力遊說胡適出面領導；雷震並希望香港的民主人士能有所行動，最好成立一個組織以為呼應。左舜生甚為認同，並引見夏去見張發奎，亦獲得張正面回應。[4]

未幾，張發奎、黃宇人、王同榮、左舜生、李璜、冷靜齋、羅永揚、劉裕略、謝澄平、丁廷標、劉子鵬、胡越、史誠之、蕭輝楷等 14 位代表各黨派的香港民主人士，出面召開「大團結運動座談會」，並決定於民國 46 年春，成立「中國民主反共聯盟」（簡稱「民聯」）為「大團結運動」的領導組織。[5]此外，並議決發行《聯評》週刊為機關刊物，督印人為黃宇人；總編輯為左仲平（按：即左舜生）。[6]其後，「民聯」並未真正宣告成立，只

2  黃宇人，《我的小故事》（下冊）（香港：吳興記書報社，1982 年），頁 155－156。

3  黃宇人，《我的小故事》（下冊），同上註，頁 156。

4  〈雷震日記〉（1957 年 11 月 26 日），見傅正主編，《雷震全集》（39）（台北：桂冠版，1990 年 7 月初版），頁 191。

5  司法行政部調查統計局第六組編，《中國黨派資料輯要》中冊（台北：出版項不詳，1962 年），頁 258。〈聯戰工作檢討總結〉，《總裁批簽》，台（47）（央秘字第 0187 號，1958 年 7 月 25 日，黨史會藏）。

6  陳正茂〈左舜生傳〉，《國史擬傳》第六輯（台北：國史館編印，民國 85 年 6 月初版），頁 13。

是由張發奎、黃宇人、左舜生、謝澄平、胡越 5 人為核心小組，以維持聯繫。後來也在內部成立大陸、台灣、華僑、國際 4 個研究小組，其中左舜生、黃宇人擔任台灣組召集人；大陸組則由周鯨文、史誠之出任。[7]

　　基本上，「民聯」成立之際，國內外情勢已有很大的改變，尤其「韓戰」爆發後，冷戰格局已定，在西太平洋防線，美國極重視台灣的戰略地理位置。也因為如此，雖然美國對蔣介石個人仍不喜歡，對國府亦有意見，但卻不得不支持在台灣的國府當局。而蔣也了解其中微妙關係，故極力要求美國不要在暗中支持第三勢力運動。所以「韓戰」停火後，兼以第三勢力自己不爭氣，美國對香港的第三勢力運動，確實不若以往那麼積極奧援。[8]

　　在失掉美國強有力支援後，香港第三勢力人士也體察到自己無力擔負反共復國重任；另闢蹊徑的做法是，寄望於台灣當局的民主化，且考量到與台灣方興未艾的籌組反對黨運動相呼應，因此，「民聯」採取較務實的政策，提出「政治反攻大陸，民主改造台灣」口號，擬發揮輿論監督力量，促使台灣能朝向民主化之路邁進，俾得匯集海內外一切反共力量及早反攻大陸。此即《聯評》創刊號一再強調「民主、民主、民主」為其創刊宗旨之由來。[9]

　　換言之，「民聯」的改變有二：一是放棄在台灣以外另尋反共途徑的想法，這與其過去獨樹一幟的作法大異其趣；二為務實的了解到，短時間軍事反攻的不易，只有先求台灣的民主化，但民主的基本前提是遵守憲法，所以「憲政與民主」即為《聯評》的兩大基調。[10]苟能做到如此，方足以談到以民主反攻大陸的手段。左舜生於《聯評》〈發刊詞〉即提到：「台灣是今天中華民國所憑藉以反攻復國的惟一基地，環境安全，建設的基礎良好，擁有

---

7　〈關於共匪及第三勢力在港活動與我方今後工作部署之建議〉，《總裁批簽》，台（48）（央秘室字第 093 號，1959 年 5 月 5 日，黨史會藏）。

8　萬麗鵑，〈一九五〇年代的中國第三勢力運動〉（台北：國立政治大學歷史研究所博士論文，民國 90 年 7 月），頁 173－174。

9　〈發刊詞〉，《聯合評論》創刊號（民國 47 年 8 月 15 日）。

10　同上註。

一千萬的人民,得著盟邦不斷的援助,這是中國歷史上任何一個力圖中興的時代所不能完全具有的。……我們以為國民黨有兩種為中共所絕對不能具有的特殊武器:其一為國民黨的原始精神,其一為一部中華民國憲法。……現行中華民國憲法……實無一字一句不表現民有民治民享的精神,……這是我五億人民的血淚所灌溉培育出來的花朵,只要我們真能本著崇法務實的態度予以尊重,本著擇善固執的精神付諸實行,中國共產黨還值得一打嗎?……本刊今後的言論宗旨,將不逾這部憲法的範圍,我們所追求的目標,第一是民主,第二是民主,第三還是民主!」[11]

所以綜觀《聯評》發行六年多的言論內容,為「民主而反共」與為「憲政而反蔣」,始終是該刊立論的兩大主要基調。舉例言之,當民國 49 年初,蔣欲違憲連任第三屆總統時,《聯評》即以蔣違憲,對其進行強烈批判,並發表〈我們對毀憲策動者的警告〉的聯合聲明,希望國民黨當權派和國大代表,不要做「毀憲禍國」的歷史罪人,不要做出「親痛仇快」之事。[12]同年 9 月,「雷案」爆發後,《聯評》也迅即出版「援雷專號」,連篇累牘地對台灣國府當局大加撻伐,指出台灣當局濫用「戒嚴法」,迫害人民言論、出版、結社等自由,要求應無條件立即釋放雷震。[13]其言論之犀利,砲火之猛烈,在當時海內外諸刊物中,可說是空前絕後,無任何刊物能及。[14]

總之,平實說來,五〇年代在香港的第三勢力運動,藉由刊物出版,進行文宣闡述理念,一直是他們表達訴求與推展運動的重要方式與管道。因此,無論是顛峰時期的《自由陣線》或走向調整時期的《聯評》,都反映了第三勢力運動,在不同時空環境下,倡導者的理念訴求。作為第三勢力運動

---

[11] 同上註。

[12] 〈我們對毀憲策動者的警告〉,《聯合評論》第 78 號(民國 49 年 2 月 19 日)。

[13] 〈援雷專號〉,《聯合評論》第 108 號(民國 49 年 9 月 16 日)。

[14] 陳正茂,〈堅持民主憲政——青年黨與雷震〉,見陳正茂,《中國青年黨研究論集》(台北:秀威版,2008 年 5 月 1 版),頁 418。

殿軍的《聯評》，若從言論分析的內容來看，大體呈現三個面向：一是第三勢力相關理念之闡述；二為對國內、外局勢的評論；三係第三勢力路線之修正，要言之，即有關台灣民主化訴求諸議題。[15]基本上，前二項在《自由陣線》時期，已有相當完整的論述，筆者過去也有文章述及，故本文暫且不談。本文重點是放在《聯評》上，探討該刊對第三勢力重新定調之說法；及針對台灣「雷案」、「違憲連任」等重大議題之批判。

## 二、「第三勢力」一詞的重新定調：自由民主運動

　　基本上，在第二階段的第三勢力運動，《聯評》為避免之前「第三勢力」一詞，徒惹不少爭議。所以，在第二階段第三勢力運動時，刻意稱其政治訴求為「自由民主運動」。《聯評》言：「與台灣的民主憲政運動與大陸的反共運動相比，海外的自由民主運動有它特殊的便利與困難。就便利來講，它得免現有政權的迫害；就困難來講，它遠離自己的國土，不能直接在同胞之間發生影響。同時，他們寄居在異國統治之下，只有宣傳的自由，沒有行動的自由。而他們所辦的報刊，並不能像當初梁啟超亡命日本時所辦《新民叢報》那樣可以流進大陸發生普遍的影響，甚至連台灣也進不去，這是他們最大的苦悶。」

　　雖然如此，但《聯評》並不氣餒，認為在這種種艱阻之下，八年來第三勢力運動的發展，還是有許多成就。最顯著的是，他們的思想主張，對東南亞華僑社會產生了巨大的影響，阻遏了中共的滲透與擴張。其次由於他們的活動與努力，使得香港變成大陸、台灣以外的一個中國文化和政治重心，這種形勢對大陸和台灣，無疑是有重大的作用，對中國的民主運動也產生了不

---

15　萬麗鵑，〈一九五〇年代的中國第三勢力運動〉同註 8，頁 170。

可缺少的貢獻。

　　《聯評》提到，最近一兩年來，一部分留居港九及少數遠在國外的自由
人士，一方面既對共匪的所行所為深惡痛絕，一方面也深感對台灣的合作無
從下手，於是乃有所謂「第三勢力」的提倡。所謂「第三勢力」的涵義，直
截了當言之，即欲於大陸與台灣以外，別樹一幟。無論是台灣的民主憲政運
動，大陸的反共抗暴運動以及海外的自由民主運動，它們的箭頭都是針對著
自由民主的。這三個運動應及早連結起來，使中國民主運動匯成一股洪流，
這個洪流將衝決大陸極權主義的堤防，將帶來中國歷史的黎明！[16]細究之，
《聯評》之所以將「第三勢力」運動，定調為一股自由民主運動，主要是希
望淡化反共、反蔣的政治色彩，而採取較柔性的思想意識形態訴求，以期爭
取所有海內外中國人的認同。

　　但是《聯評》也承認，多年來海外的自由民主運動，其所以失敗之因，
不外是由幾個因素造成的，首先是缺乏一個孚眾望的英明果斷領袖，其次為
缺乏一個堅強有力的組織，最後則是缺乏一個正確有力的統一的理論體系。
客觀環境的諸多困難；主觀努力不夠，而所謂過去主觀努力的不夠，不外大
家意志不能集中，意見不能一致。之所以如此，應歸咎於負有時代使命的一
些集團的負責人；及自由民主運動之一部份倡導者，他們各懷成見，褊狹自
私，重於私利，輕於公益，意見分歧，步調不一，以致拖延至今，貽誤了神
聖的革命使命。另外，八年來自由民主運動之所以沒有成就，除上述三個基
本因素外，還有一個主要因素，就是缺乏一個正確有力的號召，自由民主運
動口號的提出，可說是極端正確的，但還不夠有力。要知一個革命運動，並
不僅是一種文化運動，而應是一種思想和行動的結合體。[17]

　　總結過去第一階段第三勢力運動之失敗，《聯評》給予深入的探討。在

---

[16]　胡越指的三個運動是：台灣的民主憲政運動、大陸的反共運動及海外的民主自由運動。胡越，
　　〈把三個運動連結起來〉，見《聯合評論》創刊號（民國47年8月15日）。

[17]　應宜，〈談八年來海外的民主自由運動〉，《聯合評論》第7號（民國47年9月26日）。

領導人方面，該刊認為：任何一個革命，在初期如果沒有一個具有獨特風格的領導人物，其成功之可能性是非常少的。換言之，不管是張發奎，或是顧孟餘；甚至張君勱，其領導風格與能力，均不足以領導起整個第三勢力運動。[18]而在定義正名上，過去使用「第三勢力」一詞，爭議性大且收效有限，不如改弦易轍，重新定調為「自由民主運動」或許效果更佳。因為若從自由民主運動的質與量看，自由民主運動本來就是一種絕大多數人起來過問國家政治的運動，所以，人民群眾的本身，即每一個自我的起來是很重要的。否則，這便不成為質豐量多的自由民主運動，而只是一種少數先知先覺的民主政治啟蒙運動了。[19]

　　至於在組織上，《聯評》以為，自由民主運動是一種在主觀上期其有成就的運動，在國家的客觀狀況上，是急切需要推動，急切需要發展的一種運動，所以，如何形成一個力量來推動它，便是一樁至為緊要的事，而且也是一樁極為迫切的事。那麼，究竟如何才能形成一種力量來推動它呢？顯然的，這就需要組織。民主反共是必須要組織的，不過這與極權反共的組織卻有不同。極權反共是用極權性的組織，自由民主反共則是用自由民主性的組織來反共。（以蔣介石反共失敗為例，證明極權式的反共是無濟於事的），所以用自由民主反共的方式才是最有力量的。[20]

　　但是說到組織，其方式是很重要的，組織重在健全，凡是一個有力量的組織，必求其自身的健全，因為有健全的組織，運用起來才能靈活，也只有靈活的運用，才可收到統一指揮與分工合作的功效，以之攻堅，何堅不破，像這樣一種得心應手的組織，才可以真正發揮他的妙用。而欲團結組織，先

---

[18]　應宜，〈談民主自由革命運動中領袖組織及理論體系的重要性〉，《聯合評論》第 11 號（民國 47 年 10 月 24 日）。

[19]　張舉，〈再論民主自由運動的幾個重要問題〉，《聯合評論》第 12 號（民國 47 年 10 月 31 日）。

[20]　黃聖明，〈論民主自由運動〉，《聯合評論》第 13 號（民國 47 年 11 月 7 日）。

要有精神綱領，根據當前的需要，製訂一個配合國際局勢，並能適合我國需要的精神綱領。因為今天的爭取民主，爭取自由，乃是向一個有組織，有思想，有武力的團體手中奪取，若是我們自己沒有一個足以克服他們的東西，那又憑什麼可以去與頑敵周旋呢？所以無論對外的號召，或者對內精神上的指導，都必須要有一個適合環境需要的思想理論體系。能以此為根據，張本，其在爭取民主自由，反對封建獨裁的進行當中，才能夠發揮宏效。[21]

《聯評》刊布的這篇文章，後面這番話最重要，有鑒於第一階段「第三勢力」一詞的爭議，如何建立第三勢力的思想理論體系是很重要的，《聯評》以為，只有使用「自由民主運動」，才能收攬人心，發揮宏效。另外，當時在香港的青年黨領袖李璜也稱，「第三勢力」這一名稱，乃在抗戰末期，在重慶時代，政府中以及中共中的少數人，對於主張「軍隊國家化，政治民主化」的人們，給予他們這一稱呼。「第三勢力」四字不通，在今日用之，尤其不通，因第三之上，必須有第一第二；如果假定中共是第二，則三者之間已有是非善惡之分，何況反共與共，勢難兩立，如何能相提並論，故爾不通！所以李璜也認為，「第三勢力」一詞根本不通，民主勢力才是第一勢力。[22]

此外，雷厲在〈悲痛苦悶中的呼聲〉文中也提到：「最近一兩年來，一部分留居港九及少數遠在國外的自由人士，一方面既對共匪的所行所為深惡痛絕，一方面也深感對台灣的合作無從下手，於是乃有所謂『第三勢力』的提倡。所謂『第三勢力』的涵義，直截了當言之，即欲於大陸與台灣以外，別樹一幟。……中國的自由民主運動，是與趨向自由的世界文化大流一致的；大陸淪陷十年，經中共的殘暴統治，中國人民已徹底覺悟自由民主的價值，這一普遍的意識覺醒，是今後中國自由民主運動不可阻擋的大動力。因

---

[21] 李翔，〈民主自由運動的當前幾個問題〉，《聯合評論》第 19 號（民國 47 年 12 月 19 日）。

[22] 李璜，〈談第三勢力〉，《聯合評論》第 49 號（民國 48 年 7 月 24 日）。

此我們堅信，目前中國自由民主運動，雖然一時難望有具體成就，但只要我
們能夠堅貞不二的貫徹下去，一俟機運成熟，它就會洶湧澎湃，主宰中國歷
史的方向。[23]

　　國民黨的黃宇人則認為，今日的自由民主運動，應該是一個超黨派的運
動，不但要把各黨各派中的民主自由之士團結起來，更要把各黨各派以外
——尤其是青年群中之民主自由分子一併聯合起來，才能形成一個偉大的自
由民主力量。我認為今日的自由民主運動，已不可能以某一黨派或某些黨派
為主力，也不應以推倒某一黨派，而由某一黨派或某些黨派取而代之為目
的。[24]

　　蕭輝楷則從文化的角度，論述第三勢力自由民主運動的樂觀前景，他
說：「今日海外的自由民主運動者，沒有軍隊，沒有財富，沒有任何從事具
體政治努力的具體憑藉，然而卻握有終將為舉世所普遍接受關於社會文化的
理想；今日自由民主運動者的努力，也正是環繞這些理想而作的努力——自
由民主運動者，自信業已抓住了真正的政治運動的根本。今日唯一可能為中
國社會所普遍接受的文化理想，是民主、是自由、是科學精神、是中國傳統
文化中的優良質素——這正是今日海外自由民主運動者，所以要大聲疾呼地
抨擊中共、批評政府所據的主要文化理念之所在。自由民主運動是今日歷史
的必然方向，任何已成的政治力量與軍事力量，對這一方向都必然不能阻
遏，因為它們不能把人心真正扭轉。自由民主運動者，具有足能旋乾轉坤的
文化理想，憑此即足從事其旋乾轉坤的政治努力，而這些努力亦終必獲致燦
爛的、震驚世人的成功。」[25]

　　蕭輝楷提到：「今日自由民主運動者的基本目標，在建立自由民主中

---

[23]　雷屬，〈悲痛苦悶中的呼聲〉，《聯合評論》第49號（民國48年7月24日）。

[24]　黃宇人，〈民主運動的我見〉，《聯合評論》第53號（民國48年8月21日）。

[25]　蕭輝楷，〈民主中國運動是無敵的——文化理想與民主中國運動〉，《聯合評論》第55號（民
國48年9月4日）。

國;為了建立自由民主中國,因此提倡自由民主,反對任何反民主的暴政,因此反對共產主義,因此反對現在中國的共產政權。……民主中國運動者的目標層次是異常明顯的,民主中國運動者和政府當然可以團結也應該團結,政府的根本是『中華民國憲法』,而這部憲法,至少這部憲法的主要精神,正是民主中國運動者的基本目標所在,因此朝野之間,一直便有其基本共通目標作為團結的基礎。政府如不違反民主憲政,朝野應該早已團結,政府如果一定要違反民主憲政如過去以至今日之所為,則民主中國運動者與政府之間便根本無從談到任何『團結』——自由民主中國運動者之反『朱毛匪幫』,是手段而非目的,最多僅能算是最低層次的目的,要叫自由民主中國運動者為反『朱毛匪幫』,而放棄其對於民主憲政的主張,甚至附和政府破壞民主憲政的作為,這是本末倒置,歸順投靠,無任何『團結』可說。」[26]

蕭輝楷的文章,具體展現《聯評》的基本立場,反共固然是第三勢力運動的核心目標,但堅持民主憲政也是第三勢力另一核心價值,此二者是並行不悖的,決不能因反共而犧牲民主憲政,這是不對;也是不可能的。換句話說,雖然第三勢力運動的聲勢已較前為弱,但秉持第三勢力的立場仍是屹立不搖的,即反對共產黨在中國的專制暴政;但也反對國府不遵守中華民國憲法,在台灣實施威權統治。

所以,作為第三勢力的自由民主運動,《聯評》語重心長的指出:「今天我們反抗的對象,是一個新興的,有龐大的嚴密組織,有精巧統治技術的中共……以及不但不擴大民主基礎,並且遺棄憲政原則,模仿共黨作風,急起直追要徹行一黨專政,因而造成反共陣容的內紛,而成為民主運動的一個障礙的國民黨。因此今天海外的自由民主運動,不僅被中共閉鎖於大陸之外,同時亦被國民黨排拒於台灣之外。」在這兩大阻壓之下,自由民主運動乃掉轉浪頭,一部分力量被壓縮變為自由亞洲的文化反共運動,流進南洋華

---

[26] 蕭輝楷,〈論「團結」〉,《聯合評論》第 69 號(民國 48 年 12 月 11 日)。

僑社會，與中共滲透工作相對抗；一部分力量則在以香港為中心堅持苦鬥，遲緩的艱辛的向大陸、台灣及國際空間擴張。[27]而這也就是，為何第三勢力運動需要改名「自由民主運動」的一大主因，因為在國、共兩黨夾殺下，第三勢力生存不易，為號召更多的人響應第三勢力運動，也許「自由民主運動」的訴求，較能吸引海內外廣大中國人的認同及支持吧！

## 三、《聯合評論》論述之內容

### （一）中國何以沒有民主？

　　既然自由民主運動，成為五○年代末期《聯評》第三勢力的主要政治訴求，那麼深刻探討中國何以缺乏民主；或何以中國沒有民主之傳統，就成為當時《聯評》論述之重點。在諸多討論的文章中，以外交家張忠紱的〈中國為什麼沒有民主？〉一文最具代表性，張文中提到：「我認為在中國古代書籍中，至多只能找到一點「民有」與「民享」的語調，卻絕對找不到「民治」的思想和痕跡。且民有與民享皆必須寄託於民治之上而始得有保障；若以君治或德治為前提，則未必真能辦到民有與民享。在中國古代書籍，古代思想中，我們縱然儘力去發掘，充其量，也只能找著一點民有與民享的思想，絕對找不著絲毫民治的思想與痕跡。」

　　「何以中國迄無民治的思想與理論？假使我們認定民主政治的組織成份為民有，民享，與民治，則我們不能不承認，民有與民享都必須寄託於民治之上。儒家的哲學，自孟子以後，雖有民有與民享的思想，但以君治與德治

---

27　胡越，〈海外民主運動的曙光〉，《聯合評論》第 74 號（民國 49 年 1 月 15 日）。

達到這種理想，卻不是長期可以辦到的事。」[28]張忠紱的文章，著重於從中國傳統的文化立論，認為中國過去的文化傳統中，就缺乏民主的要素，所以影響了了今日的政治，而使民主運動不能順利發展。

　　謝扶雅的文章〈中國如何才能走向民主？〉則強調：「民主思想是立基於個人自由之上的，個人本其自由意志而運用在管理大家的公事上，即成民主政體。我國傳統文化雖素承認『人之價值』，卻缺乏個人獨立自主的思想。儒家的倫理學說以父子、君臣、夫婦、兄弟、朋友五倫為骨幹；而這種倫常道德的根基則為對待主義的人生觀，與西方傳統的個人本位的人生觀大異其趣。」「至於中國另一主流的道家思想，雖確具個人自由氣味，然其內涵觀念，卻與西方哲學上的自由意志及法理上的人權自由，不但不同，而且恰好相反。」換言之，「自由意志」與「守法精神」是民主的基本核心價值，很遺憾的是，在中國文化中，正恰恰缺少這兩種核心價值。[29]

　　另外，民社黨的孫寶剛認為，「民主政治是不需要訓練和預備，而是在實踐中用自我教育的方法來完成的。中國能否走上民主，全看幹政治運動的這一群人，能否身體力行，至少有水準以上的品格，對於政治是有認識，把民主政治的理論，以及由理論而研究到政策，再由政策而組織起政黨，以促進這些政策，真正堅苦地去奮鬥，民主政治便不難上軌道。我希望今天在幹政治的人們，尤其是幹民主運動的人們，首先要有這個覺悟」[30]。

　　至於國民黨的「大砲」黃宇人，則從另一角度看問題，黃依舊強調台灣對民主改革的重要性，黃說：「在現局之下，唯有先促成台灣的民主改革，然後以此為基地，匯集海內外一切反共力量，發動反攻大陸，才是切實可行之道。關於民主改革台灣問題，民主改革，並不一定需要經過一度變亂。相反的，我們就是為了要防止變亂，才主張民主改革。民主改革，也不是一定

---

28　張忠紱，〈中國為什麼沒有民主〉（上），《聯合評論》第 159 號（民國 50 年 9 月 15 日）。

29　謝扶雅，〈中國如何才能走向民主？〉，《聯合評論》第 168 號（民國 50 年 11 月 17 日）。

30　孫寶剛，〈中國如何才能民主？〉，《聯合評論》第 169 號（民國 50 年 11 月 24 日）。

要某一個黨下台而由某一個或某幾個黨上台。我認為最基本的要求，是取消一人一姓的獨裁和特務統治，而代以民主與法治。」[31]黃宇人文章的意思很清楚，台灣要落實民主改革並不難，但先決條件是蔣氏父子，蔣介石要遵守憲法，推動民主改革；不可委由兒子蔣經國搞特務政治，實施威權統治。問題是，已丟掉大陸的蔣介石，只剩下台灣這個「小朝廷」，希其交出權力，無異是緣木求魚。

## （二）「反對黨」問題之探討

　　五〇年代末期，台灣島內以雷震《自由中國》半月刊為中心，在島內掀起一股籌組反對黨的輿論及風潮。[32]為因應此一風潮，在港的《聯評》亦發表多篇文章為之呼應。其中，最具一針見血批判的文章，當屬左舜生的〈中國何以不曾有像樣的反對黨出現？〉，左直言係因執政當局都有所謂的「黨軍」，更徹底一點說「黨軍」與民主制度是無可並的。只要一個國家以內有了所謂「黨軍」存在，政權便只能隨武力為轉移；如果有兩個以上的黨一樣都擁有武力，其勢不造成相互或循環的所謂革命，便惟有招致國家的分裂。所以左對台灣熱心建黨的朋友，不無挖苦執政當局言：「假定你們不能促成『黨軍』制的廢止，即令你們建黨有成，其結果依然要歸於失敗；整個民主制度既決不會在中國實現，而一個有力的反共政治號召，也終於無法形成。」[33]

　　李金曄的〈反對黨與民主中國運動〉一文則頗具代表性，李言：「現

---

[31]　黃宇人，〈從「花果飄零」說到民主改革台灣〉，《聯合評論》第 171 號（民國 50 年 12 月 8 日）。

[32]　薛化元，《「自由中國」與民主憲政——1950 年代台灣思想史的一個考察》（台北：稻鄉版，民國 85 年 7 月初版），頁 345。

[33]　左舜生，〈中國何以不曾有像樣的反對黨出現？〉，《聯合評論》第 8 號（民國 47 年 10 月 3 日）。

在，反對黨的出現，首先應該促成海內外在野黨派與民主人士的真誠團結，建立了這個廣大的呼應基礎，才能群策群力在台灣發揮監督實際政治的效能，並有效地推行地方自治。因此，反對黨雖因不滿國民黨當權派操縱台灣地方選舉，由檢討地方選舉進而產生，但其最後的目的，自絕不在於滿足於台灣省地方自治之民主化，而是在求中國政治之徹底實現民主。」

李金曄強調：「我們應該了解，該黨（中國民主黨）今天是在台灣與國民黨當權派作正義的鬥爭，其成敗，不僅是一黨的成敗，也關係中國民主政治的能否實現。在海外從事民主運動的人士，即使暫時或長期無法參與該黨的實際工作，也應該從各個不同的方向，予以盡善的支持；正因為該黨所要求的是完完整整地實現一個民主中國，因此；大家必須抱定我雖非該黨的成員之一，但祇要該黨的目標、行動一日不變，必須為共同的理想——民主中國作共同的努力。」最後，李金曄對雷震的「中國民主黨」更抱以無窮希望，認為這個新興的反對黨即將成立了，它的出現是依據中國憲政運動的發展歷史而誕生的，數十年來，中國人民一直在一黨專政的淫威下生存，雖然反對黨在現階段絕不能立時結束中國一黨專政的殘局，但至少是表徵中國有希望逐步地走向真正民主政治底坦途。[34]

對於台灣有可能成立真正反對黨的期盼，同為第三勢力運動主將的胡越，則沒有如此樂觀，胡越分析「五十年來，民主政治在中國失敗的癥結，在於中國人民沒有民主政治下，人民所應具備的觀念與習慣，而中國許多舊社會制度和觀念，又不盡適合於民主政治與民主生活方式。民主政治的重心既為『民治』觀念與組織，而中國傳統思想與習慣中，所最缺乏的又是『民治』觀念與組織。」[35]換言之，在中國人還沒有培養起「民治」的概念前，在台灣要成立合法反對黨，實行民主政治，無異是種奢求。

---

34　李金曄：〈反對黨與民主中國運動〉，《聯合評論》第 98 號（民國 49 年 7 月 8 日）。

35　胡越，〈中國民主運動的坎坷〉，《聯合評論》第 137 號（民國 50 年 4 月 14 日）。

　　胡越的憂心果然成真，國民黨怎麼可能同意雷震在台灣成立反對黨，最後以「知匪不報」羅織雷震下獄，關閉「自由中國」雜誌社，海內外引頸期盼的「中國民主黨」也胎死腹中，台灣依舊仍籠罩在國府的威權統治之下。[36]「雷案」爆發後，國府蠻幹之做法，讓第三勢力運動人士大失所望，所謂「哀莫大於心死」，是以在「雷案」事件後，《聯評》發表有關民主運動的文章，已明顯減少許多。揆其原因，大至有三點：1.對台灣當局深感失望，希望散佈在美國、歐洲、日本、香港的各階層的志士們，能夠迅速採取連繫，交流經驗，從互相合作與砥礪中，結成一條陣線。2.在各自的崗位上，對反共工作多加努力，我們要以事實證明，在反共復國工作上，比國民黨當權派更堅決，更有效果。3.與台灣的民主憲政的思潮保持呼應；在雷震等沒有恢復自由，國民黨當權派沒有拿事實證明轉向民主憲政之前，我們對台北絕不能再存任何幻想。[37]

　　針對香港第三勢力對台灣反對黨事件的愛莫能助，胡越深刻反省的說到：「海外的自由民主運動，在基本性格上，接近康梁的維新運動。他們的主張可以簡括為下列：1.堅決反共；2.忠愛中華民國；3.廢棄一黨專政一人獨裁，建立民主政治；4.在民主的基礎上，實現海內外反共力量大團結，決行反攻大陸，推翻中共政權。」但近十一年來，改革運動的被壓制，是不是會激成「台灣獨立運動」，是每個真正的中國人所痛恨的，這是不須說的，它並無客觀的必要性也是不待多說的，而且到目前為止，我還看不出它有任何成功的可能。但是如果任由國民黨當權派繼續胡作非為，恣睢專橫下去，會不會官逼民反，迫上梁山呢？那就很難說了。[38]胡越的遠見，事後證明確實如此，從「228」事件後，以廖文毅為首的島內外台獨運動，很大一部分，不就是蔣及國民黨的專制獨裁，不民主、反民主，「官逼民反」所逼出

---

[36]　馬之驌，《雷震與蔣介石》（台北：自立版，1993 年 11 月 1 版），頁 64。

[37]　胡越，〈中國民主運動的坎坷〉，同註 35。

[38]　胡越，〈從晚清變局看今日國勢〉，《聯合評論》第 154 號（民國 50 年 8 月 11 日）。

來的嗎？[39]

　　雖說如此，但《聯評》在紀念發行三週年之際，還是苦口婆心寄望於台灣國民黨當局，希望其能恢復早年發動革命時期的原始精神；以有效的步驟，來逐漸推行這部民主憲法，發揚民主，維護憲法。[40]然言者諄諄，聽者藐藐，開啟台灣民主政治的曙光，還要推遲到民國 75 年 9 月，「民主進步黨」成立後，「大江東流擋不住」，民主之根才在台灣開始茁壯成長。

## （三）關於蔣連任問題

　　民國 48 年下半年，圍繞於蔣連任第三屆總統是否違憲問題，在島內及海外，掀起一股「護憲和修憲」的大辯論。在這場論戰中，以左舜生、李璜等為首的《聯評》集團，頻頻在海外砲轟國民黨與蔣，言論之犀利，令國民黨十分頭痛與難堪。[41]早在離第三屆總統選舉還一年多以前，48 年 1 月 30 日，《聯評》即發表〈國家的命運不可依靠一個人〉一文，強調「凡人皆有死，蔣先生又何能例外？如果把國家的命運寄託在蔣先生一個人身上，蔣先生一死，國家豈不也完了。然而我們曉得：任何人都可以死，國家卻是不能死的。人亡政息是封建社會的人治悲劇，我們現在則必須從建立現代民主政治制度來拯治這一切毛病。我們必須把國家的命運寄託在政治制度上，而不是寄託在任何個人身上。然後國家的命運才不會因任何個人的死亡而死亡。這樣來為國家打算，才是真正愛國。」該文更嚴厲批判，那些謀使現任總統連任的人，並不是為了國家，也不是為了總統本人，其目的只是圖自身的既

---

[39] 陳正茂，〈廖文毅與「台灣再解放同盟」（上）〉，《傳記文學》第 94 卷第 1 期（民國 98 年 1 月），頁 4–6。

[40] 本報同人，〈紀念本刊的第三週年〉，《聯合評論》第 155 號（民國 50 年 8 月 18 日）。

[41] 黃嘉樹，《國民黨在台灣》（台北：大秦出版社，民國 85 年 6 月再版），頁 382。

得利益而已，暗諷拱蔣違憲連任的某些國大代表，根本就是自肥自己。[42]

　　不久，胡越更激烈的批評蔣氏，說到；「我們絕不相信今天中國非有某人便不可救，如果這個人一旦與世長辭，我們豈不只好坐待滅亡？我們絕不相信今天大陸以外大多數中國人會主張蔣氏連任總統。如果說這是民意，那就是侮辱民意，假造民意。蔣氏一生不應被任何人替代，大眾對蔣氏均具有一種神祕的不可思議的信仰心，這是臭不可聞的個人崇拜思想。」[43]

　　其後，《聯評》更以社論方式表明，「反對以一部分不足半數的國大代表，不合法，不量力，來摧毀這部由三千名以上代表所一致通過的這部法典，而為中華民國創下這樣一個將來無法補救的惡例。」「中國能否反攻復國，決於世界是否能有更大的變化，但世界的變與不變，卻與蔣是否續任總統無關。」[44]所以最後《聯評》更直截了當的表態，該刊的立場就是反對修憲，不贊成蔣連任第三任總統。針對台灣不斷有國大勸蔣連任之舉，李璜以嘲諷口吻寫下一篇〈「勸進」的歷史還要重演嗎？〉，舉例民初楊度勸袁稱帝之老把戲，其實不單只是楊度想求宦途，根本原因是袁本有此意，楊僅為配合演出罷了。所以李說到重點，毀法與否，乃亦在蔣先生一轉念之間而已。[45]

　　李文之後，左舜生跟著上場，左直接說明，其何以不贊成蔣連任第三屆總統的原因，「我承認反攻復國依然少不了蔣先生的領導，可是蔣先生站在總統的地位來領導，所領導者只是一小部分顧及既得權位的人；離開總統的地位來領導，則所領導者為一切反共者的全體……這關係蔣先生個人的成敗

---

[42] 唐人，〈國家的命運不可依靠一個人〉，《聯合評論》第 25 號（民國 48 年 1 月 30 日）。

[43] 胡越，〈蔣真要連任第三屆總統嗎？──從美聯社一段電訊說起〉，《聯合評論》第 38 號（民國 48 年 5 月 8 日）。

[44] 本社同人，〈反對修憲──不贊成蔣連任第三任總統〉，《聯合評論》第 39 號（民國 48 年 5 月 15 日）。

[45] 李璜，〈「勸進」的歷史還要重演嗎？〉，《聯合評論》第 40 號（民國 48 年 5 月 22 日）。

還小，關係國家的命運者則甚大，故期待蔣先生毅然作下最後的決定」。[46]
而對當時台灣島內甚囂塵上的擁蔣連任第三屆總統，左再度撰文指出：「中
國的總統，依據現行憲法是六年一任，而且硬性規定，任何人擔任總統，最
多只以兩任為限，換言之，即無論如何不能超過一十二年。過了十二年還要
做下去，聽憑你變出何等花樣，不是毀法，便是違法」。[47]

　　6 月 3 日，民社黨黨魁張君勱也從美國舊金山，公開致函蔣，呼籲蔣不
要連任，將國家重擔交給新人。[48]而李達生的文章更加辛辣，他認為蔣氏已
經是個理性幾乎完全被封閉的人，已根本失掉正確辨別是非善惡的能力，如
此之人，而又如何會不聽一群從龍的宵小之擺佈呢？所以他為蔣氏惜，他曾
是民族英雄，如今竟陷溺如此境地，寧不令人萬分地感慨。[49]而為了維護憲
法的尊嚴，有讀者投書刊登在《聯評》，提到「顧憲法之為物，若尊之、崇
之，更從而信守之；則誠屬神聖不可侵犯，而具有無上之威權；若背之、棄
之，更從而玩弄之；則其價值，曾不若一張廢紙。憲法四十七條，明白規
定；總統副總統僅得連任一次，今乃必欲毀之棄之，悍然作三次連任之企
圖，寧非自毀法統，自棄立場。蔣總統縱不自惜，奈何竟不為國家命脈稍留
一線生機耶！」[50]另外，讀者馬新谷也投書為蔣歷史地位可惜，「我為珍重
蔣總統個人的歷史計，願他立即痛下決心，當機立斷，順從各方面輿論讜
言，鄭重宣示，不再連任，以在野之身，促進政府進入民主自由的途徑。最
後我再進一言，權力是暫時的，令德是永久的，這兩句話，願蔣總統三思
之！」[51]

---

46　左舜生，〈蔣總統連任問題〉，《自由人半週刊》第 856 期（民國 48 年 5 月 20 日）。

47　左舜生，〈再談蔣連任問題〉，《聯合評論》第 41 號（民國 48 年 5 月 29 日）。

48　張君勱，〈張君勱勸蔣總統不必連任〉，《聯合評論》第 47 號（民國 48 年 7 月 10 日）。

49　李達生，〈借箸為蔣總統一籌（一）——兼論國人所以阻他再度連任的主要原因〉，《聯合評
論》第 50 號（民國 48 年 7 月 31 日）。

50　康越，〈勸退書〉，《聯合評論》第 53 號（民國 48 年 8 月 21 日）。

51　馬新谷，〈為蔣總統著想〉，《聯合評論》第 61 號（民國 48 年 10 月 16 日）。

　　對蔣執意三連任總統，破壞憲政體制，左在是年 10 月 23 日，再以〈對蔣總統連任問題一個最後的陳述〉言及：「我之所以不贊成蔣總統連任，決不是我否定蔣總統個人的威望確實高出今天臺灣的任何個人之上，乃是希望蔣總統退居國民黨總裁的地位，趕快找出一個替人，加以提挈與扶持，使其人的威望也逐漸可以養成，凡此都是為了如何拖的一種打算。如果對內靠蔣總統一人的威望以資鎮撫，對外也靠蔣總統一人的威望以資維繫，一旦到了蔣總統終於不能不倦勤的一天，那個時候急切求一替人而不可得，臺灣在內外形勢交逼之下，便難免不發生空前的危險，乃至無法可以渡過這一難關，這是我個人四五年來所抱的一種隱憂，到了今天，我不能不坦率的說出。……如蔣總統終於非再度連任不可，則無論用任何方法，都是對憲政的一莫大打擊。」。[52]

　　12 月中，國民黨派胡健中至港，主要任務在勸此間國大代表能返台投票，為蔣連任勸說，左不為所動，並私下對胡健中表示：「如蔣先生完全不顧一切，後果實極嚴重，中華民國傾覆，大家同歸於盡」。[53]49 年 2 月 19 日，《聯評》上刊載，由左舜生、李璜、張君勱、張發奎、黃宇人、勞思光、伍藻池、謝扶雅、許冠三、李金曄、王厚生、趙聰等數十人連署的〈我們對毀憲策動者的警告〉一文，堅決反對蔣毀憲競選第三屆總統。文中提到：「我們在這裡警告國民黨當權派，及在臺灣的國大代表：我們要認清，這一毀憲連任的事件，在歷史上將成為分別邪正和決定成敗的大關鍵；它考驗中國人的智慧，也考驗中國人的良心。我們切盼國民黨當權派能夠懸崖勒馬，也深望各位國大代表能夠自愛自重，不要做毀憲禍國的歷史罪人，不要

---

52　左舜生，〈時局諍言──對蔣總統連任問題一個最後的陳述〉《聯合評論》第 62 號（民國 48 年 10 月 23 日）。

53　〈王厚生致雷震──胡健中到港為蔣中正三任遊說國大代表赴臺〉，傅正主編，《雷震秘藏書信選》（台北：桂冠版，1990 年 9 月初版），頁 419－420。

讓敵人稱心快意而坐收其利」。[54]其後，《聯評》對蔣違憲連任第三屆總統，乾脆以「非法總統」或「偽總統」字眼出現於報端。[55]

總之，對蔣的第三任總統，《聯評》始終認為，其屬非法的道理很簡單，即「中華民國的總統，必須依據憲法始能產生，憲法既不修改，即不能有任何人於其做過兩任以後，再做第三任，做第三任即完全於法無據。」[56]話雖如此，但在蔣蠻幹已就任第三屆總統後，一切已成定局，曾經窮追猛打的批蔣文章，也就慢慢的淡化了。

## （四）「自由中國事件」的聲援和批判

有關《自由中國》半月刊之創刊，原本是在大陸淪陷前夕，一群渴望民主自由的知識份子，在雷震主導下，推胡適為精神領袖，以實行民主政治，支持蔣介石反共國策為前提，於民國 38 年 11 月 20 日發行問世的。該刊創辦之始，曾獲蔣之首肯，甚至還得到教育部等官方機構的贊助。[57]而晚期的《自由中國》卻不但頻受圍剿，甚至隱隱成為台灣民間對抗國民黨政府的精神象徵，其起伏跌宕，可說見證了五〇年代，台灣人渴望民主自由的一部辛酸史。

民國 45 年 11、12 月間，大抵是官方圍剿《自由中國》的第一次，由於《自由中國》在第 4 卷第 11 期刊登〈政府不可誘民入罪〉社論，引起時為台灣省保安司令部副司令彭孟緝的不滿，釀成風波，國民黨要求《自由中

---

54　〈我們對毀憲策動者的警告〉，《聯合評論》第 78 號（民國 49 年 2 月 19 日）。

55　如：直夫，〈非法總統即將產生〉，《聯合評論》第 83 號（民國 49 年 3 月 25 日）。本社同人，〈我們決不承認非法總統〉，《聯合評論》第 90 號（民國 49 年 5 月 13 日）。達時，〈蔣「總統」談光復大陸〉，《聯合評論》第 100 號（民國 49 年 7 月 22 日）。

56　本社同人，〈我們決不承認非法總統〉，《聯合評論》第 90 號（民國 49 年 5 月 13 日）。

57　〈雷震日記——第一個十年（一）〉（1949 年 10 月 26 日）。傅正主編，《雷震全集》（31）（台北：桂冠版，1989 年 3 月初版），頁 349。

國》於次期另發社論修改登出，引起在美胡適的憤怒。胡適為此寫信給雷
震，要求辭去發行人一職，以表達對軍事機關干涉言論自由的抗議。胡適信
披露於《自由中國》第 5 卷第 5 期，此舉更令國民黨高層震怒，學者薛化元
即認為這是《自由中國》與國民黨正式爆發衝突之始。[58]而當年亦為《自由
中國》雜誌撰稿人的夏道平也說：當年的「自由中國社」，保護傘是聲望高
的名義發行人胡適，火車頭是衝勁大的實際主持人雷震，假如沒有他們兩
位，這個刊物很可能在不滿兩歲的時候，就因〈政府不可誘民入罪〉那篇社
論而被捉人停刊。[59]

　　假如說，國民黨因〈政府不可誘民入罪〉一文而開始攻擊《自由中國》
算是和風細雨，那麼民國 45 年 10 月 31 日，《自由中國》第 15 卷第 9 期推
出的「祝壽專號」，收胡適等 15 位知名言論、政治領袖的建言，結果惹怒
國民黨高層引來的撻伐，那就是狂風暴雨了。就在「祝壽專號」刊出的隔月
12 月，由蔣經國控制的國防部總政治作戰部，即以「周國光」名義，發出
極機密之特種指示，展開名為「向毒素思想總攻擊！」的輿論圍剿行動，而
此毒素思想指的就是刊登在《自由中國》上面的文字；甚至還涉及到胡適所
主張的自由主義思潮。[60]

　　「祝壽專號」雖引起國民黨高層的不悅，但因《自由中國》尚可為台灣
國府對外宣傳、妝點些許民主自由之門面；且發刊已久，在海內外擁有廣大
的閱讀群，有其輿論的重大影響力。所以，國民黨雖曾發動清剿，但還是因
為投鼠忌器，最後暫且隱忍下來了。豈料，民國 46 年 8 月 1 日，《自由中
國》第 17 卷第 3 期社論，在檢討國民黨的反攻大陸政策時，提出中肯的〈今
日的問題之（二）：反攻大陸〉，卻觸動了國民黨的最敏感神經，國民黨認
為該刊是在鼓吹悲觀的「反攻無望論」，所以，《自由中國》與國民黨的緊

---

58　薛化元，《「自由中國」與民主憲政——1950 年代台灣思想史的一個考察》，同註 32，頁 93。

59　馬之驌，，《雷震與蔣介石》，同註 36，頁 132－133。

60　雷震著、林淇瀁校註，《新黨運動黑皮書》（台北：遠流版，2003 年 9 月初版），頁 25。

張關係，已到了無可挽回的地步。[61]其後，因該刊批判國民黨的力道越來越強，所提訴求愈來愈高，如攻擊國民黨的「一黨專政」、要求成立反對黨等等，令國民黨再也無法隱忍。於是，一場由陳懷琪署名投書的所謂「陳懷琪事件」，拉開了圍剿《自由中國》的大幕。[62]

就在台灣島內國民黨的御用媒體，連篇累牘的批判《自由中國》之際，冷眼觀察的《聯評》在香港發文跨海聲援了。胡越在〈為「自由中國」說幾句話〉文中，將《自由中國》在言論上之影響力，拉高到與《新民叢報》、《新青年》、《大公報》並駕齊驅，並認為因該刊長期鼓吹民主憲政，當然引起國府之嫉視。胡越更直接指出，《自由中國》之所以遭國民黨仇視，在於雙方彼此的理念南轅北轍有關。例如：「《自由中國》主張民主政治，而他們則妄想保持家天下的獨裁權力與一黨專政的體制；《自由中國》主張軍隊國家化，而他們則固執黨軍制度；《自由中國》主張自由教育，而他們則屬行黨化教育；《自由中國》主張言論自由，而他們則想統制言論；《自由中國》要求司法獨立保障人權，而他們則破壞司法縱容特務濫行捕人押人；《自由中國》主張以自由民主的方式反共，而他們則妄行以共黨方法反共。由於這些根本衝突，以致《自由中國》的每一言一字都使國民黨當權派感到針心刺目，因而誤會主辦《自由中國》的一群人有意與他們處處為難，存心仇對。因此他們之渴欲消滅《自由中國》由來已久了。」

胡越在文章的結尾，更感慨係之的說到：「我常想，這十年來如果沒有《自由中國》雜誌，該多麼黑暗與寂寞！《自由中國》是反共中國的一盞燈，並且應是不熄的長明燈！有了這份能批評敢批評政府的雜誌，所稱自由中國才有自由的味道，在國際友人及海外僑胞的心目中，台灣較大陸才的確

---

61 〈今日的問題之（二）：反攻大陸〉，《自由中國》第 17 卷第 3 期（社論）（民國 46 年 8 月 1 日）。

62 范泓，《民主的銅像——雷震先生傳》（台北：秀威版，2008 年 4 月 1 版），頁 203-208。

有不同！」[63]

　　而左舜生在評論「陳懷琪事件」時，更直言此事件，根本就是國民黨對《自由中國》的第二次圍剿。[64]香港《祖國周刊》則認為，陳懷琪控告《自由中國》一事，「顯然不是單純的司法案件」，而是國民黨有意藉此封閉《自由中國》、並使雷震入獄，若果真如此發展，無異宣告言論自由死亡、希望幻滅，必將引致反共陣容徹底決裂。[65]另外，萍士在〈由雷震想到洪亮吉的故事〉文中，也聲援雷震，提到雷震如同清朝的洪亮吉，因上書批評朝廷剿匪苗亂之失，激烈敢言，獲罪於嘉慶皇帝。初時雖被貶戍伊犁，但以其見義勇為，言人所不敢言，精誠所至，最後嘉慶皇帝不僅赦免他，且將其建言列為座右銘。古代專制皇帝尚有此胸襟雅量，反觀國民黨，其排除異己，羅織罪名欲加害雷震及關閉《自由中國》雜誌，兩相比較，實今不如古矣！[66]

　　國民黨不僅對《自由中國》發動圍剿，連原本較傾向國府的香港《自由人》三日刊，也因時有刊載若干批評國府之論的文章，遭國府禁止進入台灣，導致經費困難而停刊。[67]所以當胡適在《自由中國》創刊十週年紀念會上，發表「容忍與自由」演講後，《聯評》意有所指的又刊載胡越的另一篇聲援文章〈胡適之的苦心孤詣〉，文中提到：「今天自由中國還有一點自由的光亮，一點復興的生機，多少就靠著還有《自由中國》這類表達自由意見

---

[63]　胡越，〈為「自由中國」說幾句話〉，《聯合評論》第 30 號（民國 48 年 3 月 13 日）。

[64]　左舜生，〈略論最近台北爆發的陳懷琪事件〉，《聯合評論》第 29 號（民國 48 年 3 月 6 日）。

[65]　社論，〈論陳懷琪投書事件〉，《祖國周刊》第 25 卷第 11 期（1959 年 3 月 16 日），頁 4－5。

[66]　萍士，〈東溪雜談——由雷震想到洪亮吉的故事〉，《聯合評論》第 46 號（民國 48 年 7 月 3 日）。

[67]　有關《自由人》三日刊始末，可參考陳正茂，〈動盪時代的印記——《自由人》三日刊始末〉，《傳記文學》第 87 卷第 4 期（民國 94 年 10 月），頁 18－35。

的刊物。假使這類刊物也一律不許存在，那真是不堪設想！」[68]問題是，在國民黨威權統治鞏固後，最後一點的遮羞布也視為不必要了，繼《自由人》停刊，《祖國周刊》遭打壓，《自由中國》的最終下場，也就可想而知了。

## （五）「雷案」後的嚴辭批蔣

民國 49 年 9 月 9 日，就在蔣違憲當選第三任總統後不久，台灣島內又爆發了震驚中外的《自由中國》半月刊發行人雷震被拘捕事件，史稱「雷震案」或「雷案」。在「雷案」發生不到一週內，《聯評》旋即發表總編輯左舜生的文章，認為「雷案」根本就是國民黨當局一個預定的陰謀，其目的不僅在使《自由中國》不能繼續出版，同時也再使籌組中的「中國民主黨」無法成立。[69]左言：「這不一定是雷震等個人的不幸，實在是中華民國民主憲政前途，以及人民一切基本自由與人權保障一種空前的威脅！……這一民國政治史上空前的重大事件，將繼續發展，其給予海內外一般人心刺激的深刻，以及可能發生的惡果，目前尚難預測。」[70]因此，左代表《聯合評論》立場，希望政府立即釋放雷震。

9 月 16 日，《聯評》特別以「援雷專號」表達〈我們對雷案的認識和主張〉的立場，強調 1.先捕人後派罪名，是蹂躪人權的暴行。2.以〈戒嚴法〉為壓制人民的工具。3.我們對雷案的主張，我們並非對於《自由中國》的言論全部同意，而乃認為當權者如此不問有無犯罪事實，也不依循法定程序，而任意捕人，然後再派罪名，甚至以〈戒嚴法〉為壓制人民的工具，是一種不可容忍的暴政。……因此《聯評》嚴正提出三點要求，即：1.立即釋放雷震；2.懲辦此次先捕人後派罪名的負責人員；3.向全國人民保證此後不

---

[68]　胡越，〈胡適之的苦心孤詣〉，《聯合評論》第 68 號（民國 48 年 12 月 4 日）。

[69]　陳正茂編著，《左舜生年譜》（台北：國史館印行，民國 87 年 12 月初版），頁 253。

[70]　左舜生，〈主張立即釋放雷震〉，《聯合評論》第 107 號（民國 49 年 9 月 9 日）。

再有同樣事件發生。[71]同期，該刊復以「雷震被捕香港民間輿論特輯」發表一系列香港民間自發性的援雷文章。另外，也刊布李璜、左舜生、孫寶剛、李金曄、孟戈、徐亮之、胡越等人的聲援雷震及批判國府的評論。[72]

旅美知名人士謝扶雅的投書更為激烈，謝不僅呼籲釋放雷震，更提出立即黜逐蔣經國出台灣（實在應當把他處死，以平海內外人士之公憤）、鼓勵今正組織中的反對黨使早日成立、召集海內外自由中國人民所選出之代表至台開國民會議，訂定反共復國綱領，及革新現政府計劃等三點訴求。謝說，倘不照如此做，則自由中國必將與大陸同其劫運，而翻身之日更渺茫了。[73]為積極聲援雷震，左舜生和李璜更與香港民主人士，在香港格蘭酒店召開記者會，參加者有新亞書院教授及新聞文化界人士。左等認為雷震是愛國的、反共的，也是為民主政治運動的奮鬥者。台灣當局此舉，香港方面的民主人士，將依據聯合國〈人權宣言〉，向聯合國控訴，請求人權保障。[74]

10 月 5 日，眼見國民黨當局毫無釋放雷的跡象，左與李璜、李達生、岑盛軒、梁友衡、徐亮之、許子由、許冠三、黃宇人、陳芝楚、孫寶剛、勞思光、劉子鵬、劉裕略、羅鴻等多人，聯名致函聯合國人權委員會，呼籲聯合國有關組織及時聲援雷震。電文中言：「國民黨當局以《自由中國》半月刊的言論『構成叛亂的罪證，其為斷章取義，故入人罪，已昭然若揭。中華民國政府當局此等迫害言論出版自由及蹂躪人權的不法行為，實為對聯合國人權宣言第三、第九、第十一及第十九條款的公然蔑視。倘不及時予以制止，則人權宣言必將失去其存在的意義』」。[75]

10 月 14 日，「雷案」判決後，左更沈痛指出：「總而言之，統而言

---

[71] 本社同人，〈我們對雷案的認識和主張〉，《聯合評論》第 108 號（民國 49 年 9 月 16 日）。

[72] 同上註。

[73] 謝扶雅，〈「自由中國」終於被扼殺了！〉《聯合評論》第 110 號（民國 49 年 9 月 30 日）。

[74] 傅正主編，《雷案震驚海內外》（台北：桂冠版，1990 年 9 月初版），頁 112。

[75] 雷震，《雷震回憶錄》（香港：七十年代雜誌社出版，1978 年 11 月初版），頁 180-181。

之，臺北當局要消滅《自由中國》這本雜誌，要消滅雷震這個人，要消滅一
個將要出現的新黨，這是他們早已確定的決心，無論上訴也罷，不上訴也
罷，他們一定要蠻幹到底，其他一切的『手式』，一切的『表情』，一切的
『穿插』，不過只是加重這一事件戲劇化的氣氛，大抵無關宏旨。所可惜
的，他們編戲的技術過於拙劣，因之漏洞百出，讀者如果真要了解臺灣這十
年究竟是什麼人在幕後胡鬧，我便奉勸先看看我那篇〈由『吳案』『孫案』
到『雷案』〉的長文，才比較的能得要領。我們繼此要說的話還很多，這件
事決不會如此了結，這是可請大家放心的」。[76]

　　12 月 2 日，左再度發表對「雷案」覆判後的感想，對於蔣之不能特赦
雷震，嚴辭譴責其表現了一種軍人蠻幹到底的特質，不失為東方一個碩果僅
存的標準獨裁者；同時也通明透亮表示了他對民主絲毫不能理解，絲毫不感
興趣，不惜以走極端的態度，甘冒天下之大不韙，向國內外一切主持公道與
正直的人士挑戰。[77]直到民國 53、4 年，蔣為團結反共力量，決定舉行「陽
明山會談」和召開「反共建國聯盟會議」，廣邀在野黨領袖回台參加會議。
但是左及李璜和民社黨領導人張君勱等表示，渠回台的條件是當局必須立即
釋放雷震，在雷震尚屬「階下囚」時，他們無法來台作「座上客」。由於國
民黨當局不肯接受其要求，最後他們拒絕赴台。[78]

　　綜觀《聯評》發行六年餘，從言論內容來看，「為民主而反共」與「為
憲政而反蔣」，始終是該刊立論的主要核心理念。舉例而言，民國 49 年
初，當蔣欲違憲連任第三屆總統時，《聯評》即對蔣的違憲之舉，連篇累牘
的進行強烈嚴厲的批判。該刊曾發表〈我們對毀憲策動者的警告〉的聯合聲
明，希望國民黨當權派和國大代表，不要做毀憲禍國的歷史罪人，不要做出

---

[76] 左舜生，〈雷案判決感言〉，《聯合評論》第 112 號（民國 49 年 10 月 14 日）。

[77] 左舜生，〈雷案與團結〉，《聯合評論》第 119 號（民國 49 年 12 月 2 日）。

[78] 周淑真，《中國青年黨在大陸和台灣》（北京：中國人民大學出版社出版，1993 年 11 月初
版），頁 292－293。

「親痛仇快」之事。同年 9 月，「雷案」爆發，《聯評》也出版「援雷專號」，撰述數十篇文章，對台灣國府當局大加撻伐，指出台灣當局濫用〈戒嚴法〉，迫害人民言論、出版、結社等自由，要求應無條件立即釋放雷震，否則將向聯合國提出控訴。總之，在「援雷」議題上，該刊言論之犀利，砲火之猛烈，在當時海內外刊物中，可說是空前絕後。

## （六）「第三勢力」運動成敗的徹底檢視

　　就在香港第三勢力運動進入尾聲之際，《聯評》內部也出現一股檢討之聲，朱狷夫首先拋出議題，提及有些人認為，以文化工作為基調的自由民主運動不夠勁，因不能採取革命行動，故空虛無用。也有些人認為，自由民主運動不組黨，太不具體，且當前的自由民主運動，客觀困難太大，路途太遙遠，而且影響有限，得不到社會鼓勵。[79]

　　在一片質疑的聲浪中，讀者嚴端正投書，他認為還是回歸第三勢力運動名稱較恰當。嚴說：「只有第三勢力才最適合未來中國。未來中國決不是舊政權復辟，也不會是共黨政權的任何變相延伸，未來大陸也不是抗戰勝利後去接收那樣簡單，而中共又根本不可救藥，所以大陸上大多數人民的傾向是由第三勢力統治未來的中國。大陸人民們意識的第三勢力與未來中國，當然不是第三勢力中的任何個人的繼蔣毛而統治。大陸人民所意識的第三勢力乃泛指一切反共而又並不擁蔣的民主力量而言。將來從共產黨中反叛出來的力量也是第三勢力，其它一切反共愛國的民主人士及民主黨派或團體當然也都是第三勢力。」[80]

　　嚴文所稱的第三勢力運動，其實仍未脫第一階段論述的基調，仍是以

---

[79]　朱狷夫，〈關於中國民主運動的幾個問題〉，《聯合評論》第 176 號（民國 51 年 1 月 12 日）。

[80]　嚴端正，〈我從大陸逃出來找第三勢力——讀者投書〉，《聯合評論》第 198 號（民國 51 年 6 月 22 日）。

「反蔣非共」為代表第三勢力的主軸，敘述籠統缺乏新意，所以要爭取廣大華人的支持與認同並不易。五〇年代末，雖說第三勢力運動已呈強弩之末，但堅信者仍審慎樂觀地認為：「本著適應於中國的一套理想，獨立地奮鬥，以團結同志，才是救國和反共力量的真正路線。易言之，第三勢力，確是中國命運之所繫。」[81]孫寶剛以為，「第三勢力是在不同的環境下，二元發展的，主力是在大陸上，一部在海外，兩部力量配合起來，才成了真正救中國的一個力量。海外的中國人要多做一些思想的功夫，為大陸人民準備一條思想的出路。假如我們為他們預備了這套思想體系的話，便是增加了大陸上的不滿毛政權的人民以一個很大的力量，力量就是勢力。」[82]基本上，孫的說法並沒錯，第三勢力確實急需要建構一套理論體系，以為行動的綱領，問題是，延續第一階段的毛病，只有高亢的口號，而乏具體的行動，又無縝密的理論，第三勢力運動到最後焉能不敗。[83]

　　孫寶剛義正辭嚴的表示，第三勢力是一個革命的組織，它站在人民的立場，使為害人民與國家利益的現政權顛覆，或加以徹底的改革，使其所作所為能符合人民和國家的利益。我們絕對是一個為了達成這個理想而組織的組織，絕對不是糾合了一批親朋故舊，以形成一個力量，想把現政權征服，並取而代之。我們和現政權是正義和不正義，自由和不自由，平等和不平等的鬥爭，絕不是權力的鬥爭。[84]

　　相對於孫寶剛對第三勢力運動「正當性」之大義凜然，宗教思想家謝扶雅則更樂觀的提及：「近月以來，自中國大陸逃出香港的一些有心人士，宣稱他們並不是為逃亡而逃亡，卻是來到海外找尋『第三勢力』。他們認為大

81　孫寶剛，〈第三勢力何在？〉，《聯合評論》第 199 號（民國 51 年 6 月 29 日）。

82　孫寶剛，〈論第三勢力〉，《聯合評論》第 201 號（民國 51 年 7 月 13 日）。

83　陳正茂，〈第三勢力運動史料述評：以《自由陣線》週刊為例〉，見陳正茂編著，《五〇年代香港第三勢力運動史料蒐秘》（台北：秀威版，2011 年 5 月 1 版），頁 38–44。

84　孫寶剛，〈武力，財力和勇氣〉，《聯合評論》第 208 號（民國 51 年 8 月 31 日）。

陸人民已都厭憎中共，但亦不再望蔣介石自台灣回去統治中國，所以只有新興的第三勢力才能把新中國建立起來。果使他們這番話代表今日中國大多數人民的公意，毛共與蔣家雙方皆已對中國人喪盡信用，而自再無『勢力』可言。然則所謂『第三勢力』，情勢演進到了今天，實成為中國人民所共企嚮的『唯一』勢力，不必說什麼『第三』不第三了。今日大陸和台灣，實質上兩者皆不是什麼勢力。」

　　謝扶雅更說到彼時在港及大陸的反共、反蔣組織：「近兩年來，大陸抗暴義士，風起雲從，內外暗相結合，組成了革命性的『中華自由軍』，以急起解救顛連於水深火熱中的六億同胞為職責。同時，超黨派及全球華人聯合性的『自由中國大同盟』，行將組織就緒，標榜（1）政治民主，（2）經濟眾有，（3）學術獨立三大原理，以建立真正民主憲政之中國自期。在這一全民革命運動中，實已包含著無數的無名孫中山黃興，而大陸上亦潛伏著不少如黎元洪之輩，所以它的成功，直是指顧間事。」[85]當然，謝的盲目樂觀，終抵不過潮流局勢的發展，最終仍是落得空歡喜一場。

　　對比謝的盲目樂觀，有豐富政治經驗的黃宇人，在檢討十餘年來第三勢力運動之挫敗，說的比較平實中肯。黃宇人說：「自大陸變色後，流亡在外的許多知識份子，首倡反共產，反極權的自由民主運動。這可說是『順乎天理，應乎人心，適乎世界潮流，合乎人群需要』的一種運動。然而十餘年來，為何一無所成呢？有人歸咎於台灣方面的破壞，但根據我（按：指黃宇人）的身歷目睹，我認為最大的原因，乃是由於標榜自由民主的若干領導人物，對於自由民主的真諦，並無深切的認識和了解。由於認識不夠，他們雖然滿口自由民主，而卻沒有信心。既無信心，自更不能耐窮。……總之，不能固窮，似乎是中國知識份子的通病；並不限於自由民主陣營才有此現象。但在自由民主陣營中的知識份子，尤其是所謂領導階層人物，假如不能自己

---

[85] 謝扶雅，〈「一個勢力」·「一個」中國〉，《聯合評論》第 208 號（民國 51 年 8 月 31 日）。

首先除去這個致命的痼疾，則影響所及，更將增加自由民主運動進程中的困難，而延長國家民族的災難。」[86]

黃宇人在《聯評》的這篇文章，可謂擲地有聲，其重點為他堅信象徵第三勢力的「自由民主運動」並未不合時宜，反而是順天應人深得民心的一股運動；其之所以失敗一事無成，乃在於高層的領導人，尤其是知識份子「坐而言，不能起而行」的毛病所致；兼以不能固窮，缺乏信心的結果。所以，黃宇人對第三勢力領袖之領導風格，不僅有「恨鐵不成鋼」的批評，其心情更是憂心忡忡的。

而楊用行與黃宇人之看法，也是英雄所見略同，楊提到：「自大陸淪陷，民主反共愛國人士到香港創辦刊物，發為民主自由言論，隱隱中被人目為第三勢力，或自稱為第三勢力。海外民主人士言得太多，而行得太少。（如：沖繩練兵、滇緬邊區建基地）十三年以來，民主人士的行動在那裡呢？不說趕不上孫黃等人之拋頭顱灑鮮血，甚至也比不上維新諸君子的行動吧！於是，這就使人覺得貴刊和民主人士的言論，在主觀意願上，雖然是高明的，客觀內容上，雖然是充實的，但若察其言觀其行的話，就不免有秀才造反之感了。」[87]好一句秀才造反，徒有理想，空喊口號，而乏行動力，其最後結果不是三年不成，而是偃旗息鼓風流雲散矣！

在《聯評》一片真誠徹底的檢討聲中，作者、讀者大家唇槍舌劍，各抒己見，眾聲喧嘩，好不熱鬧。其中有附和者，亦有反對者，例如同屬民社黨的劉裕略，對孫寶剛的看法就南轅北轍，孫認為第三勢力不是要奪取政權，取代國、共兩黨，劉則不以為然的認為，「究竟什麼才是一個完整而健全的第三勢力呢？我以為它本身至少應該在力量上是自立獨立的才行。因此，所謂第三勢力，它本身也一定應該有它自己的基本戰鬥組織和基本的政略戰略

[86] 黃宇人，〈知識分子與國運〉，《聯合評論》第 211 號（民國 51 年 9 月 21 日）。
[87] 楊用行，〈讀者投書：書生造反，何以三年不成？〉，《聯合評論》第 214 號（民國 51 年 10 月 12 日）。

乃至運用才是；既曰第三，勢必就與第一第二有異，既曰第三，勢必就為第
一第二所不容，既曰第三，其本身就勢必要有壯志雄圖，取第一第二而代
之，最後成為國家民族的主宰，因此，所謂第三，便只是它在與第一第二勢
力同時存在的一種過程。」

「第三勢力它的最終目的，當然應該在代表第一第二勢力而統治中國，
並不只是在形勢上多一個第三，更不只是僅僅在第一第二勢力之外，另掛一
個旗號而已。嚴格說來，第三勢力只是它的創建和發展過程中的一個階段。
它是隨時可以而且也是隨時應該由第三變第二，再由第二變第一的。正因為
第三勢力的第三，並不是它的永遠形勢，而第一第二與第三之間，又必然充
滿鬥爭與運用，所以，要維持第三，固然要有它的單位性，固然要有它的基
本組織和基本立場，而要進而克服第一第二勢力，它也是更需要政略戰略的
運用的。何況，今日之共黨，乃靠『武裝革命』起家，國民黨也一直以革命
作號召，若第三勢力本身不能先自成為與第一第二勢力鼎足而三的一個戰鬥
單位，試問，又何有第三勢力之可言？」[88]

最後，劉裕略以三國時代諸葛亮助劉備為中國歷史上一個最具典型的第
三勢力的例子，不承認抗戰時期的「民盟」為第三勢力。當然他也承認，今
日之第三勢力與中國歷史上的第三勢力誠有不同，但需要組織，需要號召，
需要政略戰略，需要真正的戰鬥則一。

## 四、結論：第三勢力的落日餘暉
### ——《聯合評論》的風流雲散

自「戰盟」結束後，香港的第三勢力運動陷入低潮期，直到民國 47 年

---

[88] 劉裕略，〈論中國歷史上的第三勢力與現代的第三勢力〉，《聯合評論》第 218 號（民國 51 年
11 月 9 日）。

初，為回擊中共的統戰攻勢，及與台灣雷震等人的組黨運動相呼應，部分在港的第三勢力人士乃重整旗鼓，組織「民聯」，以《聯評》為喉舌，掀起了後期第三勢力運動的新高潮。唯此時之第三勢力運動與前期已有不同，他們體察到國內外情勢的轉變，香港第三勢力已難成氣候。因此，放棄了在台灣以外另尋反共途徑的構想，改採比較務實的做法，提出「政治反攻大陸，民主改造台灣」的口號，擬憑藉輿論的力量，促使台灣民主改革，增強反共實力。[89]

在此前提下，《聯評》對台灣當局的批判，其實是為大局著想，頗能切中時弊、唯國府當局，始終認為其與島內雷震的《自由中國》相唱和，目的不單純，且其言論亦對國府統治的合法性，帶來質疑與威脅。因此，不僅三番兩次禁止入口，且發動雷震的《自由中國》事件作反擊，其對抗意味是十分明顯的。而隨著蔣的蠻幹，及其後「雷案」的爆發與《自由中國》雜誌的被迫停刊。這些紛至沓來的事件，在在顯示，欲求輿論監督政府，改變現況，時機實未成熟。故上述事件發生時，《聯評》雖連篇累牘的對國府提出嚴厲批判，然已是最後一抹殘陽，迴光返照而已。

基本上，《聯合評論》集團的失敗，肇因於下列幾項因素：

# （一）國民黨的滲透分化

其實早在五〇年代初，針對在香港的第三勢力運動，國民黨的因應之道，就是透過私人關係拉攏，當年雷震即銜命負責至港遊說爭取，然似乎成效不彰。[90]其後，國民黨改弦易轍，乃採取分化、滲透、甚至打壓之多重管

---

89　萬麗鵑，〈一九五〇年代的中國第三勢力運動〉同註8，頁56。

90　民國39年10月6─22日，雷震銜命赴港遊說第三勢力人士，唯成果欠佳。〈雷震日記──第一個十年（二）〉。傅正主編，《雷震全集》（32）（台北：桂冠版，1989年5月初版），頁199─210。

道為之。當時國民黨「中央改造委員會」，即特別討論〈聯合陣線實施有關問題〉議題，提出上述對第三勢力因應之策略。在討論中明確指示：「對在港作黨派活動之人士，應作進一步調查分析，由第六組（特務）指導南方執行部負責進行，並斟酌情形，予以爭取或分化」。[91]

伴隨著國民黨的分化，使得曾經喧騰一時的「中國自由民主戰鬥同盟」為之瓦解，彼時亦為第三勢力主要人物之一的程思遠即不諱言談到：「此時，台灣方面在港的工作人員已經滲入，選舉結果，當選者，不是台灣的特務，便是與他們有關的人。」[92]而「戰盟」另一主將張君勱也提及：「一二年來，台灣專以毀戰盟為事。」[93]有分化「戰盟」成功之先例，國民黨對《聯評》集團的做法亦如出一轍，如成舍我赴港時，即親口告訴左舜生和黃宇人，王同榮是國民黨調查局安插在《聯評》內部的特務，要彼等小心。[94]國民黨在 8 屆 3 中全會時，通過「促進海內外反共復國人士團結合作案」，並以此為基礎，於民國 50 年 7、8 月間，連續舉辦了兩階段的「陽明山會談」[95]。過程中，國府百般拉攏海外第三勢力人士參與，如王厚生、周鯨文等人的回台參加，雖然國民黨因事先未與民、青兩黨達成共識，導致張君勱、左舜生、李璜的聯合抵制，但國民黨的收編仍有若干效果，反倒是海外第三勢力更無力再牽制國民黨。[96]

---

91 〈聯合陣線實施有關問題〉，見中國國民黨中央改造委員會第 123 次會議紀錄（1951 年 4 月 30 日），黨史會藏。

92 程思遠，《政海秘辛》，同註 1，頁 240。

93 楊天石，〈五〇年代在香港和北美的第三種力量——讀張發奎檔案之一〉，楊天石，《抗戰與戰後中國》（北京：中國人民大學出版社，2007 年 7 月 1 版），頁 633。

94 黃宇人，《我的小故事》（下冊）（香港：吳興記書報社經銷，1982 年 2 月出版），頁 161－163。

95 秦孝儀主編，《中國現代史辭典——史事部分（二）》（台北：近代中國出版社，1987 年），頁 160－161。

96 萬麗鵑，〈一九五〇年代的中國第三勢力運動〉同註 8，頁 167－168。

## （二）經費的捉襟見肘

平情言，整個五〇年代香港第三勢力運動之瓦解，經費問題始終是最終決定的關鍵。不論是早期的《自由陣線》時期，還是後期的《聯評》時期，都為經費短絀所苦。《自由陣線》的收攤，主要因為金主美援的提供不濟而結束。[97]《聯評》則是最後籌款不易而關門，據對整個《聯評》內情知之甚詳的黃宇人，在其回憶錄《我的小故事》一書談到，當時《聯評》的經費來源主要是：張發奎和「自由出版社」、「友聯出版社」三方，各出三分之一，以每週出一小張，約需兩千元；而由張發奎先墊一萬元登記費匆忙發刊的。

然發行不久，因自由出版社答應贊助的錢有所短缺，又常拖欠，最後由主事的左舜生、李璜，羅永揚、劉裕略和黃宇人，大家集資才補足缺口。雖是如此，但每期出刊，經費仍是捉襟見肘，幸不久得到紐約《聯合報》社長吳敬敷的同意，由他主持的「中美出版社」，讓《聯評》出紐約（航空版），賺錢歸《聯評》，虧錢他承擔，於是在民國 47 年 11 月 2 日，《聯評》紐約（航空版）終於問世。然在民國 49 年時，因《聯評》的強烈反蔣競選第三屆總統；其後《聯評》又與吳敬敷有所誤會，使得吳敬敷後來不再經援《聯評》，至此《聯評》對收取紐約（航空版）的報費和廣告費就更加無望了。[98]

在此稍後，《聯評》的另一金主「自由出版社」忽然結束營業，使的經費惡化程度更是雪上加霜，最後僅剩張發奎力撐。張在回憶錄提到：「因為缺乏經費，《聯合評論》在一九六四年十月停刊。刊物只依靠我每月提供的一千元，以及吳敬敷經營紐約版所賺的些少利潤——從那兒我們總共收到三

---

[97] 陳正茂，〈宣揚第三勢力的《自由陣線》〉，《全民半月刊》第 12 卷第 10 期（民國 80 年 11 月 25 日），頁 4−7。

[98] 黃宇人，《我的小故事》（下冊），同註 94，頁 158−181。

千五百美元，當這些錢花完之後，我們無法再繼續下去了。」[99]說到底，「錢」真的是壓垮《聯評》的最後一根稻草。

## （三）《聯評》高層間之內鬨

　　曾參與第一階段第三勢力運動的雷嘯岑在其《憂患餘生之自述》書中，對從事第三勢力運動的高層間，有一段很深刻的嘲諷與見解，雷說：「據我的體驗所及，中國高級知識份子祇要有三個人在一道搞政治活動，內部必然發生爭奪領導權的醜劇，雖把團體弄垮，亦所弗惜。主要原因是大家皆基於『為貧而仕』的下意識，靠政治活動以求生存，所以必須爭取領導地位，纔可望在政治上獲致顯貴職位，博得豪華的生活享受。」[100]雷此語雖有過激之嫌，但也有幾分事實。觀乎第一時期「戰盟」之瓦解，張國燾、伍憲子、李微塵；甚至高層領導者的顧孟餘、張君勱、張發奎等之間的誰也不服誰，不就是導致「戰盟」解體的主因嗎？[101]

　　有關《聯評》內部高層的不和，黃宇人說到和自己有關的一件事，黃說：民國 53 年，蔣勻田奉台灣當局做說客，來港游說張君勱、左舜生、李璜等去台灣參加「反共救國聯盟」，張、左，李等人邀張發奎、羅永揚、劉裕略等人商量，最後商定由蔣勻田寫信給張群，說《聯評》可以參加「反共救國聯盟」，但張君勱、張發奎、左舜生、李璜、黃宇人、劉裕略、羅永揚 7 人要一併邀請。因黃宇人事前完全被蒙在鼓裡，所以被告知時相當氣憤，未幾即在社務會議中提議，要結束《聯評》。黃說：「由於局勢的變化，我

---

99　張發奎口述、鄭義翻譯/校註，《蔣介石與我——張發奎上將回憶錄》（香港：文化藝術出版社
　　出版，2008 年 5 月 1 版），頁 510。

100　雷嘯岑，〈香港的第三勢力運動〉，《憂患餘生之自述》（台北：傳記文學出版社出版，民國
　　71 年 10 月出版），頁 172－173。

101　陳正茂，〈五〇年代香港第三勢力的主要團體——「中國自由民主戰鬥同盟」始末〉，見陳正
　　茂編著，《五〇年代香港第三勢力運動史料蒐秘》，同註 83，頁 65－66。

們創立本刊的原旨，顯已不能適應大家的需要、本刊的經費又如此困難，我們也無法挽救，不如早日停刊，還可得個好始好終，免得將來使人引為笑談。」[102]而《聯評》最後的停刊，就在這次社務會議後不久，劃下了休止符。

## （四）左舜生與國府關係的改善

基本上，真正一肩挑起《聯評》大樑的是總編輯左舜生，左個人與蔣和國民黨，有著錯綜複雜的密切關係。[103]從《雷震秘藏書信選》中我們知道，左長期以來一直接受國民黨的金錢資助，左自己亦不諱言。[104]但左一手拿國民黨的錢，另一手卻拿筆對國民黨不時提出尖銳的批判，而國民黨大體採取容忍的態度。[105]直到民國 46 年春，台灣發生《自由中國》遭圍剿時，左在香港《祖國周刊》雜誌，發表聲援文章，名為〈對台北壓迫自由的一個抗議〉，內容提到：他認為「祝壽專號」的各篇文章，對蔣並無不敬之處，縱使有人認為某篇文章有以慈禧太后影射蔣之嫌疑，就算如此，也不是什麼不可原宥的大罪，因為慈禧太后能使曾國藩等保全爵位，以終一生，實比胡漢民、楊永泰等的結局為佳。[106]（按：胡遭蔣軟禁湯山；楊為蔣遭暗殺而死）該文刊出後，觸怒了國民黨當局，斷絕了對他長期的餽贈，而左與國民黨關係亦漸行漸遠，後來遂加入《聯評》集團，積極參與後期的第三勢

---

[102] 黃宇人，《我的小故事》（下冊），同註 94，頁 179－181。

[103] 左舜生，〈壽介公總統八十：述我與蔣先生之間的幾件小事〉，《中央日報》（民國 55 年 10 月 31 日）。

[104] 傅正主編，《雷案秘藏書信選》（台北：桂冠版，1990 年 9 月初版），頁 36、44、45。

[105] 阮毅成，〈追念左舜生先生〉，《左舜生先生紀念集》（台北：中國青年黨中央執行委員會編印，民國 59 年 6 月出版），頁 61－65。

[106] 左舜生，〈對台北壓迫自由的一個抗議〉，《祖國周刊》第 17 卷第 8 期（1957 年 2 月 18 日），頁 6－7。

力運動。[107]且在「反蔣連任」、「雷案」、《自由中國》雜誌被迫停刊等
事件上，對蔣及國府當局，採取相當嚴厲的批判。

　　但在上述事件後，左與國府當局的關係逐漸緩和中，民國 51 年秋，左
應邀赴美講述中國近代史，為期 4 個月，左寫信給夏濤聲，託夏代向蔣請求
補助。夏往訪張群，蔣應允補助美金兩千元。左此事，不久由《新聞天地》
週刊，以顯著篇幅報導出來，結果在《聯評》內部掀起巨大波瀾，羅永揚主
張開除左，黃宇人主張由李璜取代左總編輯位子，最後還是張發奎說項，左
才勉強續留《聯評》內。[108]在左與國府關係迅速改善的情況下，《聯評》欲
維持第三勢力「反共批蔣」的立場已不可得，最後不得不於民國 53 年 10 月
23 日宣佈停刊。

　　《聯評》發行最後一期，左有始有終的以〈我為什麼贊成本報停刊？〉
提到：「我們這六年間的言論宗旨，大抵不出『反攻復國』與『民主憲政』
八個大字。逐漸實現民主，推行憲政，這不僅是我們反攻復國的目標，同時
也是我們反攻復國的方法。我們覺得無民主即無所謂團結，不團結則反攻必
然落空；不抱定這部憲法作為逐漸推行民主的總原則，即復國也無多大意
義。」[109]然輿論監督有其侷限性，該刊核心內容，所謂「民主改造台灣」，
終究是一句空話，並無法真正落實。

　　《聯評》悲壯的停刊了，該刊之結束，對第三勢力運動而言，有其象徵
的歷史意義在。香港《正午報》即道：「九月十八日出版的聯合評論刊出一
則重要啟事，聲明該刊將於本年十月底前停刊，這是碩果僅存的第三方面的
旗幟最後撤除的訊號」。[110]而大陸研究台灣政情的學者黃嘉樹，在《國民
黨在台灣》一書中，也總結說：《聯評》的停刊；及其後張君勱、左舜生的

---

[107] 萬麗鵑，〈一九五○年代的中國第三勢力運動〉同註 8，頁 164。

[108] 黃宇人，《我的小故事》（下冊），同註 94，頁 179。

[109] 左舜生，〈我為什麼贊成本報停刊？〉，《聯合評論》第 316 號（民國 53 年 10 月 23 日）。

[110] 〈第三方面的幻滅〉，《正午報》（香港）（民國 53 年 10 月 14 日）。

先後辭世，標誌著以《聯評》為主的，所謂海外「第三勢力」的批蔣活動已告完結。[111]

　　總之，《聯評》確實是五○年代末，香港第三勢力運動最具代表性與影響力的刊物，它與早先的《自由陣線》仍有若干差異。《自由陣線》是清楚明白的主張自己是第三勢力的刊物，唯言論內容稍嫌於口號宣傳，深度與廣度都不夠；《聯評》則將第三勢力名詞轉換成「自由民主運動」或「民主中國運動」，且在此理論上有較深入合理的論述。然而在「形勢比人強」的情況；及上述諸多不利條件的因素下，雖力撐六年餘，最後仍不得不走入歷史。

---

[111] 黃嘉樹言：「民社黨的黨魁張君勱和青年黨的黨魁左舜生、李璜都未隨蔣介石逃往台灣，他們在香港，美國等地搞所謂『新第三勢力活動』，即一方面反共，另一方面也批蔣。左舜生在香港創辦的『聯合評論』，是這些人設在台灣島外的總論壇。」黃嘉樹，《國民黨在台灣》，同註41，頁419。

# 第十章 記晚清末年的《醒獅》月刊

## 一、《醒獅》之創刊及內容

　　《醒獅月刊》創刊於 1905 年（清光緒 31 年）9 月，時值同盟會成立不久，東京革命浪潮風起雲湧之際，月刊前後共出 5 期，在日本東京印刷，由東京中國留學生會館發行，國內發行則為上海四馬路教育館，「國粹學報社」等地經銷。該刊係革命派重要刊物之一，內容有：論說、軍事、教育、政法、學術、化學、醫學、音樂、談叢、文苑、小說、時評、雜錄等，樣目多元包羅萬象。編輯兼發行人為李曇，主要撰稿人有：朱鬍俠、柳亞子、馬君武、李叔同、宋教仁、高旭、王建善等革命份子。

　　翻開《醒獅月刊》第 1 期頁首，首先映入眼簾的，就是一首氣勢磅礡的「楚辭體」詩，詩曰：美哉黃帝子孫之祖國兮可愛兮，北盡黑龍西跨天山東南至海兮，皆我歷代先民之所經營拓開兮，如獅子兮奮迅震猛雄視宇內兮。誅暴君兮除盜臣兮彼為獅害兮，方自由兮獨立博愛兮書于旂兮，唯此地球之廣漠兮尚有所屈兮，我黃帝子孫之祖國其大無畏兮。雄壯、激昂、振奮人心！《醒獅月刊》沒有一般雜誌慣有的〈發刊詞〉或本刊例言之類的東西，然而這首詩實質上卻起了〈發刊詞〉的作用，它鮮明地表達了《醒獅》的宗旨；愛國、民主、革命。強烈的愛國主義思想，是貫串於《醒獅》的一根主線。也因如此，愛國主義思想的闡揚，成了《醒獅》內容的第一特色。

　　《醒獅月刊》強調愛國主義思想是一個國家立國的根本，有之則昌，無之則亡，國家的興廢存亡，不在疆土之大小、人民之多寡、主權之強弱，而在愛國心之有無。該刊以日俄戰爭為例，說明日之勝俄，不在軍方而在愛國

意識之同仇敵愾。同樣的，明之亡於清，也不在明之武力不如清，而在於有范文程、吳三桂之流甘為漢奸，為虎作倀。此其中之道理，不言可喻，端在愛國心之有無耳。除此之外，《醒獅》亦認為，愛國主義思想不僅表現在外患時挺身而出，抗擊外敵，捍衛國家和民族的利益而已，更須具體的表現在日常事功上。所謂既醒之中國人者，必須是能自我犧牲的人也；如犧牲其身以鑽研科學，輸入知識焉；犧牲其身以誅殺盜賊，砲彈自焚焉；犧牲其身以盡瘁教育，作成人才焉。要之，醒之途萬、報國之途萬，但須各盡吾人一份子之職責，殫精竭力，死而後已。如此，國家才有希望。反之，若整天高唱愛國調子，不腳踏實地去幹，亦是枉然無用。

　　愛國主義思想的作用既是如此重要，那麼向國人進行愛國教育當是迫切急務了。職是之故，《醒獅》指出，愛國心者，縱使本於天性，發乎自然，要亦有道以養成之也。關於此項，《醒獅》認為要培養中國人的愛國主義精神，宜從下列三點著手：1.普及國民教育；2.養成高尚人格；3.培養國家思想。只有落實這三點，國民才會有民族意識、民族氣節；也才會以國家民族的利益優先，共盡其國民之天職。民族意識既有之，愛國思想便油然而生，形之於外的，便是首先表現於反對列強的侵略。《醒獅》的一個顯著特點，是它對日本侵略者的深刻揭露。當時，日本是個新崛起的帝國主義國家，它一面不斷地對中國發動武裝侵略，又一方面裝出一副假惺惺同情中國的樣子，鼓吹「同種同文」的論調，以迷惑欺騙中國人民，暗中則對中國百般滲透，以達到獨吞中國的野心。《醒獅》第 3 期達時的〈夫己氏之支那觀〉一文，便對此進行了有力的揭露和抨擊。在近代中國，愛國主義思想還有一個很重要的內容，那就是學習西方，在這一方面，《醒獅》用了大量的篇幅介紹西方的科學知識，舉凡西方的物理、化學、醫學、美學、教育等。《醒獅》均不遺餘力的刊布，藉以喚起國人學習西方的熱情。

## 二、愛國民主為其特色

　　鮮明的民主主義色彩，是《醒獅》的第二個重要特點，在第 1 期的《醒獅》月刊就刊登，醒獅之中國，其政體應是實行帝民之主義，以土地歸國有，而眾公享之，無私人壟斷之弊，君官宜公舉，數年而易，一如法美之制。這裡提出的帝民主義，實際上就是民主主義。而土地國有政策，欲在中國發展資本主義，又想避免壟斷弊病的想法，又與孫中山的民生主義不謀而合。至於其政治上主張行法美的民主制度，明顯地是對當時封建專制清朝及立憲派主張的君主立憲制度斷然的否定。在提出政治民主的同時，《醒獅》也獨特地提出了宗教民主的問題，《醒獅》指出，國民必有宗教，宗教者，進化之伴侶也。然此宗教非宗教家之宗教，而是以國家為至尊無上，以代上帝的新中國宗教，而且一切教義，務歸簡單，且可隨人類之知識，經教會若干議員之許可，可得改良。這種經過改造之宗教，已不是原來意義上的宗教，而是一個對國民進行愛國和民主教育的教育機構了。

　　激烈的反滿革命宣傳，是《醒獅》內容的第三個特點，《醒獅》的創刊原本就因反滿而生，像當時很多革命派的報刊一樣，《醒獅》也以大量憤激的筆墨，口誅筆伐，揭露清朝統治者壓迫中國人民的罪行，它不承認清朝的統治，拒絕採用清皇帝年號紀年法，而採用黃帝紀年。在《醒獅》內容中，其「嗚呼哀哉，蚩尤作虐」、「妖霧是造」、「珠申賤種」、「盜竊大寶」等諷刺謾罵文字屢見不鮮。不僅如此，對清廷當時種種的腐敗措施，《醒獅》往往也都及時予以批判，如攻擊清廷之假立憲，藉悼鄒容而斥責清廷之殘暴，甚且用文藝形式筆法，發表歷史小說〈仇史〉，對清廷加以撻伐，把反滿情緒帶至最高潮。總之，《醒獅》在反滿宣傳上，對革命運動是起了不小的作用。

## 三、前後《醒獅》互相輝映

　　基於晚清民族主義的高漲，革命氣焰的澎湃，反滿的浪潮逐漸昇高，在形勢、背景有力的推動下，《醒獅》甫經問世，便受到國內外廣大革命志士的歡迎。據醒獅第 2 期的告白說，第 1 期出版後，數日間書即告罄，而詢購函件又陸續不絕，因此為應廣大讀者需求，旋即重版。此外，《醒獅》與當時影響最大的革命派刊物《民報》亦有聯繫，《民報》晚《醒獅》兩個月創刊，創刊後，《醒獅》就即時登載了《民報》創刊號的目錄，《醒獅》的撰述人如宋教仁等，同時也是《民報》的撰稿者。由此可見，這兩份革命刊物關係之密切。

　　現在一般讀者，一看到「醒獅」二字，立即的反應，可能會聯想到「國家主義派」，於 1924 年（民國 13 年）10 月 10 日雙十節所創刊的青年黨之機關報《醒獅週報》，殊不知早在 1905 年，晚清末季，中國便已有另一份《醒獅月刊》的創刊。巧合的是，不知有意或無意，青年黨《醒獅週報》的立論內容，與晚清的《醒獅月刊》有諸多雷同之處，這點是筆者在比較兩份刊物時，深覺有趣且值得玩味的地方。總之，《醒獅月刊》雖然前後只發行了 5 期，時間雖短，但其喚醒國魂作獅子吼的精神，為清末革命志士灌入一股清流赤誠，為日後的辛亥革命提供了心理武裝與勝利的基礎；也為後來的《醒獅週報》開啟了先河。

# 第十一章　少年中國的理想與追求
## ——記《少年世界》月刊

　　2019 年，是「五四」百年，海峽兩岸三地諒必會有一些紀念活動，台灣這邊因著「去中國化」的氣氛，國人普遍對中國史不感興趣，甚至某種程度還懷有敵意和偏見，所以猜想紀念活動不會太熱絡。大陸彼岸可能會有些大型的追思紀念活動，但應該議題會有選擇性的。基本上，中共對「五四」的定調是局部的，中國共產黨的成立，是受「五四」新文化運動影響而催生的，這點中共不否認且常刻意大肆宣揚；但問題重點是，「五四」精神的核心價值——德先生（民主）與賽先生（科學），中共就避重就輕了，尤其對「民主」這塊更是噤聲，這不能不說是對「五四」絕大的反諷。

　　平情說來，兩岸三地直面「五四」的態度，台灣的冷漠與大陸的偏頗，都非正常的做法。台灣的沈寂，不願多談「五四」，固然有其目前兩岸政治氛圍所致，當然與台灣過去並無「五四」那段歷史記憶也有關；至於中共對「五四」的矛盾情結，主因在於中共自己背離了「五四」精神，一個脆弱的強權，在 1949 年前，為對抗推翻國民黨，將民主當利器，喊得震天價響，一旦掌權執政，瞬間華麗轉身，把自己置於民主的對立面，這是何其弔詭與諷刺啊！

　　所以說，任何儀式的紀念追思「五四」，都僅是表象的，「五四」雖已百年，但「五四」的幽魂未曾離去，中國還需要再經一次「五四」的洗禮，台灣也仍需要深化「五四」的價值。為「五四」招魂，具體的是，讓我們再回望「五四」時代的那批知識份子，透過報章雜誌，他們如何去大聲疾呼、聲嘶力竭地提出其救國主張與訴求，百年後，當我們閱讀其充滿熱情鏗鏘有力之文時，仍被那一代的知識菁英所深深撼動。是以，個人認為，重溫「五

四」時期的書籍，覆刻「五四」前後的期刊雜誌，仍有其價值和歷史意義之所在，此為覆刻「五四」時期，最具影響力的「少年中國學會」（以下簡稱「少中」）之《少年世界》月刊之緣由。

　　《少年世界》月刊，是「少中」繼發行《少年中國》月刊後，另一份影響深遠的刊物，而提到「少中」，則需從近代中國學會的演變談起。清末民初，是中國新思想、新文化孕育、啟蒙、發芽的重要時期，由於受到西方列強的欺凌，晚清以降，自「強學會」始，民間學術團體，有如雨後春筍般的蓬勃發展，其數目不在千百之下。此種思圖以組織學會、團體力量以達救國目的之結社方式，迄於「五四」時代幾臻於高峰。在這千百個學會中，「少中」無疑是其中最具特色與影響力的一個，因為它不僅是「五四」時期歷史最久、會員最多、分布最廣的一個學會；且是象徵「五四」悲劇精神，分化意識最明顯的一個社團。

　　「少中」發起於 1918 年 6 月 30 日，經過一年的醞釀與籌備，於 1919年 7 月 1 日正式成立。從發起至 1925 年底的無疾而終，總共存在了七年餘，時間雖然不長，但所經過的卻是中國一個新政治孕育的時期，同時也是一個大變動的時期。如所周知，「五四」的前後數年，可說是中國新舊社會嬗遞中，思想最分歧、衝突最為劇烈尖銳的時代，在外來各種思想的猛烈衝擊下，傳統的一切文化制度逐漸解體，取而代之的是經由文學革命所帶來的一連串改革運動。在此改革的風潮中，一群懷抱崇高理想純潔有為的青年，提出了「本科學之精神，為社會之活動，以創造少年中國」的宗旨，對當時暮氣沈沈的中國社會，灌注了一股新生的力量，它就是「少中」。

　　而與此同時，中國近代青年運動史上，最具石破天驚壯舉的「五四」運動也適時爆發了，它的起因，導源於抵抗列強的欺凌，尤以日本的侵略為最；它的影響，造成了國人真正的覺醒。至於它真正的催生者，我們不得不提「留日學生救國團」以及「少中」。1918 年，留日學生為反對「中日軍事協定」，紛紛罷學歸國以示抗議。他們回國後，雖聲嘶力竭的奔走呼號，

遊行請願，可是在言者諄諄，聽者藐藐的情況下，反而遭到政府解散的命運。儘管如此，一些留日歸國的學生，仍矢志不渝的致力於反帝救國的運動，他們經過此次解散的教訓後，深感必須組織堅固的團體，始能發揮力量。

1918 年 6 月間，由曾琦、陳淯、張尚齡、雷寶菁、王光祈、周無等 6 人發起了「少中」。這個學會的影響，不僅促成了是年 10 月「學生救國會」的召開，且引發了次年「五四」反日愛國運動的導火線。所以說其與「五四」運動的關係是相當密切的，因為它不但是「五四」以後的一個新興團體，也是當時青年運動的中心。它的會員不少來自「五四」的重心「北大」。而所編輯出版的《少年中國》與《少年世界》亦是「五四」時代的主要刊物之一，在當時的影響也很大。

「少中」與「五四」的關係，誠如張葆恩所言：「五四運動雖發生於民國八年，但事前的確經過一度潛伏醞釀的時期，而『少中』之成立於民七，展開活動於民八，也正與五四運動有相因相成的關係。也可以說，因有少年中國學會若干會員之潛力的推動，始展開五四運動；因五四運動的刺激和影響，更促成了『少中』的積極活動，蓋『少中』和五四運動之所由來，在當時正有著共同的政治因素與社會背景也。」而這也就是左舜生所說的「相因相成，淵源有自」。

「少中」正式成立後，所積極從事的活動計有兩方面，一為出版書刊、輿論宣傳，介紹並研討新思潮；二為倡導社會活動，主要的是辦理「工讀互助團」和推展「新村運動」。在出版書刊方面，「少中」先後編印的書刊頗多，除籌備期間的《會務報告》外，最主要的是《少年中國》月刊、《少年世界》月刊、《少年社會》和《星期日》週刊，其中尤以前二者的影響最大。由於「五四」時代知識份子強烈的「學問飢渴」，使得「少中」出版物甫一問世，立即洛陽紙貴，引起全國有志青年熱烈的反響。時北大校長蔡元培即讚美「少中」道：「現在各種集會中，我覺得最有希望的是少年中國學

會。因為他的言論、他的舉動、都質實得很，沒有一點浮動與誇張的態度。」由此可見，秉持「奮鬥、實踐、堅忍、簡樸」為信條的「少中」，一出道即受到如此高的稱許與期望。

「少中」所發行的刊物中，最有名的除《少年中國》月刊外，另一姐妹刊物《少年世界》月刊，其知名度與影響力也不遑多讓。「少中」之所以要另行創辦《少年世界》，原因在於《少年中國》月刊體例的限制，僅側重理論性的探討，只刊登有關於哲學、文學、純粹科學的文章。而會員中不少專習工農、應用科學者，則以體裁不宜，而苦無門徑在月刊中發表；且平情論之，《少年中國》月刊專載理論文字而無實際調查之記錄，亦為一大缺點，所以由會員提議通過，決定再發行第二種月刊，此即《少年世界》月刊，這份刊物是由「少中」南京分會負責編輯的。

《少年世界》月刊創刊於 1920 年 1 月 1 日，終刊於同年 12 月，共 1 卷 12 期。1921 年 4 月，又增刊〈日本號〉1 期，於日本之政治、經濟、教育、軍事、社會現況及民族性格和思想等，均有詳實的介紹，對國人了解此侵略我之近鄰強敵深有裨益。《少年世界》為一份注重實際調查，敘述事實和應用科學的月刊，其內容闢有〈學生世界〉、〈教育世界〉、〈兒童世界〉、〈婦女世界〉、〈學術世界〉、〈勞動世界〉、〈學校調查〉、〈工廠調查〉、〈地方調查〉、〈森林調查〉、〈農村生活〉、〈華僑消息〉、〈社會批評〉、〈世界大勢〉、〈讀書錄〉、〈出版界〉、〈遊記〉、〈雜錄〉等欄。

內容統計分析，除〈發刊詞〉和另增〈日本號〉1 期外，計有：學術思想動態（19 篇）、學校調查（17 篇）、報導「國內外學生動態」（10 篇）、文教述評（16 篇）、婦女問題（14 篇）、蘇俄介紹（8 篇）、國際工人運動與社會主義運動（11 篇）、工廠企業調查與工人生活（8 篇）、留法勤工儉學（4 篇）、農林問題（8 篇）、地方調查與遊記（14 篇）、南洋介紹與華僑動態（9 篇）、科學技術（5 篇）、其他（9 篇），合計 153 篇文

章。

對於這種編排方式，於〈發刊詞〉中，該刊曾有清楚的說明：「我們以為改造中國——即是改造世界的一部份——應有三種的步驟：第一步，本科學的精神，研究現代思潮，使中國人對於現代思潮的趨勢有一個明確的觀念。第二步，詳細記載由現代思潮演成的事實，給中國人一種更深的刺激。第三步，根據思潮和事實的趨勢，草一個具體的改造中國的方案。《少年中國》月刊是做的第一步工夫。《少年世界》月刊便是要做這第二步工夫。這第三步工夫要讓中國全體青年去做。我們學會的宗旨是：本科學的精神，為社會的活動，以創造『少年中國』。值此，這本月刊所記載的，便是各種『社會的活動』，而且他的範圍永遠限於『社會的活動』，決不會談政治。我們學會的第一個朋友便是學生，所以我們對於學生的消息特別注意。其中尤注重國內外各學校的詳細調查，給現在的中學生一個『入學指南』。我們學會的第二個朋友便是勞動家，所以我們對於華工消息、工廠調查、農村生活特別注意。我們學會第三個朋友便是華僑，所以我們對於華僑消息特闢一欄。其餘各欄的記載，或是社會上的黎明運動，或是關於各種科學的專論，可以使我們青年的參考資料。」

從上述引文所標舉的旨趣來看，《少年世界》似是比《少年中國》，在精神上更富於本土化與通俗化的一個「社會運動」的刊物。惜因人力財力所限，此一刊物未能持久編印，然對「少中」其後思潮取向的發展，還是有影響的。最明顯的一點是，倡導的社會活動，從此因缺乏實際材料的印證，於是逐漸走上理論化的道路，拋棄了本土化的社會活動之目標，而開始以接受與整理外來文化為方向。其後，並表現了強烈的干政慾，這不能不說是一種不幸的轉變。

歷史是流動的，每一件歷史大事的發生，都可能帶來深遠的影響和發展，「五四」運動有如一支火種，它點燃了民族的火燄，繼續不斷地向國家告警，中國要免於滅亡的命運，只有在經濟上、社會上、政治上做徹底的改

革，國家才有希望，而此種改革的基本架構，唯一之道，則只有從思想根本
做起。一般而言，「五四」時代的知識份子領袖們，他們在意識的改革上，
多半具有一種不妥協的態度，也因如此，他們在試圖藉思想文化以解決問題
的方法上亦顯得混淆不清，雖然大家要求創造新中國，渴求以新思想代替舊
傳統的目的同一，但這種表面的一致旋即被思想的分歧所搗碎。換言之，在
知識份子間興起的聯合精神是短暫的、不鞏固的，其所以能暫時的一致，是
因為他們在面對一個共同的敵人下才如此，除了同心協力於重估傳統和提倡
新學外，他們之間的見解顯然從頭就不一致，且那時傳入中國的種種西方觀
念都非常分歧，當傳統的中國思想制度呈現出動搖的時候，各式各樣的西方
思潮，如民主主義、科學主義、自由主義、實驗主義、人道主義、無政府主
義、社會主義等，都在思想的自由市場中競賽，蔚為一股百家爭鳴、百花齊
放的壯觀景象。

　　不僅如此，那時的中國問題也非常複雜，知識份子為了要解決這些問
題，非關心實驗政治和爭端不可，但當他們把注意力由對傳統制度的共同敵
視，轉移到尋求積極解答的時候，他們就面臨了如何選擇各式各樣的社會哲
學或社會型式的困擾。因此，在 1919 年後，知識份子之間的不和日增，先
是思想上的分歧，後來成為行動上的分裂，隨後整個運動的方向就四分五裂
分崩離析了。作為「五四」時代社團會員最多、分布最廣、名聲最著的「少
中」，便是此一悲劇的歷史圖像作最佳之註腳，「少中」的離合多少反映了
「五四」的盛衰；「少中」的動向多少透示了「五四」的功過；而「少中」
在理想與現實的衝突下掙扎追求，乃至分裂解體的情形，更可以呈現出「五
四」時代知識份子共同遭遇的悲劇命運。這個命運象徵著中國一代知識份子
為探求救國救民之真理，所走過的艱難曲折的路程，也是作為一個中國秀異
份子，處在國家與人民間之悲劇地位。所以誠如宗白華所說的：「研究少年
中國學會這一段歷史，可以具體地、生動地見到五四以來青年思想及活動方
面的一個側影，見到它們的複雜性與矛盾性，反映著這一時期中國社會的複

雜性和內在的矛盾。」

　　「少中」雖然風流雲散了，然其會員間彼此對救國路線的歧異，理想與現實衝突的結果，最終演變成社會運動與政治運動之爭，而政治運動又分化成極左的中國共產黨，如李大釗、毛澤東、張聞天等；與極右之中國青年黨，如曾琦、左舜生、李璜等之兩條路線的分道揚鑣。爾後這兩黨，在現代中國政治史上，都發揮舉足輕重的影響力，尤其中國共產黨更是取代國民黨執政至今；至於主張社會運動者，如王光祈、方東美、田漢、康白情等，他們在學術、教育、文化各領域，亦獨領風騷，貢獻至大。

　　基本上，「少中」和「五四」的關係，可說是桴鼓相應的，說它是「五四」的先驅未嘗不可，說它是受「五四」的衝擊而催生亦合乎史實，總之，它與「五四」是分不開的，它的發展和分裂過程，清楚地說明了「五四」時期，中國知識份子所受各種新思想、新潮流的衝擊和反應，而它的分化與寂滅，也構成了一幅悲劇性的歷史圖像，象徵著「五四」時代的趨近結束。撫今追昔，這個距今已屆百年的學會雖已寂滅，漸為世人所遺忘，但這個虎虎生風的學會，確曾是「五四」時代最輝煌燦爛的社團，它本是一個偏重友誼與學術的團體，只因為時代政治的衝擊而解體，這實在是件頗為無奈之事。今值「五四」與「少中」百年，覆刻《少年世界》月刊，一則紀念「五四」；再則追思那已消逝的知識份子之典範。

# 第十二章　中國青年黨史料研究
## ────以期刊為研究場域

## 一、前言：「中青」成立簡介

　　1923 年 12 月 2 日，於法國巴黎成立的中國青年黨（以下簡稱「中青」），在民國政黨及政治史上，無疑有其一定的歷史地位。「中青」的前身，最早可追溯至五四時代的「少年中國學會」之國家主義派，其後由於山東臨城劫案的發生，引起國際共管中國鐵路之議；兼以旅歐中共黨團的興起，為謀與之對抗，乃由曾琦聯合旅歐愛國青年如李璜、何魯之、胡國偉、張子柱等人於巴黎近郊之玫瑰城共和街所發起。其成立宗旨為：「本國家主義之精神，採全民革命的手段，以外抗強權，力爭中華民國之獨立與自由；內除國賊，建設全民福利的國家」。

## 二、重要經過階段（含主要代表刊物）

　　「中青」成立於 1923 年，迄今已屆百年，此百年中經過之歷程，約可分為十個階段，茲略述於下：

### （一）海外建黨時期

　　從建黨日起，到 1924 年 10 月 10 日《醒獅週報》在國內出版止。「中

青」甫告成立，隨即與中共在歐洲展開激烈之鬥爭，雙方初以言辭互相唇槍舌戰，後且演成流血衝突之爭，故謂「中青」為中國最早之反共團體實不為過。此時期最具代表性的刊物為《先聲週報》。

## （二）擴大宣傳及統一組織時期

從《醒獅週報》創刊起，至 1925 年 10 月 10 日發表〈中國國家主義青年團〉宣言主張及簡約止。隨著國內外環境形勢的邅變，1924 年起，「中青」黨務由海外轉移至國內。是年 10 月，「中青」於上海創辦了《醒獅週報》為言論之機關，該刊之立論，主要在闡述國家主義之理論，兼亦嚴厲批判國民黨「聯俄容共」政策之非。於此期間，「中青」雖遭受國、共兩黨之夾擊，但仍能吸收廣大優秀之知識青年加入，黨務拓展甚速，茁壯亦快。

## （三）反對聯俄容共及外人干涉中國政治教育時期

從 1925 年「五卅運動」起，迄於 1927 年 7 月第二次全國代表大會前止。此期間主要工作為極力糾正國民黨「聯俄容共」之謬誤；及提倡國家主義的教育，最終目標則希望收回外人在中國之教育權。表現刊物除《醒獅週報》外，尚有與「中青」關係頗深的《中華教育界》。

## （四）反對一黨專政為民主政治奮鬥時期

從 1927 年第二次全國代表大會起，到 1931 年「9・18 事變」前止。北伐統一後，國民黨主張訓政，高唱「黨外無黨，黨內無派」。「中青」深以此舉不符合民主政治原則，故反對國民黨的一黨專政及堅持民主政治之決心。此時期的主要代表刊物為《新路雜誌》。

## （五）單獨抗日運動時期

從「9・18事變」起，至1935年7月苗可秀殉國死難止。為「中青」提倡「野戰抗日」，組織義勇軍單獨抗日時期，主要代表刊物為陳啟天所創辦的《民聲週報》。

## （六）精誠團結及擁護抗戰時期

從苗可秀死難後起，到1938年9月發表第九次全國代表宣言止。盧溝橋事變起，「中青」體會到國難方殷，各黨派宜捐棄成見，共赴國難。故由左舜生主動致函國民黨總裁蔣中正，取得諒解，不分朝野，精誠團結，共同抗日。此時期的主要立論刊物有：《國論月刊》、《國論週刊》、《國防線半月刊》及《國光旬刊》等多種。

## （七）促進憲政運動時期

從1938年7月第一次「國民參政會」召集起，到1946年1月「政治協商會議」召開止。八年抗戰，「中青」始終與政府同甘共苦，一面協助政府抗戰到底；一面在抗戰中推進民主。此時期的主要刊物除《新中國日報》外，重要的有《國論半月刊》、《中青半月刊》和《民憲半月刊》。

## （八）調停國、共衝突促進全國和平時期

從1945年6月左舜生等6參政員訪問延安起，到「政治協商會議」開幕以後。時值抗戰甫結束，國、共內戰卻有一觸即發之勢。然全國人心望治，「中青」以第三方面之身分，負責為調解國、共衝突而努力，惜功敗垂

成。此時期的主要刊物有《青年生活半月刊》及《青年中國週報》。

## （九）共同擔負國事時期

從 1946 年 11 月參加制憲國大起，至 1949 年大陸淪陷止。此時國、共內戰已起，中共竊國之心已露，政府一來需要戡亂；再來欲推行憲政，還政於民。處此艱困時期，「中青」始終扮演與政府共進退之角色，為反共戡亂貢獻不小。此時期的主要刊物除《中華時報》外，尚有《中國評論月刊》及《風雲半月刊》。

## （十）遷台反共時期

從 1949 年 12 月政府遷台迄今，「中青」一則不幸發生黨務分裂；再則仍善盡在野黨職責，監督政府，維護憲法，貫徹反共國策，屬行民主法治制度。此時期的主要刊物，在香港有《自由陣線》、《聯合評論》，在台灣則有《青年臺灣》、《民主潮》和《新中國評論》、《現代國家》、《國家論壇》等。

# 三、主要期刊略述

（1）《先聲週報》：於 1922 年 12 月在巴黎發刊，由廣東胡國偉、梁志尹、黃晃、林秉照 4 人發起，為「中青」創黨初期在法國的機關報。在法國曾與共產黨的言論喉舌《赤光》半月刊為爭取青年及宣揚國家主義理論而爆發論戰。《先聲》於 1933 年停刊，為中國有史以來在歐洲創辦最久的刊物。

（2）《醒獅週報》：為「中青」最具代表性之刊物，「中青」又稱為「醒獅派」，其故在此。《醒獅週報》於 1924 年 10 月 10 日在上海創刊，共發行 266 期。唯自 1927 年起，因時局關係，出版情況並不順利，且常有脫期、被查禁等情形發生。所以後來不得不以《青年月報》偽裝發行，迄於 1930 年元月 28 日停刊。該刊立論主要為闡揚「中青」的國家主義之理論，及反對國民黨「聯俄容共」之謬；此外，批判共產黨與軍閥也是該刊另一論述重點。

（3）《新路雜誌》：為李璜與張君勱所合辦，創刊於 1928 年 2 月 1 日，只發行至第 1 卷第 10 號即因政治因素的干擾而停刊。本刊立論主要為批判共黨暴動路線之誤及國民黨一黨訓政之非，為一相當珍貴之史料。

（4）《剷共半月刊》：為陳啟天於 1930 年 9 月 10 日創刊，停刊於 1932 年 10 月 10 日，共發行 28 期。該刊立言以「剷除共匪、救濟民眾」為唯一宗旨，聲明絕不涉及軍事政治與黨派問題。其中理論性文章大多由陳啟天執筆，文章篇篇擊中共黨要害，終於引起政府注意，對啟迪知識青年之反共思想，居功至偉。

（5）《民聲週報》：為陳啟天於 1931 年 10 月，「9・18」國難發生後在上海所辦。該刊物主要言論立場為鼓吹「野戰抗日」及反對國民黨「一黨專政」，總共發行了 38 期。

（6）《國論月刊》：為「中青」繼《醒獅週報》後，最有深度內涵的刊物。內容包羅萬象，頗為可觀。該刊於 1935 年 7 月創刊，至「盧溝橋事變」後停刊，總共發行至第 2 卷第 10 期。

（7）《國論週刊》：為《國論月刊》停刊後，於 1938 年 2 月 19 日在成都出版，共發行 34 期。內容以闡揚抗戰到底為旨趣，而對於建構國族集團文化思想也是特別努力宣傳的另一重點。此外，《國論週刊》尚有重慶版本發行。

（8）《國光旬刊》：為左舜生於抗戰初期，1938 年 3 月 29 日在長沙所

辦，共發行 12 期。內容以激勵民心士氣，報導抗戰消息為主，為「中青」在抗戰初期最有力的言論喉舌之一。

（9）《國防線半月刊》：1938 年 4 月 10 日，由「中青」在華南的領導人鄭振文，於廣州所辦的抗日刊物。該刊言論強調國人救亡圖存的責任，努力宣傳抗戰建國工作；尤以專門登載與國防有關及一切有利抗戰的文字為主。

（10）《新中國日報》：該報於 1938 年 6 月 1 日在漢口創刊，由左舜生任社長。武漢陷日後，於是年 9 月 18 日，遷四川成都復刊，改由宋益清任社長，迄於 1949 年 12 月共軍進入成都止，整整服務國家、社會、政黨歷 11 年。該報紙代表「中青」言論報國，不論就堅決擁護抗戰國策、鼓吹全民政治、促進舉國團結；甚至對學術文化思想之主張與貢獻均是有目共睹，相當成功的。它同時也是「中青」在大陸時期辦的最久，壽命最長的一份報紙。

（11）《國論半月刊》：為 1940 年「中青」在成都復刊的一份綜合性刊物，它的前身是《國論週刊》及《國論月刊》。該刊編輯為常燕生，撰稿者均是「中青」優秀的學者教授，故內容包羅甚廣，舉凡政治、社會、文化皆有，但基本上，仍以探討思想為主軸，為一頗具深度的刊物。

（12）《民憲半月刊》：為 1944 年 5 月 16 日，「中青」於抗戰初期加入「民主政團同盟」；後改組為「民盟」後所辦之刊物，故該刊頗具第三方面色彩。主要言論為鼓吹民主憲政，並對國民黨於戰後行憲有所期待及建言，該刊總共發行至第 2 卷第 6 期後停刊。

（13）《青年生活半月刊》：係「中青」於戰後，1946 年 7 月 7 日在上海重新復刊之刊物。主要內容為報導戰後國內外之消息；兼亦披露江浙一帶之人文動態，為一本綜合性之刊物，共發行至第 2 卷第 12 期止。

（14）《青年中國週報》：乃「中青」於 1946 年 10 月 12 日在上海所辦。該刊取材多樣活潑，政論、藝文、小說、詩詞均有，總共發行 50 期後

停刊。

　　（15）《中國評論月刊》：為徐漢豪於 1947 年 7 月 10 日於南京所辦。內容以評論政治、經濟、法律、史地、哲學、建設為主；兼亦穿插文藝創作或雜感，為一頗有特色的綜合性刊物。

　　（16）《青年台灣週刊》：創刊於 1948 年 6 月 12 日，初為週刊，是年 10 月改以半月刊出版，發行人為朱文伯，編輯者是張皋。該刊是「中青」在台灣所辦的一份小型刊物，主要貢獻是介紹祖國內情予台灣同胞；也有將台灣同胞向祖國表達心聲的目的存在，共發行 15 期。

　　（17）《風雲半月刊》：創辦於 1948 年 8 月 1 日，由夏濤聲所負責，共發行 1 卷 12 期。為一份小型有力的政論性刊物，頗能代表「中青」在大陸淪陷前之政治主張與立場。

　　（18）《自由陣線週刊》：該刊在 1949 年 12 月 3 日創辦於香港九龍，主持人為謝澄平，為五〇年代在美國支持下，最早擎起「第三勢力」之代表刊物。主要標榜欲在國、共兩黨之外，另覓一股自由民主第三勢力的動機、理論與行動，所以刊物的立場明顯的是既反共也反蔣介石的國民黨。職係之故，遭受到國、共兩黨的圍剿。基本上，該刊畢竟代表有別於國、共兩黨外的一股力量，也象徵一部份堅持民主自由人士的政治立場及心聲，在彼時風雨如晦，一片專制獨裁的浪潮中，倒不失為一股有心的清流。

# 四、主要期刊內容

## （一）中國最早的反共報紙《先聲週報》

　　二〇年代是個風起雲湧的時代，在國際上，民族主義意識高漲，民族自決的口號響徹雲霄；在國內，軍閥專政，內戰連年，空有民國之名，卻無民

國之實,辛亥鼎革以來所憧憬的新國家精神,完全幻滅殆盡;兼以五四新文化運動以來,知識份子基於求新求變的心理,政治上:紛紛要求改革;思想上:各種主義瀰漫,西化、俄化、甚至日化之呼聲不絕於耳;學術上:百家爭鳴,社團林立。這些繽紛多彩琳瑯滿目雜然眾多的思想主張,不僅風靡於國內舞台,也影響到海外留學界。

其中最具代表性的,莫過於因「少年中國學會」分裂後,該會之核心份子轉向為共產主義與國家主義兩派。此兩派之菁英,不僅在國內展開理論之爭,隨著勤工儉學運動的興起,這場論戰也延伸至歐陸的法國。中國最早的反共團體——中國青年黨;以及中國最早的反共刊物——《先聲週報》,便是在法國和共產黨展開壁壘分明的撕殺,現且讓我們介紹這份反共先覺的報紙——《先聲週報》。

《先聲週報》(*Sine Shing*)於 1922 年 12 月在巴黎發刊,由廣東四邑(開平、台山、新會、恩平四縣稱為四邑)同鄉胡國偉、梁志尹、黃晃、林秉照 4 人發起,分別募集股金(大股東還包括同為四邑同鄉的商人伍輔及黃燕石等人)成立報社。胡國偉於 1921 年曾在國內任《開平公報》主筆,1922 年秋復到巴黎習新聞學。同年冬梁志尹向胡國偉提及巴黎中國青年會有一架待售油印機,引起了胡國偉辦小型報的興趣。經與梁、黃、林等人會商後,認為旅歐華僑不容易閱得到中文報紙,同時更為使法人多了解中國,遂決定辦中法文的《先聲週報》。

在獲得法國友人《小巴黎人報》的政治編輯佐治·阿爾基(MR. George Arque)先生為發行人保證人後,向法政府登記發行。初以巴黎無中文鉛字印刷所,改為手寫油印手搖機裝訂成冊,後改石印,採報紙型 A3 式,每週出一大張,法文報頭下印有《歐洲華文周報》(*Journal Hebdomadaire Chinois en Europe*)字樣。內容有社論、時評、國際新聞、國內新聞、旅歐新聞等項,中文版佔 3/4,餘為將國內重要新聞譯為法文的法文版。草創初期,百廢待舉,除文章要由社內同仁撰寫外,由於經費短絀,銷售尚且親自

沿街叫賣，節衣縮食，備極辛勞。報社內的人事，由胡國偉任社長兼總編輯、黃晃任法文編輯、林秉照任發行、梁志尹任撰述；後又有胡瑞圖、胡瑞燊2人加入撰述工作。

　　1923年，報社陣容更為堅強，旅德學生周宗烈、張子柱等人回法，先後也加入報社，成為報社新的生力軍。旋即報社亦改組人事，周宗烈任中文編輯，張子柱為總撰述，梁志尹、胡瑞圖分任撰述；林秉照、胡瑞燊則改任發行人。至於曾琦如何與《先聲週報》發生關係，答案乃曾琦本是辦報高手，1918年上海《救國日報》之創刊即其傑作，因此他向來深知輿論力量的重要性。他曾說：「予向有意於造就政治人才，以謀政治之刷新，而欲謀政治之刷新，必先求社會之改良，改良社會，其道固多，而先務之急，則為輿論。」職係之故，《先聲週報》的成立，無可諱言對於加速中國青年黨的創建；及做為創黨初期的宣傳機關，實有不可忽視之地位。

　　1923年7月2日，曾琦首度投文《先聲週報》，呼籲所有旅法華人反對列強共管中國鐵路。而後「旅法各團體聯合會」在籌備及成立期間，《先聲週報》也先後派黃晃、馮葉恭、張子柱、梁志尹等代表出席。同時聯合會文件也由「先聲週報社」義務代印，文稿則由曾琦與周恩來商妥後送「先聲週報社」。所以曾琦與「先聲週報社」於7月後開始接觸頻繁，為雙方提供進一步結合的機會。而《先聲週報》之所以和曾琦組黨有關係，恐係是「先聲週報社」的社員多為粵籍，尤以四邑鄉人往海外謀生，旅居美、加者多。如胡國偉之父為旅美華僑，經商致富，每月供胡國偉3百美金在巴黎生活，故可在食宿無憂之餘，進而辦《先聲週報》。又廣東籍的勤工儉學生大多因得著廣東省官費之助，所以留法廣東籍學生甚少成為共產黨者，蓋共產黨那套階級革命的理論甚難吸引之。

　　兼以同時由於旅歐共黨之攻擊謝東發案（父為上海旅法富商，母為法人，熱心僑務），使為謝鳴不平之華人，同仇敵愾，假《先聲週報》以為還擊。因而《先聲週報》與旅歐中共之形勢對立遂不可免。此外，《先聲週

報》同仁本有組黨救國之議,胡國偉曾與譚伯揚、關玉廷、方彥儒等函商組黨事。故中青結黨式之前,曾琦與「先聲週報社」除經理「旅法各團體聯合會」事宜外,更及於組黨事。尤其 1923 年 11 月 13 日以後,曾琦會商組黨的對象,幾乎全以「先聲週報社」的社員為主。茲舉曾琦〈旅歐日記〉數則以為佐證:

「十一月十三日⋯⋯訪張子柱談組黨事,晚偕張君往訪梁志尹、胡國偉交換意見,兩君皆極贊成予之主張⋯⋯。」、「十一月二十三日⋯⋯胡國偉、梁志尹、黃晃、周宗烈等齊集張子柱家,相與商量組黨事,眾皆贊成予議,定名為『中國青年黨』,宗旨則定為『以外抗強權,力爭中華民國之獨立與自由,內除國賊,建設全民福利的國家為宗旨』⋯⋯。」

中國青年黨在 1923 年 12 月 2 日正式發起組黨後,旋即在巴黎積極活動,秘密吸收黨員,並透過《先聲週報》來宣揚其「內除國賊,外抗強權」之主張。而《先聲週報》也在胡國偉的提議下,由黨務會議通過,成為中青旅歐言論的機關報。進而與旅歐的中共機關刊物《赤光》發生激戰,雙方甚至因為爭取旅歐華人團體的領導權,而發生數次的流血衝突事件。至於思想鬥爭方面,最具體的例子則是 1924 年,《赤光》半月刊基於階級鬥爭的立場,積極提倡工、農、學生青年、商人聯合的國民革命理論,同時以俄為師,鼓吹聯合世界無產階級和弱小民族的世界革命論,為「反軍閥政府的國民聯合、反帝國主義的國際聯合」而確立其辦刊宗旨。此外,旅歐中共除以《赤光》闡明其革命理論外,並早於 1923 年 11 月,即與國民黨駐歐支部形成統一戰線,周恩來、李富春、聶榮臻、任卓宣等,並曾任國民黨駐歐機關的幹部。中青針對上述《赤光》的言論及國、共合作的政策,本其發起宣言中,對主張階級專政者,及共產黨加入國民黨政策的批駁。

在《先聲週報》上,除強調基於愛國主義以別於階級鬥爭外;且因中青黨員鄔剛如在巴黎曾經發現關於共產黨加入國民黨的秘密議案小冊子,故對聯俄容共政策特別加以批評,甚至出刊「反對中國國民黨收容共產黨與共產

黨加入國民黨專號」。《先聲週報》此一反共、反蘇、反國、共合作的言論立場鮮明，惹怒了《赤光》也在第 3 期以後，以相當的篇幅來抨擊《先聲週報》，並曾對曾琦、周道等人點名批判，雙方你來我往從事激烈筆戰的時間，大約有半載之久。其後因旅歐中共黨人為加強國內中共活動，紛紛自歐返國，而曾琦等人亦感建黨初期，急需時間及人力發展黨務，吸收黨員，所以也有休兵必要。因此自 1924 年 4 月底起，曾琦與周恩來曾有所接觸，針對雙方關係進行談判，終於達成協議，暫時中止雙方的對抗。

　　該年底，曾琦回國在上海成立《醒獅週報》繼續和共產黨周旋，且中青骨幹份子也陸續返國加入《醒獅》陣營，所以在巴黎的《先聲週報》頓時寂然了不少。但在胡國偉、張子柱等人的力撐之下，堅持愛國、民主、反共的信念仍不稍移，聲色也不遜於從前。從 1927 年起，該報刊頭名改題為《巴黎先聲報》，仍維持每週出對開紙一張 4 版，設有社論、特載、簡要新聞、論壇、祖國要聞、旅歐要聞、最後消息、電訊等欄目。其言論傾向一如既往，即既反對南京蔣氏政權對日本侵略者所採取的不抵抗政策，也反對中國共產黨的政治路線。該報曾發表〈中國青年黨為日兵進寇榆關宣言〉，並主張由中青「與全國民眾共同建立國防政府，對日宣戰」，同時聲稱該黨必須「貫徹進行肅清赤化工作，防止俄國侵略陰謀」。

　　陳三井教授在〈法國華文報刊的發展與演變〉一文中，對《先聲週報》在法國僑社的影響力曾言：「據巴黎警察局 1929 年的檔案材料記載：該刊每期除向青年黨在法國的 200 餘名成員寄發外，在巴黎拉丁區的一些中餐館和巴黎大學所在地的聖米歇爾大街的一些報亭出售。每期發行量千份左右。該刊的讀者，大部分是巴黎大學的那些極右的中國民族主義份子，在巴黎的中國移民中，這是一個具有法西斯傾向的組織」。在華文報刊相對稀少的法國，《先聲》能有如此成績是相當難能可貴的。1934 年，因主客觀情勢的異變，這份長達十餘年，也是中國有史以來在歐洲創辦最久的刊物，終於光榮的功成身退。據現有資料，該刊總共出刊逾 400 期，確切停刊日期不詳。

《先聲週報》雖然結束了它的生命，但在反共鬥爭史上，它卻留下了最輝煌燦爛的一頁。

## （二）喚醒睡獅的《醒獅週報》

1924 年 7 月 27 日，中青在巴黎召開黨員大會，送別中青代表團曾琦、李璜、張夢九等 3 人回國。曾琦等 3 人於此時返國發展組織的原因大致有三：一是中青的組織，自創黨後，經過半年的宣傳及活動，在歐洲已達極限，難再事擴張；二是旅歐中共黨人周恩來等紛紛離開巴黎返國，中青為與中共黨人對抗，有必要另闢戰場；三是曾琦早已有在國內辦一刊物作為宣傳國家主義的企圖。基於此 3 點理由，故曾琦決定返國辦報。1924 年 7 月 31 日，曾琦偕李璜等人在馬賽登船，同年 9 月 4 日返抵國門，旋即赴上海左舜生寓所共商大事。曾琦初抵國門，對於發展中青黨務的方向，基本上是從主義和政策的宣傳入手，以知識青年為主要訴求對象，故曾琦便積極創辦《醒獅週報》，期能從言論思想方面發揮全國性的影響力。

曾琦以知識青年為主體，是因為仍抱持「少中」「不請謁當道、不依附官僚、不利用已成勢力、不寄望過去人物」的理想宗旨，欲結合具共同信仰的人，以與國、共做長期的抗爭，其以言論思想的宣傳為重，而不急於地方組織的想法可知。1924 年 10 月 10 日，曾琦經過月餘的奔走籌劃下，《醒獅週報》終於在上海問世創刊了。該報原本係以《救國週報》為名，後張夢九以「救國」二字太過悲觀，故建議易名為「醒獅」。

關於《醒獅週報》誕生的經緯，最早可追溯至 1923 年。據曾琦〈旅歐日記〉記載：「予近日已決定歸國，如辦鼓吹國家主義之雜誌，則取名為『醒獅報』，其義有二：一為喚醒睡獅，一為作獅子吼也」。至於其成立經過，據《醒獅週報》在 1926 年 10 月出版的第一年彙刊上，說明該報緣起：「本報係由絕對信仰國家主義之同志，鑒於內憂外患之交逼而同時國內言論

界又無正確之主張，因相約創刊本報，於民國十三年十月十日出版。執筆者
多為留學歐美日本之同志，及南北各大學教授。」據筆者考證，《醒獅週
報》社員的組成，由曾琦相約友人中，信仰國家主義者發起。在創刊前，除
郭步陶外，基本上以「少中」會友為對象；也有由晤談或函寄《醒獅週報》
的方式，相約發起。社員包括：張夢九、左舜生、陳啟天、涂開輿、李璜、
余家菊、方東美、謝循初、蘇甲榮、羅季則、趙壽人、王崇植、黃仲蘇、楊
效春等 10 餘人。

　　《醒獅週報》自 1924 年 10 月 10 日創刊，到 1930 年元月 28 日停刊，
前後 5 年多，共出 212 期，後又陸續出若干期，直至 266 期才正式停刊。該
報的封面由章炳麟題字「醒獅」二大字，出版及發行，自 1927 年起，以時
局關係，並不順利，且常有脫期、被查禁等情形，所以晚期不得不以《青年
月報》偽裝發刊。至於週報之發行動機、旨趣，除前述曾琦個人之動機外，
在週報出版宣言中，也曾明確說明其創刊之動機是基於「感於外患之紛乘，
內爭之彌烈，民生之益悴，國命之將傾。」故以醒獅之義喚起國人的覺悟與
信仰。週報之所以名為「醒獅」，因清季曾紀澤出使歐洲時，曾以「醒獅」
二字之說比喻中國，向西方人士告誡，勿過分欺壓中國，否則一旦獅醒則不
可復制；所以《醒獅週報》之創刊，期能喚醒睡獅，並作獅吼。

　　週報出版的旨趣則有兩個目的：其一在喚起國人自信自強之念；其二則
是努力於宣傳「醒獅」之義，使之成為國人普遍之信仰。醒獅用意重於對外
而言其意至為明顯，而這點即為該報的基本立場，尤其對於中國共產黨的批
評，也是由此而發。總之，該報宗旨在於：「喚起國民之自覺心，恢復國民
之自信心，於此安內攘外，定國興邦，使西人感知『睡獅』之已醒而不可復
侮，因此戢其『侵略野心』而共保『國際和平』耳。」

　　《醒獅週報》之內容，在編輯上有時評、論說、專號、讀者論壇、來
論、史料、譯述、演講、專件、來件、特載、通信、海外通訊、紀事、社會
調查、青年消息、社會百聞、筆鎗墨劍、書報述評、先烈遺稿、文藝特刊、

教育特刊、科學特刊、南國特刊、廣告等項。其中較具特色的如專號，《醒獅週報》曾出刊「孫中山先生追悼號」、「學校軍事教育問題號」、「五九國恥紀念號」，均是見解獨到，力透紙背之作。至於由黃仲蘇、胡雲翼、劉大杰所辦之「文藝特刊」；田漢主編之「南國特刊」；王崇植、惲震、魏時珍編纂之「科學特刊」以及由余家菊所負責之「教育特刊」，這四類特刊的出版，都是針對青年而設，在於滿足青年的求知慾及精神上的需要，裨益甚大。

這當中尤以「教育特刊」的內容最具特色，立論除抨擊宗教化教育、階級化教育及黨化教育外，也對「國家教育協會」及各地教育界情況有所介紹。此外，並提出國家主義對於教育問題的意見，如國語運動、讀經問題、收回教育權運動、留學問題等均有所主張。另外值得一提的尚有演講欄，如李璜的〈國家主義的建國方針〉、〈國家主義的經濟政策〉；曾琦的〈國家主義之四大論據〉、〈國家主義三講〉；余家菊的〈國家主義的基礎〉、〈國恥的教育〉等講演。其中對於國家主義的背景、理由、政經教各方面內容均有所闡釋，是研究中青主義的最重要素材。

至若紀事、社會調查、青年消息三欄，報導資料的地方遍及安徽、河南、江浙、廣州、漢口、南京、北京、上海等地。由資料的來源也大約可以了解中青初期勢力的擴張分布情形與宣傳所及之處。史料一欄有謝彬的〈中俄劃界痛史〉、左舜生的〈中英關係年表〉、曾琦的〈土耳其青年黨建國小史〉。總之，週報本於創辦宗旨，對於外國政情及列強在華勢力，均相當留意。時評與論說兩欄，最足以代表《醒獅週報》的言論精華，時評是每期固定的專欄，該欄對內政、外交、教育方面的時局發展，表達國家主義者的一定看法，旨在發揮全民革命的主張，即外抗強權、內除國賊的口號。論說也是週報的固定專欄，在篇幅上較時評為長，重點在「國家主義」的闡述及鼓吹。

上述《醒獅週報》的內容，其言論的方向，以論說及演講兩專欄建立中

青的根本精神——國家主義；以時評一欄就主義的精神，發揮對時局的意見主張，而終歸於外抗強權、內除國賊的全民革命口號上。及至該報進入第三年後，因時局移轉，隨國民黨北伐軍所到之處，中青及該報面臨國、共雙方的壓力，而反映在《醒獅週報》上的，除說明中青被迫的困境外，主要內容則轉向批評國民黨的黨治及黨化教育上；當然也表明自來反共的堅決態度，同時曾經就反共這一點，主張與國民黨聯合陣線。此外，該週報既然是青年黨的機關報，對中青的政治、外交、經濟、教育等方面的政策綱領，皆有進一步的闡述，及主張的形成。至於在編輯和出版方面，1927 年一度北移北京出版，並由陳啟天代編。旋又回滬，由常燕生主編，常並以惠之、平生、萍枝等署名為文，左舜生則以黑頭、阿斗、仲平等筆名或別號署名論政為文。

　　基本上，《醒獅週報》係以知識青年為訴求對象，鼓舞青年愛國熱忱，若以出刊後的銷售情形來看，1924 年 10 月 10 日創刊後不到兩個月，已銷售兩千餘份，發行半年銷售達 8、9 千份，有過再版、三版紀錄；及至《醒獅週報》發售第一年彙刊預約券廣告時，則稱銷數已達萬份，且有重版至 4、5 次的記錄，故決定從第一期起，再版一次編為彙刊，預售一千部。從以上的銷售情形觀之，比之中國共產主義青年團的機關刊物——《中國青年》好的太多了。《中國青年》於 1923 年 10 月 20 日創刊，到 1925 年 3 月時，銷售量還不到 4 千份。所以曾擔任《醒獅週報》發行的左舜生言及生平所辦過的日報期刊，以《醒獅週報》的營業最為成功。

　　當年於全國各地所成立的國家主義團體，大抵也都深受《醒獅週報》言論的影響及號召。到底《醒獅週報》有何影響及號召呢？吾人可歸納其重要建樹有三：1.建立較有系統的國家主義理論；2.收回教育權運動的鼓吹與實現；3.反俄及反共方面的成效。上述三點，可說是《醒獅週報》出版以來，最具體的影響與貢獻，也是所有的中青黨人，畢生全力以赴努力奮鬥的目標。

## （三）一黨專政下的清流《新路》雜誌

　　1927 年，正是國內政局擾攘不寧之秋，國民黨由「聯俄容共」而清共絕俄，引發共黨南昌、廣州的武裝暴動。在眾方要求下，寧、漢兩個國民政府由分立而合作，且成立「特別委員會」，包容寧、漢、滬三方黨人。然以汪精衛、陳公博、顧孟餘為首的所謂國民黨「左派」，出爾反爾，復持異議，嗾使張發奎、黃琪翔稱兵作亂於廣州；同時桂系李宗仁、白崇禧也西征討伐唐生智，擬擴張勢力於兩湖。

　　黃河以北，則猶未納入國民黨統治範圍，而長江、珠江一帶，黨內糾紛疊起，中樞幾於群龍無首。於是寧漢合作後下野赴日的國民革命軍總司令蔣中正，遂為各方所屬望，不得不從日歸國復職視事，召開國民黨 2 屆 4 中全會於南京，重建黨的領導中心，全會修訂了〈國民政府組織法〉，調整人事，結束紛爭，準備二期北伐，謀求武力統一。《新路》雜誌即在上述的政治背景下創刊，以在野及「黨外」的立場，發抒國民對國事的言責。

　　有關《新路》雜誌之問世，據李璜在《學鈍室回憶錄》中提到，是他與張君勱在上海創辦的。李璜說：「我於十六年的十月到達上海後，那時青年黨總部是在英租界西摩路靜安寺路口一所弄堂房子，只餘兩個秘書守著。醒獅週報既已被查禁，而寄不出租界去，寫稿的人也已星散而只得停頓。……在這獨力撐持黨務中，除與兩秘書辦理日常公事外，我無可與談者……正悶得發慌，恰巧在金井羊處看他收藏的德國繪畫，無意中遇見張君勱先生。君勱與慕韓先認識，且在醒獅週報、東方雜誌、及中華教育界讀過我的文章。一見如故，因約我赴其家長談。我始知君勱在上海所辛苦創辦的政治大學為政府接收以去。國民黨中央認為他是進步黨『餘孽』，而不許其辦學。因為我們兩人精神上都無出路，君勱便約我在上海創辦《新路雜誌》，由君勱籌款印刷發行，我只供給稿子。我每月寫一篇長文，有時加上一篇短文，長文多係批評國際共產主義及中國共產黨，記得有一篇〈論中共的流寇策略〉，

說明其能擾亂貧苦的中國農村，引致全國糜爛而不可收拾。此文曾予國民黨右派以甚大的刺激。」換言之，張君勱與李璜時均罹「黨錮」，亡命於上海，但為了堅持民主憲政的理念，也就無懼於國民黨的壓力，而相約創辦《新路》了。

　　《新路》係一半月刊，創刊於 1928 年 2 月 1 日，發行處位於上海英租界安南路泰威坊 101 號。為 24 開本，每期約 80 頁左右，發行僅 3 期，即遭查禁，但仍繼續出版至第 10 期，始告停刊。該刊作者多用筆名，所能考知的有「立齋」、「君房」為張君勱、「春木」為李璜、「叔耘」為鄧孝情、「秋水」為梁秋水、「常子高」可能是常燕生，不敢確定。其他若「蝸居客」、「柳遺」、「鐵豆」、「純士」、「誅心」、「攻盾」等，則不可考。

　　據筆者現存 1 至 8 期《新路》看來，該刊重要的文章有：春木，〈論共產黨之流寇策略〉（第 1 卷第 1 號）、柳遺，〈共產黨在廣東利用農民運動摧殘民團的小史〉（第 1 卷第 1 號）、叔耘，〈民主政治與階級政治〉（第 1 卷第 1 號）、鐵豆，〈國民黨的新提案〉（第 1 卷第 2 號）、立齋，〈一黨專政與吾國〉（第 1 卷第 2 號）、純士，〈為國民黨計論一黨專政之利害〉（第 1 卷第 2 號）、君房，〈甚麼是應該清除的共產黨理論和由此理論下產生的實際行為〉（第 1 卷第 2 號）、春木，〈從思想自由到政治自由〉（第 1 卷第 2 號）。

　　叔耘，〈民主政治與階級政治〉（續）（第 1 卷第 2 號）、立齋，〈現時政潮中國民之努力方向〉（第 1 卷第 3 號）、誅心，〈黨國內容分析〉（第 1 卷第 3 號）、老農，〈甚麼是思想落後？〉（第 1 卷第 3 號）、攻盾，〈紅牌買辦階級與新式封建思想〉（第 1 卷第 3 號）、立齋，〈吾民族之返老還童〉（第 1 卷第 4 號）、重呆，〈民主政治是乎！一黨專政是乎！〉（第 1 卷第 4 號）、立齋，〈濟南事件與今後救國大計〉（第 1 卷第 5 號）、无悶，〈建國大綱質疑〉（第 1 卷第 5 號）。

　　觀棋，〈今後與革命〉（第 1 卷第 6 號）、秋水，〈讀陳公博「今後的
國民黨」〉（第 1 卷第 6 號）、定庵，〈為主張聯俄容共之汪派活動事告忠
實國民黨員及愛國民眾〉（第 1 卷第 6 號）、一士，〈重都北京完成統一
議〉（第 1 卷第 6 號）、立齋，〈俄國無產專政制之解剖〉（第 1 卷第 6
號）、南公，〈評委員會制〉（第 1 卷第 6 號）、常子高，〈評戴季陶的
「青年之路」〉（第 1 卷第 6 號）、立齋，〈關訓政說〉（第 1 卷第 7 號）、
旡悶，〈建國大綱質疑〉（續）（第 1 卷第 7 號）、純士，〈青運平議〉
（第 1 卷第 7 號）、達人，〈自法制上批評國民政府組織法〉（第 1 卷第 8
號）、力人，〈百孔千瘡的國民政府組織法〉（第 1 卷第 8 號）、秋水，
〈評陳公博的革命論〉（第 1 卷第 8 號）。

　　上述諸文，均是見解精闢，擲地有聲的精選之作，尤以李璜的文章，多
係正告政府當局去反共，要將共產黨專橫跋扈的主張與作法反掉，而不是專
反其人而用其言行其策的治標方法。要反共就要徹底治本，不可割瘡而不消
毒，否則其毒仍將禍害於人。而張君勱的文章，則針對國民黨胡漢民等人高
唱「黨外無黨，黨內無派」之論調加以批駁。君勱以為黨外無黨，則黨內必
有派，黨內有派之暗鬥，最為惡劣，尚不如黨外有黨之明爭，恰足以互相競
賽，彼此監督而收向上之效。此外，君勱亦藉《新路》，大肆發揮其民主社
會主義的理論與實際，闡明得相當詳盡，對於民生國計，逐條解答，提出方
案，結論到非真正實行民主憲政，不足以救國利民。李、張二氏之宏篇鉅
論，可以說是《新路》雜誌的兩大柱石。

　　基本上，在 1927 年，國民黨雖已清黨，但胡漢民等國民黨高層仍舊高
唱「黨外無黨，黨內無派」之論。國內的政治空氣異常緊張沉悶，不僅提倡
反共的國民黨「西山會議派」遭到排擠，連最早反共的青年黨也因「宣傳與
三民主義不能相容」的政治主張而遭到取締。處此惡劣環境中，《新路》彷
似一股清流，在污濁的政治氣候中，作暮鼓晨鐘之獅子吼。此由其〈發刊
詞〉中所標舉的政治主張 12 項，便可見其端倪：（1）主張民主政治，反對

帝制及一階級專政、一黨專政。（2）主張國家在國際間之獨立與平等，反對外力侵略及一切賣國與誤國之舉動。（3）主張言論結社等自由，反對以黨治或軍治之名義，剝奪人權。（4）主張以自治精神謀統一，反對一切征服式之武力統一。（5）主張開發生產，改進農工生活，反對階級鬥爭及其他妨礙經濟發達之運動。（6）主張昌明本國文化，發揮科學精神，反對漫無擇別之守舊與生吞活剝之騖新。（7）主張實施預算與財政統一，反對無預算之浪費及橫征暴斂。（8）主張教育在養成健全國民，反對教會教育及黨化教育。（9）主張確立文官保障制度，反對事務人員之任意進退及黨化。（10）主張司法完全獨立，反對司法之黨化及軍法裁判之濫用。（11）主張軍隊應用於國防，反對軍隊供私人或黨派內訌之用。（12）主張國家進步應注重和平建設，反對只圖破壞之革命。

這 12 項主張，大多為一般民主憲政國家立國的通則，亦為對當時紛亂政局痛下針砭之良方，稍具有政治常識者，應知並非驚世駭俗標新立異之高調。然與時流醉心因襲蘇俄政制主張「一黨專政」、「以黨治國」、「黨權高於一切」的論調，則大相悖謬，最後終遭停刊的命運，悲哉！《新路》雜誌盛行時，銷路曾經達 3 千多份，皆以特種郵寄方法，寄出了租界，甚得一時傳誦。最後國民黨以〈反革命條例〉認定其犯了「言論反動、主張乖謬、危害黨國、破壞革命」等四大「莫須有」罪名，下令停刊。

自是而後，「訓政」達 20 年之久，內憂外患，幾無寧日，念及禍亂之源，則《新路》諸文，固早已言之矣！由《新路》〈發刊詞〉末段之鄭重聲明：「同人等不忍國家之危亂，將竭其言論之力，以為挽救萬一之計，其以為莠言亂政耶？其以為干犯以黨治國之原則耶？雖冒萬死，所不辭焉。蓋秉良心之主張，評國政之得失，不獨國民之權利，亦國民之義務也，知而不言，言而不盡，對同胞為不誠，對國家為不忠，非同人所以自盡天職也。同人等區區之愚，其為國人所共諒也，幸何如之。如其否也，亦各國自由奮鬥史中之常事，非同人所敢避焉！」此種光明磊落不畏不懼的言論方針，苟當

政者具有民主風度，應有容納之雅量的。

## （四）首揭反共大纛的《剷共》半月刊

1927 年 7 月，寧漢分裂再度復合後，8 月 1 日「南昌暴動」發生，開始了中共採取武裝叛亂的暴動路線。其後「兩湖秋收暴動」、「海陸豐暴動」及「廣州暴動」接踵而至，燒殺擄掠，無所不為。而彼時國內「中原大戰」方酣，閻、馮叛軍正與中央鏖戰沙場，匪禍正熾，政府卻無暇邊顧。時中共勢力已擴及贛、湘、閩、鄂、皖諸省，在江西南部且建立起「中央蘇區」。1929 年 7 月，還一度曾攻陷岳州和長沙，國人為之震驚。在此亂世危局之際，「中青」領袖之一的陳啟天，秉持一貫愛國、民主、反共的立場，憂心忡忡，深感非辦雜誌以張鼓吹，宣傳反共思想主張，不足以喚醒國人及政府的注意，乃於 1930 年 9 月創辦《剷共》半月刊。

關於《剷共》半月刊的成立，當事人陳啟天在《寄園回憶錄》曾說到：「民國十九年夏，此時中原大戰尚未結束，湘鄂贛三省勦匪總司令亦尚未設立，共黨果然又由鄉村暴動進到城市暴動，而有長沙暴動發生。因此，我對共黨問題更為憂心，乃親赴湘鄂贛等省調查匪況，組織反共救民會，創辦《剷共》半月刊，以求早日解決共黨問題。」陳氏之言，即為《剷共》半月刊誕生作了一個最好的見證。《剷共》半月刊創刊於 1930 年 9 月 10 日，停刊於 1932 年 10 月 10 日，共發行了 28 期，編輯及出版者為「反共救民會」，通信處則為上海郵局信箱第 879 號，該刊立言以「剷除共匪救濟民眾為唯一宗旨，絕對不涉及軍事政治與黨派問題。」

在體例上，《剷共》設（1）言論：以宣布共匪之罪惡，商榷剷共之方法。（2）調查：以刊載共匪之實況與共禍之實情。（3）通信：以與會內外人士討論剷共之方法。（4）專載：以披露本會之文件與消息。據筆者所存十餘期之《剷共》半月刊看來，該刊理論性文章多由陳啟天執筆，其餘的文

藝、通訊、隨筆等欄，則以該刊江西特派員君欽（即祝實明、一曰祝世明、拾名）所寫居多。其他作者尚有：明志、致遠（均為陳啟天）、謝逸、希先、宣之、戴岳、羅定、亞蘇、夏留仁、顛公、曉曉、孤鴻、闊斧、煙犀、伯陽、在田、秋水、難民、華山、白民、微完、蘭夫、風平、旭初、義開、新民、盧鳳藻、湯火、默默、鼎元、世煉等人，由於所用多係化名，故真實身份不易查證。

　　該刊主要文章有：〈本刊的態度與希望〉（第 1 期）、〈最近共匪的形勢與中國前途的危機〉（第 1 期）、〈國慶紀念與剿共運動〉（第 2 期）、〈俄國侵略中國的先鋒──共匪〉（第 2 期）、〈陳獨秀們口中共匪的現況與危機〉（第 3 期）、〈反共救民會總會宣言〉（第 4 期）、〈江西共匪的內幕一斑〉（第 5 期）、〈現有軍隊勦共問題〉（第 5、6 期）、〈湖南共禍調查報告〉（第 7、8 期）、〈湖北共禍調查報告〉（第 7、8 期）、〈江西共禍調查報告〉（第 10、11 期）、〈共匪的殺人放火政策與文化運動〉（第 14 期）、〈軍事及政治的剿匪方案〉（第 14 期）、〈四川的共禍與兵變〉（第 14 期）、〈勸汪精衛不要再為共黨所乘〉（第 17 期）、〈共匪的必然猖獗與其必然崩潰〉（第 22、23 期）、〈兩重國難夾攻下的中國〉（第 22、23 期）、〈抗日聲中的對俄復交問題〉（第 22、23 期）、〈安徽之赤禍〉（第 22、23 期）、〈鄂贛兩省共禍概觀〉（第 26、27 期）、〈怎樣才能徹底肅清共匪〉（第 26、27 期）、〈由赤白的夾攻說到中國的前途〉（第 28 期）、〈共匪圍攻南昌之一幕〉（第 28 期）、〈最近赤匪內容一斑〉（第 28 期）、〈勦共芻議〉（第 28 期）。

　　上述文章，特別值得一提的是「反共救民會」這個組織，其緣起誠如其宣言所示：「共匪為禍，由來已久。往昔假值名義，肆虐國中，莫敢誰何，且不論矣。自反共之後，兵匪猶復倒行逆施，變本加厲，以擁護蘇聯為目的，而自外於中國，以破壞一切為手段，而無恤於同胞，殺人放火，無所不為，民受其毒，蔑以復加。十六年南昌之慘劇，廣州之慘劇，十九年長沙之

慘劇，吉安之慘劇，均去今未遠，餘痛猶存。近者復乘暴日進犯之時，妄建偽中央政府於贛南，圖以鄂贛為根據，分兵四擾閩南、粵北、湘南、皖西及豫南，為患心腹，舉國震驚，亡國滅種，迫在目前，政府竭力勦辦，尚未立奏大效。本會同人深為此懼，爰本自救救人之旨，以謀群策群力之計。」

　　至於如何進行工作，約有數端，其一為調查：分遣專人親赴有匪省分調查匪況，編成系統報告，以為切實勦共之依據，計已出版者有湖南、湖北、江西、華北四大調查報告，其他有匪省分正在繼續調查中。其二為出版：發行《勦共》半月刊，以宣布共匪罪惡，商榷勦共方法，以供各方之參考。此外尚擬編印有關勦共之專書，以擴大勦共之宣傳。其三為救濟：樂善好施，本我民族之所長，以故遭天災者有救，遭兵災者亦有救，獨對於遭匪災者多望而不救，是非為德不卒乎？據最近湖北省政府調查，全省遭匪災之難民已達二百萬之多，合計贛皖閩豫湘等省匪災難民殆逾千萬矣。故本會呼籲政府民間，慷慨解囊，以救匪災之難民。」「反共救民會」之宣言，實際亦是《勦共》半月刊之立場，其中尤以對各省實地之調查，有憑有據，配以理論之闡揚，其反共文字之鏗鏘有力，擲地有聲，於當時之雜誌而言，可謂獨領風騷，特具一格了。

　　《勦共》半月刊問世期間，中國正面臨雙重國難，內有匪禍蔓延，外有俄日兩國之侵略，真可謂國難方殷。也因如此，圍繞於《勦共》半月刊之言論主旨，可以說即針對此國難而發抒。在對外方面上，呼籲國人注意中國的最大難關，在於日俄兩國夾攻，千萬不可因抗日而忽略放鬆勦匪問題，亦不可與俄復交。在內政方面上，以勦匪為第一，如何勦匪，陳啟天立論尤為精辟，他希望政府仿前清時代曾國藩、左宗棠、胡林翼等圍剿太平軍之作法，穩紮穩打，步步為營，政治與軍事雙管齊下，尤其宜爭取民心，在匪區宜清鄉整頓。陳氏在《勦共》半月刊連篇累牘的談勦匪方法之論，後輯為《胡曾左平亂要旨》一書出版，此書曾引起湘鄂贛川康等省勦匪部隊的重視，川康團務幹部學校還翻印該書做教本。國民黨中央黨部及南昌行營也為之側目，

每期必加索閱。陳啟天之從事思想文化宣傳及啟迪中國知識青年之反共思想，居功至偉，而其篇篇擊中共匪要害，文筆犀利的反共之作，終於引起政府注意，此點誠如陳氏自言，對於勦匪反共作戰，貢獻裨益不少。

## （五）國難時期的《民聲週報》

《民聲週報》，創刊於 1931 年 10 月，是「中青」領導人之一陳啟天在上海所辦的一份報紙，社址位於上海赫德路福德坊 1596 號。它發起之宗旨係因「9・18 事變」起，張學良以不抵抗故，坐失瀋陽、東三省淪陷；旋又於不抵抗聲中，失去錦州，退入關內，未幾，白山黑水全遭變色。彼時「不抵抗」三字，直令全國熱血人士，一聽便覺痛心疾首。因此南北各地學生，紛紛發動請願行動。上海方面，陳啟天即為領導者之一，由於忽逢國難瞬臨，深感非停止黨爭，一致對外，不能圖存。因此陳啟天乃與友人創辦《民聲週報》，力主政黨休兵，對日作戰，發揮斯旨。

當然，如何對日作戰？作戰之理由及意義為何？陳啟天曾作過縝密的思慮，蓋日本自「明治維新」以來，即抱定大陸政策，繼續不斷侵略中國，早已引起中國人民之憤恨。現在日本軍閥又發動「9・18 事變」，強佔東三省，自非中國人所能忍受。陳啟天強調，他是國家主義者，素來主張外抗強權，當然應該起來抗日，停止內爭，一致對外，以挽救當時的國難成為他最主要的政治訴求。我們可由該報創刊號陳氏的〈我們主張對日作戰的理由〉一文看出端倪：

「自日本以武力佔領我東北以來，中國已進入危急存亡的時候。惟一可靠的辦法，只有自救。惟一自救的辦法，只有實行抵抗主義，積極對日作戰。……我們主戰的理由是第一：可以保全國家領土，抵制日本侵略；第二：可以改造民族精神，培養國民意識；第三：可以消弭國內戰爭，完成國內統一；第四：可以防止賣國，保持中國榮譽；第五：可以矯正青年趨向，

集中愛國；第六：可以貫徹經濟絕交，促起日本覺悟；第七：可以造成國際問題，懲罰日本橫暴。主戰的理由十分充足，我們應該趕快實行對外作戰！」

陳氏所談的七點理由，委實理充詞沛，義正辭嚴，不僅是陳氏個人的見解，在某種程度上，更是反映彼時青年黨的主張。而且證諸於後來的八年抗戰，所言也大體正確，唯因政府顧及匪禍方張，不能決定立即抗戰。「中青」一方面只得號召義勇軍自力抗戰；再方面辦《民聲週報》以為抗日言論之鼓吹，《民聲週報》就在這樣的背景下誕生的。由筆者所藏現存 23 期的《民聲週報》看來，當時主要撰述人，大都為中青黨人。較有名的如：陳啟天、左舜生、常乃悳、謝承平、劉天予、王造時、袁浩風、江聲、張恪惟、劉仲平、龔德柏、諸青來、張子敬、楊正宇、王慎廬、侯曜、王恩懋、楊偉、夏雨時、袁青華、朱世龍、余家菊、唐劍平、王德崇、彭雲生、夏葵如、胡哲敷、逸民、周天沖、何永佶、袁道豐、姜蘊剛、張希為、江山、葉時修、李璜、徐漢豪、丁作韶、鄧龍光等人，皆一時俊彥，文采斐然之人。

其中最重要且具代表性的文章有：陳啟天，〈怎樣才能實現全國和平統一？〉（第 4 期）、左舜生，〈且看今後的國民黨〉（第 4 期）、張恪惟，〈東北問題之癥結〉（第 4 期）、常乃悳，〈野戰抗日〉（第 4 期）、陳啟天，〈抗日聲中的中俄復交問題〉（第 5 期）、陳啟天，〈國難與黨爭〉（第 6 期）、陳啟天，〈兩重國難夾攻下的中國〉（第 7 期）、左舜生，〈我們理想中的「國難會議」〉（第 9 期）、陳啟天，〈為國難告國民〉（第 10 期）。左舜生，〈主戰〉（第 10 期）、陳啟天，〈國民救亡運動〉（第 11 期）、謝承平，〈戰與死是青年的出路〉（第 11 期）、陳啟天，〈國民救亡運動的三大目標〉（第 12 期）、常乃悳，〈中國的解放與對日根本方針〉（第 12 期）、朱世龍，〈我們怎樣實行對日作戰〉（第 12 期）、左舜生，〈國民自動抗日〉（第 13 期）、陳啟天，〈對外與對內〉（第 13 期）、余家菊，〈打倒待亡主義〉（第 13 期）、仲平，〈壯烈的東

北義勇軍〉（第 16 期）、陳啟天，〈議和之聲與賣國之聲〉（第 19 期）、陳啟天，〈對外妥協與對內革命〉（第 20 期）、陳啟天，〈國難與黨治〉（第 21 期）等。

　　貫串整個《民聲週報》的立論宗旨，要而言之：大抵有三項，一為力主對日抗戰；再則反對中俄復交；最後則是對國民黨召開「國難會議」之評論。關於對日抗戰方面，由於正值國府寧、粵分裂之際，中央並未真正統一，寧、粵雙方人馬，心中只有權力之爭，對外患之入侵似乎視而未見，陳啟天等認為這是國民黨最大的恥辱，也是我全民族最大的恥辱！職係之故，常乃惪在《民聲週報》上大聲疾呼，要求國民黨政府放棄不切實際的訴諸國際聯盟、聯俄抗日、不抵抗主義、聯合弱小民族、共同打倒帝國主義等方法，而應該行之以對日徹底經濟絕交，以制日本經濟於死命，擾亂他的佔領地，務使其不能安穩佔領。其次，東北同胞，也該要自動地結合起來，在日人佔領區域內，向橫暴的日本駐軍施行個別的攻擊。只有關內使用經濟絕交，關外實行野戰抗日，雙管齊下，才是一切弱小國民抵抗強暴最有力的方法。

　　至於中俄復交問題，《民聲週報》對此也有相當明確的主張，陳啟天從四個角度去分析中俄復交之不可行性。陳氏說：第一、從日俄的關係上看，中國不可與俄復交。第二、從俄國在國際上的地位看，中國不可與俄復交。第三、從中國與俄絕交的歷史上看，中國不可與俄復交。第四、從國內的形勢看，中國不可與俄復交。蓋中國要抗日，而日俄關係卻正在一種妥協狀態之下，絕無法聯俄以抗日。即令俄國願與我聯，但俄國在國際的地位完全孤立，絕無力來幫中國對抗日本以及一切白色帝國主義國家，從前中國與俄國絕交的原因既在蘇俄利用使領館指揮，供給並藏匿共黨，故絕不可再行復交使共黨更形猖獗起來。如果將來中國有了統一政府並肅清共黨之後，與俄復交倒也無妨，但現階段無論如何絕不可聯俄，也絕不可對俄復交。「中青」愛國、反共、反俄的立場至此可謂表露無遺。

而國民黨為了要收拾民心，精誠團結，共赴國難，1932 年 4 月在洛陽召開「國難會議」，邀請朝野人士，共聚一堂，會商國是。《民聲週報》對此一會議的舉行，態度相當的持平公正，既不貶抑，亦不吹捧，只希望它不是一個虛應故事的東西，也不是一個敷衍殘局的工具，它應該是在這個國難期中，能夠徹頭徹尾去完成救國工作的惟一機關。而救國工作最急迫的目標就是對外一戰，因為非有對外一戰，不能培養真正的人才，不能產生舉國愛戴的最高領袖。也唯有堅決抗日、繼續剿共、反對黨治，才是我們國家雪積恥、爭國格、全生存的不二法門。

平情言，《民聲週報》從 1931 年 10 月創刊到 1932 年冬，因經費短絀而停刊，雖然只維持短短一年半的壽命，但它確已盡到言論報國的最大責任。而該週報所一貫堅持的力主對日作戰、反對中俄復交、以及批評黨治，主張保障言論、集會、結社、信仰、住居、通信等自由。召集國民大會，實行憲政，把政權完全交還給國民，使人民的真力量能夠發揮出來等要旨，雖未能即時實現，但證諸歷史，其高瞻遠矚及真知灼見，對當時輿論界之貢獻，實已不容置疑矣！

## （六）抗戰初期的《國論週刊》

《國論週刊》創刊於 1938 年 2 月 19 日，它的緣起原是繼承《國論月刊》而來。《國論月刊》創辦於 1935 年 7 月，發行至 1937 年「盧溝橋事變」起才截止，共出刊 2 卷 11 期，中間還出版了叢書四種，以及一些選本如《國難文選》之類。《國論月刊》是青年黨繼《醒獅週報》後所辦的最出色的一份刊物。整體而言，「國論」系列包含有《國論月刊》、《國論週刊》、《國論半月刊》、國論叢書四個方面，本文的《國論週刊》即為其中之一。

關於先前的《國論月刊》，曾參與其事的左舜生說到：「《國論月刊》

在國內思想文化界上曾經貢獻過一些新的意見，也發生過一些有力的影響。不幸自滬戰起後，《國論月刊》印刷所適在火線以內，在郵遞極度困難的情況下，不得不忍痛停刊。弟以國難嚴重日甚一日，長期抗戰的結果，意志薄弱的分子更不免因一時小小的挫敗而致頹喪悲觀。但「中青」同人，間關西來，共赴國難，在負思想文化推進的責任心下，這時候更應當積極地站出來，給國族前途確定下一個光榮勝利的偉大使命。」基於這種信心，《國論週刊》在 1938 年春於成都復刊了，嗣以重慶為後方政治經濟中心，地位較成都尤要，復於同年秋季由蓉遷渝出版。

《國論週刊》除繼續《國論月刊》的原來精神，對於建構國族集團文化思想特別努力，以期從實證科學的立場，恢復國族的自信力，鍛鍊國族的鬥爭精神，促進國族社會的有機組織化，以完成中華國族在今後世界上所應負的偉大使命以外。《國論週刊》的性質，主要以現實政治社會的問題及實際的抗戰問題為主。關於這些問題，《國論週刊》的原則是：第一、力求說真話，不可表面上是一套話，骨子裡又是一套話，如此互相猜忌、勾心鬥角，如何能談到真正聯合一致對外。第二、力戒門戶之見，門戶之見本為任何民族中所不能免的，但不可有晚明般「國可亡，門戶之見不可破」之下場，因此我們總希望把這種精神推廣開來，使今日中華民國不要再蹈晚明亡國的覆轍。第三、要說真正老百姓的話，要求大家說真話不說假話，要求大家把門戶私見化除，切切實實為整個國家民族打算，只有一個方法，就是大家跳出自身的小圈子，老實站在真正中國百姓的地位，來思想，來說話。最後該刊強調，《國論週刊》不是我們一部份同志的喉舌，而是全國真正老百姓大家說真話討論真實問題的一個園地，我們願將這個園地公之於全國同胞。如果全國的老百姓都肯來說話的時候，中國就得救了。所以說，只有大家一齊來說自己要說的話，這才是真正的「國論」。以上即是《國論週刊》復刊後的發行宗旨和原則。

《國論週刊》的作者，大體以「中青」黨人為多，如：平子、天沖、惠

之、常燕生、李璜、姜蘊剛、左宏宇、宋益清、魏時珍、孤鴻、松樵、涓涓、周佛民、顧季康、曾琦、方人、左舜生、友柏、陳啟天、陶元珍、宛若、亦明、余文豪、去疾、朱汝壽、吳其昌、陳咸森、俞康、逸民、祝少萍、嵩翹、穌生、鶴君、趙瓊、魏三直、魚頭、陳秋萍、顧葆常、子健、正道、謝承平、黃欣周、汪震、左幹臣、何高億、吳明、毓松、歆周、新平、微言、陳文葆、梅齋、新中、潛農、佑權、鐘社等人。其中大部分都是用化名，編輯人為常燕生，發行人為蔣炳，社址及總發行所位於成都東御街 146號，以後遷至 147 號。

　　《國論週刊》的內容分：短評、專論、雜誌、小說、通信、詩詞、散文、國際評論、戰況介紹及一週大事記。小說有姜蘊剛的〈懷舊京及其他〉、左幹臣的〈溺〉及祝實明的〈戰馬〉；另外尚有特載，如中國青年黨代表左舜生致蔣汪函及蔣汪覆函；專號則有「五月紀念專號」、「國內外輿論界對於青年黨與國民黨往來合作書信之評論」、「抗戰一週年紀念」、「中國青年黨為抗戰週年紀念宣言」、「『九一八』七週年紀念」；長篇連載則有柳下編的〈十五年來之中國青年黨〉之歷史介紹。其中最值得一提的是，為楊效春申冤，按楊效春，浙江義烏人，青年黨籍，為一著名鄉村教育家，曾任安徽黃麓師範校長，抗戰初期為奸人所害，於 1938 年元月 15 日遇害。《國論週刊》特為其辯誣，刊載了「楊效春遺囑」及〈在獄中上當地軍事當局書〉等書信文章；尤其刊布李璜、左舜生、梁漱溟、黃炎培等老友為其申訴的經過，於此亦可看出「中青」照顧同志及楊效春愛國志節和含冤受屈的一般。

　　據筆者所藏 34 期的《國論週刊》看來，《國論週刊》文章以短小精悍為長，主要以紀錄戰地生活和描寫社會情形的寫實文字為重點，較具代表性的文章有：

　　「國論社」同人，〈我們對於抗戰的認識和信念〉（創刊號）、李璜，〈戰爭的教訓與今後的努力〉（第 2 期）、常燕生，〈抗戰中的革命〉（第

2 期）、魏時珍，〈統一思想與思想統一〉（第 3 期）、曾琦，〈最近外交
軍事新形勢〉（第 5 期）、平子，〈全國各黨派真正聯合起來〉（第 6
期）、舜生，〈抗戰以來的積感種種〉（第 8 期）、祝實明，〈我們應有的
建國運動〉（第 9 期）、陳啟天，〈請重定國家教育宗旨案〉（第 9 期）、
平子，〈抗戰建國運動的曙光〉（第 10 期）。陳啟天，〈明恥教戰〉（第
11 期）、常燕生，〈悲劇五月之哲學的反省〉（第 12 期）、周謙沖，〈紀
念抗戰中的五月〉（第 12 期）、李璜，〈後方的兩件基本工作〉（第 17
期）、李璜，〈民權與抗戰建國綱領〉（第 21 期）、姜蘊剛，〈抗戰一
年〉（第 21 期）、常乃德，〈我對於國民參政會的認識和期待〉（第 22
期）、李璜，〈現代經驗與現代國家〉（第 24 期）、姜蘊剛，〈紀念八一
三〉（第 26 期）、實明，〈現代中國應有的倫理思想〉（第 27 期）、李
璜，〈抗戰時期的政治軌道〉（第 28 期）、姜蘊剛，〈中國的自生之路〉
（第 28 期）、姜蘊剛，〈紀念「九一八」〉（第 31 期）、黃欣周，〈九一
八的感想〉（第 31 期）、祝實明，〈化家為國與化國為家〉（第 32 期）、
曾琦，〈長期抗戰之心理建設〉（第 33 期）、姜蘊剛，〈國難中來紀念國
慶〉（第 34 期）等等。

　　《國論週刊》最主要的議題，當然是抗戰問題的探討，對於抗戰的認識
和信念，該刊以為這一次的對日抗戰，是我們中華民族生死存亡的一個重大
關鍵時刻。因為它一方面連繫著我們卑屈的過去；再方面橫亙著我們光榮的
未來。時代需要我們以鮮血去洗滌我們的污穢，創造我們的光明。上天把我
們現代中國人以這樣一個重擔子，是很夠我們擔負的。我們是自來主戰的，
而且是堅決主戰，我們相信最後勝利一定在我。

　　在全民身負抗戰的艱鉅使命下，《國論週刊》對於抗戰前途的信念為：
（1）我們認此次抗戰是中華民國建國運動中，必然經過的一個階段。抗戰
的意義不僅在消極地求民族的解放，而更在積極地求國族的建設。而求國族
的建設，必須以外抗強權為手段。歷史上任何民族的建國運動沒有不是以從

對外血戰得來的，世界上沒有不流血的勝利，也沒有不冒險的成功。中華民族要想列於現代國家之林，不能不先忍痛受此鮮血的試鍊。（2）我們相信在長期抗戰的發展過程上，一切反國家本位的思想和勢力必受事實的淘汰而消滅，國族利益高於一切的原則，必確立起來，中華民族始有真正建設現代國家的可能。（3）我們相信長期抗戰的結果，最後勝利一定在我，何以故？只要我們一日不放棄抗戰的態度，敵人即無從收穫其戰爭所得之利益而終必歸於崩潰故。（4）我們認為要求抗戰勝利必須從軍隊的戰爭轉變為全民的戰爭，因此徹底開放民眾運動，完成民主的政治社會機構，實為目前主要之圖。（5）我們認為此次抗戰不僅為中日兩國間勝敗存亡的問題，對於遠東及全世界的大局上也有其劃時代的新意義。因此中日戰爭的勝敗實為今後和平勢力與侵略勢力勝敗關鍵。我們不但應為本國的生存獨立而戰，並且更應為世界永久的和平福利而戰。

除此信念外，《國論週刊》對彼時政府所頒的〈抗戰建國綱領〉也提出他們的看法，此看法甚至可說是「中青」的立場，該刊以為：（1）所謂抗戰期中政治綱領，必須由各黨各派共同商定，以免事後爭執。（2）綱領內容只須規定幾條重要的原則，不必涉及瑣細，因為各黨派的主張原未必全然相同，只要大體一致便夠了，過於瑣細，反生枝節。（3）在野各黨此時並無參加政府之要求，但必須有一代表民意之機關，使各黨派及全國民眾能有監督政府之權。（4）憲法草案內容過於偏執，此時不宜提出，應該另行由民意機關議定一抗戰時期約法，以確定民治基礎。（5）對於人民在抗戰期間的生命、財產、言論、集會結社各自由權必須明白加以保障。（6）在抗戰期間人民對國家應盡的義務，如負擔捐稅、征集壯丁等，必須經過民意機關之同意，以防流弊。（7）除全國的民意機關外，各省亦應成立各級地方民意機關，使人民權利，得有保障。

此外，抗戰是全民的抗戰，不是一黨一派，或純由軍隊作戰的抗戰。欲求抗戰的全面成功，只有發動全民武裝，將單純軍隊的戰爭轉變為一個革命

的全民的戰爭。而要全民動員，則必須組織民眾，欲使民眾組織有成效，政府宜糾正已往之錯誤，重新規定方針，切實去做。如徹底打破官辦民眾運動的錯誤觀念，讓民眾自動自發組織、扶植領導分子、訓練堅實的民眾幹部、改革行政組織、淘汰官僚分子、政治革命化、改造病民的措施，以保障民眾的權利。如此種種，組織民眾抗日方有成功之機，這一點創見，亦是《國論週刊》對抗戰意見的特別獻替。

對日抗戰，是中華民族關係國家危亡，攸關死生的一件大事。在聖戰中，中華兒女，地不分東西南北，人不分男女老少，各黨各派，捐棄成見，忘記一黨一派之私，共赴國難，其中尤以倡導國家主義的青年黨為最。「中青」以為抗戰本身即是革命過程中的一個必然經過的階段；要求抗戰成功，必須將過去老大疲癃的舊中國用革命的勢力根本洗刷一遍，換成一個青年朝氣的新中國。而也唯有革命工作完成以後，抗戰才有奪取最後勝利的可能。換言之，抗戰的意義，不只是要救國，還要建國，而欲畢其功於一役，只有在抗戰中求民主，此即「中青」要求「國民參政會」的成立及「中青」諸領袖在抗戰中，仍提出省縣市各級民意機構的建立之思想主張的由來，而這些具體寶貴的創見，都藉由《國論週刊》的披露，表達了一個在野黨在抗戰初期的意見。所以說，就以青年黨的機關刊物而言，《國論週刊》在其短短的發行歲月中，實已盡了相當大的責任，這點是頗值得吾人嘉許及肯定的。

## （七）抗日聲中的《國光旬刊》

1938 年 3 月 29 日，正值黃花崗 72 烈士殉國 27 周年時，堅決反共抗日的中國青年黨（以下簡稱「中青」），選擇了這歷史上最具意義的一天，在湖南長沙創辦了《國光旬刊》（後遷武昌出版）。該刊發行的主要目的，乃在鼓勵國人敵愾同仇，為國犧牲之決心。社址位於長沙西園九儀里 8 號，編輯人為左舜生，發行人為劉俊，每逢每個月的 9、19、29 日發刊。據筆者現

藏的 12 期看來，該刊主要的內容分：時評、政論、短評、專載、特載，
（如柳下編，《十五年來的中國青年黨》）、通信、隨感錄等欄；另有文
藝、戲劇（如張葆恩，《春滿樓頭》四幕劇）、詩歌、小說（如左幹臣，
《父與子》、《幼小者》、《回鄉之夢》等短篇小說）、抗戰雜話等項。篇
幅中且不時穿插有「聞勝勿驕、聞敗勿餒、抗戰到底、殲滅倭寇」16 字醒
目標語。作者群則幾乎清一色均為「中青」黨人，如：左舜生、李璜、曾
琦、陳啟天、余家菊、常燕生、謝承平、魏嗣鑾、張希為、左幹臣、黃欣
周、張葆恩、冷少泉、趙毓松、易君左等人。

　　《國光旬刊》是「中青」抗戰初期的主要刊物之一，時國難方殷，對日
戰爭正處於最艱困時期。「中青」黨人本著愛國不落人後的精神，以筆為
劍，以舌為刀，對敵人展開毫不留情的口誅筆伐；此外也以極為虔誠懇切的
態度，寄望執政的國民政府當局，在國難時期仍須不忘民主政治的改革，基
於這兩大信念下，「中青」在《國光旬刊》表明了其基本立場。該刊主要的
文章有：左舜生，〈抗戰以來的積感種種〉（第 1 期）、黃欣周，〈徹底抗
戰與建國運動〉（第 1 期）、左幹臣，〈如何根治第一期抗戰所表現的弱
點〉（第 1 期）、張希為，〈堅定我們的自信力〉（第 1 期）、魏嗣鑾，
〈統一思想問題〉（第 2 期）、黃欣周，〈應從速樹立新國族政策〉（第 2
期）、左幹臣，〈把握住我們的民眾〉（第 2 期）、左舜生，〈抗戰建國與
青年訓練〉（第 3 期）、陳啟天，〈明恥教戰〉（第 3 期）、余家菊，〈讀
國民黨臨代會宣言雜感〉（第 3 期）、黃欣周，〈從民族到國家〉（第 3
期）、陳啟天，〈中國需要政治家〉（第 4 期）、余家菊，〈論國民參政會
之機能〉（第 4 期）、謝承平，〈唯軍事主義下的青年訓練〉（第 4 期）、
黃欣周，〈今後的經濟建設運動〉（第 4 期）、常燕生，〈五月悲劇之哲學
的反省〉（第 5 期）、黃欣周，〈從青年苦悶說到今後的青年訓練〉（第 5
期）。

　　此外尚有陳啟天，〈革新政治的八大要訣〉（第 6 期）、常燕生，〈紀

念五月與中日關係的根本認識〉（第 6 期）、黃欣周，〈我們需要戰鬥的文化運動〉（第 6 期）、陳啟天，〈抗戰與人生觀改造問題〉（第 6 期）、左舜生，〈抗戰與國民道德的最高表現〉（第 7 期）、余家菊，〈抗戰哲學〉（第 7 期）、李璜，〈後方的兩件基本工作〉（第 7 期）、黃欣周，〈所望於第三期抗戰者〉（第 7 期）、陳啟天，〈抗戰與民族性改造問題〉（第 8 期）、常燕生，〈保衛民主政治的堡壘〉（第 8 期）、陳啟天，〈現代政治的最後試驗〉（第 10 期）、余家菊，〈關於國民參政會〉（第 10 期）、李璜，〈民權與抗戰建國綱領〉（第 10 期）、曾琦，〈對於國民參政會之共同認識及應取態度〉（第 12 期）、余家菊，〈國民參政會與中國政治的前途〉（第 12 期）、李璜，〈現代經驗與現代國家〉（第 12 期）、常燕生，〈戰時下層行政機構的民主化問題〉（第 12 期）等，亦均是見解深刻視野寬廣的鴻文讜論。

在延續國家生命，貫徹抗戰勝利的前提下，《國光旬刊》的言論主要圍繞在軍事勝利與如何鼓舞全民抗戰士氣上；兼亦有主張落實戰時民主之議及青年訓練之方法。然大抵仍以團結禦侮為辦刊之宗旨，此由左舜生在〈發刊詞〉上的說明，即可看出其梗概，左氏言及該刊之言論態度有七點，分別是：（1）吾人決心維護團結統一，凡違反團結統一的言論與行動，吾人將竭全力予以矯正。（2）吾人決心擁護政府，但政府的措置如有失當，吾人亦不惜以正誼加以督責。（3）抗戰九月，尚無一足以代表人民說話的機關，我們認為是不對的，吾人將竭力促成一正式的民意機關之實現。（4）吾人將指出青年在抗戰中應走的正當途徑，但吾人有決心，斷不做單獨有利一黨一派的任何宣傳與煽動。（5）對敵人的一切陰謀，吾人將根據可靠的資料，審慎的考量，隨時予以揭穿。（6）對一切出賣祖國的漢奸國賊，我們將以嚴肅的精神大事聲討，決不姑息：不過因挾嫌誣陷或別有用心，隨意以漢奸頭銜加在別人頭上的一班小人，我們也深惡痛絕，認為有為淵驅魚為叢驅爵的危險，必加以相當的制止。（7）對於國際的變幻，吾人將以國家

主義者的常態，根據客觀事實，分別友敵，說明真相，決不先挾成見。

上述七點，不僅是《國光旬刊》言論的指標，也是整個「中青」在抗戰八年的立場。如第六點，左舜生曾在《國光旬刊》抨擊章士釗，由於當時傳說他要受日本人的利用，左氏憤怒的指斥他（按：指章士釗）多年來早已墮落得不成樣子，如竟甘心受敵利用，「就是站在湖南人的立場，也是應該大張撻伐的」，義正辭嚴，可見一般。另外如第三點，在國民參政會第一屆第一次及第三次大會中，「中青」出席黨人，曾提議「剋期設立省縣市參政會案」及「剋期成立縣參議會案」便是此點之具體落實；此外像第四點也是如此。另外，《國光旬刊》也積極主張青年訓練的目標，不僅在補充學校教育之不足，而是要培植一批建設現代化新中國的新細胞。而訓練青年的最高原則，當然是「國家利益高於一切」，在這個最高原則下，吾人應該使每個青年受到現代組織化、民主化、科學化、軍事化的訓練，庶能逐漸養成一種新的國民性。對於領導抗戰的國民政府當局，「中青」透過《國光旬刊》，也表達了最深切的期盼。

陳啟天向政府提出確立信條、厲行法治、溝通民意、調整體系、妥訂計劃、慎選人才、嚴格考核、肅清貪污等八大要訣來革新政治。李璜也要求政府對清查戶口及統制糧食兩件基本工作要特別注意。左舜生則鼓勵國人要以愛國、真誠、報恩、仁恕四德目將國民道德發揮到極致。曾琦呼籲國人要共體時艱，對國民參政會宜有該會乃為全國團結之具體表現、民主政治之斷而復續，及超黨派議政機關之共同認識，並期勉朝野雙方，在朝者應以開誠布公集思廣益；在野者應以知無不言、言無不盡為原則，共謀抗戰勝利而努力。由「中青」諸領袖在《國光旬刊》的老成謀國之文章看來，該刊之言論內容已闡述無遺了。

1938 年 8 月初，「中青」在漢口召開第九屆「全代會」，會畢發表宣言要點如下：（1）擁護政府抗戰，以求最後勝利。（2）促進民主政治，完成各級民意機構。（3）厲行全民總動員，加強抗戰力量。（4）在不妨害國

家之獨立及統一原則之下，聯合各黨共同奮鬥。（5）肅清貪污，解除人民
疾苦。（6）策動友邦，實行制裁暴日。由這舉舉六點看來，可以說是延續
「中青」在《國光旬刊》的基本內容，並且將此內容以黨的立場標示出來，
而此一立場也一直賡續至抗戰結束。「中青」為何無一絲一毫顧及黨派之
私，乃因「中青」自創黨以來，即認定國家高於一切，不論個人或黨派，均
只是一個「小我」，在國家這個「大我」遭遇危難時，只有犧牲「小我」，
才能完成「大我」。

　　因此，「中青」在全面抗戰以前，是主張抗戰的，並為實現全面抗戰，
主張停止內爭，一致對外。所以在「盧溝橋事變」前後，政府召開的「盧山
談話會」及「國防參議會」，「中青」都有同志應邀參加，以表示共赴國難
的誠意。由此具體行動，更可表明「中青」〈政綱〉中所言的：「國家不是
任何個人、黨派、或階級的工具，而是全民所共同託命的一個總體。國家必
須是全體民眾的國家，由全體人民所共治、共有、共享的民主國家，而不是
任何少數私人或集團的國家，這樣的國家才能盡了國家所應盡的責任，而獲
得全民的擁護。」基本上，《國光旬刊》就在這樣的政治理念下，與那時在
成都的《國論週刊》和廣州的《國防線半月刊》，形成一鼓吹「國家至上、
勝利第一」的三角防線，而此三份刊物，也是「中青」在抗戰初期最有力的
言論喉舌。

## （八）固守金湯的抗日國防《國防線半月刊》

　　盧溝橋的槍聲，震撼了中國人心志，沉睡的民族，自此不再是睡獅，百
年的恥辱待雪，入侵的日寇待除，從「7‧7」以後，地不分東西南北，人不
別男女老少，一切目標支持抗戰，一切努力擁護國家，一切犧牲對付敵人。
聖戰既起，除卻軍事第一、勝利第一外，個人、黨派之私利恩怨，在抗戰前
提下，均微不足道矣！1938 年 4 月 10 日，由中國青年黨（以下簡稱「中

青」）在華南所辦的《國防線半月刊》，就是在秉持這樣的信念下於廣州成立的。關於其宗旨，發行人鄭振文曾有如下的表示：「《國防線半月刊》的發行，說到它的宗旨，就是想建設一個『思想國防』，進一步建設『物質國防』的意思。分析言之約有四點：一、我們認定此次抗戰是中華民國建國運動過程中必經的階段，它的意義，不僅在消極地求民族的解放，而更在積極求國族的建設。二、在長期抗戰發展的過程中，一切反國家本位的思想和勢力，必使之淘汰而消滅；國家民族利益高於一切的原則，必使之確立鞏固，以完成現代國家的建設。三、為求抗戰必勝，建國必成，必須軍民合作，打成一片，徹底開放民眾運動，完成民主的政治社會機構。四、此次抗戰，人人必須抱定『最後勝利必屬於我』的信念，堅決意志，整齊陣容，自信自強，抗戰到底，以促敵人的崩潰」。誠然如是，《國防線半月刊》就是在此環境下應運而生，為著救亡的責任，為努力宣傳抗戰建國工作，自神聖的全面自衛戰展開以來，「中青」黨人要在這個大時代做一點有效的宣傳工作。

由筆者現存 4 期的《國防線半月刊》看來，該刊出版於 1938 年 4 月 10日，發行人為鄭振文，主要作者群大抵以「中青」黨人居多，間亦有黨外友好。如曾琦、鄭振文、鄭壽麟、王世昭、張皋、劉尚一、朱伯康、常燕生、陳幹之、朱汝壽、黃範一、丘斌存、余維恭、黃鳳美、石雁三、黃驊、胡國偉、饒靖中、凌士芬、李新元、盧應濤、陳燮勛、吳康、黃逢美、黃河清、尤浩然、呂偉東、池正、胡體乾、黃昌毅、任啟珊等人。社址位於廣州市東山江嶺南 6 號 3 樓；後遷廣州市文德南路 99 號 2 樓。

內容有：短評、時論、通訊、通信、演講、詩詞等項，徵文標準以基於國防第一為原則，登載與國防有關及一切有利抗戰的文字。主要文章為：鄭壽麟，〈抗戰中國民應有之軍事常識〉（第 1 期）、鄭鐸宣（鄭振文），〈國防與礦產〉（上）（第 1 期）、鐵髯（王世昭），〈抗戰下廣西的新姿態〉（廣西通訊）（第 1 期）、曾慕韓（曾琦），〈最近外交軍事新形勢〉（演講）（第 1 期）、政聞，〈如何使國民有參政機會〉（第 1 期）、朱伯

康，〈解放戰爭之性質與任務〉（第 1 期）、陳幹之，〈抗戰與民眾健康〉
（第 1 期）、尤浩然，〈民主國家於現時代應負的責任〉（第 1 期）、劉尚
一，〈長期抗戰與消費緊縮〉（第 1 期）、鄭壽麟，〈抗戰中國民應有之軍
事常識〉（續完）（第 2 期）、張閔生（張皋），〈抗戰前途的展望〉（第
2 期）、鄭鐸宣，〈國防與礦產〉（下）（第 2 期）、劉尚一，〈抗戰中民
主政治的建設〉（第 2 期）、黃鳳美，〈持久抗戰應具的種種條件〉（第 2
期）、余維恭，〈防軍對民眾應有的政治工作〉（第 2 期）、胡國偉，〈知
恥與雪恥明恥與抗戰〉（第 3、4 期合刊）、鄭振文，〈紀念今年的五月應
完成雪恥抗戰建國之任務〉（第 3、4 期合刊）、饒靖中，〈明恥教戰〉
（第 3、4 期合刊）、王世昭，〈抗日必勝的面面觀〉（第 3、4 期合刊）、
凌士芬，〈抗戰中我們寶貴的收穫〉（第 3、4 期合刊）、吳康，〈國防輿
論之使命〉（第 3、4 期合刊）、李新元，〈國防與戰爭精神〉（第 3、4 期
合刊）、盧應濤，〈國聯所給予我們的是什麼？〉（第 3、4 期合刊）、陳
燮勛，〈我國當前經濟建設應該怎樣？〉（第 3、4 期合刊）、黃逢美，
〈中華民族解放戰爭中的婦女問題〉（第 3、4 期合刊）、黃河清，〈談漢
奸〉（第 3、4 期合刊）等。

綜觀《國防線半月刊》的內容，可以說是以雪恥、抗戰、建國六個大
字，三大訴求為重點。在雪恥方面，該刊強調在對日抗戰的偉大時代當中，
我們一面聯繫著恥辱的過去，橫亙著光榮的未來，時代需要我們以鮮血去洗
滌以往的污辱，創造光明的前途。凡我中華兒女，必須鼓起知恥的勇氣，增
強雪恥的決心，負起時代的使命，努力雪恥工作，以發揚我中華民族偉大的
國格。至於抗戰，這一次對日抗戰是我中華民族的神聖解放戰爭，為要達到
「抗戰必勝」的目的，必須動員全國人力、物力、財力、智力和武力，把四
萬萬五千萬人之力成一總和，築成不可摧毀的國防線，從民族團結與抗戰精
神兩方面去加強勝利的把握。若是中途屈服休戰，勢必淪國家民族於萬劫不
復的境地。

　　職是之故，我們必須很堅決地主張抗戰到底，務期獲得最後的勝利。這便是我們所擁護而必期實現的抗戰方策。說到建國，《國防線半月刊》主張我們應該認定此次抗戰，是我中華民族建國運動過程中必經的階段。抗戰的意義，不僅在消極地求民族的生存，且更在積極地求全民福利民主國家的建立。為要達到抗戰勝利的要求，必須徹底開放民眾運動，集中全國各黨各派的力量，造成一個全民救國運動的堅實幹部，以發展民眾的智能，加強抗戰的力量。而其最基本的前提，厥為確認「民主政治」的原則，切切實實，以此原則定為今後中華民族建國的主要方針，然後才能避免各黨各派的摩擦，完成民主的政治社會機構，建設「合理化」的現代中國。而欲完成雪恥抗戰建國的任務，鄭振文以為只有在堅定抗戰必勝的信念之下，全民有錢出錢、有力出力、人盡其才，將整體國力作最大之發揮。日寇雖然逞強於一時，但就適者生存實例、世界歷史、中國歷史、中國地理、民族歌曲、民族思想及日本內在矛盾等層面觀察，王世昭以為抗日必勝，建國必成，國人不必因一時之失利，而懷憂喪志。

　　《國防線半月刊》自創刊以來，銷路日盛，口碑甚佳，儼然成為抗戰期間華南的言論重鎮，文章常和長沙的《國光旬刊》及成都的《國論週刊》相互支援連載；作者則和同在廣州的《黃花崗旬刊》交換，內容篇幅中間亦穿插孫中山、克勞塞維茲、魯登道夫、曾國藩等人語錄，用來鼓舞抗戰士氣。該刊的兩大特點：第一是科學理論和實際問題的統一；第二是研究和宣傳的統一，可能是發行人鄭振文係留德學理工關係，該刊內容強調，我們現在的抗戰，並非專靠勇氣和熱情，乃是根據客觀事實，應用科學理論，盡最大的努力，以求最後勝利。

　　《國防線半月刊》的文章內容及特色，即本其科學素養，一方面用科學方法，把每一問題，都作精到徹底的分析；另一方面則把科學知識和實際問題連結起來，而得到充實周密的計畫，所以是科學理論和實際問題的統一。研究和宣傳都是增加力量的工作，但研究以濬發理智為主，宣傳以激動感情

為要，所以冷靜的研究和熱烈的宣傳，常成為不同態度的不同工作。《國防線半月刊》內的文字，對國防問題的各方面，作系統的探討，已盡研究之能事；另一方面，把研究所得的具體事實傳播給民眾，使他們加強自信，增進愛國熱誠，更是最好的宣傳，所以說，這是研究和宣傳的統一，此為該刊與眾不同、別具風格之處。

## （九）華西言論界驕子《新中國日報》

抗戰期間的大後方，位於抗日堡壘中心的天府華西——成都，有一份口碑甚佳、銷路甚廣、立論鮮明、精闢有力的報紙，它就是《新中國日報》。這份報紙無庸諱言是屬於青年黨（以下簡稱「中青」）的機關報，但因它的色彩中庸，社論絕佳，故能與國民黨的《中央日報》、共產黨的《新華日報》鼎足而三。關於《新中國日報》的創立，宋益清在《十年報人》一書中曾說到：「民國二十七年四月二十一日中國青年黨左舜生先生與國民黨蔣總裁交換函件，相許『共患難』、『濟艱危』。並在此共同了解的基礎上，青年黨須發行一個報紙，經短短四十天的籌備，《新中國日報》於六月一日在漢口創刊與讀者相見，就由左舜生任社長。」

而左舜生在《近三十年見聞雜記》也說到：「我們因為得著一位湖北同志穆子斌的贊助，慨然把他的一套印報機件借了出來，因而我們在漢口有《新中國日報》的創刊。這個報是我經手籌備的，出版後我還任了二十七天的經理，然後交給一位四川同志宋漣波（益清）接辦，後來這個報遷往成都，一直支持到退出大陸才告結束。」

1938 年 6 月，「中青」召開第九次全國代表大會於漢口，會中常燕生提議由宋益清繼左舜生擔任「新中國日報社」社長。該報於7月15日休刊，旋即遷川，於當年9月18日在成都復刊。至於說何以捨棄陪都重慶而將《新中國日報》遷到成都，一個最積極的理由是成都自來是我國西南的文化中

心，抗戰以後，它在這方面益形重要，取代了北平的地位。光說大學就有十
幾所遷到成都或三台和嘉定等成都的衛星文化城市，就因為這樣，所以「中
青」內能舞文弄墨的大手筆們，幾乎都集中在這個區域。職係之故，要辦新
聞文化事業，成都實在是一個十分理想的地方；兼以「中青」黨員人數，就
全國而論，又以四川為多，有此一背景考量，《新中國日報》遷蓉出版，成
了獨一無二的最佳選擇了。

所謂報紙言論，通常不外乎是社論、專論及星期論文。當年的《新中國
日報》編輯部門，陣容堅強，主要的台柱有張希為、左幹忱、和黃欣周 3
人，張希為留學日本，習經濟，對國家經濟，了解透闢；左幹忱年青時已大
有文名，是青年文藝刊物《長夜》的創刊人；黃欣周則專研社會學，長於思
想理論。他們 3 位又因政治趣向雷同，對政治時事著眼和分析皆有獨到之
處，因此他們除開分期總攬報紙全部編政之外，還親手主編國際和要聞版，
並輪番撰寫社評。此外尚有數人，周冶芳主編地方新聞；從事新聞又拉廣告
的是徐仲林；韓笑鵬則跑外勤；當地記者有王興國、鄧澤華、楊澤三等人。

其後又有陳善新、田景風、林德榮、陳曉初等人加入編輯陣營，駐渝特
派員則為尹集儒。《新中國日報》當年社論文稿的如椽之筆，以常燕生最
佳，因他所談問題的方面多，而且每有獨到之見。此外周謙沖的社論則側重
國際問題的分析，此乃因其擅長此道。另外社論的撰稿人尚有：姜蘊剛、胡
自翔、劉鵬九、張希為、宋益清、黃欣周、謝澄平亦皆一時之選也。至於星
期論文方面，也是《新中國日報》的一大特色，所謂星期論文，即是每逢週
日將其社論園地公開，刊登來自報社以外，不拘性質、不拘長短的論文。可
是文章要由作者署名，表示文責由作者自負，與報社立場和言論政策無關。

《新中國日報》的星期論文版的文章由張希為、黃欣周、左幹忱和宋益
清共同負責。常邀請當時在蓉的各大學教授、專家、學人及社會人士執筆，
承賜大稿的有：蕭公權、趙人俊、董時進、龍冠海、朱自清、錢穆、李璜、
魏時珍、鄭壽麟、張君勱、陳啟天、余家菊、潘朝英、鄧勵豪等人；另外報

社同仁則有常燕生、周謙沖、何魯之、朱延豐、姜蘊剛、謝澄平、余文豪、程廣祿、胡自翔諸人。至於專論，顧名思義，乃專門論之謂，這類文章作者，必然署名刊出，因之亦可稱為「專人論著」。《新中國日報》之專論文章，除了報社同仁外，最主要是社外青年及「中青」領袖所提供的文章最彌足珍貴，引人重視。如左舜生的〈重讀蔣議長關於憲政問題書後〉、余家菊的〈推行憲政的前提〉、陳啟天的〈民主憲政漫談〉、李璜的〈中國的民主運動〉、〈民主、憲政、憲法〉等一系列文章，可以說是篇篇精彩、擲地有聲之作。此外如「相對論」研究權威之魏時珍也為《新中國日報》寫了不少文字洗鍊、條理嚴謹的好文章，如〈人生之意義與價值〉、〈論道德律〉、〈論自然律〉、〈談仁說義〉、〈知行難易論〉等見解獨到之作。而《新中國日報》另一園地副刊，名之為「動力」，由左幹忱主編，園地公開，作者大抵以大學青年為主。除副刊外，《新中國日報》也推出好幾種週刊或雙週刊，如常燕生主編的「讀書周刊」、祝實明主編的「詩歌周刊」；此外還有「農村社會」、「靈感」、「激流」等周刊。

　　《新中國日報》自 1938 年遷川復刊起，到 1949 年 12 月中共攻進成都為止，整整服務國家、社會、政黨歷 11 年。這 11 年中，以「言論報國」的尺度來看是相當成功的，而成功的因素則奠基於該刊的言論立場及態度。關於《新中國日報》的言論態度，我們可由 1945 年 4 月 2 日該報的社論〈我們的言論態度〉可看出其苦心孤詣。該社論說：「自創刊於漢口以來，七年之中，我們一貫的言論方針，是一方面本言論自由的精神，發表我們所認以為是的主張，以規勸政府，喚醒國民；一方面本舉國一致、團結禦侮的精神，對於抗戰，對於外交，甚至對於內政，我們都願意本國家至上的原則，切切實實為國家的整個利益貢獻一點有用的意見，以協助政府解除困難……我們是國家主義者，我們相信國家的利益超過於黨派的利益，我們本政黨的立場，雖然遇事不免有所批評不肯苟同，然而一切的批評和建議，卻從沒有離開整個國家的立場，忘記了整個國家的需要。……在舉國一致，精誠團結

大目標下，朝野各政黨停止相互的攻訐，求取相互的認識，這也是抗戰以來的共同精神。我們過去的言論，自信絲毫沒有違反這一認識。……今天中國的各政黨，無論朝野，在國家的立場上都是同胞，在黨的關係上都是朋友，是同胞就有推誠為國之心，是朋友就有勸善規過之誼。為國家，為朋友，我們對政府施政都應該本良心的認識，直言不諱，有過必諍，自問是出於善意，決沒有故意搗亂的意思。」光明磊落，客觀公正，為國家盡規勸之責，為國民黨盡諍友之義，可以說是《新中國日報》自始至終一貫的言論態度。

宋益清在《十年報人》曾總結《新中國日報》的四項成就，分別是：（1）堅決擁護抗戰國策，反對中途妥協之謬說，昭示抗戰必勝之真理，以轉移視聽，澄清國論。（2）鼓吹全民政治，促進舉國團結，為人民基本自由權利而奮鬥，以期永奠國基，消弭禍亂。（3）衛護世界和平，鼓吹國際合作，介紹國際之正確知識於國人，尤特別致力於弱小民族權利之保障，與夫國際正義之伸張。（4）對學術文化思想之主張與貢獻。宋氏所言不虛，姑舉一例為證，1939 年，以汪精衛為首的「低調俱樂部」正大肆鼓吹「和平運動」時，《新中國日報》刊出了常燕生義正辭嚴的社論〈此時還有徘徊瞻顧的餘地嗎？〉強烈主張政府要「正人心，息流言，拒邪說，惟有請政府立即正式宣佈既定國策不變」。此社論一出，朝野震驚，還引起當時任國民黨中央宣傳部長周佛海的驚詫。也因如此，《新中國日報》在當時新聞文化界，地位崇高，頗獲好評。

成都老報人舒君實在燕京大學新聞系講演「近三十年之成都新聞事業」講詞中說到：「其報（按：指《新中國日報》）之優點，在於評論國際問題，頗多卓見，每以許多新聞珍料，滲入論文，尤為讀者所注意」。寫《戰時中國報業》一書作者程其保也提到：「《新中國日報》，據點是中國青年黨的機關報，在二十七年冬季由漢口移來，每日也出一大張，社評相當犀利，副刊『動力』，多小品文，間或也有些新詩和舊詩，日銷約二千份。」其實誠如宋益清所說的：「過去某個時代的報刊，等到數十年後的今天看

來，其一片一紙，一條消息，一段文章，一篇報導，都是有價值的。因為它
們可能代表當時一個觀念，一個理論；一點共同的認定，一件矛盾的事實；
一樁民間禮俗，一種官定制度；社會動態，經濟榮枯，政治理亂……都可從
上面揭露出來。似此情形，後之視今，猶今之視昔，相距的時間愈長，其價
值可能愈大，而且這價值有的是與時俱增的。」《新中國日報》的價值，顯
然即是如此。

## （十）萬方多難下的《國論半月刊》

　　《國論半月刊》是 1940 年，青年黨（以下簡稱「中青」）在成都復刊
的一份綜合性刊物，它的前身是《國論週刊》及《國論月刊》。其中演變經
緯可以說是萬方多難、一波三折的。據左舜生在《國論半月刊》的〈發刊
詞〉中說到：「國論月刊於民國二十四年七月在上海出版，出至二卷第十一
期，至八一三敵軍侵滬，戰事發生，本刊印刷所適在火線以內，最後已印就
之一期，幾費周折，始搶救出險，但已無法由郵局寄出，故各省讀者，多未
見到。嗣後本刊一部分同人，間關西來，謀為復刊之舉，遂於二十七年春季
在成都復刊，因便於報告並批評戰局情形起見，改為週刊。嗣以重慶為後方
政治經濟中心，地位較成都尤要，復於同年秋季遷渝出版。不意二十八年
『五四』，敵機大舉襲渝，本刊印刷所又遭焚燬，以致停刊數月。但同人為
再接再厲，不因敵寇之屢次摧殘而停止奮鬥起見，決於二十九年元旦在成都
復刊，同時希望多容納較有系統的長篇文字，以便對抗戰建國大業有所貢
獻，復由週刊改為半月刊，這是本刊過去六年來的經過大概。」由此可見
《國論》的演變，彷彿一幅抗日的流離圖，但它停刊、復刊的勇氣，又好似
中華兒女屢挫屢起的抗戰決心，這一點是令人相當敬佩的。

　　《國論月刊》創刊於 1935 年 7 月 20 日，編輯者為陳啟天；社址位於上
海赫德路趙家橋合泰坊 11 號，每月 20 日出版。遷到大後方改為《國論週

刊》，社址位於重慶來龍巷 7 號，每逢星期一出版。《國論半月刊》則於 1940 年在成都復刊，編輯者為常燕生；發行人為左舜生；社址位於成都祠堂街 121 號國魂書店，每月 5 日、20 日出刊。據筆者現所藏《國論半月刊》的內容看來，該刊主要作者均是「中青」黨人及優秀的學者教授。如：曾琦、左舜生、陳啟天、何魯之、李璜、姜蘊剛、吳天墀、祝實明、余家菊、常燕生、劉泗英、張希為、劉尚一、陶元珍、黃欣周、余文豪、鄧勵豪、謝澄平、李思純、王韶生、楚源、鄧啟、魏時珍、顧葆常、朱清華、宋樹人、嚴青萍、蒙文通、彭舉、羅隆基、黃炎培、周謙沖等人。至於內容，因該刊係一綜合性的定期刊物，以表現真正國民輿論為目的，故舉凡政治、經濟、教育、社會、軍事、文化、歷史、哲學之文章一概歡迎；此外另有社評、時論選粹、時代文獻、政論、時評、藝文錄、文藝、詩詞、翻譯等單元；遇到特殊大事則出專號（如：憲政運動專號、歐戰評論特輯）等。刊載於《國論半月刊》上重要或具代表性的文章，據筆者歸類可分如下三項：

（1）憲政方面文章有：左舜生，〈重讀蔣議長關於憲政問題演辭書後〉（復刊第 1 卷第 1 期）、李璜，〈統一建國與憲政運動〉（第 1 卷第 2 期）、左舜生，〈我們主張提早實行憲政的理由〉（第 1 卷第 2 期）、余家菊，〈推行憲政之前提〉（第 1 卷第 2 期）、常燕生，〈憲政運動在中國〉（第 1 卷第 2 期）、陳啟天，〈法治人治與憲政〉（第 1 卷第 2 期）、何魯之，〈歷史上的憲政運動〉（第 1 卷第 2 期）、張希為，〈對於國民大會之意見〉（第 1 卷第 2 期）、劉尚一，〈憲政問題〉（第 1 卷第 2 期）、曾琦，〈實行憲政之時期與國民大會之性質〉（第 1 卷第 3 期）、常燕生，〈非常時期下中國政黨的使命〉（第 1 卷第 6 期）、常燕生，〈第五屆國民參政會所遺留下的三大問題〉（第 1 卷第 8 期）、曾琦，〈抗戰三年來之回顧與前瞻〉（第 1 卷第 12 期）、曾琦，〈祝三十而立之中華民國〉（第 2 卷第 2 期）、常燕生，〈今日中國所需要的政黨和政治家〉（第 2 卷第 3 期）、羅隆基，〈中國目前的政黨問題〉（第 2 卷第 3 期）、常燕生，〈今

天中國政黨應採的立場和應負的使命〉（第 4 卷第 4 期）、謝澄平，〈國家
主義與青年運動〉（第 4 卷第 4 期）。

（2）在社會哲學方面：何魯之，〈智慧之路〉（第 1 卷第 1 期）、陳
啟天，〈三種哲學體系的配合〉（第 1 卷第 1 期）、姜蘊剛，〈社會的進步
由於錯誤〉（第 1 卷第 1 期）、常燕生，〈一個現代中國青年應有的宇宙觀
和人生觀〉（第 1 卷第 3 期）、常燕生，〈關於新戰國時代〉（第 1 卷第 4
期）、陳啟天，〈韓非及其政治學〉（第 1 卷第 5 期）、姜蘊剛，〈生物現
象與文化現象〉（第 1 卷第 6 期）、余家菊，〈論中庸主義〉（第 1 卷第
16、17 期）、姜蘊剛，〈民族的狂飆運動〉（第 1 卷第 20 期）、李璜，
〈認識人類進化與人生價值〉（第 2 卷第 2 期）。

（3）歷史闡述方面：吳天墀，〈王安石的性格及其變法的是非〉（第
1 卷第 1 期）、陶元珍，〈東漢末中國北部漢族之南遷及東徙〉（第 1 卷第
3 期）、吳天墀，〈宋儒之風操與理性主義〉（第 1 卷第 5 期）、蒙文通，
〈魏晉南北朝之史學〉（第 1 卷第 16、17 期）、吳天墀，〈史的聯想與教
訓〉（第 1 卷第 18 期）、陶元珍，〈東漢末中國之大旱及大疫〉（第 1 卷
第 18 期）、宋樹人，〈學術與政治關係之歷史觀〉（第 1 卷第 18 期）、姜
蘊剛，〈歷史藝術論〉（第 2 卷第 3 期）、常燕生，〈歷史與歷史學觀念的
改造〉（第 2 卷第 5、6 期）、常燕生，〈歷史的重演問題〉（第 2 卷第 7
期）、姜蘊剛，〈究竟甚麼是歷史的本質？〉（第 2 卷第 8 期）。

抗戰中的中國正處於一個英勇抗戰的偉大時代，在軍事第一、勝利第一
的大前提下，所有的國民精神心力都已集中到抗日行動上去，再沒有閒暇來
顧及思想，但這並不是說可以完全不必顧及思想，偉大的行動是從偉大思想
的根柢上發育出來的，中國今天的抗戰要絞盡許多人的腦汁，將來抗戰完成
後的一切建設尤其要絞盡許多人的腦汁，特別是在這一個國際空前大變化的
時代，中國的前途難關正多，更需要我們以腦來報國。雖然最後的勝利一定
在我不成問題，但抗戰勝利之後，怎樣收拾這已殘破不堪的中國，怎樣復興

社會的經濟、怎樣對付其他國際事變,這一切人物和作為,盡都是從小算盤上去打。氣量之狹隘、見解之卑淺、行動之浮薄,可以概括這一時代中國社會特徵,這不是什麼可以樂觀的興國氣象。我們沒有力量來大規模地轉移一時的風氣,但站在自己的崗位上,用自己所能的工具,努力替國家民族培養一點新生的元氣,也於事不無小補。

換言之,刊名為《國論》,顧名思義是很期望做到一個名副其實的「國民公論」,希望全體國人,不要妄自菲薄,大家發揮以腦報國的決心意志,既使是棉薄之力,在抗戰的大時代中,也算是盡到國民一己的責任了。總結《國論半月刊》的主要內容,在文字的獻替上,可以說有四項最具彰顯,分別是關於憲政問題的討論、關於國際問題的研究、關於抗戰及敵我形勢的檢討、關於建國問題的貢獻四項。其中尤以憲政問題的討論最為重要,雖然國家正處於抗日的國難當中,但如何在抗戰中推進民主憲政,實行憲政與從速召集國民大會,成為全國一致的要求,也是朝野上下努力的目標,但如何去落實民主憲政呢?

《國論半月刊》的立場以為宜從治標、治本兩方面著手,治標方面則籲請政府明令宣布全國人民,除漢奸外,在法律上其政治地位一律平等;且為適應戰時需要,政府行政機構應加充實並改進,藉以集中全國各方人才,從事抗戰建國工作,爭取最後勝利。治本之道則請政府明令定期召集國民大會,制定憲法;另外由議長指定參政員若干人,組織國民參政會「憲政期成會」。這一些有建設性的意見,在當時頗獲朝野重視,有些主張也局部的實現。此外,《國論半月刊》另一重大特色,是積極闡揚常燕生的「生物史觀」及「新戰國時代」的觀念。常燕生本其生物史觀的見地,建立國家至上的中心思想,以替代個人主義和階級主義的時潮;而新戰國時代(又稱大戰國時代)的理論,是要國人為求救亡圖存,必須建立「國家至上」的新道德標準,提高國家民族觀念,堅凝國民意志,積極準備對外作國族生存鬥爭。常燕生又提倡集團主義的思想,但這種集團主義有別於獨裁或專制思想,它

是強調忠勇、義務、責任、服務、犧牲、秩序、社會連帶等等美德，它無非是想要國人有節制小我，去為國家民族的大我而犧牲奮鬥的精神與美德。

《國論半月刊》繼承過去《國論月刊》的光榮傳統，在抗戰期間的大後方，口碑甚佳，誠如黃欣周先生說的：「先生（按：指常燕生先生）辦事很認真，對稿件的甄審甚嚴，重要的稿件有時還得自己校勘一遍，所以國論在當時出版界的地位是很高的。」誠然如是，《國論半月刊》雖說是屬「中青」黨人所辦的刊物，但它卻又是一份超越黨派之私的綜合性刊物。它的內容包含甚廣，舉凡政治、社會、文化均甚歡迎；而其編輯方針，不侷限於文章的刊布而已，更著重於深遠思想的探討，以期養成作者與讀者的批評精神。《國論半月刊》並不諱言黨派，但並不純然站在一黨一派的立場，因為中國的問題是關係於整個國家民族的生死存亡，應該讓全國人民都有自由公開討論的機會，以徹底貫澈言論報國的職責，在知識份子言論報國的立場上，《國論半月刊》在這一點上是頗有貢獻的。

## （十一）抗戰中推進民主的《民憲半月刊》

《民憲半月刊》，創刊於 1944 年 5 月 16 日，發行人為時任「民盟」秘書長兼「中青」領袖的左舜生，後因左舜生公私兩忙，推辭發行人職務，而由鄭振文接任；編輯人則一直由左舜生擔任，後且因雜誌銷路日廣，稿源不絕而組成一「編輯委員會」，主要委員有：張瀾、張君勱、沈鈞儒、李璜、羅隆基、章伯鈞、張申府、梁漱溟、左舜生等人，皆一時俊彥及各黨各派之要角。《民憲》社址位於重慶信義街 39 號，另外戰時後方各大城市如重慶、成都、桂林、昆明、貴陽、長沙、衡陽等處均有代售，銷路頗佳，為抗戰晚期一份相當極具分量的政論性刊物。

《民憲半月刊》雖與「民盟」有若干關係（一度有人誤以為其是「民盟」的機關刊物），然基本上，它是一份屬於青年黨在抗戰末期的言論喉

舌。《民憲》內容主要有：國內現勢分析、國際問題探討、民主憲政文章、新書評介、時事短評、外國政情翻譯等；另外，尚有連載左舜生的《萬竹樓隨筆》及余家菊的《理學漫談》，刊物亦不時穿插有曾琦、左舜生、常燕生、陳登恪、劉泗英、張瀾、左幹忱、陶元珍等人的詩文，內容豐富詳實，頗具可看性。而撰述作者群大抵也以「中青」人物居多，如：左舜生、陳啟天、李璜、余家菊、鄭振文、陳一清；另有張君勱、張申府、龔德柏、孫寶毅、周鯨文、梁漱溟、費鞏、張禮千、劉清揚等人，也是彼時政治理念相契合者。所以說，《民憲半月刊》是戰時末期青年黨主張在抗戰中推進民主憲政的代表性刊物並不為過，至於說為何在國難當頭，敵寇未靖之際，要求主張民主憲政的動機為何？意義何在？吾人不得不從青年黨的政治宗旨去探討，現略述於下：

1938 年，政府為結合全國力量，集中全國之思慮與識見，以利國策之決定與推行，乃決議組織國民參政會。國民參政會的成立，儘管其不具備國會的充分權力，但對政府的施政仍有些許的監督作用，這在抗戰初期，是相當難能可貴的。所以左舜生在代表「中青」致國民黨蔣、汪兩領袖信函中即言：「中山先生畢生奮鬥之目的，其一在爭取中華民國之自由平等，此次國民黨領導全民抗戰，即此遺教精神之具體發揮。其一在建國中心以憲政為旨歸，此次國民黨臨時代表大會在此非常時期不忘國民參政機關之建立，國民言論出版集會結社自由之保障，亦即異日憲政實施之端緒。」

但好景不常，誠如陳啟天在其《寄園回憶錄》所言：「但在參政會第一屆時期，曾設憲政期成會，卻不幸中途撤銷，自令嚮往民主憲政的人們失望。到第二屆改組，既有不少非國民黨人士落選，而共產黨又以新四軍問題不肯出席，自難免引起國共兩黨以外參政員的憂慮。」職係之故，由於抗戰中期國民黨緊縮其原先民主、包容的尺度，頗令青年黨領袖不滿與憤怒，曾琦拒絕參加第二屆第二次參政會，且在香港公開發表談話，抨擊國民黨此項違反民主之措施。曾氏說：「如認為僅憑一黨之力，可撐持以渡此千古未有

之難關，則不妨重申一黨專政之旨，并現有之國民參政會而解散之，以免畫策盈庭，徒滋多口，且使各黨各派仍居於在野地位，保留是否功過之自由批評權。」換言之，國民黨的壟斷國民參政會，不肯真正落實民主憲政，和青年黨一貫的主張大相逕庭，所以至此青年黨也只能以言論來闡明自己的大政方針了，這就是辦《民憲半月刊》的真正背景。

　　1938 年 7 月，〈中國青年黨為抗戰週年紀念宣言〉曾提及：「在這個抗戰建國的艱鉅工作上，我們認為非發動民眾共同一致努力，不能收到圓滿的成功。而發動民眾，則非實現民主政治不可。」換句話說，就是我們為什麼要憲政，因為要民主，為什麼要民主，因為要民主才能團結全國力量；為什麼要團結全國力量，因為要抗戰建國。全民及各黨各派要抗戰建國，所以全民及各黨一致主張民主要求憲政。就在這樣的共識認知下，《民憲半月刊》創刊後，一直朝此方向作有系統的理論發揮，較具體的文章有：

　　陳啟天，〈民主憲政的原則問題〉（第 1 卷第 1 期）、梁漱溟，〈談中國憲政問題〉（第 1 卷第 1 期）、余家菊，〈憲政與三民主義共和國〉（第 1 卷第 2 期）、梁漱溟，〈中國到憲政之路〉（第 1 卷第 3 期）、陳啟天，〈民主憲政的實施問題〉（第 1 卷第 4 期）、費鞏，〈實施憲政應有之政治準備〉（第 1 卷第 5 期）、鄭振文，〈實施憲政應先革除反民主習慣〉（第 1 卷第 5 期）、陳啟天，〈民主政治的哲學問題〉（第 1 卷第 7 期）、陳啟天，〈民主憲政的規模問題〉（第 1 卷第 8 期）、陳啟天，〈民主政治與非民主政治〉（第 1 卷第 9 期）等相關論述。

　　總結這些精彩文章的內容看來，《民憲半月刊》的主張，誠如其刊名一樣，如何在戰時落實民主憲政。關於這一點，陳啟天的意見頗具代表性，陳氏說：「各種史例，可以證明各國的憲政，往往產生於戰時。原來沒有憲政的國家，固多在戰時新建憲政；原先已行憲政的國家，也多在戰時改進憲政。其所以如此的原因：一由於戰時需要人民出錢出力，而使人民樂於出錢出力的方法，則莫如實施民主憲政；二由於戰時需要人民精誠團結，而使人

民易於精誠團結的方法，亦莫如實施民主憲政；三由於戰時需要予人民以政治上的新希望，而使人民感覺政治有新希望的方法，更莫如實施民主憲政。戰時對外求勝，只有實行民主憲政；對內求活，也只有實行民主憲政。所以我們說戰時需要民主憲政。」陳氏之言，雖乏深刻的理論基礎，但平實之言，不僅代表《民憲半月刊》之主張，也象徵「中青」彼時之政治訴求。

如同左舜生在〈努力與思索〉代《民憲半月刊》發刊詞裡頭說的：「我們在本刊底言論，大抵是由於一種不安的心情和責任感所流露出來的一些樸實的說法。」《民憲半月刊》自創刊以來，其言論態度一向是就事論事，從事實去推敲，而不作空談原則的探討；一向是相忍為國，共體時艱，而不作意氣之爭；一向是責勉政府，而不攻擊國家。在鼓吹倡導民主憲政之餘，從不盲目樂觀，也不粉飾太平，掩蓋事實。由其公平客觀的論政立場，這個半月刊，可以說是青年黨在戰時樹立民主憲政運動的一個標誌，其對於民主理論的發揮，也作了相當大的貢獻。

# （十二）雜談《青年生活半月刊》

抗戰前，在上海灘上有一份口碑不錯的刊物，它就是由青年黨（以下簡稱「中青」）所辦的《青年生活半月刊》。該刊之初始是在 1935 年的雙十節，不久因抗戰軍興，《青年生活》換成了《青年中國》，以《青年中國》的姿態出現於世人之前。不幸「8‧13」的砲火，日寇的凌虐，又使《青年中國》僅勉強完成了一卷，即結束其短暫的生命。1946 年 7 月 7 日，照創辦人謝澄平之意，以《青年生活》停刊於「7‧7」，亦應復刊於「7‧7」，以示紀念不忘國難之意，故原本定於 7 月 1 日出版，特改期於「7‧7」發行，每月以 1 日及 16 日出版。1946 年 7 月 7 日，復刊後的《青年生活》，改以半月刊的型式問世，內容文章各方面，均較戰前之《青年生活》進步不少。

《青年生活》發行人為常燕生，主編人為陳善新（柳浪），社址位於上

海虹口山陰路千愛里 28 號。內容多元化，活潑生動，主要有：時人語摘、
洋場漫步、半月閒話、青年苗圃、文化公園、青年通訊、上海灘上、時論文
摘、昔人言林、詩詞聯語、新詩小說、翻譯文章、地方通訊、語錄、他山之
石、戲劇、旅滬須知、青年新聞等多項；另外曾出了國民大會及常燕生逝世
兩個專號特輯。至於該刊作者群，可說清一色均為青年黨人，如：曾琦、李
璜、常燕生、余家菊、謝澄平、黃欣周、程光復、周寶三、陶元甘、陳善
新、施真、辛郭、陳一清、沈雲龍、王維明、余文豪、宋樹人、徐天從、張
希為、辛植柏、姜蘊剛、陳一萍、張葆恩、鄭振文、左幹臣、何仲愚、胡自
翔、陶元珍、彭雲生、鄭壽麟、李滿康、周謙沖、胡國偉、夏爾康、崔萬
秋、劉雲程、邱椿、俞康、魏嗣鑾、朱漢新、宋漣波、郭榮生、徐漢豪、嚴
青萍、顧葆常、何魯之、楊叔明、劉東巖、張伯倫、陳啟天、蘇梅、田景
風、劉子鵬、吳天墀、陸鵬雄、丘竣、王興國、汪克永、黃仲蘇、竹慧文、
吳蠻、周蜀雲等。

　　內容則喜歡趣味雋永、短小精悍，能反映現象的作品，如「上海灘上」
專欄，專門介紹彼時黃埔灘上的人文百態；「文化公園」則蒐羅眾多文人動
態言行，其中有幽默、有報導、有軼事、有趣談，頗合茶餘飯後閒談之資
料。此外在《青年生活》上憶舊懷友之作，亦堪稱一絕。如：萍枝（常燕
生），〈記鄧孝情〉、施真（王師曾），〈紀念聞一多先生〉、雲深，〈我
所知道的費鞏〉、常燕生，〈父親節追述先父鑑堂公數事〉、黑士，〈悼楊
效春先生〉、雲孫，〈憶華聲社〉、謝澄平，〈憶史迪威將軍〉、黃仲蘇，
〈王光祈與少年中國學會〉、常燕生，〈追記延安之行──並懷呂平章同
志〉、余家菊，〈青年黨創黨會談記〉、郭榮生，〈張伯苓先生和南開〉、
沈澤清（沈雲龍），〈懷穆師濟波〉、紀彭年，〈憶知行〉、賀驤程，〈回
想知行〉、吳仲申，〈記知行三事〉、雲漢樓主，〈憶廬隱〉、天行，〈記
胡雲翼〉等等。

　　這些人物、史事的追述，對於吾人研究某些特定人物及青年黨諸多歷史

相當有裨益,如青年黨才子鄧孝情,一般人大概不知有此人,其實此人法文之好、才華之高,李璜先生曾向筆者讚譽再三,惜體弱多病,天不假年即英才早逝;另外,曾遭政府誤殺的楊效春先生,亦是我國不可多得的鄉村教育專家,可惜生平事蹟卻大多付之闕如,語焉不詳。至於「華聲社」則是「中青」前身「國家主義青年團」費明揚、何國俊、楊正森等人在四川所成立的一個社團;「知行學院」則是「中青」為發展黨團組織,訓練黨務人材,建立黨務基礎,於 1929 年在上海威海衛路所成立的一所學校,關於這些零星史料,外界多所不知,透過《青年生活》,倒可略知一、二。而余家菊在《青年生活》連載的〈回憶錄〉及〈五十回顧錄〉,更是「中青」領袖人物的第一手原始資料。

關於《青年生活》的內容,據柳浪在〈為母一年〉文章中說到:「據本刊發行人,中青文運會主席常燕生先生生前原意,中青文運會擬辦刊物三種:一為建立青年黨理論體系及對時局發表青年黨主張之純政論性刊物,定名為《全民論壇》,擬請黃欣周同志主編。二為建立以生物史觀為觀點之集團主義國家主義文學的純文藝性刊物,名稱未定,主編人亦未定。後因中青經濟困難及其他種種原因,一時無法實現,最後乃將上述兩種刊物之性質一同包涵於《青年生活》,以資兼顧。」

所以說,《青年生活》原為「中青」文化運動委員會主辦刊物之一,它是以大中學生、小市民、小商人、工農大眾為對象。普遍鼓吹提倡愛國救國運動、世界和平運動、民主主義運動、社會改良運動、新合理化運動之大眾化通俗化的刊物,由柳浪主編,13 期以後,逐漸增加純文藝之作品;15 期以後且按期發表常燕生之「有機哲學」及「生物史觀」。由於欲集中三種刊物之特性於一處,薄薄的一本半月刊,在容量上及時間上均不許可,故於13 期後,改以月刊問世。《青年生活》上的重要文章有:常燕生的〈時間的架構〉、〈時間的性質〉、〈有機論的宇宙觀與人生觀漫談〉、〈空間的結構〉及黃欣周的〈生命中心論〉等精彩力作。另外像何魯之的〈國家主義

概論〉、謝澄平的〈國家主義與青年運動〉、左華宇的〈國家之本質〉等，也是不可多得的精闢之論。

　　《青年生活》的立論旨趣，謝澄平曾說到：「今後的《青年生活》，必然順應著原子時代，奔向民主世界的前途。科學化、組織化、民主化的《青年生活》更要加速地展開。充滿矛盾的國際局勢，非常惡劣的中國現狀，都是我們青年絕對否認的現實。我們更加要發揮理想、熱情、鬥爭，來創造一個新的青年園地。在這青年園地中，沒有窄狹的政黨偏見，沒有近視的唯利主義，沒有自命領導而不工作的人物，沒有空叫口號而失去自信的頹廢份子，更沒有不夠朋友的夥伴。真誠親愛的青年朋友，讓我們攜手並肩同心協力，以民主的理想來粉碎專制虛偽的醜類，以救國愛人的熱情來洗盡欺世盜名的污垢，以踐實有力的鬥爭來創造現代的青年中國。」換言之，熱情、純真、理想、勇敢、踏實就是《青年生活》創辦的主要旨趣。

　　當 1946 年《青年生活》復刊時，《青年生活》曾為自己立下七大信條，它是：（1）堅信中華國族不弱一切；（2）堅信我國家能助益世界；（3）堅信我是前進有為青年；（4）抱定快樂奮鬥的人生觀；（5）隨時隨地發揮義俠精神；（6）日常生活力求其合理化；（7）努力促進人類民主思想。爾後歲月，在秉此宗旨下，《青年生活》之內容，兼具了海派刊物的風趣輕佻；又有了京派雜誌的平實蘊藉，既無強烈黨性之猙獰面目盛氣凌人，復得和藹可親之民主作風，深入民間，愛國愛黨，有己有人，在勝利後的黃埔灘上，也算是一份別具風味的刊物了。

## （十三）抗戰勝利後之《青年中國週報》

　　1946 年 10 月 12 日，由劉東巖任發行人、費明揚為總經理、王興國負責主編的《青年中國週報》在上海市南京東路 241 號創刊了。彼時正值抗戰勝利，上海又為中國第一大城市，基於輿論報國與政黨立場的考量下，在上海

發行一份屬於青年黨（以下簡稱「中青」）的機關報是有其必要的；兼以適值共禍日張，國、共內戰有一觸即發之勢，戰後經濟崩潰，通貨膨脹，青年人正感徬徨苦悶之時，有一份為青年抒發心聲之喉舌，更覺迫切需要，《青年中國週報》就在這樣的情況下誕生。關於這背景，劉東巖在〈理想與現實〉（代發刊詞）中也說到：

「我們抗戰勝利，已踰一年。惟因軍隊不能統一於國家而正常整編復員，致造成形同封建割據與通貨異常膨脹的現象。因全國交通不能完全恢復到抗戰前的正常狀態而反隨時被大規模的破壞，遂造成全國各地貨物有無不通，物價發生畸形高漲的現象。因全國政令不統一，制度不統一，經濟不景氣，遂發生分疆而治，工廠凋敝，農村荒蕪，民不聊生，公教人員，幾難自保的現象。因全國的民主政府和理想憲法未能適時產生制定，故民眾的監督不嚴，法律的效力不大，馴致政治難望清明，行政效率日低，殆工腐化，已成通病。又因國內政局紊亂，未能恢復和平，所以竟召來外侮，國際地位，日漸低落。」

職係之故，「凡此一切，都足以促使中國的一般青年，心理失常和情緒惡劣，目前中國的青年朋友，類多由失望而苦悶，由煩惱而消沉；或則由嫉妒而憤恨，因淺薄而躁急。他們滿腔熱血和無限勇氣，竟為現實所苦而無所用之。他們都深刻地感覺得：四顧茫茫，再也尋不著希望的路徑；世態炎涼，再也得不到溫情的安慰；飄泊流浪，再也探不見人海的燈塔。他們所隨時看見的，祇是國際風雲的緊急，列強矛盾的增加，國內秩序的紛擾，民生疾苦的滋長，嫉妒傾軋的殘酷，權力攘奪的瘋狂，和政治前途的黑暗，自身未來的渺茫。他們雖然隨時鼓著勇氣，向前直衝！很想改善這一切人世間的污穢渣滓，以求實現他們崇高偉大純潔無瑕的理想。但又每苦事與願違，力不從心，徒嘆奈何！這是當前中國青年的最大痛苦！他們已面臨到上進或墮落的十字街頭！他們正在徘徊！他們正在呼籲！他們正體驗到理想與現實不相適應的生活！我們不能熟視無睹！我們應該同情他們！我們應該與他們攜

手聯合起來！因為惟有以我們這一般活活潑潑蓬蓬勃勃的中國新青年作骨幹，才可望在此建國聲中，建設成功一個現代化的光明燦爛的新青年中國！我們刊行《青年中國週報》，這個公開的坦白的誠懇的目的，便是為此！」由劉東巖這番愷切的剖陳，《青年中國週報》的內容、立場已可以很明晰的了解了。

　　由筆者現存 50 期的《青年中國週報》看來，由該報的徵稿簡約可知，其內容大致可分如下 20 項，分別是：時事評論、時代思潮、自由論壇、理想世界、社會寫真、學生園地、世界語林、科學叢譚、史事獵奇、青年修養、生活藝術、回憶實錄、心事一得、時人語錄、古今雜記、民眾呼聲、文藝天地、讀者來鴻、東西南北、書報述評等。因內容取材的多樣活潑，頗獲青年好評，這當中有曾琦的詩、辛郭的連載小說〈黑寡婦〉及常燕生的〈老生常談〉專欄。值得一提的是，有不少追悼憶念已故「中青」同志的文章，對於研究「中青」人物、史事頗有裨益，如文中提到的陳銳、游桂榮、劉金華、盧七劍、張大明、陳諒叔、王建陌、郭漢烈、陳隆政、勞人俊、江樹鋆、常燕生、梁建章、周文中等人。至於作者群有：劉東巖、常燕生、曾琦、張伯倫、柳浪、辛郭、周寶三、魏嗣鑾、余家菊、吳天墀、胡國偉、王維明、王興國、沈雲龍、史亦江、陶元珍、陶元甘、姜蘊剛、祝實明、竹慧文、陸雄鵬、何魯之、劉子鵬、田景風、丘竣、左幹臣、王世昭、雲孫、周蜀雲等。

　　重要文章則有：劉東巖，〈理想與現實〉（代發刊詞）（第 1 期）、常燕生，〈國家主義與國際主義〉（第 1 期）、魏嗣鑾，〈知行難易論〉（第 2 期）、胡國偉，〈責任內閣制與憲草五院制〉（第 5 期）、常燕生，〈民主政治需要獨立的人格〉（第 6 期）、王興國，〈誰阻礙中國民主政治的實現〉（第 7 期）、劉東巖，〈國大新憲草的特點〉（第 8 期）、曾琦，〈實行憲政之時期與國民大會之性質〉（第 11 期）、謝賡新，〈官僚資本與國家經濟之危機〉（第 18 期）、何魯之，〈政治與學術〉（第 20 期）、王興

國，〈政府改組後的國家前途〉（第 29 期）、舒甫，〈斥所謂「南朝」與
「北朝」〉（第 30 期）、鄧興，〈我看和平運動〉（第 31 期）、嘯公，
〈和平的關鍵〉（第 33 期）、鄧孝情，〈宗教的定義問題〉（第 35 期）、
余家菊，〈民有民治及民享〉（第 36 期）、黎成德譯，〈近代國家主義的
演進〉（第 40 期）、劉東巖，〈論改革幣制〉（第 42 期）、王興國，〈魏
德邁來華調查後〉（第 43 期）、左華宇，〈世界局勢與中國前途〉（第 46
期）、霽明，〈中國政治的觀察〉（第 47 期）、李曉舫，〈中國科學化的
社會條件〉（第 48 期）。

　　抗戰勝利後，國人經過八年浴血，望治心切，普遍渴望和平的到來，然
不幸的是，戰後國、共內戰又再度爆發，箇中原因，國、共兩黨均難辭其
咎。國府雖有還政於民的誠意，力行民主憲政的決心，奈何政治腐敗，派系
鬥爭，搞得大失民心；而共產黨則恃有俄援，到處攻城掠地，不肯服從中
央，因此雖有美國調停，惜宿怨已深，收效甚微。彼時「中青」雖已退出
「民盟」，然仍以「第三方面」立場，為國、共兩黨和平而調和鼎鼐，希望
國、共兩黨相忍為國，互讓一步。「政治民主化」與「軍隊國家化」是當時
「中青」的兩大政治訴求，所謂「政治民主化」，是希望國民黨能遵守諾
言，貫徹〈政治協商綱領〉，儘速還政於民，成立多黨合作的聯合政府。至
於「軍隊國家化」，則係強調軍隊直屬國家，非屬個人或黨派，更不是將軍
隊視為政爭之工具。

　　凡此要求，可說是切中時弊，值得國、共雙方反省，惜國、共兩黨各為
一黨之私著想，棄黎民百姓於不顧，烽火愈演愈熾，內戰越演越烈，為顧全
大局，「中青」最後與「民社黨」一起參與制憲，參加國大，加入政府。總
之，「中青」在時代變局的關鍵時刻，為謀國家完整統一的苦心孤詣及政治
理念，藉《青年中國週報》與在成都的《新中國日報》，均作了明顯的宣示
與表達。平情而言，「中青」在成立後的歲月中，辦得最久及最好的報紙，
除了《醒獅週報》外，就屬抗戰期間的《新中國日報》了。但《新中國日

報》因地屬西陲，所以影響僅侷限於川滇西南，此種現象在抗戰大後方尚
可，但就勝利後的全中國，恐怕力有未逮。所以勝利後，在上海首善之區成
立另一份刊物，互相呼應，形成犄角之勢，宣傳「中青」的主張政見，就益
形刻不容緩。

　　《青年中國週報》就在如此需求下問世，成立以後終也不負所望，善盡
言論報國之責，為黨為國忠誠諫言，雖有忠言逆耳，得罪當道之處，但在彼
時天下滔滔一片赤白聲中，尚不失為一股清流，其中尤以敢為青年請命，敢
替黎民訴苦，不卑不亢，更令吾人欽佩不已。反觀台灣目前新聞道德頹喪，
挖人隱私，不顧是非，一昧以迎合讀者為尚，沒有立場，沒有原則，相較之
下，實令人浩歎！

# （十四）關懷國是的《中國評論月刊》

　　1947 年 7 月 10 日，青年黨（以下簡稱「中青」）籍立法委員徐漢豪，
在首都南京創辦了一份刊物，名為《中國評論月刊》。該刊為一綜合性刊
物，內容以評論國家政治、經濟、法律、史地、哲學、建設為主；兼亦穿插
文藝創作或雜感，唯此類文字較少。《中國評論月刊》發刊於 1947 年 7 月
10 日，後因時局關係，出刊日期迭有所誤，該刊發行人為顧葆常，社長是
徐漢豪，主編為陳止一，社址位於南京市上海路 40 號。在作者群方面，由
於《中國評論》是份園地完全公開的雜誌，撰稿之人，除「中青」同志外，
尚有外界的學者專家，較常投稿的有：徐漢豪、齊植璐、吳裕略、陳止一、
景昌極、周蜀雲、黃欣周、王之、余文豪、丁作韶、符澤初、聞鐘、蘇生、
金祖同、許啟徵、方景仁、嚴青萍、劉漢宗、陳政均、朱廣福、楊鎔緯、成
錫祥、林禮用、錢煥文、劉明兮、范秉臣、唐啟宇、李公權、胡啟東、朱右
白等人。其中最具特色的是，每期篇幅後面均有作者經歷、學歷簡介，如余
文豪（前國立東北大學教授現任經濟部專門委員）、徐漢豪（國立政治大學

教授）、齊植璐（經濟部簡任秘書）。至於刊物的編排方式則有：社評、專論、特約通訊、時論選輯、譯述、雜談、選舉集錦、蕉園閒事、六一軒隨筆等，方式雖嫌簡略，但精彩之文仍不少。

據筆者現存 10 期之《中國評論月刊》內容看來，該刊之評論重點以有關於政治、政黨、經濟、軍事、外交為主。代表性的作品有：齊植璐，〈當前經濟政策之歧途〉（創刊號）、徐漢豪，〈當前之選舉問題〉（創刊號）、周蜀雲，〈政黨與政爭〉（第 2 期）、黃欣周，〈中國問題的中心〉（第 2 期）、徐漢豪，〈民主的基本認識〉（第 2 期）、余文豪，〈我們需要哲人政治〉（第 3 期）、齊植璐，〈急切需要的幾項政治經濟改革〉（第 3 期）、符澤初，〈論中國經濟病態之癥結〉（第 3 期）、徐漢豪，〈刷新地方政治與開放地方政權〉（第 4 期）、方景仁，〈政治改革芻議〉（第 5 期）、劉漢宗，〈看大選，論民主〉（第 6 期）、陳政均，〈改革幣制的研究〉（第 6 期）、景昌極，〈民主質疑〉（第 7 期）、楊鎔緯，〈從貪污說到官僚資本的罪惡〉（第 7 期）、劉漢宗，〈擊破行憲的絆腳石〉（第 7 期）、陳止一，〈論調整待遇〉（第 8 期）、景昌極，〈道德與社會革命〉（第 8 期）、徐漢豪，〈論軍事援華告美國人士〉（第 9 期）、陳政均，〈從援華法案說到幣制改革〉（第 9 期）、陳止一，〈勤儉運動須從上層做起〉（第 10 期）、李公權，〈談財政經濟緊急處分〉（第 10 期）、齊植璐，〈幣制改革後的經濟課題〉（第 10 期）、徐漢豪，〈為民主呼冤〉（第 10 期）。

上述文章，基本上以政經、軍事及外交為主，內容亦大同小異，歸納起來倒可以勾勒出當時《中國評論月刊》對國是的意見。比方說以改革政治而言，該刊以為彼時國民心理幾乎變成絕對自私，一般人都以國事無可為而灰心失望，但求個人的安樂與享受，為個人的利益打算。而握有政權的人，也忘記了自身為人民公僕，貪贓枉法，窮奢極慾，人民的生活，在他們是漠然無睹，更絲毫沒有一點國家觀念和民族意識，國民道德墮落到如此地步，不

能不使人憂心。而這種現象的產生，該刊以為是政治腐敗，紀律蕩然所造成的結果，故欲挽救人心，宜從政治改革下手。而言改造政治，首先是共產黨必須放棄以武力推翻政府的企圖，因為我們國家，經過八年抗戰實已至民窮財盡的地步，再也經不起再一次的內戰及蹂躪，故戰後首要急務，莫過於與民休養生息，而非自相殘殺。是以國家需要安定，只有安定才能使社會繁榮，只有安定才能求國家的進步。而要達到安定的目的，必須全國各黨派泯除私見，不以武力奪取政權，而從事爭取民眾的同情著手。民意的向背，是政治成敗的試金石，違反民意的政治，必歸失敗，為人民所唾棄。所以國家要安定，不是鬥爭事，人民要安定，不是清算。

現實政治果真令人失望，儘可由政治民主化的原則來求其完善。民主政治，一切取決於民意，政府由民意機關產生，而民意機關又是人民用投票方法選出來的代表所組成的，任何黨派都可以其政策公諸大眾，爭取選民，只要在民意機關中能佔多數席位，就可以取得政權，達到政治改造的目的。此外，就中共問題而言，該刊認為中共既然拒絕參政會和平建議，關閉談判之門，並到處發動攻擊。是其所爭，已非民主政治，而在割據疆土，奪取政權；完全喪失其政黨之身分與立場。凡以促進民主政治為主張者，自難寄予同情。該刊指出，如中共在東北勾結韓共，驅使日俘，憑恃外援，進攻國軍；對予外蒙軍侵入新疆，竟開會慶祝，此種行徑實已證明其毫無國家觀念，而其意圖破壞領土完整，使親者痛、仇者快之行為，尤為國人所共棄。

至於對民主的看法，該刊認為彼時民主聲浪，雖高徹雲霄，然究之實際，主張民主的人，大都是假藉其名，或作曲解，以圖保持一黨專政之實，或托詞民主，實行其階級獨裁之計，這種人對於民主，可說根本缺乏認識。一個黨有無實現民主的誠意，它本身能否與各黨平等相處，讓少數有變成多數的機會及確保人權給人民以應有的自由，這是一個重要的法則。故要談民主，至少要有兩個基本認識：第一、政治要由多數人來管理，少數人固然要服從多數，但同時要使少數有權力變成多數；第二、要確實保障人權，執法

當局倘無此認識，則遑論民主矣！

抗戰勝利後，經濟問題的惡化較政治問題更嚴重，對經濟興革的意見，該刊的具體意見如下：（1）嚴厲整肅綱紀，如修正懲治貪污條例、獎勵人民檢舉，採行上下級連帶負責，發揮大義滅親的精神。（2）切實裁併機關，機關性質相同者，應予合併；臨時機構任務已大致完成者，如善後救濟總署，應立即結束。（3）改進人事，實行人才主義，屬行分層負責嚴密人事考核，逐漸淘汰無能及不力人員。（4）開徵建國特捐，彼時國內經濟危機之基因，在於財富之不均及負擔之失衡，故財產稅之徵收，實為當務之急，提高起徵點，先徵豪戶，再徵富戶，以逐期推廣。（5）屬行節約消費。（6）減緩通貨膨脹，加緊出售國營事業，緊縮不必要之工商貸款。

至於影響政治風氣之腐敗，社會秩序之紊亂、財政金融之枯竭、國際地位之低落，以及士氣之頹喪，民心之渙散的「貪污」問題，《中國評論月刊》以為，「刑亂國用重典」，除了除惡務盡，從重懲處外，別無他法。而國民黨人亦必須有穿著草鞋的吃苦精神，拋開虛矯身段，使自己真正降到普通政黨的地位，聯合在野力量，一致對付共產黨，如此國家或有可救之機。最後，該刊對美國對華政策之誤及馬歇爾（George Catlett Marshall）對中國之偏見，也做了最精闢的批判，該刊認為，美國對華政策所犯的錯誤有二：

（1）對於中國共產黨的認識不足，歐美一部份人士因習於民主政治的關係，以為中國的共產黨和歐美的共產黨一樣，只不過是要求實現政治上經濟上的改革，並不是「洪水猛獸」般不可合作，只要國民黨能開誠布公，容納共產黨的一部分主張，就可以「化干戈為玉帛」，馬歇爾及其同僚，就有這樣的錯覺。殊不知，中國的共產黨，它不是一個獨立的政黨，它是有國際性的，一舉一動都奉行莫斯科的指示，他們不是要求土地改革，而是要推翻國民政府，以暴力奪取政權，赤化整個中國。國、共內戰以來，共產黨的軍事力量，因獲俄援而有長足的發展，赤化中國，迷夢日深，今日再要他們「放下屠刀」，無異「緣木求魚」！一部分美國人猶以國、共之爭為內戰，

只要國民黨讓步，中國仍可由和談的途徑獲取和平，實在是不明瞭中國共產
黨的特質。

（2）將戡亂與中國內政混為一談，我們承認中國內政的腐敗，如政府
的無能，官吏的貪污、足以影響戡亂軍事，無論友邦好意的規勸，或是惡意
的批評，對於這些事實，我們並不欲加以否認。但是美國不能因中國內政的
未盡完善，而認為中國無援助的價值，這是一極大錯誤。因為中國共產黨的
叛亂，已成為國際問題，與中國內政的改革，完全是兩回事，不可混為一
談，只可惜馬歇爾及美國為這一偏見所蔽塞了！

民主政治時代，人民是國家的主人，國家的事，我們不能不問，也不容
推諉，國事的好壞，應該是國民全體的責任，抗戰是勝利了，但當時社會的
不安、經濟的紛亂、與夫民生的疾苦，較之戰時為甚。在這樣的背景下，
《中國評論月刊》的創刊，對國事提出建言，對政治提出針砭，對國民黨提
出期許，對經濟提出興革，對外交提出批判，對軍事反共提出決心，對社會
貪污提出嚴懲。立論公正，言詞中肯，不僅表明「中青」對國是的立場，也
代表了那時候大多數中國人的心聲。

# （十五）光復後的《青年台灣週刊》

《青年台灣週刊》是青年黨（以下簡稱「中青」）在台灣所辦的一個小
型刊物，「中青」在台灣所辦的刊物，最早可追溯到光復初期夏濤聲、沈雲
龍所創的《台灣月刊》及台籍「中青」黨人李萬居所辦的《公論報》。這兩
份報章雜誌雖然都是由「中青」黨人任發行人或編輯人，但內容及言論立場
則是超然與綜合性的，它並不屬於任何一個政黨或派系的。因此，若論純粹
由「中青」黨人在台灣所辦的刊物，內容及言論也代表「中青」的意見之刊
物，大概就屬《青年台灣》了。而且時值台灣「2‧28」事件發生不久，大
陸國、共內戰方酣之際，該刊之發行實有介紹祖國內情予台灣同胞及台灣同

胞向祖國表達心聲的雙重目的與意義；兼以發行年餘後，戡亂形勢逆轉，政府播遷來台，「中青」追隨政府至台，再度以毛錐當寶刀，以言論來報國，《民主潮》的創辦即繼承《青年台灣》而來。是以，這份小型刊物，雖然不是光華四射，但為轉型的大時代留下見證，也算功不可沒了。

　　《青年台灣週刊》創辦於 1948 年 6 月 12 日，最初以週刊的形式發行，1948 年 10 月改以半月刊的形式出版。發行人為朱文伯，編輯人為張皋，社址位於台北市青島西路 5 號。主要作者群有：曾琦、李璜、余家菊、王師曾、劉鵬九、黃欣周、張皋、朱文伯、劉東巖、徐剛中、張子敬、施真、劉歷榮、陸仁、雄鵬、順天、立誠、陸明、王公望、漢民、中時、拾蔗、陳培愷、靜觀、雲程、葉飛、海堂、陳養吾等人。至於較為重要文章，除了轉載上海《中華時報》之社論及《風雲半月刊》文章外，尚有：閔生，〈憲法、憲政、民主〉（創刊號）、海堂，〈淪陷的經驗和光復的感想〉（創刊號）、文伯，〈翁院長的悲哀〉（第 2 期）、曾琦，〈行憲定國論〉（第 2 期）、雄鵬，〈國家主義與今日中國〉（第 2 期）、閔生，〈政府總得有點辦法〉（第 3 期）、雄鵬，〈國家主義與今日中國〉（續）（第 3 期）、閔生，〈共產國際真面目〉（第 4 期）、文伯，〈遠慮與近憂〉（第 4 期）、黃欣周，〈加強對新極權主義者的抗爭〉（第 4 期）、立誠，〈青年黨為什麼參加政府？〉（第 5 期）、李璜，〈戰後的世界與中華民族的生存〉（第 5 期）、閔生，〈從中蘇條約說起〉（第 6 期）、陸明，〈論主動召開對日和會〉（第 6 期）、王公望，〈國家經濟與個人生活〉（第 6 期）、漢民，〈本省青年與祖國〉（第 7 期）、養吾，〈東北與蘇聯〉（第 7 期）。

　　另外如：朱文伯，〈青年黨參加政府之動機〉（第 8 期）、曾琦，〈與段之桓論組訓民眾書〉（第 8 期）、文伯，〈反對召開臨時國大〉（第 9 期）、曾琦，〈與某同志論政治理想書〉（第 9 期）、雄鵬，〈民族生命力與國家〉（第 9 期）、張皋，〈日本投降三週年〉（第 10 期）、王師曾，〈推行民主憲政的基本條件〉（第 10 期）、陸明，〈對日問題的種種看

法〉（第 10 期）、陳培愷，〈青年黨的土地政策〉（第 10 期）、朱文伯，〈台灣地方自治何時實施〉（第 11 期）、中時，〈國家、民主、政黨〉（第 11 期）、徐剛中，〈國家與國家主義〉（第 11 期）、雄鵬，〈抗戰勝利三週年〉（第 13 期）、劉歷榮，〈國家主義與國際主義〉（第 13 期）、養吾，〈政黨與政黨政治〉（第 13 期）、朱文伯，〈對於省縣自治通則草案初稿的幾點意見〉（第 14 期）、張子敬，〈評新貨幣政策〉（第 14 期）、施真，〈清查學校共黨間諜〉（第 14 期）、余家菊，〈國家主義一釋〉（第 15 期）、陸仁，〈中國的出路問題〉（第 15 期）、葉飛，〈建立國家經濟的幾個基本原則〉（第 15 期）等文章，也都是從各個面向探討時局問題的精闢之文。

　　1946 年，政府結束訓政，民主憲政開始，中國正式由一黨專政走上多黨政治。但是民主政治的運用，有賴於健全的政黨，且行憲的成敗，又關係著政治的良窳與國家的治亂，而這一些全繫於所有政黨的好壞。「中青」雖然已為民主政治奮鬥了二十餘年，曾經參加憲法的制定，促成憲政的實施，也總算已初步達成民主政治的目標。但我們認為中國的民主政治和政黨政治，都還在學習的階段，正需要虛心誠懇的學習，需要猛勇精進的學習。民主制度的優點，就是在自由平等兩大原則下，讓從事政治活動的個人或集團能提出他們的意見，同時也讓國民有批評和選擇的權利。「中青」信仰國家主義，擁護民主政治，今後無論是參加政府工作、與友黨合作，來推動政治的革新，抑或是退為純粹的在野黨，對在朝執政政黨盡其監督和批評的責任。我們總願意把我們對國事的意見盡量公開提出來，讓民眾來認識、批評和抉擇，使我們的主張能夠符合大多數人民的要求，同時希望有共同政治意見的人來共同奮鬥，爭取人民的利益，推動國家的進步。

　　其次，就台灣來說，台灣是中華民國的一省，唯自馬關條約後，割讓予日本，淪陷長達 50 年。光復後，台灣仍將如內地各省一樣，實行地方自治，台灣是中國的一部份，它對整個國家有其應有的責任。台灣地方有充分

的自治條件，台灣同胞有強烈的國家意識，他們不但渴望早日實行地方自治，同時也願意為國家效力，對國家有貢獻，一般的政治興趣是相當高的。不過，政治興趣並不就等於政治認識，雖然兩者可以互相影響，有濃厚的政治興趣，便會去追求政治認識；有深切的政治認識，也自然會提高政治興趣，台灣同胞過去經過 50 年的長期隔離，對於 50 年來祖國政治社會各方面的演變情形已相當隔閡，光復以後，放眼大陸，看到國事蜩螗，一片戰亂，更不免感到迷惑。如果對於國家的演變及其前因後果，不能了然於胸，要過問國事也必定苦於不知從何處下手。因此，我們願意就我們的所知所見，提出討論，以期有助於台胞，特別是台灣青年，對國家內外情勢和今後世界的了解。換言之，堅持民主憲政及教育台灣青年，成了《青年台灣》創刊的最大宗旨。

就筆者現存的 15 期《青年台灣週刊》之內容看來，該刊最精彩的言論文字，莫過於「反台獨」及倡導民主風度之兩大訴求。關於反台獨方面，該刊曾說：「一個國家，如果承認她的構成分子可以自由宣佈獨立——像我們的外蒙一樣——其結果必定造成中央政府無法控制和維繫地方或對地方不負責任的危機。以台灣為例，地處東海之外，如果不幸有國際的或當地的野心分子策動什麼『託治』、『獨立』或『較高自治』運動，我們的中央政府能根據民族主義的原則承認它嗎？台灣本來是中國的領土，台灣人民也是中國漢族的子孫，根本沒有民族差別的痕跡，而年前的託管論和兩月前的較高自治論，似乎都忘了我們是什麼人了！我們絕對擁護政府，深愛祖國，不過政府如果沒有一個嚴正的表示，聲明：『絕不讓領土內的任何人民有脫離祖國的醞釀』、『絕不容許任何外力侵擾我們的領土主權』、『更不許任何執政當局以任何理由放棄寸土』。否則我們必將誓死唾棄反對這個政府的。」

至於對民主風度的闡揚，該刊以為，所謂民主風度，是指從事民主運動者應有的態度而言。談民主如果忽視了這點，那對民主的任務，是不容易達成的。所以一個民主運動者，為達成其任務，必須切實培養出必具的風度，

以下這五點，便是民主風度最基本的素養：（1）要有適應國情的主張；
（2）要能代表人民的利益；（3）要爭取人民的同情；（4）要尊重異己的
意見；（5）要有反躬自省的風格。民主不是一句時髦的口號，而是一個實
際的生活態度，人民「聽其言而信其行」的時代已經過去，今日人民是要
「聽其言而觀其行」，所以徒然高唱民主，並不能取得人民的信仰，事實上
民主也不會就此因而實現，必須培植民主修養，具備民主風度，以躬行實踐
的精神，為民主奮鬥，庶幾乎才可以把國家引入民主的大道，達到長治久安
的光明境界。由這些力透紙背的文字看來，在對照今日台灣的台獨聲浪及民
主亂象，豈不令人更懷念其金玉良言嗎？

## （十六）投入風雲變幻中之《風雲半月刊》

　　1948 年，正值白山黑水危在旦夕，華北風雲日炎之時，國、共內戰方
酣，民主前途黯淡，人心惶惶，時局苦悶至極點。一向擁護政府，與政府採
取合作路線的青年黨（以下簡稱「中青」），在十里洋場的上海，創辦了一
份頗符當時環境的刊物，名為《風雲半月刊》，為國府撤離大陸前；也為動
蕩紛擾的山河歲月，留下了時代的見證。該刊創於 1948 年 8 月 1 日，社址
位於上海市南京東路 241 號，該地亦兼發行所。通訊處則為上海東寶興路 B
字 138；總經銷為上海五洲書報社。該刊逢每月第 1、3 週星期日出版，後
因發行技術上的困難，改為每月 1 日、16 日出刊。發行人兼主編為夏濤聲，
從第 1 卷第 9 期起，改為沈雲龍主編。
　　《風雲半月刊》作者群大部份均為「中青」黨人，如：王師曾、張夢
九、劉鵬九、王嵐僧、陳公道、趙斌、沈雲龍、胡哲敷、張子敬、駱文蕙、
柳明、陸大年、張皋、葉飛、趙建明、馬榮、余文豪、文超武、伍曉月、雋
冬、劉大風、朱紅、錢鈞、王佐之、方圓、梁鈞、陳士謙、蘇珊、王天德、
倖生、劍鳴、養廉等，其中以夏濤聲、王師曾、王嵐僧為該刊的三位主要台

柱。《風雲半月刊》可以說是一份典型的小型政論性刊物,該刊言論短而有力,如一把匕首,一針見血,立論清楚,毫不含糊。主要內容有:短評、專論、國內外通訊、譯述、文藝、讀者來書、資料(半月風雲)等項。

據筆者現存的《風雲半月刊》看來,較重要或具代表性的文章有:王師曾,〈推行民主憲政的基本條件〉(第1卷第1期)、張潤蒼,〈物價的前途〉(第1卷第1期)、王嵐僧,〈論中間小兩頭大〉(第1卷第1期)、張子敬,〈物價問題與幣制問題〉(第1卷第2期)、胡哲敷,〈豈今日竟無一曾國藩〉(第1卷第2期)、張皋,〈期待國民黨的革新〉(第1卷第3期)、張子敬,〈評新貨幣政策〉(第1卷第3期)、葉飛,〈建設國家經濟的幾個基本原則〉(第1卷第3期)、王師曾,〈論所謂開放地方政權〉(第1卷第4期)、王嵐僧,〈苦惱的戰略問題〉(第1卷第4期)、王師曾,〈論責任內閣制兼勗翁院長〉(第1卷第5期)、王嵐僧,〈秋風吹戰雲〉(第1卷第6期)、雋冬,〈金圓券往那裏跑〉(第1卷第6期)、夏濤聲,〈中國民主政治的前途〉(第1卷第7期)、雋冬,〈敬向蔣經國先生進一言〉(第1卷第7期)、王嵐僧,〈一切需要再檢討〉(第1卷第7期)。

另外,如:夏濤聲,〈漫談天下事〉(第1卷第8期)、王師曾,〈時局的檢討與對策〉(第1卷第8期)、夏濤聲,〈從馬歇爾談話說起〉(第1卷第9期)、趙建明,〈論當前智識份子的處境〉(第1卷第9期)、蘇珊,〈安定生活的先決條件〉(第1卷第9期)、夏濤聲,〈大局不可自亂〉(第1卷第10期)、王師曾,〈中國可否走匈捷南波的舊路〉(第1卷第10期)、王天德,〈論失去均勢的文化界〉(第1卷第10期)、王嵐僧,〈論榮譽的和平〉(第1卷第11期)、雋冬,〈從黃金政策看金圓券〉(第1卷第11期)、趙建明,〈自由主義者不必苦惱〉(第1卷第11期)、劍鳴,〈美國對華政策的透視〉(第1卷第11期)、夏濤聲,〈大局在和戰中盪漾〉(第1卷第12期)、王嵐僧,〈就軍事看和平〉(第1卷第12

期）、趙建明，〈智識份子往何處去〉（第 1 卷第 12 期）等，亦頗多可觀之處。

　　《風雲半月刊》是份相當平實的刊物，樸實無華，不作驚人之語，更不譁眾取寵。其辦刊態度，誠如其所稱：「一個刊物的出版，自然有它的原因和經過，而且在它的創辦人的意識中，也常抱著若干希望與理想；為了說明這些，多數刊物在發刊時，往往有一篇堂皇富麗的發刊詞。但我們卻不想也不敢那樣做。我們認為在這個刊物如林的社會裡，一個刊物的產生，是一件極其平常的事；而它能否發榮滋長，要看未來許許多多不可知的因素。詳敘原因和經過，既無必要；高談希望與理想，在這個年頭，尤為困難。因此，我們在本刊發刊之初，決不敢舖張敷衍說得天花亂墜……。」

　　就是這種對讀者誠實的態度，不好高騖遠；不誇大其詞，《風雲半月刊》發行後，頗獲好評。其園地公開，包容各種不同異議，唯一限制，就是違反國家民族立場的文章，絕對謝絕，這點倒頗能代表該刊經營之特色。由於時局的關係，該刊內容亦不例外的主要圍繞在國、共內戰這個大主題上，其中包括了對憲政的意見、對政治的看法、對經濟、物價的方案、對軍事失利的憂心、對國民黨革新之期許等等，現分別簡述如下：

　　（1）憲政之政見：政府行憲時，一方面以共產黨之戰亂未平，鬧得有許多地方不能行憲，有許多人民無暇注意行憲；一方面又以從國民大會代表、立法院立法委員之選舉以至於集會，與夫首屆行政院之組成及其表現，給與人民以或多或深或淺的不良印象，使一般人當初渴望行憲的人們，皆有徒見行憲的紛擾而不見行憲的安寧，徒見行憲的黑暗而不見行憲的光明之共同的感慨。形成這種不幸的現象因素很複雜，但用不著因此而對民主憲政前途感到悲觀，因為這些複雜因素是可以解除的。解除之道，該刊以為基本上是民主憲政究竟要如何切實推行的問題，關於這個問題，該刊以為其基本條件有三：首先是我們要實行民主政治，必先切實履行民主的生活條件，養成民主的生活態度，而此態度即必須各個人先從根本上洗滌任何專制思想的毒

素，養成民主的生活態度開始。其次是舉國上下皆要有守法的精神和習慣，最後是必須上層人物能夠以身作則，尤其是各政黨之能夠改變作風以領導民眾推進政治。倘能落實此三點先決條件，我國民主憲政的前途仍是相當樂觀的。

（2）經濟上、平抑物價之政策：由於政局不安，烽火連天，造成經濟動盪，物價飛騰，通貨膨脹，百姓民不聊生。對此惡化之經濟、升揚之物價，平抑之辦法，該刊以為：第一、儘量平衡收支，具體的方法為先恢復並增發美金庫券，以庫券收縮通貨；其次完成救濟特捐；最後清算豪門資本。第二、準備改革幣制，基於經濟原則及環境需要，均須改革幣制。此外擴大出口，爭取外匯，尤其是僑匯，亦是一種簡單有效的方法，另外則需從嚴格管制物價看手，整理金融機構，改善外匯政策，妥善運用美援及處理敵偽產業，維持財政上的開支差額以平衡國際收支。只有這樣治標與治本雙管齊下，或許能對沉痾已深的經濟，有些許的裨益。

（3）國民黨革新之期許：時國、共之爭，國民黨已由優勢轉趨劣勢，軍事上的失利，政治上的腐敗，使政府威信日落；尤有甚者，國民黨且成眾矢之的。因此改造國民黨呼聲甚囂塵上。對於此事，該刊以為國民黨之病，一是腐化，二是複雜。因黨的腐化而造成政治上的貪污無能，影響整個社會的風氣；由黨的複雜而造成政治上軍事上乃至社會上的種種紛亂與矛盾，且進而成為當前國家的病態。而致病的原因，即在國民黨不僅執政時期太久，尤其是專政的時期太長。所以對於國民黨革新黨務，站在一愛好民主憲政的「中青」立場，仍然樂觀其成的。因為不管國民黨過去的功罪如何，它在近代中國所處的地位，它的行動對於整個國家的影響，仍是不容否認的。唯有幾點期許於國民黨當局者：（一）國民黨徹底改變傳統的制度與作風，一乾二淨的放棄過去所享有的種種特權。（二）國民黨從極權主義的政黨轉變為民主主義的政黨後，黨內的民主精神才能發揚。有了黨內的民主，黨才不致為少數人所把持操縱，因而可以發揮新陳代謝的作用，促進黨的生機，防止

黨的腐化。（三）國民黨宜拋棄過去那種「黨外無黨，黨內無派」的狹隘心理。（四）國民黨既不復是一個特殊階級，黨內沒有特權可享，黨也不靠官位爵祿來羈縻黨員，維繫組織，腐化投機份子無可留戀的必失望而去，另尋出路，渣滓即不難澄清，面目也可以一新。（五）在憲政之下，國民黨今後政權的獲得和保持，靠選民而不靠武力，故宜真正落實「軍隊國家化」。

上述五點，即該刊對國民黨的期望，最後該刊更語重心長的說：如果國民黨只是貪戀過去一黨專政的權勢，沒有容許其他政黨自由發展的雅量，反從而加以排斥與壓制，欲使中國永遠沒有足以與國民黨抗衡之民主和平的政黨出現，如果青、民兩黨不能多從事爭取廣大群眾的同情方面去努力工作，而惟以國民黨為合作或反對的對象，則中國的政黨政治之健全的發展，將不知要待至何年何月才能實現，而所謂的民主憲政也者，不過徒成為專制的偽裝及造亂的題材而已。

（4）軍事失利的憂心：徐蚌會戰結束後，共軍氣燄高漲，國軍則士氣日損，全國普遍瀰漫一片失敗氣息中，該刊則能洞若觀火，向政府提出諍言，該刊以為軍事的失利，並非共軍的厲害，而是國軍士氣的不振，而提振士氣之方，畢其要者，約有數端：首先為加強軍隊的政治教育，使上自長官下至士兵，都能明瞭作戰的意義並保持必勝的信心。其次關於裝備、給養、及補充等項，對於作戰部隊，不分畛域，一律平等。而且要提高士兵的待遇，嚴禁剋扣軍餉及吞吃空額。最後則為嚴明賞罰，整飭軍紀。這些論點，雖然卑之無甚高論，但也頗能切中時弊。

（5）民主政治之信心：中國實行民主政治，必須培養民主政治的基礎，而民主政治的基礎，則在於有強大中間階級的存在。民主政治的基本條件在於人民應有從事政治活動的完全自由；且應有完全立於平等地位的兩個或兩個以上的政黨；而政權的維持與取得，不取決於武力，而取決於選票。況且中國的豪門財閥，畢竟是極少數，這種統治，力量是很脆弱的，中國工業未發達，勞工階級為數也不多，決不能構成無產階級專政的基礎。中國有

廣大的中間階級，無論在量的方面或質的方面，都佔有絕對的優勢，這是民主政治的良好基礎。換言之，該刊對民主政治仍深具信心，只是將民主政治寄望於中間階級，這點不無立場關係的設限。

在時勢艱難的時代，也是一個最偉大的時代，滿天風雲，詭譎多變，變幻難測，但是儘管陰霾蔽空，我們仍希望風雲之後，有一個清明的蔚藍天出現，這是《風雲半月刊》發刊中的一段話，其中雖然承認了現狀的困頓，但對未來仍充滿著信心，此信心即基於對民主政治的理念。該刊說，現在世界兩大壁壘，是民治主義與共產主義的鬥爭，也就是民主政治與極權政治的鬥爭，中國今後亦如此。共產主義極權政治縱使能猖獗一時，但最後必歸失敗，因為它違反了人性，違反了歷史進化的法則。一部人類的歷史，就是一部爭取自由的鬥爭史。文藝復興，宗教改革，美法革命這一連串的大運動，形式儘管不同，而其內容，都是爭取人的自由，爭取人性的解放。人總希望作自己的主人，而不願意作別人的奴隸，這是人性，這也是歷史進化的法則。民主政治不是別的，就是重視人，把人當人；而極權政治則把人當工具。就人類進化史上看，共產主義是一種反動思潮，極權政治是一種反動勢力。納粹主義、法西斯主義既相繼覆亡，其他異名同實的東西，也必定終歸失敗。人性與歷史進化法則，是爭取自由的民主政治必獲勝利的最大保證，揆諸 20 世紀末，東歐的變天，蘇聯的解體，共產主義的沒落，共產陣營的瓦解，撫今追昔，對七十餘年前《風雲半月刊》的讜論，豈不令人更加省思玩味嗎？

## （十七）宣揚第三勢力的《自由陣線》

1949 年，正值國府在大陸挫敗，國命在風雨飄搖，國運在危如累卵之際，一部份堅持民主自由的人士，亡命香港，首揭反國、共兩黨大旗，標榜中間力量，不做左右袒的一股勢力正在醞釀中，這一股勢力就是一般人通稱

的「第三勢力」。關於第三勢力一詞的由來，說法有如下幾種：一則第三勢
力是基於民主自由的共同要求而漸漸凝成，並不藉國際背景的提攜，或者實
力分子的拉攏雜湊──拉是拉不來，湊是湊不攏的。對國、共而言，它是第
三勢力（以前國是第一勢力，共是第二勢力；後來共是第一勢力，國是第二
勢力），猶之國、共談判時之有第三方面，這是第三勢力名詞的由來。再
則，國代表右的勢力，共代表左的勢力，其代表中間不左不右的勢力就是第
三勢力，所以第三勢力也可以叫做中間勢力，這是第三勢力名詞的又一由
來。最後尚有一說是，在當時極右的政治法西斯作風之下，人民沒有民主自
由；在極左的布爾希維克政治之下，人民更沒有民主自由，然而爭取民主自
由是人類的共同要求，因此爭民主爭自由的勢力便是第三勢力。

　　上述三種界定，都言之成理，也都或多或少反映當時的另外一股潮流，
而鼓吹最力的有《中國之聲》、《再生》、《獨立論壇》、《中聲晚報》、
《人言報》、《自由陣線》等刊物雜誌，其中尤以《自由陣線》為整個第三
勢力運動的喉舌先鋒。《自由陣線》創刊於 1949 年 12 月 3 日，社址位於香
港九龍鑽石山上元嶺石磧村 456 號 A，主持人為謝澄平，督印人為柳林，創
刊時初為一 16 開本的週刊，每逢星期五出刊，中間一度改為半月刊，後又
恢復週刊的形式。

　　作家主要有：于平凡、胡雪情、黃思騁、侯海域、江聲濤、季子、史農
父、冷生、盛超、姜蘊剛、程彬如、夏邁生、阿遲、陳振軍、古月明、島
士、德謨、雲驥、趙震鵬、胡越、怡園、張元狄、魏沐塵、夏觀雲、辛念
渠、張拔都、何自求、艾群（余英時）、謝澄平、張葆恩、王厚生、鍾國
仁、司馬璐、岳中石、張君勱、易重光、余斯、陳再思、胡三元、陳寒波、
秦牧、殷海光、董時進、燕然、張炬人、左舜生、徐亮之、王世昭、宋台
客、何聲、南溟、趙盾、宋益清、徐速、葉時中、涂公遂、張國燾、甘友
蘭、鄭竹園、易非、易君左、史澤之、丁廷標、汪樹聲、李維林、虞初行、
伍憲子、李微塵、陳權、金達凱、陳中行、勞思光、樊仲雲等人。其中大部

分作者係用化名，不過基本上仍以青年黨（以下簡稱「中青」）人為主體。至於編輯設計，除了封面有「沒有自由絕無生路；聯合起來才有力量」的標語外，尚有：漫畫、讀者投書、短評、鐵幕萬象、自由青年、專論、第三勢力運動、中共批評、天下縱橫談、通訊、文藝、人物、國際問題、土地問題、雜文、哲學、政治、經濟、歷史、文化、軍事、社會、宗教等單元。

《自由陣線》在第 2 卷第 1 期曾言及該刊之企圖，在鼓吹正確的思想，推動第三勢力的力量，抱著戰鬥的人生觀，努力復國運動，摧毀專暴的、反動的、黑暗的、賣國的統治，以建立國家獨立、政治民主、經濟平等、生活自由的新中國，進一步，促進實現和平繁榮康樂的新世界。而這一新中國的營建；新世界的未來，依《自由陣線》而言，只有積極鼓吹第三勢力運動，才是唯一的希望及力量。因此，胡雪情在〈現階段第三勢力運動的檢討〉一文中曾說：「觀察國際形勢，中國需要一個真正能夠代表四億七千萬老百姓的第三勢力，以應付國際局面。再考察中國民眾的心向，他們既厭棄二十年來的一黨專政，更痛恨殘賊和迫害人民的極權專制，需要一個第三勢力，來摧毀極權專政，拯救人民出於水火，建立一個實行民主政治、公平經濟、自由文化的和平康樂新中國。無疑地，這是中國民眾普遍而迫切的要求。的確，基於客觀環境和現實的要求，第三勢力好像浪潮淘湧澎湃地高漲起來，沛然莫之能禦。」

基於順應時代潮流，負起歷史使命，推動第三勢力運動，《自由陣線》義無反顧提供了闡述、討論的平台。在第 3 卷第 1 期〈本刊的動向〉文中，《自由陣線》說到：「檢討過去言論，第一卷提出『第三勢力』這一名詞，肯定中國第三勢力的存在，而展望其前途的發展，這一階段可以說是醞釀時期。第二卷，各方人士響應第三勢力運動，熱烈討論第三勢力的使命、任務乃至組織與領導等等問題，這一階段可以說是廣泛討論時期。今後，第三勢力運動必然進展到理論建立時期和組織表現時期。」因此作為一份綜合性的刊物，《自由陣線》並沒有使它成為純學術性刊物的企圖，反倒是揭穿鐵幕

黑暗的措施，糾正馬列主義的錯誤，從事實報導和理論批判，給極權統治以無情的打擊。這種戰鬥性的文字，在《自由陣線》中屢見不鮮，且形成其內容之一大特色。《自由陣線》關於第三勢力運動之闡述，有幾點頗值一提：

（1）第三勢力成長的基本因素：第三勢力它的確是由於對原有在大陸的第一勢力的國民黨的失望，繼之於對發展第二勢力的共產黨之絕望而來，因此才出現第三勢力。由於大陸上的極權統治，使一般人民失去自立自主的生活條件；而台灣的國民黨當局並未記取大陸失敗的教訓，仍繼續玩弄其「一黨專政」的把戲，所以也不對其抱持希望；兼以國際情勢的急劇轉變，已使反侵略、反極權的民主自由陣線日益顯明而堅強。這些有利的背景，在在給與第三勢力一個崛起的機會。換言之，第三勢力是一股反專制、反極權、反侵略，爭自由、爭民主、爭生存，諸種新生人民力量匯合的主流。

（2）第三勢力的陣容、地盤與組織：第三勢力的陣容，雖然尚沒有一定組織的形式，可是它的潛在力確乎存在於多方面的。如民社黨、青年黨、國民黨中進步的份子，共產黨中的民族主義者，不得已而投入「新政協」的自由主義者，不易說服的有力的知識青年和教師，反貪污也反殘暴的青年軍人，破產失業的工商界及自由職業者，要當兵又要納糧的飢餓的農民，這無量數的群眾都是民主自由的追求者。第三勢力既有如此廣大的潛在力，必須要有組織有領導地幹起來，而這個責任當然要落在知識份子的肩上，而知識份子的條件，應該要有無幫閑意識、無投機思想、無英雄傾向、無超人偏好的氣質。第三勢力運動著重於聯合自由中國乃至自由世界的一切反專制獨裁、反赤帝侵略、反奴役迫害、反飢餓殺人的鬥爭力量，結成自由陣線，努力復國運動。從社會階層說，聯合國內和僑居海外的知識份子、青年學生、工農大眾、進步商人、各界婦女，組成「自由中國人大團結」。而這運動的地區遍及在國民黨控制下的台瓊地區、共產黨控制下的中國大陸，在六大洲各國的華僑社會當中，凡是爭民主自由的中國人所在的地方，便都是中國第三勢力所在的地方。

（3）第三勢力的主張、宗旨：代表自由民主之旗的中國第三勢力，認定兩頭小，中間大的社會結構是第三勢力先天的優越基礎。因此基於農工大眾的純樸勤勉的習性，基於小資產階級的安居樂業的要求，基於百年來革新運動的進步，只要負領導責任的知識份子，進一步向下列積極的工作推進，中國的第三勢力，民主自由的鬥爭，必然得到最後的勝利。而這些工作，也就是第三勢力的主張，它們分別是：1.從通俗切用的目標上灌輸近代民主自由思想。2.從集團組織生活中生長培養民主風度。3.從實際國情上提出民眾需要的建國方案。4.從領導幹部中樹立民主公僕忠誠守法的政治道德。5.從舊有黨派中解放出來創造民主聯合的自由陣線。換言之，中國問題的歸趨，不在國、共兩黨勢力之消長與其政權的存續，而在國、共以外大多數同胞的警覺與努力。所以第三勢力運動應該是一個全中國被奴役被壓榨的同胞的自覺運動，它不僅是一個政治運動，而是一個社會運動、文化運動。它的宗旨簡單的說，政治民主、公平經濟、自由文化是其三大原則，具體的說，則為摧毀中共政權，恢復祖國獨立；確立民主制度，還我人民自由；打倒極權主義，永建世界和平。

（4）第三勢力的沒落、失敗：第三勢力是基於民主自由的信念而凝成的，所以說，凡是民主信徒、自由鬥士，都是同一陣線的成員，而且第三勢力既為國內時勢演變之必然，所以它的醞釀是從內在所爆發，而非外來因素所激動。但是不管怎麼樣，這樣一個轟轟烈烈，規模宏遠的運動，其要成功必須要有相當多主客觀環境來配合，如要有足以號召群倫的領導人物、要有堅強刻苦的幹部、要有廣大支持的群眾、要有切合此時需要的綱領主張、要有嚴密的組織、要有深入廣泛的行動、要有國際的同情與援助。但究其實際，第三勢力本身卻缺乏中心意念、立場不夠明確、缺少工作綱領與目標、缺乏民間基層群眾的支持、沒有現實基礎、且失意官僚、投機政客滲入，魚目混珠者也不少，徒有理論而忽視實際，失去有利實現環境，最後終趨沒落而消聲匿跡。

作為一個新政治運動的起點，《自由陣線》不僅反對共產黨的專政，反對國民黨的包而不辦的獨裁，甚至也反對青年、民社兩黨助桀為虐的民主罪人。易言之，《自由陣線》是堅決反對國、共兩黨及其各該集團的附庸黨派的誤國害民的獨裁與專政；它是走著超然國、共圈外的第三勢力的路徑，擔當著推進民主自由的文化運動的工作。平情而論，以《自由陣線》當時的立場，是深為國、共兩黨所厭棄的，甚至成為國、共兩黨圍剿的對象，但它畢竟代表有別於國、共兩黨外的一股力量，也象徵一部分堅持民主自由人士的政治立場及心聲，在彼時風雨如晦，一片專制獨裁的浪潮中，倒不失為一股有心的清流。

## 五、結論：青年黨其他刊物

總之，創黨將屆百年（明年 2023 即滿百年）的「中青」，為宣揚自己國家主義的理論，當然不止僅發行上述刊物而已。其他還有如：《中青半月刊》、《國魂週刊》、《時代文學半月刊》、《探海燈週報》、《東方公論》、《申江日報》、《中華時報》及來台後之《民主潮半月刊》、《新中國評論月刊》、《聯合評論週刊》、《現代國家月刊》、《民主國家半月刊》、《全民半月刊》等等不一而足。但除若干較難尋覓無法評論外，大體上，以上這 17 種主要原始期刊和報紙，已足夠吾人述評及了解其代表「中青」於各個不同時期的政治立場、言論與主張。故上述諸刊物，就研究「中青」之史料價值而言，可謂得來不易且彌足珍貴。

# 第十三章　日治時期台灣人的言論喉舌
## ——《台灣民報》

　　1915 年發生的「噍吧哖事件」，不僅是台灣漢民族規模最大的武裝抗日義舉，也是台灣人抗日運動的重要分水嶺。因為自此事件後，為避免無辜台灣人民的傷亡，除後來爆發的原住民「霧社事件」外；基本上，台灣人的抗日行動，改為以非武裝的抗日方式為主，即訴求以政治、社會、文化為目標的社會改革運動。檢視 1920 年代，台灣抗日運動方式為何會轉向，實與內外環境的變化有關。以內在環境而言，日本殖民當局深知，經過近二十年對台灣的武力鎮壓，雖平定了反抗力量，但也助長了台灣人的仇恨意識，這對統治者爭取殖民地人民的歸心，是相當不利的。因此為營造一個安定的殖民環境，以利其統治，在前期武官總督鎮壓告一段落後，從第 8 任總督田健治郎始，日本當局改採文官總督治理，為攏絡台灣人心，大力鼓吹所謂的「內地延長主義」、「內台一體」等同化主義政策。而為達到此目的，文官總督在統治風格上，都儘量顯示文治色彩，企圖以懷柔政策，博得台灣人民的好感。日本此種統治策略，最明顯的是，藉種種名義如「饗老典」、「揚文會」等，以詩作唱和來攏絡台灣傳統士紳。

　　此外，日本治台初期，並未建立完整的學制系統，有志向學的台灣青年，只有就近到日本與中國留學，當然也有遠赴歐美者，但人數較少。這些留學生在海外，親自感受到二十年代民族自決的氛圍，以及民族主義思想的高漲，他們學成回國後，順理成章地成為台灣新一代領導抗日的主力份子。尤其他們看到，日本統治台灣已趨鞏固，台灣人欲靠武裝革命已不可行，基於對西方民主政治的認識，了解到以和平手段，也可達到政治改革之目的。因此，藉由社會運動的方式，來爭取台灣人民的權益，亦不失為可行之道。

　　而就外在情勢而論，「明治維新」後的日本，主要採取的是模仿德國的國家主義，而塑造自己軍國主義的國家意象，致力於建構富國強兵的現代化民族國家。甲午戰爭後，則步西方後塵走向帝國主義侵略擴張之路。然到了明治末期，產業革命逐漸成熟，社會階級矛盾日現，政治上的高壓統治，促使知識界及民眾的反彈，要求解除社會束縛的呼聲日漸高漲。大正時期，西方各種學說思潮紛紛湧入日本，吉野作造的「民本主義」、歐戰後的民族自決主張，均為當時日本思想界的主流，而有關當局亦不加以扼止，故形成日本史上所謂的「大正民主」時代。台灣留日學生躬逢其盛，思想也深受影響，於是強調以民族運動，來促進台灣人的權益一時成為主流。是以，1920年代，台灣的非武裝抗日民族運動，是有其時代背景的因素，它是掌握時代脈動，順應時勢發展的必然結果。

　　基本上，1920 年代台灣非武裝抗日運動，是以知識份子為主體開展的，當時知識社團如雨後春筍般，紛紛成立於中、日兩地，開啟了知識群體藉社會運動形式抗日的先聲。當時日本是台灣留學生的大本營，留日學生曾先後成立了幾個頗具影響力的知識社團，如：1.聲應會，1919 年以東京台灣留學生林呈祿、彭華英、蔡惠如、蔡培火為主，結合中國之中華青年會幹事馬伯援等，基於中華民族血濃於水同聲相應的特性，宜多親睦聯誼，主張多以中國、朝鮮學生時相往來，大家連成一氣，彼此聲應相通。2.啟發會，1919 年底，林獻堂、蔡惠如等在東京邀集留日學生組成啟發會，參加者有：蔡式穀、蔡培火、林呈祿、吳三連等近百人，主要訴求為推動廢除「六三法」請願運動及如何促進民族覺醒事宜。3.新民會，1920 年 1 月 11 日，蔡惠如為擴大影響力，將啟發會改為新民會。據《警察沿革誌》記載：「新民會表面所揭示的綱領是專門研討台灣所有的應革新事項，以圖提昇其文化，但實踐則依據民族自決主義立場，進行島民啟蒙運動，同時以合法的謀求民權的伸張為主要工作。」並標的為增進台灣同胞之幸福、開始政治改革運動。擴大宣傳主張，連絡台灣同胞之聲氣，發刊機關雜誌。圖謀與中國同

志多多接觸之途徑等三個行動方針。

　　新民會特別強調，推動台灣議會設置請願運動，為第一目標之具體落實。而第二目標為具體發行《台灣青年》雜誌。該會公推林獻堂為會長，會員約 30 餘人，均為台灣留日的菁英。其實，新民會最積極的活動，是推動廢除「六三法」運動，雖未奏效，但確是東京留學生推展民族運動的先河。其在台灣非武裝抗日運動中之重要地位不言可喻，它是一個極具代表性的知識社團。此外，還有由留日學生陳炘、蔡式穀等成立之東京台灣青年會，該會宗旨為「涵養愛鄉心情、發揮自覺精神、促進台灣文化之開展」，新民會為其指導單位。該會最重要之事為 1920 年 7 月創刊《台灣青年》，1922 年 5 月改為《台灣》雜誌，開展文化宣傳工作，為一行動力頗強之社團

　　1921 年，由蔣渭水所主導成立的「台灣文化協會」，其成立宗旨之一為「謀台灣文化之向上」，所以圖謀台灣文化之向上，始終是該會之重點。為求文化之向上，最有效之手段，莫過於書報的發行，日治時代台灣人的言論喉舌——《台灣民報》，即在此背景下誕生。《台灣民報》為繼承台灣留日學生，於東京所創辦的《台灣青年》、《台灣》雜誌而來，由於日本對台灣的新聞言論掌控甚嚴，文化協會的啟蒙運動根本無法見諸報端，為有效訴求文化協會的理念，確實也需要一份機關刊物以為平台。所以林獻堂、林幼春、蔣渭水、林呈祿等文協幹部，乃決定成立一份以報導會務與批評時事的《台灣民報》。

　　《台灣民報》創刊後，果然常遭到總督府當局的百般刁難，取締、扣留、查禁之事，時有所聞。為讓民眾都能閱讀到《台灣民報》，文化協會排除萬難，在各地支部附設讀報處以供民眾閱讀。1922 年，文化協會共在苑裡、草屯、彰化、北斗、員林、社頭、嘉義、高雄等地設置讀報社，其後又擴及至屏東、岡山、大湖、台北、台南等地，全省共計有 13 處之多。有一陣子因讀報社所需經費過大，文化協會除保留台北、彰化、台南外，餘皆停辦，但考慮到讀報社啟迪民智的社會功用，1925 年起又恢復開設，只是經

費不再由本部負擔，而責成由各個支部自行維持。文化協會所設置之讀報社內，也提供了多種書刊雜誌，裡頭有台灣、日本、中國等地的新聞雜誌，如《大阪朝日》、《福音新報》、《台灣時報》、《東方雜誌》、上海《申報》、《青年進步》、《台灣民報》、《科學知識》、《教育雜誌》、《小說世界》等，另亦有同志會員捐贈雜誌圖書多種。這些期刊雜誌中，凡有披露殖民地解放或民族自決文章新聞時，文協都特別再用紅筆圈點以示重要，提醒民眾對殖民地處境之關心及民族自決獨立之認知。總之，讀報社是文協啟發民智的絕佳地方，設置後台灣民眾反映也相當熱烈，可見其功能甚彰。

《台灣民報》是日治時期台灣人最主要的精神糧食，也是代廣大台灣人發聲的言論喉舌。該報之前身為《台灣青年》月刊，是東京台灣「新民會」的機關刊物。1920 年 7 月，由蔡惠如集資，委林呈祿、彭華英、蔡培火等人負責設立「台灣青年雜誌社」，並於 7 月 16 日創刊於東京，為一日、漢文併行之月刊。《台灣民報》編輯群均為台灣留日學生一時之選，包括蔡式穀、王敏川、吳三連、蔡培火、陳炘等俊彥。《台灣青年》在發刊之際，曾表明係為提昇台灣文化而設，絕不涉及政治，以減低總督府疑慮。但未幾，基於對台灣情勢的關心，仍不免提及政治。該刊鼓勵台灣青年要勇於接受世界新思潮，並有責任將其引介至台灣，尤其側重介紹民族自決思想，以啟迪台灣青年。另外，《台灣青年》亦不留情面的抨擊總督府，在台灣的殖民統治，要求廢除「六三法」，及設置台灣議會之主張。由於該刊頗能掌握台灣情勢之脈動，故頗受歡迎，成為日本、台灣甚至中國大陸學生爭相傳閱的熱門刊物，然也因為如此，終於引起日本當局關切而遭禁止發行。

1922 年 4 月 1 日，《台灣青年》改名為《台灣》，該刊共出 19 期，仍採日、漢文併行。該刊為一月刊，主事者為林呈祿，由於林呈祿正積極推動台灣議會設置請願運動，所以該刊登載了相當多有關民族自決、自治主義、議會政治、廢除「六三法」等相關文章。更難能可貴的是，該刊網羅一批能文之士如蔣渭水、張我軍、郭國基、黃朝琴、黃呈聰等，針對教育改革或台

灣新文學、白話文運動等議題，撰述深入的專文。由於內容豐富、立論詳
實，深受讀者喜歡，但也因此觸犯當局之忌，屢遭監視與打壓。《台灣》月
刊從問世始，即受經費短絀之苦，雖經蔡培火、林呈祿等到處奔走張羅，情
況並無改善。1923 年，林呈祿、蔡惠如、黃呈聰、黃朝琴等台灣知識份
子，為將新思潮引進台灣；兼亦受到中國五四新文化運動之影響，決定另起
爐灶，於該年 4 月創辦了《台灣民報》。《台灣民報》發刊不久，同質性極
高的《台灣》月刊，亦完成其歷史任務而停刊。

　　《台灣民報》初為半月刊，但從 1923 年 10 月 15 日起改為旬刊，1925
年 7 月再行擴編，又將旬刊變成週刊，由此演變也可看出《台灣民報》受讀
者歡迎的程度，無怪乎到 1926 年左右，其發行量已達兩萬份以上，這在當
時是一項相當了不起的成績。基本上，因著《台灣民報》銷售量激增和影響
力擴大，它早已超出作為「台灣青年會」機關刊物之角色，而是發展成當時
台灣民族運動思想啟蒙的指導刊物了。《台灣民報》風行全台之時，正是台
灣非武裝抗日，推動台灣民族運動如火如荼進行之際，因此《台灣民報》在
風雲際會之刻，稱職地發揮其言論喉舌角色，不論在提倡台灣議會請願運動
上或蘊釀白話文漢字改革上，均展現其啟蒙先行者之勢，交出亮麗成績。尤
其在「文協」左右路線之爭時，《台灣民報》充分提供雙方論戰園地而喧騰
一時，也成為引導台灣人民在日本殖民統治下，進行文化思考和策略改革的
主要立論基地。

　　1927 年 8 月 1 日，經台灣總督府許可，《台灣民報》可以公然在台灣發
行，這是《台灣民報》發展史上的里程碑，思鄉何不歸故里，這份關心台
灣，為台灣發聲的報紙，終於可以在台灣和鄉親直接見面，這是具有特殊歷
史意義的。所以台灣人民視從日文版的《台灣青年》，回到台灣發行以漢文
為本位的《台灣民報》，不僅是台灣人民爭取權利的一大勝利，更象徵台灣
人民獻身民族運動努力的結果。誠如《台灣民報》第 167 號刊載的〈民報的
轉機——台灣統治方針更新的暗示〉專文中指出：「民報的根本主張，在乎

要望民權伸張，……但是因為向來台灣當局的施政方針，只有株守傳統的同化主義，固執因襲的榨取政策，以致呈出彼此不能相容，上下相對抗的奇異現象……。然而近年內外的情勢日變，階級鬥爭的鬧鼓亂打，民族運動的警鐘大敲，……當局已經順應時勢，而容許《民報》在島內自由議論了。我們已得在島內發揮獨特的言論。」

　　《台灣民報》因著文官總督時期，政治稍微鬆綁政策，抓住時機努力以筆耕的精神，表達台灣人的心聲。且在二○年代中後期，又趕上台灣百花齊開、百家爭鳴的各種政治、社會運動，如「台灣文化協會」、「台灣民眾黨」、農民組合、工人運動、「台灣共產黨」等。它們藉《台灣民報》一隅，盡情發抒各組織之政治理念，《台灣民報》無疑成了它們向民眾宣傳的最佳利器。《台灣民報》自從奉准回台發行後，為擴大影響力，不但報份日益增加，內容也大為充實，執筆政者更是一時之選。老幹新枝同聚一堂，除原有的老將林呈祿、黃呈聰、王敏川、羅萬俥、陳逢源、蔡培火外，更加入新秀，如文藝的有張我軍、賴和、陳虛谷、楊守愚、楊雲萍、郭秋生、葉榮鐘；政治經濟的有謝春木、何景寮、呂晚村；學術評論的有蘇薌雨、許乃昌、黃師樵、王白淵、林履信、杜聰明、黃石輝、陳秋逢等，真是濟濟多士，筆政堅強。

　　《台灣民報》自移入台灣發行後，如何進一步發展為日報，是所有台灣人翹首期盼之事。經過最積極的羅萬俥之努力，得到林柏壽、李瑞雲等有力人士之支援；兼以蔡培火風塵僕僕的籌措資金，終於在 1929 年 1 月 13 日成立了「株式會社臺灣新民報社」。1930 年 3 月 2 日，《台灣民報》正式合併於《台灣新民報》，並於當月 29 日發行第 306 號始，改名為《台灣新民報》，仍舊維持週報的形式，每星期發行一次。但到同年 4 月 15 日，當局才正式核准《台灣新民報》，並以日刊的形式發行，內容以中文為主日文為輔。不但如此，1933 年《台灣新民報》甚至還發行晚報，報社首腦幾乎網羅台灣民族運動的菁英，如林獻堂、羅萬俥、林呈祿、蔡培火、楊肇嘉等，

陣容浩大可謂空前。

　　《台灣新民報》的記者素質，更是一時之選，楊肇嘉在〈台灣新民報小史〉云：「有一個值得特書的事實，那時候的新民報記者，個個經過嚴格的考選，薈集臺灣知識份子的精華，百分之九十是大學畢業生，他們不僅是做一個記者遊刃有餘，極能發揮筆桿的威力，就是做一個社會棟樑之士的品德學識的修養也都是高尚的。所以後來這些人離開報界之後，對臺灣社會仍有很多貢獻。」由此可見，當時整體《台灣新民報》的報社素質是如何之高。1937 年 7 月，日本侵華戰爭起，為加強對台灣的控制，將台灣編入戰時非常體制，以便強化其「皇民化政策」。台灣原有的一些政治社團，那怕是溫和的「台灣地方自治聯盟」也遭解散，持續十四年之久的「台灣議會設置請願運動」亦被迫中止。在此背景下，日本當局為徹底消滅漢民族文化，乃下令《台灣新民報》廢止漢文版。1941 年，太平洋戰爭爆發後，總督府為箝制新聞言論，於 2 月 11 日，將《台灣新民報》改為《興南新聞》。1944 年 3 月，總督府又將所有報紙合併為《台灣新報》，《興南新聞》亦於 3 月 27 日停刊，結束了從《台灣青年》以降，二十餘年《台灣民報》的輝煌歷史。

# 第十四章　「澄社」、胡適、《獨立評論》

　　1989 年，一群號稱信仰自由主義的知識份子，在台灣曾組織一個名為「澄社」的社團，該團體初成立時，因網羅一批頗具知名度的學者專家、大學教授，如瞿海源、楊國樞、胡佛等，曾引起媒體一陣報導及社會的關注。該社之成立，強調係以公正客觀立場，來臧否時局、批評時政；監督政府、提出建言。「澄社」在台灣曾引起注意過，但日後其影響力似乎逐漸式微。「澄社」目前好像還存在，但該社近三十餘年的表現如何？筆者未敢妄置一詞，是非公道自在人心，相信真正獨立思考的知識份子，應該有「點滴在心頭」的感觸。倒是因「澄社」自始至終標榜自由主義的立場，不禁使筆者連想到，有自由主義大師稱號的胡適；及其所辦的影響至為深遠的《獨立評論》。

　　無可置疑，胡適確是一個徹頭徹尾的自由主義者，一生信奉杜威的實驗主義及自由主義，但是基於中國知識分子憂國憂民的心理，胡適對其所處的時代、國家是抱持一種什麼樣的心理呢？陶希聖曾說過：「每當社會政治重大事件發生，他（按：指胡適）總是為了國家，站在國家的立場上，堅定不移，任何人不能動搖他，或是曲解他。」不錯，胡適便是這樣的一個人，他是個理性的愛國主義者，他的愛國，不是出自於私利，而是源於身為一個知識分子的使命感。

　　綜觀他這一生，不偏不倚，他曾經攻擊過軍閥，也批評過孫中山與國民黨，晚年更是一個堅決的反共者。他的一切作為，從不阿諛某一政權以求高官厚祿，也不刻意攻訐哪一黨派以為沽名釣譽。他所有對國家的建言與批判，完完全全是站在一個知識分子的角色，出於理智的思考、良心的驅使而為的。所以王世杰曾說他：「從政治人格來說，胡適之先生是一個最進步的

愛國主義者，他最關心政治問題，他的關心高於一般實際從事政治工作的人……他評論政治或參加政治工作，最富於責任心，也最有勇氣。他是一個絕對臨難不苟和見危授命的人。」

誠然，筆者覺得胡適令人讚賞的地方就在這裡，使人敬佩的也在這點。尤其是在日本侵華日亟的 1930 年代，中國幾乎不能平靜的安放一張書桌。基於知識份子的使命感，胡適在他所創辦的《獨立評論》裡，那上百篇撰寫的文字中，念茲在茲的無一不與政治有關。此時，胡適和梁啟超一樣，以辦書報雜誌為論政喉舌，為國諍言獻策，如 1922 年的《努力週報》、1928 年的《新月月刊》以及 1932 年的《獨立評論》和後來的《自由中國》，均是最佳的代表。

這其中，胡適尤以在《獨立評論》時期的論政之文最為重要，何以故？因為 1930 年代，正是中日兩國「山雨欲來風滿樓」之時，層出不窮的磨擦事件，如潮水般一波波的湧來，先有「9‧18」，繼有「1‧28」、復有「冀察平津事件」，以至於最後的「7‧7」事變，點燃八年抗戰。處於這期間的知識份子，面對亡國危機的迫切感，內心之憂憤自不待言，胡適是彼時知識份子的領袖，其此際發表的政治言論，對國家及知識界，都有其深遠的影響。

《獨立評論》是胡適此時論政的最重要平台，有關《獨立評論》的誕生，當事人之一的陳之邁，曾有如下的記述，他說：「《獨立評論》是瀋陽事變後幾位在北平的大學教授所創辦的。有一天他們在北平圖書館聚會，討論當前的中日危機，話題轉到書生何以報國的問題。大家幾經商議，決定創辦一種時事評論週刊，取名《獨立評論》，公推胡適之先生為主編，丁在君、蔣廷黻、傅孟真三位先生協助……。」陳之邁的話，已經把《獨立評論》問世的背景和動機給說出來了。

其後，他又說《獨立評論》的特色和胡適編輯的立場，陳之邁說：「《獨立評論》是一份政治性的刊物，所刊出的文章，所討論的問題，大都

與政治有關。當時大敵當前，國家處境險惡，這種現象可說是很自然的。……有的人認為胡適之先生和《獨立評論》的一班人『不懂政治』，認為他們應當利用他們的聲望來搞政治，致力於向政府施用壓力，分享政權。更有人認為熱心政治就得組織政黨。但胡先生是無意於此的。他的作法是用公平的態度來討論政治的得失，提出具體改革的建議。他極力提倡民主政治，正是促成全國的團結，增強國力，最終目的仍是使國家能夠有效的應付壓境的強鄰，救亡圖存。」

由上述之言來看，我們可以清楚知道胡適的論政態度是理智的，不卑不亢的，他的文章絕不空喊口號，也不濫唱高調，既不煽動群眾、亦不附和群眾，《獨立評論》的受到大眾肯定，胡適的受人敬重，其因均肇基於此。想想胡適，再看看現今社會所謂的「知識分子」、「學者專家」，其領導輿論的心態與觀點，不禁讓吾人更加懷念胡適的風骨與《獨立評論》憂時謀國的深情。

# 第十五章　五〇年代香港第三勢力運動史料之介紹與略評

## 一、中國第三勢力運動發展史略

　　近年來，國內選舉益趨白熱化，朝野的國、民兩黨捉對廝殺，鬥爭的非常激烈。在兩大黨夾擊下，雖屢聞有第三黨欲扮演第三勢力角色，成為關鍵第三股力量，然觀乎目前國內政治生態，第三勢力想殺出一條血路恐怕不易。當今國人對第三勢力一詞並不陌生，此為受傳媒影響之結果，但對第三勢力之認知，可能僅限於國、民兩大黨外的其他較具實力之黨派，如親民黨、台聯等等，對於過去第三勢力之了解，恐怕知之甚少，甚且毫無所悉了。其實，過去第三勢力運動，不論在中國或其後在香港，都搞的有聲有色，雖不敢言舉足輕重，但最起碼是有若干影響力的，因此，國、共兩黨多少都要拉攏之，賣點面子給他們。

　　在中國，第三勢力一詞，也有稱之為「中間勢力」者。[1]基本上，中國的第三勢力運動，可分為兩個階段，前一階段為大陸時期的在野黨派與「民盟」第三方面之政治勢力；後一階段則為五〇年代以香港為大本營的第三勢力運動。前一階段的第三勢力運動，時間可追溯至上世紀二〇年代末期，彼

---

[1] 張君勱即使用此詞，見 Carsun Chang, *The Third Force in China*（New York：Bookman, 1952年）。晚近大陸諸多學者亦用此詞。基本上，「中間勢力」在民國史上，不是個很受人注意的課題。一般研究中國現代史的學者，多半從兩大政黨的角度出發，致力於國民黨與共產黨的鬥爭。這種兩極分化的研究框架，嚴重忽略了夾在兩黨中間的政治力量，此股力量常來自知識份子群，其實他們在中國現代政治史上，仍有其一定之影響力。見張玉法，《近代中國民主政治發展史》（臺北：東大版，1999年）一書。

時國民黨北伐統一中國，開始實施「黨外無黨」的一黨專政，為反對國民黨的一黨專政，一些主張民主自由的有志之士，乃紛紛成立政黨與之抗衡。[2]首先為民國 12 年，曾琦、李璜、何魯之等人在法國巴黎成立的中國青年黨，繼有民國 19 年，鄧演達的第三黨，和 23 年張君勱的國家社會黨；其後又有所謂的三派：梁漱溟的鄉村建設派、黃炎培的職業教育社與沈鈞儒的救國會，此即大陸學者所說的「民主黨派」。[3]

上述諸政黨均標榜為國、共之外的第三股政治勢力，這些中間黨派都有其政治主張與理想，然實力薄弱，尚不足以對國民黨構成威脅。所以雖然言為第三勢力，其實僅略具雛型而已。且當時處在國民黨專政的訓政時期，還常備受國民黨打壓，存在相當不易。民國 26 年，抗日戰爭的爆發，才為這些中間黨派的生存發展提供了機會，原因是國民黨為營造朝野團結一致，共赴國難的氛圍，主動釋出善意，開始改變對在野黨派的態度，從是年 7 月「廬山談話會」的召開，誠懇邀請在野領袖共商國是，到其後 9 月的「國防參議會」之成立，網羅在野人士參加即可見一斑。[4]

青年黨領袖曾琦即言：「現政府組織最高國防會議國防參議會，就廬山會議人士中，選聘約二十分之一，意在集中各黨各派人物，共謀應付國難。弟與李幼椿兄均在被聘之列。」[5]此「意在集中各黨各派人物」即為國民黨改善與各黨各派關係之先聲，而亦為渠等中間黨派尋得一有利發展契機，即支持國府抗戰，進而取得合法存在的條件。民國 27 年，青年黨領袖左舜生與國社黨領導人張君勱和國民黨總裁蔣介石交換信函，在此情況下，兩黨才

---

2　參閱馮兆基，〈中國一九四○年代的中間勢力〉未刊稿。

3　姜平，《中國民主黨派史》（武漢：武漢大學出版社出版，1987 年 8 月 1 版）一書。

4　抗日戰爭開始後，於國防最高會議設國防參議會，選聘各在野黨領袖以及若干有獨立政治主張的人士共 24 人為成員。見張玉法，《中華民國史稿》（臺北：聯經版，1998 年 6 月初版），頁 326。

5　曾琦，〈致劉湘書〉，陳正茂等編，《曾琦先生文集》（中）（臺北：中央研究院近代史研究所出版，民國 82 年 11 月初版），頁 722。

正式取得合法承認地位。[6]各小黨派雖與國民黨關係大有改善，然追求民主政治仍是其努力奮鬥的目標。因此，即便國家處於抗戰的艱困時刻，它們仍希望在抗戰中推進民主憲政，這使得中間黨派與共產黨的政治主張相契合，從而營造雙方相互援引合作之機。[7]尤其大家在爭民主、自由、憲政理念一致下，在四〇年代初期，國民黨專制獨裁又逐漸趨強之際，終於使得這些原本各自為政，甚至政治立場相去甚遠的小黨派，捐棄成見，共組「中國民主政團同盟」，即日後之「民主同盟」。[8]

「民盟」成員來自於「三黨三派」，內部有左右派之分，有親共如救國會者，也有堅決擁護國府，政治立場極右之青年黨者。其雖較缺乏群眾基礎，但因網羅一批學者名流，擁有清望和高知名度，故實力仍不容小覷。[9]戰後國、共劍拔弩張的時代，「民盟」即以「第三方面」調和者身分，穿梭於國、共兩黨高層間，最終雖調解失敗，但卻引起國際間對中國這股標榜自由民主為理想之政治團體的注意，其中尤以美國為最。[10]當時負責調停國、共衝突的美國特使馬歇爾（George C. Marshall），即曾有寄望中國前途於這批自由主義知識份子之論，馬帥此語隱然已為五〇年代，美國以香港為大本營，積極扶持中國第三勢力運動留下伏筆。[11]

---

6　陳正茂編著，《左舜生年譜》（臺北：國史館印行，民國 87 年 12 月初版），頁 129－130。

7　周淑真，《中國青年黨在大陸和台灣》（北京：中國人民大學出版社出版，1993 年 11 月 1 版），頁 162－175。

8　梁漱溟，〈中國民主同盟發起成立之經過略記〉，見《憶往談舊錄》（北京：中國文史出版社，1987 年 12 月 1 版），頁 161－165。

9　張軍民，《中國民主黨派史》（北京：華夏出版社，1989 年版），頁 328－340。

10　蔣勻田，《中國近代史轉捩點》（香港：友聯出版社出版，1976 年 11 月初版）一書，對「第三方面」調停國、共經過有非常詳實的記載。

11　馬歇爾對中國前途寄望自由民主人士，期望甚殷。民國 35 年 12 月 21 日，馬歇爾即言：「解決中國的問題，只有把所有少數黨結合成一個愛國、有組織的自由黨，致力於和平，民主的政府與人民的權力。他遺憾目前少數黨派的自私的領導，造成組成一個真正自由黨的障礙」。12 月 23 日，馬歇爾又說：「中國的希望在於需要組織前進子為一愛國黨，摧毀反動份子對政府的控制和政府中封建主義的心理」。在馬歇爾使華期間，這類言論甚多。王成勉編著，《馬歇

　　四〇年代在中國的第三勢力運動，終因「民盟」分裂及親共，遭國府取締宣布為非法政治團體而瓦解。[12]然民國38年，在國、共內戰劇變，大陸淪陷，國府遷台的風雨飄搖之際，又使得第三勢力有了生存發展的希望，此即五〇年代香港的第三勢力運動。[13]當時這股力量，在美國和桂系李宗仁的支持下，雲集香江一隅，首揭反國、共兩黨大旗，標榜反共、反蔣，堅持民主自由的第三勢力主張，在香港曾盛極一時，喧騰不已。[14]基本上，五〇年代的第三勢力運動，是美蘇冷戰結構下的一環，它背後有美國援助、反蔣勢力「代總統」李宗仁等之奧援，故有其錯綜複雜的國內外背景因素存在。當時第三勢力之要角有：張發奎、顧孟餘、左舜生、李璜、張君勱、張國燾、許崇智、伍憲子、李微塵、童冠賢、邱昌渭、謝澄平、羅夢冊、董時進、許冠三、王厚生、司馬璐、孫寶剛、孫寶毅等。[15]這些人分屬民、青兩黨，部分為國民黨及桂系政治人物。它們在美國金錢支助下，先後成立了「自由民主大同盟」、「自由民主戰鬥同盟」等組織，並透過報章雜誌宣傳其理念。

　　其後因「韓戰」的爆發，國際局勢不變，使國府當局所在的台灣，成為美國在西太平洋圍堵共產主義不可或缺的一環。由於台灣是美國在東亞的重要戰略要地，使得美國不得不改善與台灣國府的關係，蔣介石政權重獲美國的支持，而先前美國暗中支持的第三勢力運動，也因美蔣關係之轉好而趨黯淡，最終風流雲散矣！

---

　　使華調處日誌（1945年11月－1947年1月）》（臺北：國史館印行，民國81年5月出版），頁179-187。

[12] 中國民主同盟中央文史資料委員會編，《中國民主同盟歷史文獻》（北京：文史資料出版社出版，1983年4月1版），頁355－360。

[13] 陳正茂，〈簡述五〇年代香港「第三勢力」運動〉，《傳記文學》第71卷第5期（民國86年11月），頁65－66。

[14] 陳正茂，〈宣揚第三勢力的自由陣線〉，《全民半月刊》第12卷第10期（民國80年11月25日），頁4。

[15] 周淑真，《1949飄搖港島》（北京：時事出版社，1996年1月1版），頁288－309。

## 二、第三勢力運動研究概況

　　基本上，過去於大陸時期的第三勢力運動之學術研究，兩岸三地研究者已甚多，但是五○年代香港的第三勢力運動，目前學界研究者殊少，甚至知之者亦鮮。坦白說，其實五○年代香港的第三勢力運動，仍有諸多可供研究之價值，尤其可藉此運動之失敗，來深刻探討何以在中國特殊政治文化格局下，第三勢力政治運動，幾乎沒有發展空間之因素何在？此對當今海峽兩岸之政治生態，當有可供深思反省之處。筆者過去數年對此議題一直懷有高度興趣，也認真蒐集不少相關資料，終於在去年（2021 年）完成《大陸邊緣的徒然掙扎──冷戰時代滯港及流亡海外的第三勢力滄桑錄》（元華文創版）一書，為自己學術生涯最重要之力作。然有鑒於第三勢力運動之研究，有其重要之歷史價值，故介紹略敘有關這方面的史料，對學界或同道之研究仍有其重要性。

　　過去以第三勢力為名撰寫之著作，最早為張君勱先生的 *The Third Force in China*（《第三勢力在中國》）一書。但本書重點是張君勱以民社黨黨魁身份，在戰後國、共內戰期間，以「第三方面」角色奔走斡旋於國、共間的政治觀察。另外，書中亦述及民國以來，孫中山與極權主義浪潮、中共成立及其政策、蔣介石的崛起與失敗、抗日時期國、共統一戰線之陰影；以及馬歇爾使華與「政治協商會議」、第三方面人士調停國、共衝突經緯、民社黨參與制憲和共產黨分道揚鑣、塵埃落定國民黨失去中國及冷戰時期如何對付共產中國等。[16] 全書雖以第三勢力命名，但不啻是張君勱個人的政治回憶錄，殊非吾人所謂的五○年代第三勢力運動。五○年代初的第三勢力運動，張氏其實參與其中，且扮演重要角色，此書出版於民國 41 年，正是第三勢

---

[16] Carsun Chang, *The Third Force in China*（New York：Bookman, 1952 年）。此書有中譯本，由中華民國張君勱學會編譯，《中國第三勢力》（臺北：稻鄉出版社發行，2005 年 4 月初版）。

力如火如荼進行之際，張氏大可以把這段歷史放進去，之所以未曾言及，是有所顧忌？或另有考量就不得而知了。總之，張氏之書既然以《第三勢力在中國》為名，卻缺少五○年代的第三勢力運動，這是美中不足，也是相當可惜的地方。

　　真正敘述五○年代香港第三勢力運動之始末經緯的文章，為化名焦大耶（本名為朱淵明）的〈第三百六十一行買賣〉一長文，取名如此，頗有諷刺從事第三勢力運動這一行，根本是「買空賣空」之空行的意味。該文於民國42年10月3日，開始在《新聞天地週刊》連載，共連載12回，於是年12月19日刊載完畢。《新聞天地週刊》最後以《第三勢力全本演義》之名，發行單行本問世。此書優點為作者可能是當年曾參與第三勢力運動之人士，故對整個五○年代香港第三勢力內幕訊息知之甚詳，可說提供了相當完整的原始資料。但最大缺點是為賢者諱，文章人物多用假名、化名、甚至英文代號，如此一來，欲了解從事者真正為何人，稽查十分困難，且行文以演義方式為之，嘻笑怒罵亦欠嚴謹。又當年參與第三勢力運動，有不少青年黨人士，據筆者所知，他們在台灣的青年黨刊物如《醒獅月刊》、《全民半月刊》等，也撰有不少回憶第三勢力之文章，值得研究者注意。

　　另大陸學者楊天石於民國81年（1992）以英文發表 "The Third Force in Hong Kong and North America During the 1950s" 一文，此論文刊載於 Roger B.Jeans 主編的 *Roads not Taken：The Struggle of Opposition Parties in Twentieth ——Century China* 論文集中。本書是民國79年（1990）9月，美國維吉尼亞州 Washington and Lee University 舉辦有關20世紀中國在野黨研討會之論文集，是西方（美國）探討民國時期少數黨派之首本著作，全書收錄論文15篇，極具份量。楊天石於87年（1998）將論文改以〈五○年代在香港和北美的第三種力量——讀張發奎檔案札記之一〉刊出中文版，內容與之前英文發表的論文，幾乎完全相同。楊文是利用哥倫比亞大學所藏張發奎口述歷史與文件信函為素材，簡介民國41年（1952）10月在香港所成立的「中國

自由民主戰鬥同盟」此一組織的形式、文宣與核心份子，並分析其失敗原因。該論文僅以張發奎檔案為主，資料上有其侷限性，對當時之第三勢力運動缺乏全盤之觀照。

至於筆者過去撰寫的〈第三勢力在兩岸交流之角色分析〉（《第二屆海峽兩岸關係研討會》，民國81年（1992）7月8至11日）、〈簡述五〇年代香港「第三勢力」運動〉（《傳記文學》第71卷第5期，民國86年11月）、〈宣揚第三勢力的自由陣線〉（《全民半月刊》第12卷第10期，民國80年11月）、〈「第三勢力運動」史料述評——以《自由陣線》週刊為例〉（中華民國史專題論文第四屆討論會，民國87年12月）等四篇有關第三勢力之文章，亦有可供參考之處。然嚴格而言，〈第三勢力在兩岸交流之角色分析〉僅著重探討第三勢力失敗的原因；而〈簡述五〇年代香港「第三勢力」運動〉則略敘五〇年代香港第三勢力運動之經緯始末。真正以第三勢力史料，有系統地來闡述分析此運動之理論、內涵的為〈「第三勢力運動」史料述評——以《自由陣線》週刊為例〉一文，但不諱言，筆者那篇文章仍是非常不足的，裡頭只對第三勢力的政治主張，作些概括性的敘述，缺乏深入的分析，尤其更缺少全面性的觀照。所以坦白說，兩岸三地學術界，仍乏對第三勢力運動作深入探討之研究者。

因著對第三勢力的研究熱情與興趣，在最近的十餘年間，筆者不論是在編纂或論文撰述方面，對第三勢力研究都取得了初步豐碩的成果，在編著部分，有《左舜生先生晚期言論集》（3冊）（台北：中央研究院近代史研究所，民國85年5月），其中有相當多篇幅，集錄了左舜生有關第三勢力的言論及文章。而《五〇年代香港第三勢力運動史料蒐秘》（台北：秀威版，2011年5月），更是兩岸三地首本以五〇年代香港第三勢力運動珍稀史料編著成書者，內容主要蒐錄焦大耶（本名朱淵明）的〈「第三勢力」全本演義：第三百六十一行買賣〉和郭士〈「自由出版社」滄桑史〉及筆者早期研究第三勢力的幾篇文章，欲了解五〇年代香港第三勢力運動經緯始末，焦文

提供了最權威的記載，而想要知曉謝澄平《自由陣線》集團的興衰起落，郭文則披露最多的內幕訊息。此外，為便於研究起見，筆者與秀威出版公司合作，覆刻影印了第三勢力最具代表性的刊物《聯合評論》（5 輯）（台北：秀威版，民國 98 年 7 月）；及與其有關的《自由人》三日刊（20 輯）（台北：秀威版，2012 年 12 月）。

至於專書和論文研究，筆者在《逝去的虹影——現代人物述評》（台北：秀威版，2011 年 12 月）、《文化資產、第三勢力及政治人物——陳正茂教授杏壇筆耕集》（台北：秀威版，2019 年 1 月）二書中，亦收入多篇近年來探討香港第三勢力之論文。其中按發表時間先後有：〈五〇年代香港第三勢力運動史料之介紹與略評〉《傳記文學》第 92 卷第 6 期（民國 97 年 6 月）、〈第三勢力壓卷刊物——《聯合評論》週刊介紹：兼敘中國第三勢力運動簡史〉《全國新書資訊月刊》第 129 期（民國 98 年 9 月號）、〈五〇年代香港第三勢力的主要團體——「中國自由民主戰鬥同盟」始末（1952－1955）〉《傳記文學》第 98 卷第 3 期（民國 100 年 3 月）；又刊載於《北台灣學報》第 34 期（民國 100 年 6 月）、〈從擁汪到投蔣的顧孟餘〉《傳記文學》第 100 卷第 5 期（民國 101 年 5 月）、〈堅持民主憲政——青年黨與雷震〉《臺北城市大學學報》第 36 期（民國 102 年 5 月）、〈童冠賢：從大學教授到第三勢力主將〉《南方都市報》（大陸廣州）（2013 年 7 月 31 日）、〈第三勢力運動：《自由陣線》集團的興衰〉《南方都市報》（大陸廣州）（2013 年 9 月 4 日）、〈第三種聲音——《自由人》三日刊始末〉《臺北城市科技大學通識學報》第 3 期（民國 103 年 4 月）、〈另一條道路——左舜生與香港第三勢力運動之研究〉《臺北城市科技大學通識學報》第 5 期（民國 105 年 4 月）、〈最後的訴求與迴聲——以五〇年代香港第三勢力運動《聯合評論》為場域之分析〉《臺北城市科技大學通識學報》第 7 期（民國 107 年 3 月）、〈初試啼聲：謝澄平《自由陣線》集團的緣起緣滅〉《臺北城市大學學報》第 42 期（民國 108 年 3 月）等、〈最後一搏：

張君勱與五〇年代香港第三勢力運動〉《臺北城市科技大學通識學報》第 9 期（民國 109 年 3 月）與〈最後希望的破滅：李宗仁與第三勢力運動〉《臺北城市科技大學通識學報》第 10 期（民國 110 年 3 月）、〈曇花一現：許崇智與五〇年代香港第三勢力運動〉《傳記文學》第 119 卷第 1 期（民國 110 年 7 月）、〈枉拋心力盡成空：李宗仁政治生涯的最後一搏〉（上、下）《傳記文學》第 119 卷第 5、6 期（民國 110 年 11－12 月），以上述論文為基礎，終於在 2021 年 12 月以《大陸邊緣的徒然掙扎——冷戰時代滯港及流亡海外的第三勢力滄桑錄》（元華文創版）書名付梓問世。

## 三、第三勢力運動重要文獻述評

　　在第三勢力運動活躍於香港的十餘年間，辦雜誌是其最主要，且稍有成效的工作。它們曾辦過《自由陣線》、《獨立論壇》、《祖國》、《大道》、《中國之聲》、《中聲日報》、《中聲晚報》、《主流月刊》、《再生》、《民主與自由》、《今日半月刊》、《聯合評論》等十餘種刊物。[17] 揭櫫反共、反蔣旗幟，主張反國、共兩黨，要走自由民主之路的第三勢力之政治主張。在上述諸多刊物中，又以首尾創辦的兩份刊物最具代表性，此即由謝澄平主導的《自由陣線》週刊，和左舜生發行的《聯合評論》週刊。《自由陣線》週刊，創刊於民國 38 年 12 月 3 日，正逢國府風雨飄搖播遷來台之際，結束於民國 48 年 6 月，又恰值台灣政壇擾攘，欲違憲拱蔣連任第三任總統紛擾之時，其起始與結束，正與其反共、反蔣理念相始終，故有其見證時代的歷史意義在。該刊總計發行了 40 卷 6 期，時間將屆滿十年，負責人先是左舜生，後為謝澄平；胡越（司馬長風）、許冠三、陳濯生等則擔

---

17　陳正茂，〈「第三勢力運動」史料述評——以《自由陣線》週刊為例〉（中華民國史專題論文集第 4 屆討論會，民國 87 年 12 月），頁 1930。

任編輯。該刊始為週刊，中間一度改為半月刊，後又恢復週刊形式，為所有
第三勢力刊物中，辦的最久、高舉第三勢力旗幟最鮮明之刊物，在所有第三
勢力刊物中，可說是一枝獨秀且絕無僅有的。刊物取名為《自由陣線》，由
其封面的「沒有自由絕無生路；聯合起來才有力量」的標語可知，它是含有
深沉的時代意義。一般人常批評第三勢力最弱的一環為缺乏理論體系之建
構，其實在該刊上，針對第三勢力之定義、源起、組織、領導、目標與任
務，都有非常明確的闡述。是故，其為第三勢力運動初期，最具重要性的代
表刊物，為探討第三勢力運動必備的原始資料。

　　《聯合評論》週刊則創刊於民國 47 年 8 月 15 日，至民國 53 年 10 月 23
日停刊，共發行六年餘，合計 316 號。該刊督印人為黃宇人，黃為反蔣大
將；總編輯為青年黨的左仲平（即左舜生），左與蔣淵源甚深，曾經是改善
國、青兩黨的關鍵人物。該刊立論宗旨：強調遵守憲法與民主至上，但分析
其發行六年餘之言論內容，不外乎反共和批蔣兩大基調，故為第三勢力運動
後期之主要代表刊物。欲論述五○年代香港第三勢力之政治主張，《聯合評
論》可說是最重要之基本素材。據黃宇人回憶，《聯合評論》紐約〈航空
版〉發行後，迅即成了美國華僑社會的輿論中心，台灣雖不准進口，不少人
仍想盡辦法以求一睹為快；中共亦列為幹部的參考材料，承認該刊具有代表
性，美國駐港總領事館也常翻譯該刊社論以供國務院參考，由此可見《聯合
評論》影響力於一斑。[18]大陸學者黃嘉樹即言：「民社黨的黨魁張君勱和青
年黨的黨魁左舜生、李璜都未隨蔣介石逃往台灣，他們在香港，美國等地搞
所謂『新第三勢力活動』，即一方面反共，另一方面也批蔣。左舜生在香港
創辦的《聯合評論》，是這些人設在台灣島外的總論壇。」[19]評論甚是，尤
其《聯合評論》在批判蔣欲違憲連任第三任總統及「自由中國事件」和「雷

---

18　黃宇人，《我的小故事》（香港：吳興記書報社，1982 年），頁 42。

19　黃嘉樹，《第三隻眼看台灣》（臺北：大秦出版社，民國 85 年 6 月再版），頁 267。

案」等重大議題上，更是嚴辭譴責抨擊，其言論之犀利、砲火之猛烈，在當時海內外刊物上，可謂一時無雙。[20]

基本上，這兩份刊物之所以重要，有三點特色值得一談：（1）此二刊物不僅是所有第三勢力刊物中，發行時間較長、影響力最大的兩份刊物，且在發行的時間點上，似乎有接棒傳承的歷史意義在，所以有其代表性。（2）該二刊物幾乎網羅所有健筆能文之士，將第三勢力之理論、內容、主張、政策，透過此二刊物園地，作淋漓盡致的發揮。故欲研究第三勢力運動者，此二刊物為絕對必備參考資料。（3）第三勢力運動之內涵，其實可分為兩個階段 38 年至 47 年為主張「自由中國運動」，謝澄平的《自由陣線》即為此主張之重要喉舌。[21]48 年到 53 年則以「反共、護憲、批蔣」為主軸，左舜生之《聯合評論》可謂為此主軸之急先鋒。所以，真正代表第三勢力運動，夠得上份量的刊物，僅有《自由陣線》與《聯合評論》此二刊物。尤其在闡明第三勢力理論與批蔣這部分，這兩份刊物都是當時海外最具代表性的刊物。惜此二刊物，因批蔣甚烈，故常遭台灣當局查扣，或禁其入台，因此在台灣欲覓此刊物並不容易，此乃國人及國內學術界對五○年代香港第三勢力運動了解不多之主因。

當然除上述這兩份最重要之原始刊物外，有關闡述第三勢力運動理論，尚有黃宇人、程思遠、甘家馨、涂公遂等主編之《獨立論壇》；王厚生主編的《再生》；雷震的《自由中國》；顧孟餘、張發奎、伍憲子、張國燾等創辦之《中國之聲》週刊；張發奎、許崇智、李微塵、顧孟餘之《大道》雜誌；及《中聲日報》、《中聲晚報》、《民主與自由》、《主流》月刊、《前途》等報章雜誌。另外，包括成舍我為其發起人，立場稍偏國府，但立

---

[20] 陳正茂，〈堅持民主憲政──青年黨與雷震〉，《傳記文學》第 90 卷第 5 期（民國 96 年 5 月），頁 4-23。

[21] 謝澄平，〈為中華民族獨立自由民主而加強奮鬥〉，《自由陣線》第 25 卷第 5、6 期合刊（民國 44 年 12 月 5 日），頁 22。胡雪情，〈論民主中國運動〉，《自由陣線》第 4 卷第 1 期（民國 40 年 1 月 1 日），頁 4。

論尚稱公正的《自由人》三日刊、《自由報》；卜少夫的《新聞天地週刊》；張丕介、徐復觀之《民主評論》和《祖國周刊》、《時與文》及台北青年黨陳啟天所辦的《新中國評論》、余家菊之《醒獅月刊》等，都曾報導過第三勢力運動訊息，為研究第三勢力運動不可或缺的基本資料。[22]

　　至於專書方面：則有民社黨人孫寶毅的《第三勢力必興論》、王厚生的《中國之路》（一名《第三勢力與中國前途》）、司馬璐的《平民政治》、于平凡（許冠三）之《中國自由民主運動史話》、李微塵的《中國局勢的必然發展》、易重光編的《黨天下與國家》等，上述諸書均由香港自由出版社及友聯出版。此外，傳正主編的《雷震全集》中之〈雷震日記〉，對五〇年代香港第三勢力運動著墨頗多，有其重要參考價值。而司法行政部調查統計局第六組編的《中國黨派資料輯要》一書，更是國民黨調查局當年專門調查在野黨派動靜的重要內部參考資料，其（中冊）部分，即為調查當時海外香港第三勢力組織動向的第一手資料，彌足珍貴。而匪偽人事資料調查研究會編的《附匪黨派組織及重要附匪份子人事資料彙編》一書，與《港九政治活動的透視》（香港：自強出版社），亦為我們提供頗為可觀有關第三勢力的情報。

　　在回憶錄部分，有不少為當年參與者之事後追述，如李宗仁口述，唐德剛撰寫，《李宗仁回憶錄》（臺北：曉園出版社出版，1989 年）、李璜，《學鈍室回憶錄》（香港：明報月刊社出版，1982 年版）、程思遠、《我的回憶》（北京：華藝出版社，1994 年版）及其《政海秘辛》（臺北：桂冠版，1995 年）、司馬璐，《中共歷史的見證——司馬璐回憶錄》（香港：明報出版社，2004 年）、黃宇人，《我的小故事》（香港：吳興記書報社，1982 年）、馬五（雷嘯岑），《我的生活史》（臺北：自由太平洋文化事業公司，民國 54 年）、雷嘯岑，《憂患餘生之自述》（臺北：傳記

---

[22] 當年美國駐台領事報告，也有若干第三勢力運動訊息，現由黃文範先生譯畢，準備以《福爾摩莎紀事》書名，由國史館出版。

文學出版社，1982 年）、馬五（雷嘯岑），《政海人物面面觀》（香港：風屋書店，1986 年）、楊永乾，《張君勱傳》（臺北：唐山出版社，1993 年）、鄭大華，《張君勱傳》（北京：中華書局，1997 年）與最重要的張發奎口述、鄭義翻譯/校註，《蔣介石與我——張發奎上將回憶錄》（香港：文化藝術出版社，2008 年）；及最新之作余英時，《余英時回憶錄》（臺北：允晨版，2018 年）等。

　　而在個人著述方面，胡頌平編，《胡適之先生年譜長編初稿》（臺北：聯經版，1984 年）、胡適，《胡適的日記》、吳國楨，《從上海市長到臺灣省主席（1946－1953）——吳國楨口述回憶》（上海：上海人民出版社，1999 年）、顧維鈞，《顧維鈞回憶錄》（北京：中華書局，1988－1993 年）、梁敬錞，《馬歇爾使華報告書箋註》（臺北：中央研究院近代史研究所，1994 年）、林博文，《歷史的暗流——近代中美關係秘辛》（臺北：元尊文化，1999 年）、林博文，《關鍵民國——聆聽民國史的馬蹄聲》（臺北：大塊文化出版，2013 年）、關玲玲，《許崇智與民國政局》（臺北：大安出版社，1991 年）、姚金果、蘇杭，《張國燾傳》（陝西：人民出版社，2007 年）、汪祖華，《中國現代政黨結社搜秘》（臺北：大眾時代出版社印行，民國 84 年）、楊天石，《海外訪史錄》（北京：社會科學文獻出版社，1998 年）、《抗戰與戰後中國》（北京：中國人民大學出版社，2007 年）、《尋求歷史的謎底》（北京：首都師範大學出版社，1993 年）、黃嘉樹，《第三隻眼看臺灣》（臺北：大秦出版社，民國 85 年）、謝冰，《逝去的年代——中國自由知識分子的命運》（香港：天地圖書公司，1999 年）、周淑真，《1949 飄搖港島》（北京：時事出版社，1996 年）、范泓，《民主的銅像——雷震先生傳》（臺北：秀威版，2008 年）、林孝庭，《台海‧冷戰‧蔣介石：1949－1988 解密檔案中消失的台灣史》（臺北：聯經版，2015 年）、林孝庭，《意外的國度——蔣介石、美國、與近代台灣的形塑》（新北市：遠足文化出版，2017 年）等。

　　期刊研究論文有：周一志，〈我對許崇智了解的片斷〉《文史資料選輯》13 輯（北京：中國文史出版社，1986 年）、汪仲弘註釋，〈臺北舊書攤上發現的「總統府秘書長箋函稿」〉《傳記文學》第 71 卷第 4 期（民國 86 年 10 月）、沈錡，〈我所參加過的蔣公與美國訪賓的重要會議〉《傳記文學》第 78 卷第 2 期（民國 90 年 2 月）、郭士，〈「自由出版社」滄桑史〉《醒獅月刊》第 1 卷第 1 期（民國 52 年 1 月）、陳復中，〈「自由中國抵抗運動」的風流雲散〉《歷史月刊》第 181 期（民國 92 年 2 月 5 日）、張葆恩，〈大時代的悲劇人物（上）：悼念謝澄平老哥〉《全民半月刊》第 14 卷第 7 期（民國 81 年 10 月 15 日）、薛化元，〈張君勱「自由中國」政府（1949－1969）——以「第三勢力」論為中心的考察〉、胡志偉，〈「自由中國抵抗運動」的開場與收場〉《傳記文學》第 93 卷第 6 期（民國 97 年 12 月）、黃克武，〈顧孟餘的政治生涯：從挺汪、擁蔣到支持第三勢力〉《國史館館刊》第 46 期（2015 年 12 月）、黃克武，〈顧孟餘與香港第三勢力的興衰（1949－1953）〉《二十一世紀雙月刊》總第 162 期（2017 年 8 月號）、陳三井，〈蔣介石眼中的海外自由民主運動〉《「蔣介石與現代中國再評價」國際學術研討會》論文集（下冊）（臺北：中央研究院近代史研究所主辦，2011 年 6 月 27－29 日）及目前仍在《傳記文學》連載之阮毅成〈中央工作日記〉等。

　　零星披露第三勢力資料的報紙，有當年港、台的《工商日報》、《香港時報》、《中央日報》（臺北版）、《公論報》（臺北版）、《臺灣新生報》、《新生晚報》、《新中國日報》（檀香山）、《世界日報》（舊金山）、《自然日報》（香港版）、《星島日報》、《晶報》（香港版）、《人言報》（香港版）等，均有不少第三勢力消息之報導。

　　在外文資料方面，除日本菊池貴晴教授的《中國第三勢力史論》（東京：汲古書院，1987 年）外，就屬美國外交檔案最重要，因為五〇年代香港第三勢力運動，背後主要支持者即為美國。這方面最權威的資料為美國國

務院所出版的 Department of State，〈Foreign Relations of the United States，
The Far East：China、East Asia and The Pacific、Korea and China、China and
Japan，1949－1954〉（Washington：United States Government Printing
Office，1978－1985）。Davis, Michael C, ed,〈Confidential U. S. State
Department Central Files. China, Peoples Republic of China, 1955－1959〉
（Internal Affairs. Frederick, MD：University Publications of America, 1987）
（microfilm）Davis, Michael C, ed,〈Confidential U. S. State Department
Central Files. Formosa, Republic of China, 1950－1954〉（Internal Affairs.
Frederick, MD：University Publications of America, 1986）（microfilm）。

## 四、結語──建議與期許

　　總的來說，第三勢力運動史料是十分零散且不易搜集的，而研究成果也
非常有限。據筆者所知，有關五〇年代香港的第三勢力運動，在目前兩岸三
地較全面完整的研究，只有政治大學歷史研究所萬麗鵑博士作過研究，並以
〈一九五〇年代的中國第三勢力運動〉完成其博士論文。[23]其他僅有筆者撰
寫的一些單篇論文而已。萬博士論文之優點，是以相當多篇幅，清楚介紹了
第三勢力的組織、分合、國際背景、甚至上溯到四〇年代的第三勢力運動，
缺點是諸多基本史料闕如，如焦大耶的〈第三百六十一行買賣〉和筆者的
〈「第三勢力運動」史料述評──以《自由陣線》週刊為例〉均無參考。
　　就因為對第三勢力議題研究者鮮，所以第三勢力史料才有其研究價值和
重要性。一般人對第三勢力之看法，只是認為它的政治立場是反共兼反蔣，
政治主張為民主與自由，其實這僅是表象，其始終訴求的「自由中國運

---

[23] 萬麗鵑，〈一九五〇年代的中國第三勢力運動〉（臺北：國立政治大學歷史研究所博士論文，
　　民國 90 年 7 月）。

動」、「民主中國運動」之底蘊為何？恐怕了解者甚少。基本上，第三勢力
是個爭取自由與民主的運動，它代表著一個孕育中的自由傳統，不僅反對
國、共兩黨的專制政治，更代表著中國自由主義知識份子的一種政治文化。
此股勢力試圖在政治上保持獨立，思想上希冀提供中國政治另一條路向──
即民主自由的政治選擇。

　　職是之故，筆者撰此拙文之目的，即希望拋磚引玉，能引起更多研究者
之興趣，與提供覓尋資料之方便。尤其建議研究者可以由《自由陣線》週刊
入手，探討第三勢力所謂的「自由民主運動」或「民主中國運動」之底蘊；
或以《聯合評論》週刊為主軸，分析其立論主旨，對該刊反蔣言論之內容、
「雷案」以及「違憲競選第三任總統」之面向，也可作進一步之探討。總
之，第三勢力運動之研究，仍是目前國內學術界最缺乏的地方，拙文只想先
提供若干基本素材，供有興趣研究者之用，希望對國內學術界於此領域之開
拓，有些許貢獻及裨益的地方。

國家圖書館出版品預行編目(CIP) 資料

異議的聲音：民國在野期刊雜誌述評/陳正茂著.
-- 初版. -- 臺北市：元華文創股份有限公司，
2022.12

面；　公分

　ISBN 978-957-711-288-0(平裝)

1.CST: 政治 2.CST: 期刊 3.CST: 中國
505　　　　　　　　　　　　　111017818

異議的聲音——民國在野期刊雜誌述評

陳正茂　著

發 行 人：賴洋助
出 版 者：元華文創股份有限公司
聯絡地址：100 臺北市中正區重慶南路二段 51 號 5 樓
公司地址：新竹縣竹北市台元一街 8 號 5 樓之 7
電　　話：(02) 2351-1607　　傳　　真：(02) 2351-1549
網　　址：www.eculture.com.tw
E - m a i l：service@eculture.com.tw
主　　編：李欣芳
責任編輯：立欣
行銷業務：林宜葶
出版年月：2022 年 12 月　初版
定　　價：新臺幣 500 元

ISBN：978-957-711-288-0 (平裝)

總經銷：聯合發行股份有限公司
地　址：231 新北市新店區寶橋路 235 巷 6 弄 6 號 4F
電　話：(02)2917-8022　　　　傳　真：(02)2915-6275